浦口年鉴

2024

南京市浦口区地方志编纂委员会办公室 编

方志出版社
Publishing House of Local Records

图书在版编目（CIP）数据

浦口年鉴 . 2024 / 南京市浦口区地方志编纂委员会办公室编 . -- 北京 : 方志出版社 , 2024. 11. -- ISBN 978-7-5144-6457-3

Ⅰ. Z525.34

中国国家版本馆 CIP 数据核字第 202436G5T8 号

责任编辑：李　静
责任校对：张玉霞
责任印制：梅中英
出 版 者：方志出版社
地　　址：北京市朝阳区潘家园东里 9 号（国家方志馆 4 层）
邮　　编：100021
网　　址：http://www.zgfzcb.cn
发　　行：方志出版社图书营销中心（010-67110500）
印　　刷：南京顺和印刷有限责任公司
开　　本：889 毫米 ×1194 毫米　1/16
印　　张：20.5
字　　数：636 千字
版　　次：2024 年 11 月第 1 版
印　　次：2024 年 11 月第 1 次印刷
定　　价：180.00 元

编 辑 说 明

一、《浦口年鉴》是南京市浦口区地方志编纂委员会办公室编纂的年度资料性文献。其前身为1996年出版的《江浦年鉴》，自2003年起更名为《浦口年鉴》。本卷为第29卷。

二、《浦口年鉴》以马克思列宁主义、毛泽东思想、邓小平理论、“三个代表”重要思想、科学发展观、习近平新时代中国特色社会主义思想为指导，坚持辩证唯物主义和历史唯物主义的立场、观点和方法，旨在准确、科学、权威、系统地记载浦口区自然、政治、经济、文化、社会和生态建设等方面情况，为各级领导决策提供参考和依据，为社会各界提供资讯，是了解浦口、研究浦口的重要窗口，也为续修区志积累史料。

三、《浦口年鉴（2024）》记载2023年度浦口区经济社会发展基本情况以及大事要事。部分条目在记述时涉及2022年以前的情况，为方便查阅和了解事物的完整性，仍予简略记述。

四、《浦口年鉴（2024）》记述的地域范围以2023年浦口行政区为界，即浦口区行政区划中剔除顶山、泰山、沿江、盘城4个江北新区直管区的区域。如涉及区域与上述不同的，另行注明，或以相关的原文件为准。

五、全书主体部分文体以记述文为主，辅以说明文。采用类目体编辑法，主体内容设类目、分目、条目3个层次，部分分目下设副分目，以条目为基本记述单元。《浦口年鉴（2024）》设专文、大事记、区情概览、中共南京市浦口区委、南京市浦口区人大、南京市浦口区政府、政协南京市浦口区委员会、南京市浦口区纪委监委、民主党派 工商联、群众团体、法治、军事、经济管理、经贸合作、制造业、都市农业、房地产业、旅游业、金融业、商贸服务业、城乡建设、乡村振兴、基础设施、科学技术、教育、文化、卫生健康、体育、社会生活、生态环境、应急管理、街道 林场 农场、人物、附录34个类目及有关图照。设分目215个、条目1083个，专题彩图23幅、随文插图61幅，表格48个。

六、“人物”类目中，“逝世人物”收录曾担任过浦口区（县）级以上职务的领导干部。

七、数字用法、标点符号用法分别采用国家标准《出版物上数字用法》（GB/T15835—2011）、《标点符号用法》（GB/T15834—2011）。计量单位用法采用国家技术监督局1993年12月发布的《量和单位》系列国家标准。根据农业生产的实际情况，部分内容采用“亩”作计量单位。

八、全书所载资料由浦口区各部、委、办、局、街道、企事业单位等专人撰写，并经单位负责人（主审人）审阅。统计资料由区统计局提供。由于统计口径不同，一些单位提供的数据会与区统计局提供的数据不一致，引用时请注意。

九、为便于读者查阅，卷首有目录和大事记，卷末有索引，全书信息资料可通过目录、大事记、索引3个检索渠道查找。

江浦老城区新貌

潘俊摄

浦口开发区

滕宏飞摄

浦口高新区

浦口高新区供图

南京国家农创中心

南京国家农创中心
National Innovation Center for Agri-Tech(Nanjing)

区融媒体中心供图

珍珠泉度假区

珍珠泉度假区供图

5 月 30 日，省数字乡村发展统筹协调机制办公室反馈浦口区国家数字乡村试点终期评估情况，浦口区位列全国第四。图为数字大田项目　　区农业农村局供图

6 月 12 日，浦口区被确认为江苏省健康县（区）。图为区卫生健康委和区市场监管局联合开展食品安全宣传活动　　钟静摄

7 月 5 日，浦口区被认定为江苏省义务教育优质均衡发展县（市、区）。图为南京市浦口区乌江学校的学生们在书法社团练习书法 张兴荣摄

12 月 12 日，浦口区被确定为第二批江苏省文化和旅游产业融合发展示范区建设单位。图为文旅新地标华昌龙之谷 区文化和旅游局供图

2 月 28 日，上汽商用车中型多功能宽体轻客项目投产仪式在浦口开发区举行

浦口开发区供图

9 月 22 日，4 个农业农村部重点实验室揭牌成立。图为绿色智能肥料创新实验室

南京国家农创中心供图

9 月 25 日，南京市民用无人驾驶航空试验区核心区无人机产业高质量发展实施方案发布暨项目集中签约仪式在浦口高新区举行，发布全省首个无人机产业高质量发展实施方案

浦口高新区供图

12 月 6—7 日，2023 中国农业农村科技发展论坛暨中国现代农业发展论坛在浦口举办

南京国家农创中心供图

3月19日，星甸街道王村村被列入第六批中国传统村落名录　　星甸街道办事处供图

5月，云园·梧桐语小型城市客厅投入运营　　浦口文旅集团供图

7月20日，星甸街道九华村入选江苏省乡村旅游重点村　　星甸街道办事处供图

12月28日，象山湖获评2023年度国家水土保持科技示范园。图为象山水库

江浦街道办事处供图

3月19日，南京银行·2023南京浦口马拉松暨全国女子半程马拉松锦标赛（南京站）在浦口举办　　区文化和旅游局供图

5月20日，“追风拾野 向往老山”第四届南京老山国际文化旅游节在佛手湖郊野公园启动　　区文化和旅游局供图

9月23日，“浦口有诗意”首届诗歌大会在凤凰山公园举办　　区文化馆供图

11月4—5日，2023首届老山音乐节在琼花湖公园举办　　区文化和旅游局供图

1月11日，2023年“创响江苏”春风行动专项活动浦口经济开发区专场招聘活动举行 朱颖摄

12月28日，江浦街道被确定为2023年智慧健康养老应用试点示范街道（乡镇）。图为江浦街道协办的老年人体育活动 滕宏飞摄

目　　录

专　　文

大 事 记

区情概览

中共南京市浦口区委

南京市浦口区人大

南京市浦口区政府

政协南京市浦口区委员会

南京市浦口区纪委监委

民主党派　工商联

群众团体

法　　治

军　　事

经济管理

经贸合作

制造业

都市农业

房地产业

旅游业

金融业

商贸服务业

城乡建设

乡村振兴

基础设施

科学技术

教　　育

卫生健康

体　育

社会生活

生态环境

应急管理

街道 林场 农场

人　物

附　录

索　引

专　　文

在区委五届八次全会上的讲话

区委书记　吴勇强

（2023 年 12 月 27 日）

这次全会的主要任务是，以习近平新时代中国特色社会主义思想为指导，全面贯彻党的二十大和二十届二中全会精神，深入落实习近平总书记对江苏工作重要讲话重要指示精神，按照中央经济工作会议、省委十四届五次全会和经济工作会议、市委十五届七次全会部署，总结全年工作、分析当前形势、部署明年任务，动员全区上下牢记嘱托、感恩奋进、实干担当，奋力推动中国式现代化浦口新实践取得新成效。

下面，我根据区委常委会讨论的精神，讲四个方面意见：

一、全面学习贯彻习近平新时代中国特色社会主义思想，落实党的二十大精神开局之年迈出坚实步伐

今年是全面贯彻党的二十大精神的开局之年，是三年新冠疫情防控转段后经济恢复发展的一年。在中央和省市委的坚强领导下，区委常委会团结带领全区人民真抓实干、克难奋进，现代化新浦口建设迈出坚实步伐。我们认真学习贯彻习近平总书记对江苏工作重要讲话重要指示精神，牢记嘱托、感恩奋进，中国式现代化浦口新实践的奋斗方向越来越明。围绕“四个走在前”“四个新”重大任务，立足区域实际找准浦口在省市发展大局中的功能定位，通过区委全会专题部署、系列行动方案具体指导，切实将重大要求贯彻到“一三五六”总体布局中，形成在优势领域聚力突破、短板领域奋起直追的广泛共识和自觉行动。我们扎实开展学习贯彻习近平新时代中国特色社会主义思想主题教育，学在实处、干在实处，全区上下旗帜鲜明讲政治的氛围越来越浓。坚持把实的要求贯穿全过程，精准化开展专题培训、学习研讨，深层次实施“四下基层”、调研整改，创新性探索各类党员学习措施、不同群众服务方式，区委常委会带头开展专题理论学习 16 次、基层调研近百次、建立工作机制 15 项，带动全区整改解决问题超千个。我们牢牢把握“高质量发展”首要任务，积极借鉴、深入调研，各级各部门改革创新促发展的本领越来越强。先后组织党政代表团赴 13 个先进地区考察学习，学到了理念、学到了方法；区委常委会全覆盖集体调研 11 个板块、听取 48 家部门工作汇报，理清

了问题、理出了方向。我们全力推动与新区融合发展,统筹推进、重点突破,江北全域一体崛起的态势越来越好。与新区一体开展规划研究、政策制定,一体调度经济运行、项目建设,一体保障重大活动、重要任务,通过一系列机制共建、活动共办、政策共享,全面实现与新区的信息渠道互通、产业平台互动、资源要素互联。

今年以来,我们顶住多重压力、克服重重困难,着力拼经济、促发展、惠民生、保稳定,全区经济社会发展稳中向好。预计全年 GDP 同比增长 5%,一般公共预算收入同比增长 8%,规模以上工业增加值等主要指标增速保持全市前列,在“五拼五比晒五榜”中获得红旗激励 14 次。重点抓了六个方面工作:

一是坚持项目带动,主导产业加速壮大。把大抓项目作为稳增长的有力抓手,制定实施产业倍增计划,产业强区建设稳步推进。项目招引有突破。聚焦招大引强,强化全员招商项目闭环管理,实施央企、外企月度研判机制,高规格举办集成电路创新发展大会等招商活动 50 余场,预计全年引进亿元以上项目 190 个,其中十亿元以上项目 10 个,实际使用外资、实际投资总额均位居全市招商考核组内第一。项目培育有成效。始终把高新技术企业作为产业发展的重要驱动力,深化运用科创 16 条,创新高新技术企业培育链式服务模式,净增高新技术企业超 100 家,总数突破 400 家,在全市排名前进两位,实现历史性突破。南京邮电大学产教融合学院正式开办,4 个农业农村部重点实验室建成投用,技术合同成交额同比增长超 30%,创成国家知识产权强县建设示范县。项目服务有提升。以“双晒双亮”行动、服务重大项目“一件事”改革为抓手着力提升项目质效,18 个省市重大项目投资进度位居全市前列,南京华天存储等 11 个亿元以上产业项目顺利竣工。在项目的带动下,全区主导产业均保持 10% 以上的高速增长,预计集成电路产业营业收入同比增长 30%,突破 200 亿元;高端交通装备产值同比增长 17%,达到 230 亿元;数字经济营业收入同比增长 10.9%,达到 285 亿元,战略性新兴产业发展获省政府督查激励。

二是坚持重点攻坚,区域品质不断优化。把优功能、增内涵作为主攻方向,集中精力、集中资源推动人居环境持续向好。攻坚重点任务推进。强化城建项目科学化编排、清单化管理,21 个市级项目开工率、完工率提前达到 100%,全市领先,128 个区级项目投资进度同比上升 10 个百分点。坚持综合施策、多方联动,8 个新开征收项目加速推进,主城片区 11 个地块完成扫尾,有力保障了重大项目建设、重要地块出让。“四清、四拆、四整治”成为主题教育正面典型案例,浦口在全市城市治理考核中持续领先。攻坚重点片区建设。把产城融合、配套先行的理念贯穿新城建设始终,城南中心“城市客厅”新形象初步展现,桥林新城基础设施项目有序推进,高新区核心区一批科创载体建成、品牌商业入驻。在老城更新中更加注重功能嵌入、特色彰显,用好城中村改造政策,完成文昌路片区试点项目建设,开展城南河资源活化利用研究,城市更新工作获市政府督查激励。攻坚重点品牌打造。持续放大生态优势,空气质量优良率稳步上升,地表水环境质量保持全省前列,重点建设用地安全利用率 100%,中国气候宜居城市(县)通过专家评审。以品牌活动提升区域影响力,成功组织浦口马拉松、老山音乐节等新 IP 品牌活动,连续两年入选全国旅游综合实力百强区,创成江苏省文化和旅游产业融合发展示范区,环老山体育旅游景区获评国家级精品景区。

三是坚持提质增效,乡村振兴扎实推进。围绕农业增效、农村增色、农民增收三条主线,着力调整结构、做强实力,农业农村现代化水平进一步提升。农业链条更加优化。农创中心引领全区现代农业发展成效明显,联动落地一批农业科技项目,建成首批“全国农业科技现代化先行县”。着力补齐精深加工短板,布局兰花塘未来农业体验中心、西江口农产品加工集聚区,打造汤泉山北高标准农田示范片区,加快建设永宁青虾物流园等供应链配套,农业电商销售额同比增长 13%,获评全省首批休闲农业精品区。农村品质逐步提升。涉农社区村庄规划编制全部启动,实施农村人居环境长效管护“红黑榜”评价,市级宜居村覆盖率达到 73%,位居全市前列,创成省级特色田园乡村 4 个,全市第一。高标准通过国家数字乡村试点区验收，浦口作为先进典型在全省进行交流发言。农民增收持续改善。“十强村”培育成效明显，村集体经营性收入增速超20%，全区超千万村实现零的突破，达到3个。试点打造集金融管理、产权交易等功能于一体的综合平台，推动农村产权交易规模同比增长60%，涉农服务更加高效便利。全区农村居民人均可支配收入位居郊区前列。

*四是坚持用心用力，民生保障更有温度。*始终在发展中优先保障和改善民生，高效完成十大类61个重点民生实事项目。在保障群众生活上用心用力。把稳就业放在更加突出位置，创新“家门口”就业服务站、招聘“业”市等举措，精准开展“一街一品”乡村特色职业技能培训，城镇新增就业人数完成率位居郊区第二。更大范围推行“房票”安置政策，探索存量房源去化新模式，全面完成整组搬迁三年任务。在提优公共服务上用心用力。教育教学能力持续提升，成功开办中华中学雨山中小学等3所学校，义务教育阶段集团化办学实现全覆盖，江浦高级中学在全市高中发展性评估中荣获8项大奖，产教融合及校企合作获省政府督查激励，创成省义务教育均衡发展区。区域诊疗能力持续提升，推进“名院名医”合作，与10余家三甲医院共建专科分中心、名医工作室、专家工作室，成功通过全国基层中医药示范县现场评审，创成省级健康区。基层医保公共服务延伸点实现村（社区）全覆盖，建成区级托育综合服务中心，江浦街道创成国家级智慧健康养老示范街道。在解决急难愁盼上用心用力。推动“集中走访日（周）”从困难群众向普通群众延伸，收集意见建议3万余条，解决问题诉求6000余个。推动“每月一办”从区级向部门板块、村（社区）延伸，解决了商品房绿化品质监管等一批民生问题，群众满意度持续提升。

五是坚持改革提效，治理水平稳步提升。“百名干部破百题”行动成效彰显，活力与秩序同频、发展与治理共振的良好格局逐步形成。市场运营更高效。国企改革三年行动顺利收官，经营、融资和盈利能力进一步增强，5大集团市场化营业收入同比增长18%，利润总额同比增长19%。科学整合全区国有资本力量，组建完成50亿元浦口高质量发展母基金，资源配置更加合理高效。城市管理更智慧。组建运行城市数字治理中心，归集全区52个部门57个应用系统的数据资源，开发综合行政执法系统、“大走访”驾驶舱系统等应用场景，推动城市治理一网统管。建立全省首个区级综合行政执法培训基地，全面推行“综合查一次”机制，检查频次同比下降50%以上，深化综合行政执法体制改革成为全市“一区一特色”优秀案例。社会环境更安全。扎实开展“信访突出问题攻坚化解巩固提升年”行动，试点打造“零访社区”，到省、市、区上访人数均下降30%以上。创新实施“厂中厂”、住宅小区车库住人等专项治理，安全生产形势持续稳定。探索“浦安联盟”专群结合模式，首席法律专家参与重大矛盾调处机制成为全省典型，群众安全感持续保持全市前列。食品安全工作连续两年获评全市第一。

*六是坚持党建引领，保障发展更加有力。*毫不动摇坚持和加强党对一切工作的领导，扎实推动全面从严治党，着力赋能全区高质量发展。以理论学习强化思想保障。认真学习习近平新时代中国特色社会主义思想，组织区委中心组学习研讨30次，开展全覆盖、分众化宣讲1000余场，基层党员冬训全市首创“五学”模式，获评创新创优示范区，广大党员干部理想信念更加坚定、发展信心更加充足。扎实开展“清朗”“净网”等系列网络综合治理行动，牢牢守护意识形态安全。以质效提升强化组织保障。完善干部任用管理相关机制办法，分层次分专题举办干部座谈会，对区管领导班子和区管干部开展全覆盖日常考核，创新建立村（社区）书记“五个一”培育体系，持续推动干部队伍能力提升、结构优化。成立集成电路等领域党建联盟引领产业发展，推广“支部+合作社”等新模式促进富民增收，打造“善治有‘浦’”体系助力基层治理。以从严监督强化纪律保障。扎实开展区委巡察、政府投资基金专项治理监督，全力推进省委巡视移交问题线索处置，持续加大反腐败工作力度，严格落实中央八项规定精神，政治生态持续向好。与此同时，区委常委会支持人大、政协依法依章履职，对发展重点领域和关键环节监督更加有力，充分发挥了统战、群团、政法条线、人

民武装等各方面的优势作用,进一步巩固了团结奋进的良好局面。

回顾全年工作,成绩来之不易,前进唯有奋斗。我们深刻体会到,没有一帆风顺的发展道路,只有敢拼敢比的砥砺前行;没有一成不变的发展困难,只有走在前列的过硬担当;没有一直存在的发展机遇,只有求变求新的改革魄力;没有一蹴而就的发展成效,只有久久为功的不懈坚持。浦口发展取得的每一点成绩、前进的每一个脚步,都得益于习近平新时代中国特色社会主义思想的领航定向,得益于党中央和省市委的坚强领导,得益于全体党员干部的拼搏奋进,得益于广大浦口群众的勠力同心。在此,我谨代表区委常委会,向大家的辛勤工作和辛苦努力表示衷心的感谢!

在肯定成绩的同时,我们也要清醒看到:对照现代化建设更高要求,主导产业质效还有待增强,新兴产业培育还有待加快;区域品质提升仍需持续用力,公共服务供给仍有短板不足;全面从严治党还需走深走实,纪律作风建设还需常抓不懈。对此,我们必须高度重视,采取有力措施切实加以改善。

二、准确把握新形势下发展方向,科学谋划明年工作路线方略

中央经济工作会议指出,今年以来我国经济回升向好,高质量发展扎实推进,但社会预期偏弱、风险隐患仍然较多,国内大循环存在堵点,外部环境的复杂性、严峻性、不确定性上升。对此,我们要充分考虑宏观环境对浦口发展带来的各种影响。一方面,整体复苏态势明显,但部分动能尚需提振。今年宏观经济预计能够实现5%的增长,但经济复苏在不同领域、不同地域之间仍然不均衡,部分行业增长趋缓,个别与浦口关联度较大的领域呈现出一定收缩态势,半导体等工业品市场需求偏弱,消费回暖不及预期,导致我区经济恢复持续承压。另一方面,政府政策加力加码,但市场信心有待恢复。今年以来,中央省市各级各部门在行业准入、金融支持、税收优惠、营商环境等方面陆续出台了一系列刺激性政策措施,长期向好的基本趋势稳固夯实。但是,疫情“疤痕效应”依然比较明显,国际地缘政治危机带来的负面影响和悲观预期仍未消退,投资、消费、出口“三驾马车”的拉力均有不同程度缺失,这对浦口招引项目、扩增产能、繁荣市场都形成了一定的压力和困难。

同时,随着浦口经济社会发展向前迈进,诸多挑战也伴随而来,突出表现在三个方面:一是竞争压力加剧的挑战。纵向来看,随着宏观增长从超高速向中高速换挡,各个地区的发展速度也同步趋缓,增长压力上升。横向来看,由增长压力带来的竞争压力也愈发凸显,如何在有限的资源、政策、项目中抢占先机,成为赢得竞争优势的关键。二是产业集聚放缓的挑战。当前我区工业运行主要以个别龙头企业为支撑,部分企业呈现出收缩态势,产业内部结构单一的问题继续加剧,影响到产业集群的健康发展。此外,在手在谈项目储备不足,难以为主导产业发展提供强力支撑,或将对我区产业结构转型升级造成冲击。三是资源要素收紧的挑战。近年来,由于房地产市场行情变化等因素,浦口财力紧张的态势愈发明显,“过紧日子”成为常态,政府投资的拉动作用无法充分发挥。同时,土地、能耗、生态等领域的管控力度也在加大,一定程度上提升了高质量发展的成本。

在这样的矛盾与困顿中,我们依然不能丢失信心和底气,因为有利条件始终强于不利因素,我们正处于危中有机、危可转机的全新局势中,主要有三点表现:

*一是一体融合发展的新格局。*一体化发展是区域协调发展的高级形态,也是浦口乘势而上的重要机遇。一方面,要紧紧把握长三角一体化重大战略。11月底,习近平总书记主持召开深入推进长三角一体化发展座谈会并发表重要讲话,标志着这一重大国家战略进入了第二个五年的新历史阶段。全区上下要坚决按照总书记指引的方向路径,坚定不移走一体化科技创新、产业协同、机制联动、生态共治的新路,依托良好区位优势加速集聚上海、浙江、苏南等地高端资源,深入推动产业联合、市场联通。另一方面,要紧紧把握江北一体化关键任务。与新区一体融合发展是浦口面临的关联度最大、覆盖面最广、影响力最深、带动性最强的机遇,市委要求“三年全面融合到位”,当前时间已经过半。要加紧在更深层次、更大范围统筹两区产业发展、城乡建设等各方面工作,进一步加深干部群众整体观念、加强资源项目整合措施,推动浦口城市能级实现快速跃升。

*二是新旧动能转换的新阶段。*着眼于新旧动能转换的新特点新任务,我们必须找准关键、靶向发

力。一是发展绿色化转型。良好的生态环境不仅能够创造越来越高的自身价值，更能集聚越来越多的发展资源，绿色发展指数已经成为检验地区发展水平的重要指标。浦口作为生态底子好、基础牢的地区，必须要在转型发展上为省市提供先行经验和有效路径。二是产业高端化重组。全区经济运行正处于规模化和高质化并行、规模化依靠高质化支撑的关键时期，产业层级必须要向由知识、技术、数据等新型生产要素驱动的集约高效型迈进，产业体系必须要向数字经济、人工智能、低空经济等新兴领域拓展，从而让浦口顺利融入当前颠覆性、革命性技术变革所带来的机遇之中。三是创新产业化赋能。在改革创新发展主题的引领下，全区人才、项目、平台等创新资源正在加速集聚，将进一步引领产业格局优化、推动产业效益提升。浦口作为南京集成电路产业发展、农业科技创新的核心板块，要充分发挥龙头企业、高端平台、重点实验室的基础优势，强力推进创新成果就地转化，形成引领赋能产业集群提质增效的关键驱动力。

三是优势因素强化的新机遇。在多重国家战略的推动下，浦口一系列特色优势将更加充分释放。一是枢纽功能更加突出。南京北站的全面启动建设以及一大批过境国省干线、轨道交通、过江通道的规划实施，将推动浦口深度融入区域一体化发展格局，更加凸显在南京都市圈以及长三角的区位优势。公路、铁路、水运的联动发展，也将进一步强化桥林新城等地产业和人才集聚。二是生态价值更加彰显。近年来，以亲近自然为主要追求的都市周边游热度逐渐上升，浦口资源禀赋正持续为新消费模式赋能。同时，在生态日益成为人们安居乐业重要考量的背景下，银发经济和健康养老产业也迎来了发展契机。三是政策覆盖更加全面。产业发展方面，中央省市相继出台了一系列扶持培育的意见方案，浦口主导产业战略层级高、集聚效应强、增长潜力大，将获取更多关注和更大支持。城乡建设方面，下一轮的重点是以县城为重要载体的新型城镇化建设，浦口作为近郊新城以及未来的新主城，政策机遇更加充足，更有条件产生新的投资、形成新的增长点，汇聚高质量发展的强劲动能。

做好明年工作，必须坚持以习近平新时代中国特色社会主义思想为指导，全面贯彻党的二十大精神和习近平总书记对江苏工作重要讲话重要指示精神，深入落实中央经济工作会议和省市委部署要求，坚持稳中求进工作总基调，统筹推进“五位一体”总体布局，协调推进“四个全面”战略布局，完整准确全面贯彻新发展理念，全面落实“四个走在前”“四个新”重大任务，锚定目标、奋发进取，扎扎实实、踏踏实实，巩固和增强经济回升向好态势，更好统筹发展和安全，努力在高质量发展上取得新突破，奋力谱写现代化新浦口建设新篇章。

做好明年工作，要更加强化抓机遇的主动性和防风险的精准性，以确定性政策举措抵消不确定形势变化带来的负面影响，重点增强五个韧性：一要增强经济韧性。着力构建在下行压力中能保持平稳健康、有深厚发展潜力的经济运行格局，以农业的有效转型、工业的有力支撑、三产的有机融合，不断优化产业结构。二要增强环境韧性。推动新型基础设施和公共服务在城市和乡村一体完善，山水林田湖一体治理，水、气、土一体优化，持续提升城乡空间的人口承载力、生态承载力、产业承载力。三要增强社会韧性。坚持风险思维、底线思维，提高基层治理的群众参与性、数字治理的精准覆盖度、网格治理的问题发现力，全面夯实全社会防风险、抗风险、消风险的能力。四要增强制度韧性。强化“看得见的手”的自我约束，健全更加规范化的工作统筹、责任落实、督查考核机制；强化“看不见的手”的主导作用，完善更加市场化的行业准入、公平竞争、权益保护机制。五要增强改革韧性。在“全域综合改革突破年”“改革创新深化拓展年”基础上持续提升改革效能，既要深化内涵延伸、推动现有成效彰显，也要加强经验总结、提供新的突破方向。

三、全力以赴做好明年工作，奋力推动高质量发展取得新突破

明年是实施“十四五”规划的关键一年，也是顶压前行的攻坚之年，做好明年工作责任重大、意义非凡。要坚持稳中求进、以进促稳、先立后破，奋力推动高质量发展实现三个突破：一是发展指标的突破。在确保完成必成目标基础上，围绕奋斗目标全速前进。要以存量投资的释放夯实指标支撑，加强建成投产项目的跟踪服务，促进产能升级、企业升规。要以增量投资的积累挖掘指标潜能，充分利用好各级各类经济刺激政策，聚焦高成长性企业招大引强，高效率推进项目签约落地，切实以发展指标的“进”确保经济主战场的“稳”。二是发展品牌的突破。始终坚持重点工作创特色、特色工作创品牌，在长期实

践和积累的基础上，实现品牌打造由量变到质变突破升级。在“国字头”招牌创建上，要发挥浦口独特的资源禀赋和局部领域优势，推进“两山”实践创新基地、全国义务教育优质均衡发展区等创建取得新进展。在争取国务院及省政府表彰激励上，要深入挖掘营商环境优化、乡村振兴、产业升级等工作特色，力争实现数量扩增。三是发展能级的突破。在产业能级方面，围绕主导产业做大集群，加速培育战略性新兴产业，力争实现规模以上工业总产值同比增长8%，“专精特新”企业数增长超10%。在创新能级方面，强化企业科技创新主体地位，力争高新技术企业数量突破450家，涌现出更多关键技术攻关成果。

实现这样的总体目标，首先要在思想层面做到三个突破：一要突破畏难情绪。迅速适应增长压力大、风险隐患多的两难甚至多难局面，始终保持迎难而上的勇气、动真碰硬的锐气，把昂扬奋进的精神状态转化为区域发展的前进动力。二要突破定势思维。准确把握从高速增长向高质量发展的转变，通过不间断的学习借鉴、常态化的比拼争先、集中式的破题攻坚，倒逼推动理念变革、方法变革、效能变革。三要突破局部观念。从更高站位、以更大视野看浦口，在服务全国构建新发展格局、贡献全省走在前做示范、助力全市提高首位度上勇担使命、积极作为。

明年要具体做好六个方面工作：

一要狠抓经济补短提优。加强经济运行监测与分析，千方百计扬优势、补短板、挖潜能，实现质的有效提升和量的合理增长。做强优势领域。加速农创中心科技成果的本地应用转化，延长农业加工及配套产业链，力争落地农业产业化项目、高科技应用场景15个以上，培育更多盒马村、冷链村、亿元村，实现绿色农产品占比超73%。不断以项目建设强化实体经济支撑，建立竣工投产项目库，大力推进要素、设施、配套等硬保障以及政策、金融、法治等软服务协同改善，在“双亮”行动中形成更多解决问题的创新方法和闭环机制。加快短板补齐。积极促进房地产市场回暖，在需求侧借助政策松绑契机加快存量房源去化，在供给侧引导房企加大改善型住房开发比例，提升市场活跃度和竞争力。多维度提振消费，围绕重要节点创新开展促消费活动，以“首店”、热门品牌的引进增强虹悦城、龙湖天街等商业综合体吸引力，确保全年净增商贸限额以上企业超40家，全力激活市场动能。挖掘增长潜力。发挥科技创新撬动作用，选取切口小、前景大的前沿领域加强技术攻关扶持，引导新型研发机构与孵化企业联动提升科技成果转化落地率，构建科技型企业全生命周期梯次培育体系，不断厚植科创沃土。紧抓与新区融合发展契机，为两区企业主体、产业平台互动开拓更多渠道、创设更多场景，在集成电路、生物医药等领域积极承接生产外溢、布局配套环节，打造形成更多新的增长点。

二要狠抓产业提档升级。以产业强区计划为引领，全力做强主导产业、加紧布局未来产业，积极构建现代化产业体系。升级产业规模。突出抓好全员招商的信息跟踪和项目转化，综合运用基金招商、委托招商、以商招商等方式形成招商合力。围绕轨道交通、新能源汽车等领域规模扩增和服务配套需求延伸产业链，加快形成集群效应。在集成电路、高端交通装备等重点领域精耕细作，选育培优一批科技含量高、发展潜力强的重点企业，扶持在地企业实施产线新增、产能扩增项目，实现工业产值持续攀升。升级产业结构。围绕企业转型需求，建立“智改数转”分级培育库，落实专项政策、安排专项资金，加快制造业智能化升级。推动产业细分领域更新迭代，聚焦核心技术和关键零部件，引导制造型企业与设备材料企业开展联合攻关。加强人工智能、数字经济等领域前瞻布局，错位彰显功能园区产业特色，逐步培育发展新兴支柱产业，实现区域产业均衡布局。升级产业生态。精准贴合产业发展需求完善配套，打造集成电路验证测试支持、EDA设计工具支持等技术服务体系。优化产业上下游供需对接机制，通过促进产学研主体的深度合作加强成果转化，构建高品质产业生长空间。

三要狠抓民生多元供给。贯通运用“集中走访日(周)”“每月一办”等工作机制，统筹需求侧的问题梳理和供给侧的方案制订。服务内容要多元化。集中力量抓好办成一批群众可感可及的实事，加快推进中医院三甲创建和人民医院三期工程交付，保障狮山路小学等3所优质新校开办，用好区级补充医疗困难救助基金，拓展“浦惠民生”服务项目。全力推进富民增收，探索产教融合“订单班”，开展创业项目制培训，加大应届毕业生专场招聘频次，提升岗位适配度，确保城镇新增就业超8000人。服务对象要多元化。精准满足不同人群需求，针对年轻就业群体提供优质快捷的掌上服务，针对老年群体健全温暖适宜的关爱机制，针对幼孩群体增加普惠便利的托育保障。把做好农村群众服务作为重中之重，依托医共体建设模式加大骨干专家派驻基层力度，通过“区管校用”保障优质教育资源向薄弱区域流动，促进城乡公共服务更加均衡。服务方式要多元化。坚持线上与线下服务相统筹，推进区域公共卫生、居民养老、社会救助等数据资源整合共享，提高互联网医疗、网上政务大厅等网络服务终端数字化、便捷化水平。进一步规范窗口服务流程，统筹好政务便民服务的智能化升级与适老化改造，针对特殊困难群体加强上门服务，提高为民办事效率。

*四要狠抓城乡品质彰显。*大力推动外在形象和内在功能的统筹升级，整体化提升城乡品质。充分彰显城乡规划的科学性。突出全局谋划，在功能分区、用地布局、基础设施等方面加快与新区实现规划统筹，促进区内各板块规划紧密衔接、各专项规划协同联动。持续构建完善国土空间规划体系，加紧推进控详全覆盖，加强城市更新规划研究及编制，确保村庄规划批复率达100%。充分彰显城乡建设的人文性。着眼人的需求，统筹推进356省道、丰子河路等重点工程实施，全面加速桥林新城片区产城融合发展，按照省级标准打造城南河旅游休闲街区。注重在城市更新中保留文化特质、增加实用功能，促进老城更加宜居。以提升村民幸福感为核心建设宜居宜业和美乡村，将农村人居环境改造与特色产业打造相结合，扎实开展“四好农村路”全国示范县创建。充分彰显城乡管理的长效性。巩固“四清、四拆、四整治”行动成效，完善环境整治“回头看”常态化机制，进一步减少城乡治理盲区死角。推动市政设施建设管理一体衔接，做好省级特色田园乡村、省级传统村落长效管护，形成一批精细化管养优质示范点。

*五要狠抓生态价值释放。*坚持将浦口山水生态优势转化为绿色发展动能，实现保护与开发良性循环。优化生态宜居环境。全面推进美丽浦口建设，完善毗邻区域环境应急联防联控机制，实施水、气、土污染溯源治理，强化工业污染风险管控。持续坚定抓好长江大保护，基本完成建成区幸福河湖建设目标，加快形成季相丰富的老山生态景观。做强生态特色产业。系统梳理全区碳汇资源，积极探索林上、林下空间立体发展的林业经济，促进生态价值转换。依托资源基础、聚焦前沿趋势，推动文旅产业特色化发展，串联打造精品线路，构建高水平产品供给体系和旅游服务体系。打造生态优势品牌。以“老山”为核心IP、以各类创建为主线和抓手，加快筹划建设老山生态展览馆，全力推进华昌龙之谷等景区创国家AAA以及珍珠泉度假区创国家级，力争创成“两山”实践创新基地、老山“生态岛”试验区。

*六要狠抓安全风险防控。*强化联合联动，完善社会治理，构建全流程可感可控的大安全格局。优化风险排查机制。坚持关口前移、重心下沉，建立健全部门协同、社会参与的隐患摸排报送制度，推广“零访社区”经验做法，完善社会心理服务和危机干预体系，严防恶性刑事案件和极端暴力事件。推进大数据技术手段运用，强力开展重点风险行业及场所滚动排查，推行安全生产“综研联检”工作机制，全面筑牢安全屏障。提升风险监控能力。深化实施“精网微格”工程，注重在基层群众当中扩充兼职网格员队伍，以多元共治格局防范化解矛盾隐患。加强日常研判、专题分析、战时戒备综合能力建设，对重大矛盾和高风险人群开展“一事一案”实时监控，全力保障重大活动及敏感节点社会面和谐稳定。强化风险处置效率。加快应急指挥调度标准化、专业化建设，扎实开展关键领域突发事件实战化应急演练，推动社会治理及应急处突综合指挥中心建设取得实质进展。拓宽群众诉求反馈渠道，完善“和解浦畅”纠纷调处工作机制，将人民调解、法律援助、政务服务有机结合，着力提高矛盾调解成功率，营造良好社会环境。

四、坚定不移全面从严治党，切实以高质量党建为高质量发展保驾护航

坚持党的领导是中国式现代化的本质要求，也是根本保证。要把主题教育激发出来的信心、干劲和力量，转化为扛牢责任、真抓实干的强大动力，推动党的建设全面从严、全面过硬。

*一要坚持抓引领、添动力，落实理论武装“硬任务”。*学习贯彻习近平新时代中国特色社会主义思想，是新时代新征程开创事业发展新局面的根本要求，要坚持不懈用新思想武装头脑、指导实践、推动工作，深刻领悟“两个确立”的决定性意义，不断增强“四个意识”、坚定“四个自信”、做到“两个维护”。要确保主题教育圆满收官。坚持以学铸魂、以学增智、以学正风、以学促干，扎实推动学习再深化、调研真转化、整改实打实，精心组织专题民主生活会，认真总结主题教育成效做法，在巩固拓展、常态长效上下足功夫。要确保理论学习持续深化。紧

跟新思想的丰富发展,推进理论学习常学常新、常悟常进,综合运用中心组学习、读书班、干部培训轮训等多种方式读原著、学原文、悟原理,用好“浦言朴语”理论宣讲平台,充分发挥新时代文明实践中心(所、站)阵地功能,全面推动党的创新理论在浦口落地生根。要确保思想引领入脑入心。进一步健全习近平总书记重要讲话重要指示精神和中央重大决策贯彻落实机制,对标省委、市委对浦口的新指示、新要求,切实保证上级每项部署安排在浦口落实落地。压紧压实意识形态工作责任制,加强网络、学校、宗教场所等阵地管理,以强信心为重点加强正面宣传,持续提高舆论引导能力,讲好浦口故事、凝聚广泛共识。

二要坚持抓能力、促提升,加强队伍建设“硬支撑”。党员干部有担当,基层组织有力量,各项工作才能上下贯通、落地见效。要强化关键少数“牵引力”。始终注重提升领导干部的带动力和表率性,健全“一把手”抓、抓“一把手”责任机制,结合新一轮党和国家机构改革调优班子结构,持续实施“三访三谈”、干部无任用推荐考察等举措,加强区管干部管理,切实以管好“关键少数”形成引领带动效应。要激发绝大多数“战斗力”。着眼发挥“一名党员一面旗”先锋模范作用,坚持在基层一线、攻坚前线考察识别干部,深化运用新进人员下基层、科级干部“双向挂职”等机制加强培养锻炼,持续打通年轻干部发现、储备、培养、使用各环节,完善激励保护措施,进一步调动干事创业积极性、主动性、创造性。要提升基层组织“向心力”。坚持“一切工作到支部、一切工作靠支部”,通过提升村(社区)阵地服务效能深化党建引领基层治理,在抓党建促乡村振兴中重点强化带头人队伍建设,以品牌深化拓展、模范机关创建为抓手推动机关党建提质增效,聚焦“三新”领域党建有形有效覆盖建好平台阵地,全面提升各领域党建工作质量和水平。

三要坚持抓机制、强保障,压紧执纪监督“硬措施”。坚定不移把全面从严治党作为永恒课题,把严的基调、严的措施、严的氛围长期坚持下去。要严格“两个责任”落实。持续完善党委主体责任和纪委监督责任清单,综合运用区委巡察、重点事项督查、“一把手”谈话等方式推进政治监督具体化、精准化、常态化,通过深化协同监督、联合办案等机制,加强纪检监察专责监督与其他监督的贯通协同,实现无缝监督、合力监督。要严抓纪律作风建设。坚持以严明政治纪律带动各项纪律全面从严,推进纪律教育常态化,引导广大党员、干部学纪、知纪、明纪、守纪。大力弘扬抓落实的工作作风,在不折不扣执行上级决策、雷厉风行把握时效进度、求真务实长效纠治“四风”、敢作善为强化攻坚克难上下功夫,持续巩固拓展作风建设成果。要严肃推进反腐倡廉。贯通运用监督执纪“四种形态”特别是第一种形态,抓早抓小、防微杜渐。紧盯重点问题、重点领域、重点对象,加强问题线索核查处置,严肃查处群众身边“蝇贪蚁腐”。坚持“三不腐”一体推进,推动实现办案、治理、监督、教育闭环。

同志们,再好的目标也靠实干,再美的蓝图也得奋斗。让我们更加紧密地团结在以习近平同志为核心的党中央周围,坚持以习近平新时代中国特色社会主义思想为指导,在省市委的坚强领导下,坚定信心、开拓奋进,奋力谱写现代化新浦口建设崭新篇章!

南京市浦口区2024年政府工作报告

区长　王国平

（2024年1月10日）

现在，我代表浦口区人民政府，向大会报告工作，请予审议，并请各位政协委员和其他列席同志提出意见和建议。

2023年工作回顾

2023年是全面贯彻党的二十大精神的开局之年，是三年新冠疫情防控转段后经济恢复发展的一年。我们始终坚持以习近平新时代中国特色社会主义思想为指导，深入学习贯彻习近平总书记对江苏工作重要讲话重要指示精神，在市委、市政府和区委的坚强领导下，在区人大、区政协的监督支持下，坚持稳中求进工作总基调，坚持以新发展理念引领高质量发展，紧扣“一三五六”总体布局，聚力“改革创新深化拓展”，知重负重、克难前行，各项重点工作扎实推进，较好完成了区五届人大二次会议确定的目标任务。这一年，我们聚焦“强动能、增活力、稳经济”，围绕主导产业做大集群，加速培育战略性新兴产业，着力抓调度、抢进度，省市重大项目、产业类项目投资完成率超序时进度，地区生产总值可比价增长5%，一般公共预算收入65.3亿元，同比增长8.3%，社会消费品零售总额150.3亿元，同比增长1.2%，经济运行稳中有进、稳中向好。这一年，我们聚焦“保民生、兜底线、增福祉”，始终坚持以人民为中心，着力解民忧、暖民心，民生支出99亿元，同比增长16.3%，发放各类基本生活保障金7.9亿元、医疗救助金3132万元，群众获得感幸福感满意度有力提升。这一年，我们聚焦“学思想、强党性、重实践、建新功”，扎实开展学习贯彻习近平新时代中国特色社会主义思想主题教育，着力兴调研、破难题，处置化解安置房办证等疑难杂症31个，有效突破预付卡监管等攻坚事项89个，推动解决交通噪声扰民等重点问题469个，完成整组搬迁安置8598户，以抓铁有痕、踏石留印的执行力和久久为功的韧劲，干成了一批难而正确的事。与此同时，全区上下砥砺奋进、争先创优，创成国家知识产权强县建设示范县、全国农业科技现代化先行县，国家数字乡村试点区建设获评全国第四、全省第一，区政府网站在全国同类区县中排名第八，政府督查工作获国务院督查激励表彰、全省唯一；获评省义务教育优质均衡发展区、省级健康区、省文旅产业融合发展示范区，战略性新兴产业、职业教育办学等2项工作获省政府督查激励表彰。

一是经济质效实现新提升。项目推进成效明显。强化招商统筹，优化招引机制，实施央企、外企月度研判，狠抓以商引商、基金招商、产业链招商，举办集成电路创新发展大会等头部活动50场，成功引进亿元以上项目190个、总投资732亿元，其中10亿级以上项目12个、百亿级项目1个。18个省市重大项目上半年全部开工，华天晶圆封测、伟测基地等项目实现当年开工、当年封顶。104个产业类项目开工率96.2%，纽路德新路文化等11个亿元以上产业类项目顺利竣工。在全市项目进度比拼中荣获四次红旗激励。产业培育突破成势。制订实施产业倍增行动实施方案，加快推进制造强区，规模以上工业增加值同比增长9.5%，增速排名全市第二。集成电路产业实现营业收入200亿元，同比增长30%，规模保持全市第一；高端交通装备产业规模以上企业总产值达230亿元，同比增长17%。数字经济核心产业增加值占地区生产总值比重超16%；实施“智改数转”项目240个，锦湖轮胎、华天科技通过省级智能制造示范工厂认定。农文旅融合效应加速显现,举办老山国际文化旅游节、浦口马拉松等重点活动30余场,全年接待游客1914.5万人次,实现旅游消费134.5亿元,同比增长54.9%、42.4%,星甸九华村创成省级乡村旅游重点村。消费活力进一步迸发,举办重点促消费活动50余场,引进品牌首店6家,龙湖天街主体完工。持续培强农业经营主体,新增省市级龙头企业17家、省市级示范家庭农场14家。实施高标准农田项目11617亩,实现粮食播种面积、单产、总产"三增长",获评省级休闲农业精品区。园区发展焕新升级。开发区制造业发展量质并进,加快构建第三代半导体产业链条,成功引进华天晶圆封测等10亿元以上项目9个,芯爱高端基板、依维柯中型宽体轻客等项目正式投产。高新区科创能级显著增强,金城无人系统、360城市安全大脑等60个亿元以上项目签约落户,发布实施全省首个无人机产业高质量发展方案,软件信息服务业营业收入同比增长13.8%。农创中心科创资源加快集聚,沈其荣院士工作站成功落地,建成农业农村部重点实验室4个,打造高科技应用场景10个,承办中国农业农村科技发展论坛等重点活动20余场。珍珠泉度假区文旅资源加速整合,成功举办金洽会浦口文旅招商专场推介会,引进项目11个,总投资13.8亿元,澹兮温泉度假酒店等项目加快建设,获评市级服务业集聚区。

二是改革创新激发新活力。机制改革全面深化。深入开展综合行政执法改革,与江苏警官学院共建全省首家区级综合行政执法培训基地。创新实施"双委托"监管,推动珍珠泉度假区与文旅集团深度融合,全区文旅项目统一运营、一体发展的格局初步形成。聚力国企提质增效,加快同质资源整合、低效业务清理,融资成本较年初降低28个基点,市场化营业收入增长9.8%。园区"小管委会+大平台"改革基本完成,平台公司全面实施绩效考核。研究制定社工管理办法,促进社工结构提优、素质提升、能力提高,有力夯实基层服务体系。加速盘活既有资源,在全省率先搭建补充林地指标交易平台,保障重大项目用林需求585.9亩;完善国资监管体系,完成存量资产办证10.7万平方米,盘活闲置资产24.5万平方米;处置批而未供土地5189亩,完成低效用地再开发1194亩。申通南京智慧物流产业园节地模式获评省先进典型案例。创新要素加快集聚。依托科技镇长团、科技服务联盟,积极推进校企协同创新,引进南邮集成电路学院,与南大共建南京原子制造创新研究中心,协同南工大、省产业技术研究院共建绿色智慧化工研究所,新增省市级工程技术研究中心10家、市级以上科技企业孵化器及众创空间2家,新研机构及孵化引进企业营业收入55亿元。净增高新技术企业110家,总数突破400家,在全市排名前进两位,实现历史性突破;新增润邦材料等国家级专精特新"小巨人"企业3家、IC独角兽企业2家,科技型中小企业入库数超1000家,重点企业研发支出增长超12%,技术合同成交额增长30%以上。扎实开展科技人才评价改革试点,入选国家重点人才4人,申报省级重点人才计划20人,新增市级重点人才29人。新设立50亿元浦口高质量发展母基金,建立覆盖初创期、成长期、成熟期全阶段的多层次基金矩阵,产业基金总规模超350亿元。积极引导金融机构支持重点产业、中小微企业融资,依托1亿元"浦惠贷"风险补偿资金,授信21.6亿元,惠及企业425家。三乐集团获评中国专利优秀奖。开放协作持续推进。加快培育外贸新业态,跨境电商孵化基地初具规模,跨境电商进出口交易额13亿元,外贸进出口总额274.3亿元,实际使用外资8490万美元。深化对外交流合作,赴澳洲、日韩等地开展招商活动13场。深度融入长三角一体化重大战略,统筹推进区域协同发展、一体治理,打造联动共治苏皖乌江站,创新省际毗邻地区跨省通办、交通融通管理、森林防灭火等合作模式。扎实开展与镇安等地对口协作。

三是城乡建设展现新面貌。空间布局不断优化。紧扣江北一体融合发展,统一规划、统一布局,高标准完成国土空间总体规划编制,持续推动空间指标落地上图;全面推进乡村规划师驻村指导,涉农社区村庄规划编制全部启动。紧扣新老协同、精明增长,城樾路等3处"梧桐语"城市客厅正式投用;城南片区控详规划进一步优化,桥林新城战略规划高水平编制,先期建设区全面启动。紧扣全域互联互通,全力推进北沿江高铁、356省道等9个重大交通基础设施建设,打通卓溪路等"断头路"4条。城

乡品质稳步提高。实施北花园路人防工程等城建重点项目128个,新建绿道15公里、精品街景10处、口袋公园1个,提档升级农路37公里,新增停车位9313个,创成省级城乡公交一体化达标县、农村物流达标县,书香口袋公园入选省级"乐享园林"活力空间。持续推进"四清、四拆、四整治",高效完成9个老旧小区整治、10条背街小巷改造,城市治理考核位居郊区组第一。有序推进征地拆迁62.5万平方米。新开工保障房136万平方米,竣工38万平方米。提档升级市级宜居村34个,江浦响堂、汤泉泉东获评中国最美村镇,汤泉茆家洼、孙垄子、星甸王村、永宁河北创成省级特色田园乡村,省级传统村落达18个,累计总数全市第一。生态优势日益彰显。抓实中央生态环境保护督察问题整改,28件央督交办件全部办结销号。加强大气污染联防联控,抓好臭氧和细颗粒物协同治理,强化重点企业帮扶指导,空气质量优良率达80.5%。持续深化长江、滁河"十年禁渔",实施267个长江入河排污口整治及"回头看",打造22条幸福河湖,省考断面水质优Ⅲ比例保持100%,地表水环境质量位居全省前列、全市第一。象山湖获评国家水土保持科技示范园,全省唯一。加强危废全周期监管,加快无废城市建设,土壤安全利用率100%。完成森林抚育8000亩、造林2650亩。持续推动绿色低碳转型,规模以上工业单位增加值能耗下降3.5%。汤泉泉东获评省生态文明建设示范村。

*四是民生福祉得到新改善。*民生实事有序推进。紧盯区五届人大二次会议票决产生的10件民生实事,全力以赴强调度、快落实、建长效,实现投资25.2亿元,充电桩改造等突出问题有效解决,安置房交付等群众关切问题加快推进,餐饮场所"瓶改管""瓶改电"扎实开展,永宁余家湾天然气管网初步建成,教育医疗、养老服务、交通出行、环境保护等方面工作取得长足进步。民生供给有效提升。聚焦优质均衡,与晓庄学院共建幼教集团,省市优质园覆盖率91.5%;加快海桥路高中等12所学校建设,中华中学雨山中小学等3所学校投入使用,新增学位3630个;行知教育实验项目获基础教育国家级教学成果特等奖。全面开展"名院名医"合作,积极引入中大医院、省中医院、省肿瘤医院等优质资源,共建5个医学分中心、5个名医工作室;全国基层中医药工作示范区通过现场评审。举办浦口首届诗歌大会等文体活动128场,获评省书香城市建设示范区。持续巩固深化"住宅式墓地"整改工作成效,亭子山万寿园正式启用。民生保障有力改善。举办"创响江苏"春风行动等招聘活动220场,提供各类就业岗位1.8万个,新增城镇就业7210人,支持自主创业698人;强化专业技能培训,全市3人获评"省特级技师",均在我区。建成区级养老服务指导中心、托育综合服务中心,新增老年人认知障碍照护服务中心1个,街道综合养老服务中心、社区AAA级居家养老服务中心和助餐点实现全覆盖。实施重点老人"安居守护"行动,为60岁以上独居老人安装烟感报警器7651个,全区60岁以上老年人意外伤害保险覆盖率达100%。江浦街道创成国家级智慧健康养老应用试点示范街道。区退役军人服务中心获评省级优秀退役军人基层服务中心。

*五是社会治理迈出新步伐。*安全生产平稳可控。持续开展"治本攻坚"大会战,统筹推进危化品、建筑施工、自建房等28个重点行业领域隐患排查整治,5个市级挂牌督办重大事故隐患全面销号。组建街道"应急管理—消防"一体化工作站,深入推进安全生产跨部门"综研联检"。深化融通农发浦泗路市场综合整治,加固消险危房43栋,排查治理"三合一"场所515家。治理能力持续增强。整合52个部门、57个应用系统,组建区、街两级城市数字治理中心,加快"一网统管"平台建设。纵深推进"精网微格"工程,处理各类问题工单5.5万余件。优化物业管理星级评比,悦见山创成省级党建引领物业管理服务工作示范点。深化平安浦口建设,搭建合成服务中心,试点打造平安韧性小区,常态化推进扫黑除恶斗争,打击电信网络诈骗,群众安全感保持全市前列。深入推进"信访突出问题攻坚化解巩固提升年"行动,高质量办结178件国治件。持续擦亮"和解浦畅"品牌,成功调处矛盾纠纷5764件。探索社会治理新模式,星甸街道新时代文明实践小镇创成省级社会管理和公共服务标准化试点,公益创投、电商助力社区治理等2项案例获评全国社会治理优秀案例。风险隐患有效防范。落细落实"乙类乙管"措施,统筹推进新冠和其他重点传染病联

防联控。强化防灾减灾救灾能力建设,完成14项防汛消险工程,老虎桥社区创成全国综合减灾示范社区。筑牢食品安全底线,农产品“码上查”获评全国食品安全社会共治优秀案例。紧抓粮食和重要农产品稳产保供,坚决遏制耕地“非农化”,防止“非粮化”,实施撂荒地等问题图斑整治1.02万亩。扎实开展农民工工资清欠工作,有效防范金融、房地产等领域风险。严格落实“631”债务风险防范预警机制,政府性债务化解有序推进。

六是自身建设展现新气象。严肃法纪依法行政。修订完善《区政府工作规则》《区政府议事决策规则》。清理规范性文件42件,保留31件,废止11件。深入推进政务公开,主动公开信息3520条。行政机关负责人出庭应诉率保持100%。依法接受人大法律监督、工作监督,自觉接受政协民主监督、社会和舆论监督,高效办理代表建议112件、委员提案166件,办结率、满意率均达100%。圆满完成“十四五”规划、“八五”普法中期评估验收,全面推进第五次全国经济普查。严谨求实优化服务。自觉践行“四下基层”,深入推进“每月一办”“双晒双亮”“集中走访日(周)”等行动机制,持续深化重大项目“一件事”改革,连续三年获评全市工程建设项目审批制度改革先进区,“拿地即开工”在全省推广。深化落实国家、省市促进经济回升向好政策措施,及时推出优化营商环境23条举措,减税降费、退税缓费12亿元。接处“12345”工单12.2万件,满意率98.9%,解决率97.3%,均排名全市第一,“只投诉一次”跟踪再办机制成功申报市级地方标准。严守规矩锤炼作风。始终把政治建设摆在首位,扎实开展学习贯彻习近平新时代中国特色社会主义思想主题教育。坚决落实全面从严治党主体责任,抓实抓牢意识形态工作。牢固树立和践行正确的政绩观,抓好省委巡视反馈问题整改“后半篇文章”。不折不扣落实中央八项规定及其实施细则,持之以恒纠治“四风”,切实为基层减负。严格落实“过紧日子”要求,公用经费、“三公”经费压减20%以上,街道、园区、区属国企全面实施预算管理。

与此同时,全区民族宗教、老干部、妇女、儿童、青少年、老龄、残疾人、红十字等工作取得新成效,审计、统计、外事、侨务、港澳、对台、气象、科协、仲裁、档案、史志等工作有了新进步,国防动员、双拥共建、退役军人事务、人民防空等工作迈出新步伐。

各位代表!事非经过不知难,成如容易却艰辛。上述成绩的取得,根本在于习近平总书记作为党中央的核心、全党的核心掌舵领航和深切关怀,在于习近平新时代中国特色社会主义思想科学指引,是上级党委、政府和区委科学决策、正确领导的结果,是区人大、区政协和社会各界监督支持的结果,是全区广大干群团结奋斗、顽强拼搏的结果。在此,我代表区政府,向全区人民和参与浦口建设的劳动者,向各位人大代表、政协委员,向各民主党派、工商联、人民团体,向离退休老同志,向驻区人民解放军、消防救援人员,向所有关心支持浦口发展的社会各界人士,表示衷心的感谢,并致以崇高的敬意!

面对新时代赋予的新使命、新形势赋予的新任务,我们也清醒地看到,发展不平衡不充分问题仍然突出,招商引资质效不明显,大项目后续支撑不足,制造业外资项目有待突破,科技对经济发展的驱动力还不强,高质量发展任重道远;重点领域改革还有不少硬骨头要啃,基层治理、“一网统管”等方面还需持续发力;民生领域还有短板弱项,优质教育、医疗资源供给仍显不足,城乡区域均衡发展和收入分配仍存在差距;安全生产、房地产等一些重点领域风险隐患不容忽视,防范化解重大风险压力依然较大;政府作风建设、效能建设、本领建设还需加强。对此,我们一定正视不足、直面挑战、全力解决。

2024年工作安排

习近平总书记对江苏发展高度重视、格外关心。2023年,总书记一次参加江苏代表团审议、两次亲临江苏考察,为推进中国式现代化江苏新实践作出战略指引、注入强劲动力。我们要在全面学习、全面把握、全面落实上下功夫,坚定不移沿着总书记指引的方向奋勇前进。

虽然前进道路上仍将面临许多风险挑战,但我们对未来发展前景充满信心,这是基于对总体形势、发展趋势、自身优势的分析和把握。要从国际国内总体经济形势中,把握规律、顺势而为,以“咬定青山不放松”的信心和韧劲,增强推动高质量发展的底气。当前世界经济增长动能不足,低增长、高通胀、高利率、高债务的“一低三高”特征没有根本性改变，但我国作为全球第二大经济体、第一大工业国和货物贸易国，在以习近平同志为核心的党中央的坚强领导下，有体制、市场、供给、人才等多方面优势，经济回升向好、长期向好的基本趋势没有改变。只要我们遵循党中央指引，把握规律性、掌握主动权，就一定能够迎来更好更高质量发展。要从国家宏观政策和战略布局中，抢抓机遇、乘势而上，以“不破楼兰终不还”的决心和干劲，激发服务构建新发展格局的锐气。习近平总书记强调“进一步推动长江经济带高质量发展，更好支撑和服务中国式现代化”“推动长三角一体化发展取得新的重大突破，在中国式现代化中走在前列，更好发挥先行探路、引领示范、辐射带动作用”。随着长三角一体化、长江经济带、南京都市圈、江北新区和自贸区等多重国家战略机遇和政策红利不断叠加，浦口独特的空间优势、资源优势和生态优势加快彰显。只要我们更加主动系统谋划，更加积极对接跟进，更富创造性服务构建新发展格局，就一定能把机遇转化为现实行动和发展成果。要从省市现代化产业体系总体规划中，找准定位、因势而动，以“吹尽狂沙始到金”的恒心和闯劲，迸发集群发展主导产业敢闯敢试的勇气。当前，全省聚焦加快构建以先进制造业为骨干的现代化产业体系，着力打造集成电路等5个具有国际竞争力的战略性新兴产业集群，建设人工智能、轨道交通等10个国内领先的战略性新兴产业集群；南京市围绕“2+6+6”创新型产业集群，拼夺集成电路、新能源汽车等产业集群国内制高点，并把人工智能产业作为未来产业新赛道重点布局，建设国家人工智能创新应用先导区。浦口的产业定位、发展布局与省市新一轮产业结构和布局调整高度吻合，产业方向更加明晰，发展韧劲更加充足，我们完全有条件、有基础、有能力在产业集群高质量发展中赢得先机。这些都是浦口未来发展的底气所在，只要我们对标对表党的二十大精神，把推进中国式现代化作为最大的政治，聚焦经济建设这一中心工作和高质量发展这一首要任务，拿出勇当先锋的劲头，付出艰苦卓绝的努力，就一定能够战胜各种风险挑战，使浦口大地迸发出更加旺盛的生机与活力。

今年政府工作的总体要求是：坚持以习近平新时代中国特色社会主义思想为指导，全面贯彻落实党的二十大精神和习近平总书记对江苏工作重要讲话重要指示精神，坚持稳中求进、以进促稳、先立后破，完整、准确、全面贯彻新发展理念，加快服务构建新发展格局，统筹高质量发展和高水平安全，全面深化改革开放，推动高水平科技自立自强，切实增强经济活力、防范化解风险、改善社会预期，扎扎实实、踏踏实实，巩固和增强经济回升向好态势，持续推动经济实现质的有效提升和量的合理增长，增进民生福祉，保持社会稳定，奋力谱写“强富美高”新浦口现代化建设新篇章。

全区经济社会发展的主要预期目标安排建议是：地区生产总值可比价增长5%以上，一般公共预算收入同比增长5%，全社会固定资产投资达280亿元，规模以上工业总产值同比增长6%，社会消费品零售总额同比增长5.5%，实际使用外资2.8亿美元，外贸进出口总额265亿元，全体居民人均可支配收入增速保持与经济增速同步。重点做好六个方面工作：

一、紧扣动能转换，着力构建现代化产业体系

聚焦新型工业化，提升产业链供应链韧性和安全水平，加快传统产业转型升级，做强主导优势产业，打造战略性新兴产业，开辟未来产业新赛道，加快形成新质生产力。

全力推动项目攻坚突破。聚焦“招商攻坚突破年”，围绕国资、外资、民资，深耕北京、上海、深圳等重点区域，科学谋划推动出境招商，突出产业链招商，举办各类重点招商推介活动不少于50场，引进亿元以上项目220个，力争实现百亿级项目再突破。紧扣项目开工率、投资完成率，加快省市重大项目、产业类项目推进，推动形成更多投资量、实物量；华天5G手机高密度射频、中交智慧港等54个项目开工建设，宽能6英寸硅、芯德封测基地等48个项目高效推进，芯德封测基地二期、顺信江北金陵酒店等17个项目竣工投产。积极扩大有效金融服务供给，用好用足专项债和政策性开发性金融工具，优化推广“浦惠贷”等金融产品；稳步推进基础设施REITs试点，推动更多项目进入国家、省市支持范围，鼓励和吸引更多民间资本参与重大工程和补短板项目建设。

全力壮大优势产业集群。聚力制造强区建设,大力实施产业倍增计划,推动集成电路产业强链补链延链,加快长晶浦联、鸿瑞绅大功率器件等项目建设,芯德封装测试扩建等项目竣工投产,产业营业收入突破220亿元。支持高端交通装备产业发展壮大,加快理诚动力汽车零部件、锦湖高性能轮胎生产线升级改造等项目建设,产业链规模以上企业产值超250亿元。大力推动人工智能和数字经济发展,加快“智改数转网联”步伐,培育省级智能制造示范工厂、示范车间4个以上,新增数字经济规模以上(限额以上)企业不少于20家,软件信息服务业、科技服务业营业收入分别增长10%、15%以上。积极培育品牌消费、绿色消费、数字消费等新增长点,鼓励支持房地产企业开发高品质住宅,更好满足刚性和改善性住房需求。做大做强文旅产业,持续提升老山国际文化旅游节等文旅品牌影响力,带动住宿、餐饮等消费增长,接待游客量和旅游消费同比增长20%以上。牢牢守住耕地和永久基本农田保护红线,改造提升高标准农田5800亩,实施主要粮油作物大面积单产提升行动;持续放大国家数字乡村试点创建优势,促进数字技术、数据要素与农业深度融合,创成国家农业现代化示范区。

全力促进园区扩能增效。开发区聚焦高质量项目招引,进一步做大做强主导产业,加快布局新材料、新能源等战略性新兴产业,持续引领带动街道工业园区发展。高新区聚焦科创能力提升,深耕无人机、软件测试等细分赛道,在主体培育、平台搭建和人才引进上下功夫,优化完善人工智能和数字经济产业生态,软件信息服务业营业收入同比增长15%。农创中心聚焦“农业硅谷”打造,优化“总部+场景”业态布局,加快“主导+前沿”产业培育,强化6个部属重点实验室运营,对全区农业现代化的引领带动作用显著增强。珍珠泉度假区聚焦三大功能定位,加速资源整合、品质叠加,统筹推进文旅产品开发、服务配套升级,旅游收入增长25%以上。

二、紧扣改革突破,着力赋能高水平科技自立自强

坚持走求实扎实的创新路子,深入实施创新驱动发展战略,强力推进创新深化、改革攻坚、开放提升,使高质量发展更多依靠创新驱动的内涵型增长。

盘活要素资源。深化“双委托”运行模式,强化资本运作管理,全面推动老山品牌价值转换。扎实开展新一轮国企改革深化提升行动,狠抓资源统筹、资产监管、管理提效,推进平台公司高效市场化运作,持续提高国企核心竞争力。盘活存量用地,提高利用效率,推动40万平方米国企存量资产确权办证,加快盘活区属企业存量闲置载体,低效用地再开发不低于1000亩。

激活创新主体。立足主导产业发展需求,充分发挥科技镇长团和科技创新服务联盟作用,积极拓宽与科研院所、金融机构、中介机构等方面的合作渠道,精准提供技术、平台、资金和应用场景等全方位支持。加快培育创新主体,力争有效期内高新技术企业数超450家,专精特新企业数突破45家,科技型中小企业入库数超1000家。统筹各类资源,支持原子极限制造重大基础设施建设,新研机构及孵化引进企业营业收入56亿元,技术合同成交额突破22亿元。探索复合型人才选拔培养机制,加快国家、省市高层次人才集聚。加大金融支持科技创新力度,探索建立天使基金宽容机制,试点推行“高企积分贷”。

拓宽对外开放。多措并举稳外资外贸,发挥自贸联动效应,巩固提升跨境电商发展态势,新增外贸主体不少于20家,推动制造业外资项目实现新突破。持续深化对外交流,拓展与意大利、德国等国家深度合作,打造“一带一路”行知教育、友好学校国际展览馆等品牌。主动融入和推进长江经济带、长三角一体化发展,深化省际毗邻地区协调发展,持续优化联动共治工作站、道路融通管理等机制,加快浦口—南谯跨界一体化发展示范区建设。统筹推进对口协作。

三、紧扣品质提升,着力实现城乡一体融合发展

坚持推进新型城镇化和乡村全面振兴有机结合,围绕区域协调发展,持续推进城乡空间布局优化、功能品质升级、人居环境改善,加快形成城乡融合发展新格局。

持续优化区域布局。坚持规划引领,加快推进全域详细规划全覆盖,进一步拓展发展空间、增强发展后劲。一体推进老城更新与新城建设,编制城市更新专项规划,有序推进城中村改造,加快招待所地块等项目建设，争创省级城市更新试点；城南中心实施农场河路等4个项目；桥林新城加快紫峰路南延、金穗路中学、琼花湖文体中心等19个重点项目建设，先行建设区框架全面拉开。紧盯“三横一纵一环线”路网布局，加快356省道、丰子河路等交通基础设施建设，配合推进宁九高速等省市重大交通项目，确保大交通布局与国土空间规划协调发展。

持续提升功能品质。实施秋江路、华讯路等城建重点项目90个。持续推动农路提档升级，争创“四好农村路”全国示范县。扎实开展征地拆迁和扫尾清零。深化“四清、四拆、四整治”，新增停车位500个，整治背街小巷10条，新改建城乡公厕11座。学习运用“千万工程”经验，推进宜居宜业和美乡村建设，创成省级特色田园乡村2个，提档升级市级美丽宜居村4个，打造美丽庭院示范带5个，加快乡村全面振兴。

持续打造美丽浦口。以创建“绿水青山就是金山银山”实践创新基地为统领，统筹产业结构调整、污染治理、生态保护修复，着力提升河湖长、林长履职质效，协同推进降碳、减污、扩绿、增长。开展中央生态环境保护督察交办件“回头看”，确保整治有实效、问题不反弹。密切联防联控，强化协同治理，持续提升大气环境质量。基本完成建成区幸福河湖建设任务，建成区污水处理率提升至70%，省考断面水质优Ⅲ比例保持100%，地表水环境质量保持全省前列。高效推进“无废”城市建设，确保土壤安全利用率100%。启动老山生态系统监测站建设，加快森林抚育、低效林改造，实施高旺河等17个生态修复项目，争创省级山水林田湖草沙一体化保护和修复示范工程。科学务实推进“双碳”工作，强化“两高一低”项目监管，推动规模以上工业单位增加值能耗稳步下降。

四、紧扣民生改善，着力提升高质量公共服务供给

牢牢把握江山就是人民、人民就是江山这一根本立场，尽力而为、量力而行，突出就业优先导向，织密扎牢社会保障网，扎实办好民生实事，切实保障和改善民生。

全面促进稳就业。抓实落细就业优先政策，持续打造“就近就业·幸福浦口”服务品牌，突出做好高校毕业生、退役军人等重点群体就业，合理开发公益性岗位，拓展区域劳务协作，开展招聘活动140场，新增城镇就业10000人，培育自主创业500人。加强技能人才队伍建设，开展“一行一项”“一企一策”“一街一品”等特色技能培训，促进灵活就业和新就业形态发展，开展职业技能培训7000人次，新增高技能人才500人。拓宽农民增收致富渠道，深化“十强村”培育行动，稳步推进农业转移人口市民化，持续缩小城乡发展差距和居民收入差距。

全面提升优服务。立足人口发展新常态，强化“一老一小”服务，健全生育支持、基本养老服务、托育服务等体系。打造市级助餐点1个，新增市级普惠托育机构不少于1家。加快城南九年一贯制学校等9所学校建设，狮山路小学等3所学校（园）投入使用，新增学位2640个；放大行知教育品牌效应，推进集团化办学，强化师资力量建设，争创全国义务教育优质均衡发展区。乌江社区卫生服务中心、区级社会心理健康服务指导中心建成投用，人民医院三期工程主楼完工，中医院加快三甲创建；加强医共体建设，打造专家工作室2个、名中医工作室2个。紧扣体育强区、健康中国示范区建设，大力推动文体惠民。

全面保障兜底线。统筹做好社会救助、社会福利、住房保障、退役军人服务保障、妇女儿童权益保障和残疾人福利保障等工作。深化双拥共建共享，开展区级妇儿公益服务项目14个，推动“残疾人之家”“康复之家”建设运营。深入推进重点老人探访关爱，加大困难群体救助帮扶力度。纵深推进全民参保计划，精准扩面、应保尽保。持续巩固“15分钟医保服务圈”建设，打造公共服务点87个。加快推进保障房建设，交付海科新寓E区等保障房项目4个，竣工50万平方米。

五、紧扣安全稳定，着力完善共建共治共享治理体系

坚持高质量发展和高水平安全良性互动，健全城乡基层治理体系和乡村治理协同推进机制，推进应急管理体系和能力现代化，着力以新安全格局保障新发展格局。

创新治理模式。推深做实“一网统管”，构建大联勤网格化管理、警民联动共治等特色应用场景，逐步建立数字治理实战运行体系。坚持和发展新时代“枫桥经验”,组织开展信访问题源头治理三年攻坚行动,“零访社区”覆盖率达30%,争创省级信访工作示范区、示范街镇。深化平安浦口建设,持续打造浦安联盟、平安韧性小区,常态化开展扫黑除恶斗争。强化物业管理星级评比、红黑榜结果运用,探索国有物业托底老旧小区管理新模式,促进物业管理与基层治理有机融合。强化“和解浦畅”等阵地建设,打造三级矛盾纠纷多元化解“一站式”平台。巩固健全“文明实践+”工作机制,探索基层治理新路径。争创全国民主法治示范村1个。

守稳安全防线。深入开展安全生产“治本攻坚”三年专项整治行动,加强消防、建筑施工、道路交通等重点行业领域隐患排查整治,强化民宿等新领域安全管控,深入实施“安心用气工程”,抓紧抓实浦泗路市场安全隐患整治,确保安全生产形势平稳可控。坚持关口前移,完善新业态新模式监管措施,强化全链条、全过程、全方位、多手段监管,坚决守护食品安全、药品安全、特种设备安全、产品质量安全底线。

防范重大风险。严格落实“乙类乙管”,持续做好多病共防。强化应急救灾能力,加强极端灾害天气监测预警、综合研判和应对处置,健全物资供应保障体系,争创全国综合减灾示范社区。坚决扛起粮食安全政治责任,更大力度抓好稳产保供。严格落实“保交楼”举措,持续做好房地产风险化解,多措并举抓好农民工工资清欠工作。深入开展金融风险排查整治,坚守不发生系统性金融风险底线。

六、紧扣自身建设,着力提高法治政府建设质效

坚持和加强党的全面领导,坚持学思用贯通、知信行统一,树牢造福人民的政绩观,鼓足干事创业的精气神,形成狠抓落实的好局面,持续提升政府治理体系和治理能力现代化水平。

旗帜鲜明讲政治。巩固拓展主题教育成果。坚持不懈以习近平新时代中国特色社会主义思想领航定向,不断增强“四个意识”、坚定“四个自信”、做到“两个维护”,坚决当好“两个确立”的坚定捍卫者、忠实践行者。牢牢把握意识形态工作主动权,守好意识形态阵地。扎实做好省委巡视、市委巡察反馈意见整改落实“后半篇文章”。以强烈责任担当落实机构改革任务,确保不打折、不变形、不走样。

依法行政提效能。深入学习贯彻习近平法治思想,坚持依法全面履行政府职能,加快建设人民满意的法治政府。推进“八五”普法,加强政务公开,严格规范性文件审查。扎实推进第五次全国经济普查,切实盘清经济家底。深化“数字政务”建设,丰富完善“一站式”专区功能,实现企业和群众办事“只进一门、只跑一次”。优化“一件事”“项目管家”等创新举措,统筹做好新引进项目保障和存量企业服务,提升质量小站、知识产权工作站助企效能。主动接受人大法律和工作监督、政协民主监督、纪委监委专责监督,深化社会和舆论监督,强化统计、审计监督,高质量办好建议和提案,让权力在阳光下运行。

清正廉洁强作风。落实廉政要求,扎实抓好政府系统党风廉政建设。改进工作作风,锲而不舍落实中央八项规定及其实施细则精神,毫不松懈纠治“四风”,持续减轻基层负担。坚持勤俭节约,落实政府“过紧日子”要求,全面实行零基预算,强化预算绩效管理,严控“三公”经费等一般性支出。坚决扛起防范化解政府债务风险的政治责任,确保政府性债务风险等级保持在合理区间。

各位代表,奋斗创造历史,实干成就未来。让我们更加紧密地团结在以习近平同志为核心的党中央周围,在市委、市政府和区委的坚强领导下,始终保持奋发有为的精神状态,扎扎实实、踏踏实实,自信自强、守正创新,为奋力谱写中国式现代化浦口新篇章而努力奋斗!

·文稿编辑　徐　源·

大 事 记

1 月

5—6 日 政协南京市浦口区第五届委员会第二次会议召开。听取和审议政协浦口区五届常委会工作报告及提案工作报告，听取和讨论政府工作报告及其他报告，补选区政协副主席及常委。

5—8 日 南京市浦口区第五届人民代表大会第二次会议召开。听取和审议政府工作报告，审查 2022 年国民经济和社会发展计划执行情况与 2023 年计划（草案）的报告、2022 年财政预算执行情况和 2023 年财政预算（草案）的报告，听取和审议区人大常委会工作报告和区法院、区检察院工作报告，并作出决议。选举产生区五届人大常委会副主任及委员等。

19 日 区政府全体（扩大）会议召开。学习习近平总书记重要讲话、重要指示精神，传达省、市两会精神和市政府全体（扩大）会议精神，通过《2023 年区政府主要工作目标任务分解落实方案》。

28 日 全区强化作风建设推动高质量发展大会召开。听取《全区机关作风建设工作报告》，表彰机关作风建设先进单位和先进个人等。

△ 南京锦湖轮胎有限公司、华天科技（南京）有限公司入选 2023 年江苏省智能制造示范工厂名单，浦口区实现省级智能制造示范工厂零的突破。

30 日 浦口区举办 2023 年重大产业项目现场推进活动。上半年重大产业开工项目 60 个，总投资 167.7 亿元。

是月 宽能 6 英寸硅基器件专业代工项目开工，计划投资 10 亿元。

2 月

1 日 象山湖水利风景区入选第二十批国家水利风景区。

10 日 中国共产党南京市浦口区第五届纪律检查委员会第三次全体会议召开。会议贯彻党的二十大精神和习近平总书记在中央纪委二次全会上的重要讲话精神，落实中央和省、市纪委全会要求，总结部署全区纪检监察工作。

17 日 全区土地征收工作会议召开。

△ 区委农村工作会议召开。

△ 全区城建城管、深入打好污染防治攻坚战暨河长制大会召开。

20 日 汤泉街道龙山社区孙垄子组被认定为第六批江苏省传统村落。

28 日 上汽商用车中型多功能宽体轻客项目投产仪式在浦口开发区举行。

3 月

1 日 江北地区首台手术机器人开机使用，为一位 85 岁胸椎腰椎压缩性骨折患者施行机器人导航定位下经皮椎体球囊扩张成形手术。

7 日 区政府与南京晓庄学院签订合作共建协议，南京晓庄学院浦口幼教集团、南京晓庄学院新浦实验幼儿园、南京晓庄学院教师发展学院浦口分院揭牌。

9 日 江北半导体上下游产业链企业交流会在浦口开发区举办。

14 日 “凝芯聚变 创赢未来”第二届浦口集成电路投资峰会举办。

16 日 2023 年浦口区精神文明建设指导委员会会议暨创建全国文明典范城市部署会召开。

17 日 “科技赋能 引领联动”发展推介大会举办,中国工程院院士、南京农业大学教授沈其荣院士工作站签约揭牌。

19 日 南京银行·2023 南京浦口马拉松暨全国女子半程马拉松锦标赛(南京站)在浦口举办。

20 日 浦口区综合行政执法培训基地在江苏警官学院揭牌成立,是全省首个区级综合行政执法培训基地。

21 日 南京市浦口区人民政府—南京邮电大学共建集成电路科学与工程学院(产教融合学院)签约仪式在浦口高新区举行。

23 日 浦口区总工会第三届工会委员会第四次全体会议召开。

△ 江北新区暨浦口区金融工作座谈会召开。

24 日 区委统战工作领导小组会议召开。

30 日 浦口区第二届“浦芯精英”奖学金颁奖典礼在南京信息工程大学举行,第三届“浦芯精英”奖学金评选启动。

是月 升新高科技(南京)有限公司推出新一代高集成射频前端模组(Phase8L - PAMiD)产品 FCX62985,填补国内空白。

△ 江苏华天晶圆先进封测基地项目开工,计划投资 9.5 亿元。

△ 响堂桃源谷、老山国家森林公园、不老村民宿村、望月海棠园 4 个景点入选文化和旅游部“乡村四时好风光——大美春光在路上”乡村旅游精品线路。

4 月

10 日 浦口区“春风得意花前月下”赏花之旅乡村旅游线路入选省文化和旅游厅发布的“水韵江苏·乡村四时好风光”2023 乡村旅游春季精品线路。

13 日 区委党建工作领导小组会议召开。

17 日 浦口区在 2022 年全国农业科技现代化先行县共建工作中评估得分 90 分以上,被列为首批全国农业科技现代化先行县。

26 日 江北新区、浦口区专题调度会召开。

28 日 浦口区政府与南京工业大学战略合作暨江苏省产业技术研究院绿色智慧化工技术与装备研究所签约揭牌仪式在浦口高新区举行。

5 月

6 日 2023 年上半年“双亮行动”汇报会召开。集中检阅重大项目建设新亮点、新变化、新成效,27 家服务效能组单位汇报服务项目建设情况。

△ 全省信访工作条例集中宣传日暨全省信访法治宣传月启动仪式在浦口区举行。

8 日 首届“就来浦口”创新创业大赛暨第六届江苏省青年创新创业大赛(浦口区选拔赛)在南京国家农创中心举办。

20 日 以“追风拾野 向往老山”为主题的第四届南京老山国际文化旅游节在佛手湖郊野公园开幕。

30 日 浦口区国家数字乡村试点终期评估位列全国第四。

31 日 江北新区、浦口区专题调度会召开。

6 月

1 日 2023 年浦口·镇安协作联席会议召开,两地签署 2023 年苏陕协作协议和镇办结对帮扶协议。

2 日 “医联共建 造福百姓”名医工作室集中入驻浦口人民医院签约揭牌仪式举行。浦口人民医院分别与东南大学附属中大医院、江苏省肿瘤医院、南京脑科医院签约,5 个名医工作室揭牌。

8 日 东南大学附属中大医院集团医院暨五大医学中心揭牌仪式举行,微创诊疗中心浦口分中心、重症医学中心浦口分中心、消化疾病诊疗中心浦口分中心、泌尿外科诊疗中心浦口分中心、耳鼻咽喉—头颈外科中心浦口分中心签约揭牌。

9 日 “青春 e 行 建功乡村”2023 江苏省乡村振兴直播电商大赛启动仪式在浦口区举行。

12 日 区委网络安全和信息化委员会会议召开。

26 日 浦口区 2023 年重大

产业项目竣工投产运营仪式在南京依维柯汽车有限公司举行。19 个项目竣工投产运营，总投资 386 亿元。

28 日　2023 年第一季度“江苏好人榜”发布仪式暨江苏省道德模范与身边好人现场交流活动在浦口区举办。活动揭晓 2023 年第一季度 49 位江苏好人（组），浦口区董萍、朱金政上榜。

7　月

7 日　浦口区全面推进乡村振兴专题培训班在区委党校开班。

△ 南京市争创中国精品年鉴区域推进会暨中国精品年鉴《浦口年鉴（2022）》发行仪式在浦口区举行。

10 日　区委全面依法治区委员会会议召开。

17 日　永宁街道青山村河北组、星甸街道王村村王村组、汤泉街道龙山社区孙垄子组被命名为第十一批次江苏省特色田园乡村。

20 日　星甸街道九华村入选江苏省乡村旅游重点村。

25 日　南京观海微电子有限公司、南京宏泰半导体科技股份有限公司入选 2022—2023 年度第六届中国 IC“独角兽”企业。

8　月

2 日　中国共产党南京市浦口区第五届委员会第七次全体会议召开。学习贯彻党的二十大精神和习近平总书记关于江苏工作的重要讲话精神，落实中央和省委、市委要求，回顾总结上半年工作，研究部署下半年任务。

10 日　区政协举行学习报告会。邀请区委副书记、区长向政协委员通报情况，市政协提案委主任作专题辅导。

△ 浦口区入选省第三批农村物流达标县。

15 日　环老山休闲农业精品区入选省级休闲农业精品区。

16 日　加德华农业智能种植（江苏）研究院项目签约仪式在南京国家农创中心举行。

18 日　全区组织工作会议召开。

19 日　区委党建工作领导小组会议召开。

24 日　南京一心和医药科技有限公司申报的沙库巴曲缬沙坦钠片获国家药监局颁发的药品注册证，是全球法规市场首个通过自主创新突破专利壁垒上市的沙库巴曲缬沙坦钠片仿制药。

9　月

1 日　312 国道龙华立交至张店枢纽段新建辅道二期工程通车。

2 日　浦口区召开碳达峰碳中和工作领导小组会议。

9 日　江苏润邦新材料集团有限公司、南京中孚信息技术有限公司、南京绿芯集成电路有限公司入选第五批国家级专精特新“小巨人”企业。

10 日　第五届紫金知识产权国际峰会“知识产权赋能集成电路产业高质量发展”分论坛在浦口区举办。

19 日　2023（南京）扬子江集成电路创新发展大会暨南京集成电路产业发展闭门交流会在南京国际博览会议中心举办。17 个重点项目集中签约，涉及芯片设计、封装等重点领域，总投资 60 余亿元。

22 日　2023 南京金洽会南京国家农创中心创新发展大会举行。超 20 亿元项目签约，36 家入园企业首批进驻总部科研中心。

△ 全区安全稳定调度会召开。

23 日　浦口区首届诗歌大会在凤凰山公园举办。

25 日　《南京市民用无人驾驶航空试验区核心区无人机产业高质量发展实施方案（2023—2027）》在浦口高新区发布。落地产业项目 7 个，总投资超 20 亿元，3 个应用场景项目签署共建协议。

26 日　2023 中国南京金秋经贸洽谈会浦口区文旅招商专场推介会举办。11 个项目集中签约，总投资 13.88 亿元。

是月　浦口区再次入选全国旅游综合实力百强区。

10　月

13 日　全省农业农村数字金融服务推进会议在南京国家农创中心召开。

19 日　浦口区青年工作联席会议第四次全体会议暨县域共

青团基层组织改革推进会召开。

26日 浦口区“智改数转”推进会在浦口开发区举行。

30日 区政府和中铁十四局集团大盾构工程有限公司签署战略合作意向协议。

11 月

3日 南京跨境电商数字生态创新大会暨2023 TikTok Shop卖家(南京站)启动大会在浦口高新区举办。

4—5日 2023首届老山音乐节在琼花湖公园举办。

8日 2023年中国农民丰收节浦口庆祝活动暨“金陵味稻”稻米文化节启动仪式在桥林街道兰花塘“田园客厅”举行。

14日 浦口区召开2023年下半年“双亮行动”会议,听取16家项目建设组单位、29家服务效能组单位汇报。

18日 南京市集成电路校地融合发展大会在浦口高新区举办。

20日 浦口区入选水利部现代化运行管理矩阵建设先行区域。

24日 全区安全生产工作会议召开。

25日 永宁街道获评长三角十佳慢生活旅游网红打卡特色小镇(村)。

12 月

5日 区军粮供应站入选第十二批全国放心粮油示范销售店。

6日 汤泉街道陈庄村茆家洼组入选第十二批次江苏省特色田园乡村。

△ 江浦街道响堂村、汤泉街道泉东村获2023“中国最美村镇”称号。

6—7日 2023中国农业农村科技发展论坛暨中国现代农业发展论坛在浦口区举办。

7日 第四届商用车电动化与智能化论坛举办。

△ 浦口区人民政府网站在全国直辖市和副省级城市所辖区县中排名第八位,在政府网站梯度分布评价结果中获评优秀。

8日 浦口区彩虹桥爱心驿站被中华全国总工会评为2023全国最美工会户外劳动者服务站点。

△ 南京环老山体育旅游景区获评2023中国体育旅游精品景区。

12日 全区巡察工作会议召开。

18日 浦口开发区被确定为2023年度江苏省知识产权建设示范(园区)。

24日 全区领导干部警示教育大会召开。

27日 中国共产党南京市浦口区第五届委员会第八次全体会议召开。学习贯彻党的二十大和二十届二中全会精神,落实习近平总书记关于江苏工作的重要讲话、重要指示精神,按照中央经济工作会议、省委十四届五次全会、市委十五届七次全会部署,总结2023年工作,部署2024年任务。

29日 江苏省人民医院、浦口人民医院“医联体合作”签约仪式在江苏省人民医院举行。

△ 浦口区妇女儿童工作会议召开。

是月 芯爱集成电路封装用高端基板项目试生产,投资45亿元。

·文稿编辑　卢仕松·

区情概览

自然地理

【区位面积】 浦口区位于南京市西北部、长江北岸，与建邺区、雨花台区、江宁区隔江相望，北部、西部分别与六合区及安徽省来安县、滁州市、全椒县、和县毗邻。东西最宽31千米，南北最长41千米。面积715平方千米，占南京市总面积的10.85%。

【地质地貌】 境内地质基础为震旦系变质岩；各时代地层均有发育，但仅有震旦系上统地层出露较好，结构清楚。地貌形态丰富，集低山、丘陵、平原、岗地、大江、大河于一体。区域属宁、镇、扬丘陵山地西北边缘地带，地势中部高、南北低。老山山脉由东向西横亘中部，制高点大刺山海拔442.1米；山地两侧为岗、塝、冲相间的波状岗地；临江、沿滁为低平的沙洲平原、河谷平原，平原标高5～7.5米。（刘海东）

【气候】 2023年，全区年平均气温16.9℃，比常年偏高1.1℃。高温（≥35℃）日数8天。年极端最高气温37.8℃（8月12日），年极端最低气温-10.5℃（12月22日）。

年降水量1200.1毫米，较常年略偏多，其中6月、7月、12月月降水量较常年同期偏多4成左右。年降水（≥0.1毫米）日数110天，暴雨（≥50毫米）日数7天，日最大降水量103.2毫米（6月18日）。降雪天气日数11天，最大雪深2厘米（12月18日）。大风天气日数3天。

6月17日入梅，入梅时间正常（常年6月19日），7月23日出梅，与常年（7月13日）相比偏晚，梅雨期36天，较常年（23～24天）偏长。梅雨量468.2毫米，与常年梅雨量（295.6毫米）相比，偏多近6成。各街道区域站累计梅雨量359.3（星甸街道站）～479.1毫米（老山林场站）。梅雨期间强降水过程多、累积雨量大、短时雨强大、突发性强。梅雨期出现8次区域性强降水天气过程，分别为：6月17—19日、24—25日、30日，7月2—4日、6—8日、10日、15—17日、19—22日。梅雨期间浦口区出现的最大小时雨强为74.3毫米（桥林街道周营村，7月17日3—4时），城区江浦街道最大小时雨强为37.5毫米（7月19日16—17时）。

年日照总时数2274小时，与常年相比偏多414.7小时。除2月、7月、9月外，其余月份日照时数均高于常年值。

2022年初霜日为12月1日，终霜日为2023年3月13日。2023

老山山脉　　　滕宏飞摄

年初霜日为11月13日。年内无霜期日数244天。(刘圆　吴自越)

【水文】 2023年,长江下关汛期最高水位6.79米(7月7日),最低水位3.8米(5月1日)。滁河晓桥汛期最高水位8.58米(6月19日),最低水位6.37米(5月16日)。滁河晓桥段汛期(5—9月)径流量3.39亿立方米,其中各月分别为1505万立方米、7517万立方米、16848万立方米、2285万立方米、5729万立方米。滁河晓桥段全年无结冰期。(罗涛)

自然资源

【土地资源】 浦口区山富地饶,聚宝藏珍。区境东南部为长江沙洲平原,面积157平方千米;西北部为河谷平原,面积125平方千米;平原地区低平坦荡,土壤肥沃;中部为东北—西南走向的老山山脉,总面积约90平方千米,山体起伏,植被丰厚;低山与平原之间分布着砂砾丘陵、黄土岗地,总面积530平方千米。土壤种类多样,水稻土、潮土、黄棕壤土分别占61.71%、29.7%、8.17%。地貌的多元成为土地资源开发利用的自然基础。截至2023年底,浦口区(不含江北新区直管区)耕地面积6786.96公顷,林地面积31593.89公顷。全区后备土地资源少,主要分布于沿江滩涂,还有部分丘陵山地尚未开发利用。(刘海东　赵婷)

【水资源】 浦口区水资源较丰富,主要为地表水、地下水和过境水。长江(浦口段)从驷马山引江水道入江口至南京江心洲长江大桥,流经桥林街道、江浦街道,总长25.7千米,面宽水深,万吨巨轮常年通航,是一座天然良港,具有广阔的开发前景。滁河(浦口段)上起陈浅,下至朱家山河,流经星甸街道、汤泉农场、汤泉街道和永宁街道,全长36.7千米。

2023年,全区水资源量2.02亿立方米,其中地表水资源量1.92亿立方米(折合年径流深268.5毫米)、地下水资源量0.48亿立方米、重复计算量0.38亿立方米。

全区过境水量以长江、滁河为主。2023年,过境客水资源量6725.71亿立方米,其中长江过境水资源量6719.95亿立方米、滁河过境水资源量5.76亿立方米。

境内地下水资源较为丰富,水文地质分长江漫滩区、滁河漫滩区、老山岩溶水分布区和丘岗区。根据江苏省水资源第三次调查评价等成果,浦口区多年平均浅层地下水资源量7825.68万立方米,可开采量1623.85万立方米;地下热水资源水量丰富,水质较好,为开发利用创造有利条件。据20世纪70年代调查统计,曾有自溢温泉23处,常年喷涌温泉水,自溢量6500立方米/日;天然冷水泉10处,自溢量1800立方米/日。由于人类工程活动影响,自然泉眼减少,2023年,有自溢温泉9处,仍常年喷涌温泉水,自溢量4042立方米/日;有天然冷水泉6处,自溢量2412立方米/日。老山一带"甘泉遍布",仅定山山麓就有珍珠泉、卓锡泉、虎跑泉、琥珀泉等,珍珠泉常年流量1万立方米/日,恒温22℃。

(刘海东　罗涛)

【矿产资源】 境内矿产资源以沉积的非金属矿产为主,已探明的石灰岩分布于老山(大孤山至二顶山一线)、西山地段,总储量7.82亿吨,氧化钙含量高达55.4%,是生产特种水泥和炼钢熔剂的最佳原料;石英岩矿分布于龙洞山、二顶山一带,总储量4.14亿吨,据象山、大马山、狮子岭等开采矿点分析,二氧化硅含量高达94.4%~99.6%,是生产玻璃和冶金硅的优质石料。在永宁东葛至高丽丘陵地区

滁河(浦口段)　　区水务局供图

及桥林兰花、星甸龙山、汤泉滴水珠等地有品种齐全的红砂、黄砂和白砂，储量大、品位高，是建筑用的优质矿产。

【生物资源】 区内植物起源古老，种类颇多，分180科800多种，其中木本植物37科330种，银杏、杜仲、广玉兰、喜树等珍稀品种均有分布，惠济寺3株千年古银杏树所结无芯白果，食之甘美，为国内一绝。有“苏中中药库”之称的老山地区，有野生药材97科307种，其中165种为国内重点药材，沙参、丹参、明党参、太子参和柴胡等被医界视为上品，多为外商指名求购。根据老山景区生物多样性调查数据（截至2022年5月），老山景区有物种2081种，占全省物种的47.66%（不含水生生物）。其中，维管植物1187种，占全省物种的59.38%；昆虫718种，占全省物种的37.43%；陆生脊椎动物176种（鸟类136种、两栖动物10种、爬行动物19种、哺乳类动物11种），占全省物种的39.2%。

（刘海东　丁彦品）

【湿地资源】 浦口区有湿地面积9353.33公顷，其中自然湿地面积3380公顷、人工湿地面积5973.33公顷。受保护的自然湿地面积2494.44公顷，自然湿地保护率73.8%。长江湿地和滁河湿地是浦口区主要自然湿地资源，长江湿地面积2080.08公顷，被列入省级重要湿地名录；滁河湿地面积381.9公顷，被列入市级重要湿地名录。人工湿地主要为区内水产养殖场、低洼处的水稻种植区和部分水库、池塘、沟渠。（刘海东）

人文历史

【建置沿革】 浦口区系南京市原浦口区和江浦县于2002年4月合并成立的新浦口区。

江浦县于明洪武九年（1376）初建时，其辖域分别隶属六合、和州、滁州故地。原浦口区在民国16年（1927）以前，则为江浦县所辖区域。因此，记述今之浦口区历史沿革，可溯至江浦建置前的隶属关系。

秦至东汉末年的500多年，地域先后隶属九江郡棠邑县、东城县、建阳县和全椒县。三国时，地域先属魏，后属吴或属魏、吴弃地。两晋时，地域隶属淮南郡乌江县、秦郡尉氏县、顿丘县，并于今泰山街道范围内置宣化镇。南北朝时，于地域西部置怀德县。陈太建五年（573）五月，吴明彻、程文季攻打北齐，渡江浦、涂水（今滁河），直取秦郡（今六合），“江浦”作为地名载入《南史》。

隋开皇三年（583），以州统县，地域分属和州乌江县、方州六合县、滁州新昌县。开皇八年（588），晋王杨广筑“晋王城”于桃叶山下（今泰山新村一带）。唐、宋、元各代，地域分属和州乌江县、真州六合县、滁州来安县。

明洪武四年（1371），以浦口“扼抗南北，钳制江淮”，在今顶山街道南门（原南门镇）和泰山街道东门（原东门镇）一带建浦子口城。洪武九年（1376），析六合孝义乡和和州遵教、怀德、任丰、白马四乡及滁州丰城乡置江浦县，隶属南直隶应天府，县治设在浦子口城内。洪武二十四年（1391），迁县治于旷口山（今江浦街道）。万历八年（1580），知县余乾贞兴筑县治新城。清初，县域隶属江南省江宁府。雍正年间（1723—1735），县境划为五乡，原浦口地区为其东乡地。咸丰年间（1851—1861），太平天国设天浦省，区域属之。光绪末年，始行“市、乡自治”之制，改东乡为浦口市。

民国元年（1912），江苏省行政公署实行省、县二级制，县域直属于省。民国3年（1914），改行省、道、县三级制，县域属金陵道。民国16年（1927），国民政府迁都南京，废道，区域复属于省。同年，浦口商埠划属南京市管辖。民国22年（1933），浦口商埠区域建为南京市第八区。民国23—26年（1934—1937），江浦县先后属江苏省第九、第十行政督察区。

抗日战争期间，江浦沦陷后，浦口地区（南京市第八区）复属江浦县。境内县国民政府、中共抗日民主政府并存或交替。抗日战争胜利后，国民政府仍以浦口商埠区域恢复为南京市第八区，江浦县属江苏省第五督察区。

1949年4月江浦县解放后，划属安徽省皖北行政公署滁县专署。江浦所属之浦镇、东门镇划归南京市，与南京市第八区合并建为南京市两浦区。1950年，两浦区先后改称第八区、新七区。1953年1月，根据中央人民政府关于调整省、区建制的决定，江浦划回江苏省，隶属扬州专区。1955年8月，新七区定名为浦口区。

1956—1970年，江浦县先后隶属镇江专区、扬州专区、南京市和六合专区。1971年3月，六合专区撤销，复属南京市。2002年4月3日，国务院批复同意撤销浦口区和江浦县,设立新的南京市浦口区,区政府驻珠江镇(今江浦街道)。

2015年6月27日,国务院批复设立南京江北新区。2017年8月1日,江北新区管理体制调整,浦口区的沿江、泰山、顶山、盘城4个街道由江北新区党工委、管委会统一托管,为江北新区直管区;浦口行政区下辖江浦、桥林、星甸、汤泉、永宁5个街道,为江北新区共建区和协调区。

(刘海东)

【行政区划】 2023年末,浦口行政管理区下辖江浦、桥林、星甸、汤泉、永宁5个街道,以及老山林场、汤泉农场2个场圃。有城乡社区76个,其中城市社区50个、农村社区26个。 (郑荣祥)

【历史名人】 浦口钟灵毓秀,人文荟萃,这里有唐代诗人张籍、宋代爱国词人张孝祥、明代刑部尚书张瑄、定山先生庄昶、一代草圣林散之等历史名人,留下了诗仙李白的传世名作《横江词》,以及周恩来外祖父万青选任江浦知县时的政绩。

浦口张氏家族自中唐张籍至宋代后期近500年间,代有名人。出生于燕窠张村(今属桥林街道周营村)的张籍是中唐时代杰出的现实主义诗人,与韩愈、白居易交往甚密。他所作的乐府歌行,揭露当时的社会弊端,反映劳动人民的灾难和痛苦。他的诗与王建齐名,并称"张王乐府",在中国文学史上占有重要地位。韩愈曾说:"张籍学古淡,轩鹤避鸡群。"白居易赞许他"尤工乐府诗,举代少其伦"。王安石认为他的诗"看似寻常最奇崛,成如容易却艰辛"。张籍代表作《秋思》被收入现代人教版、沪教版小学语文课本,"洛阳城里见秋风,欲作家书意万重。复恐匆匆说不尽,行人临发又开封",表达宦游在外的诗人对家人的深深思念之情;《节妇吟》被法国作曲家罗塞尔谱成曲演奏,轰动巴黎乐坛。其后,有南宋不辱使命的外交使节张邵、居官廉静有守的诗人张祁、官至江南东路常平茶盐公事的张郯、累官至参知政事的进士张孝伯,更有上承苏轼、下开辛弃疾豪放词派的爱国词人、状元张孝祥,以及"以能书闻天下"的书艺可接力唐人、影响后世的书法革新家张即之等。

由唐而宋,李白、刘长卿、孟郊、孙觉、秦观、贺铸、王安石等客籍文人学士被浦口山水之美、人文之胜所吸引,先后挟艺莅临,并留有名篇佳作。其中,李白于唐天宝十二年(753)秋,从河南曹州南下安徽宣城,至和州乌江县横江渡口(今属江浦街道西江口社区)时,天气骤变,暴雨陡至,江面上掀起滔天巨浪,诗人有感而作《横江词》六首,留下"浪打天门石壁开,涛似连山喷雪来"的传世名篇。

周恩来外祖父万青选于清光绪元年至二年(1875—1876)任江浦知县。在任期间,公正廉明,据实断案;旧有科派马草弊政,他申请裁革,并勒石永禁;筑圩代城,保境安民;劝课棉桑,富民衣食;疏浚水渠,便民引用;城内河房沟阻塞不通,他捐廉疏浚;遇灾设厂赈粥,拯救饥民;兴办教育事业,恢复同文书院。光绪元年至十二年(1875—1886),江浦有14任知县,万青选属出类拔萃的一位,《江浦埤乘》唯将其列入"名宦",并作政绩介绍。

林散之是"诗、书、画"三绝的艺坛大家。他是有才华有抱负的诗人。自选诗稿《江上诗存》收录诗词2202首,所作诗词是他人生轨迹、心路历程、艺术思想、精神感悟和生命智慧的具体体现。所有作品反映的家国情、亲情、友情以及山水情,都是情动于衷,真切感人。抗日战争时期,作《江居暑闷》《今诗19首》等诗词,揭露日本侵略者的罪行和对汉奸卖国的愤慨。他对朋友坦诚相交,对老师一往情深。《江上诗存》数百首酬赠诗中,为好友邵子退写的诗就有50多首;晚年80多岁时还作诗怀念恩师黄宾虹:"秋风不尽师门感,时向锥沙看墨痕。"他是20世纪杰出的书法大家。林散之草书以王羲之为宗,以释怀素为体,以王觉斯为友,以董其昌、祝允明为宾,将绘画中的墨法运用于书法,开创草书艺术新天地。1962年,高二适初次见到林散之为江苏省政协大会堂所书毛泽东七律《长征》巨幅草书时惊呼:"这才叫字,字字精神,耐人寻味。"1972年秋,《人民中国》记者韩瀚访得林散之书写的毛泽东词《清平乐・会昌》狂草立轴,请启功、赵朴初、郭沫若过目后,于《人民中国》1973年1月号首页刊出,震动海内外书坛。林散之相继入选中国20世纪十大杰出书家、千年中国十大杰出书家。他是得黄宾虹真传的绘画大家。曾孤身远游,觉胸中有万山蓬勃之气,落笔有吞吐百川之势,得画稿800余幅。画中有黄山云海,有峨眉蜀道,有江岸涛声,有太湖波涛,有板桥竹影,有李白仙骨,以此印证祖国的山川磅礴和人文历史的厚重。1955

年，他创作了《江浦春修图》，画长237厘米，宽33厘米，呈现1954年靖江、泰兴、江浦3县数万人协作修筑长江堤防的劳动场景，是中华人民共和国成立后国画界最早反映现实生活的名作之一。

【历史遗迹】 浦口区有七里桥遗址、杨山头遗址、蒋城子遗址、曹王城子遗址、牛头岗遗址等。其中，牛头岗遗址为省级文物保护单位，位于汤泉街道西北约2千米，遗址时代为原始社会晚期至商周（前2200—前650），总面积5万平方米，1990年发现，为台形遗址。2001—2002年，对牛头岗遗址进行课题性考古发掘，发掘面积500平方米，发现灰坑45个、房基12个、灰沟4条。古墓葬有张孝祥墓、张同之夫妻合葬墓、三虞李松赵家山南朝墓群等。古建筑有凤凰桥、茅塘桥、东葛双井、永宁古井、文庙大成殿等。石碑石刻有南唐的汤泉禅院之碑，明代的白马寺草书诗碑、独峰寺摩崖、大修学宫碑、赭洛庙碑、养济院匾额，清代的重修圣宫碑记、英华书院匾额，当代的《古银杏行》诗碑。其中，《古银杏行》诗碑为青石质地，高2米，宽1米，厚0.19米，碑文内容为林散之《古银杏行》，诗、序、释文共521字，为林散之所书，行草字体，全幅气势恢宏，字态奇逸，堪为诗书俱佳的代表作，立于汤泉街道惠济寺。 （刘海东）

人口 民族 宗教

【人口】 2023年，浦口行政区居民总户数12.71万户，户籍人口35.62万人，其中乡村人口14.88万人。市外迁入4184人，迁出市外1389人，市内移入6624人，市内移出4707人。流动人口16.48万人，增加16953人。寄住人口58743人，增加937人。出生2703人，死亡2460人。 （黄晨）

【民族】 全区有回族、壮族、满族等少数民族35个，人口约4500人，其中回族2700余人，占全区少数民族总人口的60%。

【宗教】 全区有佛教、道教、伊斯兰教、基督教四大宗教。审批登记的宗教活动场所67处，其中佛教11处、伊斯兰教2处、基督教54处。有佛教协会、伊斯兰教协会和基督教三自爱国运动委员会3个宗教团体。信教群众约1.14万人，宗教教职人员116人。

（周业山）

风景名胜

【概况】 浦口南临长江、北枕滁河，中部横亘百里老山。境内旅游资源丰富，自然风光、人文景观与历史遗迹交相辉映，自古就是旅游胜地。“一代草圣、十里温泉、百里老山、千年银杏、万只白鹭、十万亩国家级森林公园”是对浦口旅游特色的生动概括。区内主要景区、景点有珍珠泉旅游度假区、老山国家森林公园、惠济寺与古银杏树、汤泉温泉、求雨山文化名人纪念馆等。因其集山、泉、林、寺于一体，融旅游、度假、休闲、娱乐于一炉，被誉为“南京的后花园”。

【珍珠泉旅游度假区】 位于定山西南麓，是国家AAAA级旅游度假区。规划面积14平方千米，以山为主、泉为中心，构成区内景观的基本骨架。芙蓉峰、妙高峰、狮子峰、石人峰、寒云峰、双鸡峰六峰环合，低山丘陵错落有致，峰峦起伏多变，环境幽深；珍珠泉、琥珀泉等大小泉眼30多处，素有“山秀、石美、泉奇”之誉。度假区由定山寺景区、珍珠泉景区、野营度假区、登山游览区、赏泉区、中心游乐区等10个观光游览区、1个度假别墅区及1个综合服务区构成。其中，享有“一泉三景”美誉的珍珠泉为区内最大特色。因该泉源头之水如成串珍珠从石缝中涌起，故名珍珠泉；当游人奋力鼓掌或引吭高歌时，泉中喷珠便越多越疾，如同喜迎嘉宾，又称“喜客泉”；而晴天远眺泉中水珠，又如小雨点在水面跳溅，似晴天细雨，故称“晴雨泉”。此外，在各景区内散布着定山寺遗址、达摩碑、明代摩崖石刻等历史文化遗迹及梅海凝云、镜山湖放排、高尔夫球场、野生动物生态园、森林游泳池、跑马场、万米长城、百米滑道等游览景点。

【老山国家森林公园】 位于浦口区中西部腹地，贯穿浦口区东西，东临南京长江大桥，连接浦口高新区，西接安徽省和县，紧靠滁河，是南京西郊风景区主轴。公园占地66.67平方千米，1991年被林业部确定为森林公园，是江苏省最大的国家级森林公园。区域内山峦起伏，古木苍翠，原始森林覆盖率达85%以上。植被属落叶阔叶和常绿阔叶混交林，树种达720多种，林相丰富，尤其在深秋，红、黄、绿、紫，色彩缤纷，层次分明，景色迷人。公园分狮子岭、七佛寺和平坦三大主要景区，拥有龙洞、观音洞、天井洞、白筱岭洞等奇巧、诡异的溶洞景观,兜率寺、张孝祥墓等名胜古迹,以及滑草场、空中自行车、百鸟园等特色项目。登上位于七佛寺景区、海拔326米的老鹰山瞭望塔,可远望长江如练,俯瞰茫茫林海,别有一番情趣。

【惠济寺与古银杏树】 位于汤泉街道西北侧惠济寺公园内。寺庙建于南唐,称汤泉禅院。宋初易名惠济院,元祐年间(1086—1094)改院为寺。清道光年间(1821—1850),在此创立英华书院。后书院与寺均毁于咸丰年间(1851—1861)战火。现仅存石柱础9个、“汤泉禅院之碑”残片数块、“英华书院”匾额1方、清代修寺碑1块及3株千年古银杏树。古银杏树不仅枝繁叶茂,姿态各异,而且所结果实皆无苦蕊心,堪称珍品,为银杏树中一绝。此地已辟为惠济寺公园,园内立有当代草圣林散之所撰《古银杏行》诗碑,堪为诗书俱佳的代表作。

【汤泉温泉】 位于汤泉街道北。汤泉因有多处天然温泉而得名,是全国闻名的“温泉之乡”。早在南朝时期,刘宋孝武帝刘骏曾到此沐浴,开启名士贤达专程赴此沐浴悠游的先河。此后,梁昭明太子萧统,宋代名儒王安石、苏轼、秦观,明太祖朱元璋等都曾慕名而至,沐体濯足。泉水均出自汤泉山,地层为下石炭系石灰岩,出露泉源多达23处,其中流量较大业已利用和为人所称道者,有五柳泉、珍珠泉、菱角池、川堂泉、太子泉、汤湖堰泉和高下村泉。据有关部门测定,温泉水总流量6500立方米/日,泉温一般为35℃~47℃。经国内外专家多次验证,泉水中含钨、镁、钾、钠等30多种化学物质和氡、硫化氢等气体,可治疗多种皮肤病和运动系统、神经系统疾病,温泉余水还可用作灌溉和水产养殖。

【求雨山文化名人纪念馆】 位于江浦街道西门外的求雨山,是国家三级博物馆、国家AAA级景区。该山为老山余脉,海拔41米,占地0.2平方千米,满山松篁交翠,风光旖旎。1988年,首度于此建造林散之书画陈列室。至1997年,先后建成散木山房、宝砚斋、阅翠楼、墨香阁、爱雨轩、白马亭、束筠亭等,并更名为林散之纪念馆。馆中藏有林散之书画精品400余件,并陈列其生前用过的部分文具和印章。此后,萧娴纪念馆、高二适纪念馆及胡小石纪念馆先后落成,形成以四大书画名家纪念馆为核心的文化公园。园中景色清幽,人文荟萃,被世人誉为“当代兰亭”,是国内外书画界人士及书画爱好者心驰神往的书法山、文化园。

【定山寺】 位于浦口区狮子峰下,背山面江,是中国禅宗的重要寺院,被誉为“达摩第一道场”和南朝四百八十寺之首,也是中国禅宗发祥地和最初祖庭之一。始建于南朝梁天监二年(503),由梁武帝萧衍在原六合山下为高僧法定而建,敕名“定山寺”。时为江北第一古刹,与江南栖霞寺、鸡鸣寺齐名。六合山也随之更名为定山。“定山之名,实肇自法定”,今之顶山,系“定”字谐音之讹。定山寺是禅宗始祖菩提达摩于南朝梁普通七年(526)一苇渡江后驻锡之地,达摩修炼传承禅宗之法,面壁修行。现存达摩岩、宴坐石、卓锡泉、一苇渡江碑等重要遗迹。定山寺屡遭战火,屡毁屡建。2012年,该寺开工复建,复建面积约3万平方米,沿中轴线依次为山门、天王殿、大雄宝殿、大禅堂。风格采用唐风建筑,为全木结构,所用木材全部为进口非洲红花梨。 (刘海东)

2023年经济社会建设

【经济建设】 2023年,全区实现地区生产总值529.95亿元,按可比价计算,较上年增长5%。其中,第一产业增加值49.04亿元,可比增长1.8%;第二产业增加值182.44亿元,可比增长4.7%;第三产业增加值298.47亿元,可比增长5.7%。三次产业结构为9.3:34.4:56.3。

完成农林牧渔业总产值82.48亿元,同比增长1.5%。粮食产量3.33万吨,油料产量0.38万吨,蔬菜产量21.66万吨。工商登记注册农民专业合作社319个,其中各级示范合作社76个。家庭农场(含种养大户)796个,其中各级示范家庭农场239个。农业产业化龙头企业71家。

规模以上工业增加值增速增长9.5%,增速高出全市平均水平5.9个百分点。产销衔接良好,产销率98.5%。140家资质内建筑业企业完成建筑业总产值284.13亿元,增长10.7%,超全市平均增速5.7个百分点。

社会消费品零售总额150.35亿元,同比增长1.2%。虹悦城稳定经营,龙湖浦口天街等商业项目持续推进,提升全区消费服务层次。新增限额以上贸易企业48家,限额以上企业总数231家(剔除破产注销企业)。旅游接待量1914.59万人次,实现旅游收入134.53亿元,同比分别增长54.85%、42.36%。

实际使用外资及港澳台资8490万美元,下降71.7%。外贸进出口总额274.3亿元,下降7.6%。其中,出口总额134亿元,进口总额140.3亿元。

【城乡建设】 核发建设用地规划许可证105个、建设工程规划许可证205个,完成规划条件核实验收167个。重点民生工程浦云路、卓溪路、龙湖天街配套道路建成通车。桥林自来水厂一期建设工程、白马生活广场项目分获江苏省海绵城市优秀工程案例一等奖、三等奖。推进美丽乡村建设,永宁街道青山村河北组、星甸街道王村村王村组、汤泉街道龙山社区孙垄子组、汤泉街道陈庄村茆家洼组被命名为江苏省特色田园乡村。

【生态文明建设】 细颗粒物年均浓度28.2微克/立方米,空气质量优良率80.5%。地表水省考断面达到或好于Ⅲ类水质比例为100%,水环境质量排名保持全省前列。生态环境损害赔偿取得实效,永金管业公司非法排污损害生态环境赔偿案被省生态环境厅、省检察院评为江苏省第三批生态环境损害赔偿十大提名表扬案例。土壤及农村环境质量稳定,全区未发生重大污染事故,未发生因环境问题引发的群体性事件。

【科技教育】 有效发明专利拥有量1863件,科技型中小企业入库1085家,净增高新技术企业112家,新增技术先进型企业1家。技术合同成交额26亿元。新增省级科技企业孵化器1家、市级科技企业孵化器1家、市级众创空间1家。新认定市级工程技术研究中心7家、省级工程技术研究中心3家。各级各类学校87所,在校生53462人。区域普惠园覆盖率93.5%,省、市优质园覆盖率91.5%。浦口区行知小学《大情怀育人:扎根乡村40年的行知教育实验》项目获教育部第三届国家级教学成果奖特等奖。浦口区被认定为江苏省义务教育优质均衡发展县(市、区)。获南京市普通高中发展性评估8项大奖。职业教育对口高考录取率全市第一,因产教融合成效突出,获省政府督查激励。

【卫生事业发展】 各级各类医疗卫生机构152个,平均每千人口拥有床位6.01张、执业(助理)医师3.4人、注册护士3.79人。通过全国基层中医药工作示范县现场评审,浦口人民医院转设三级医院,区中医院通过三级乙等中医院评审。推进医共体建设,全区“优质服务基层行”推荐标准通过率100%,累计建成区域性农村医疗中心2个、社区医院5个,建成省、市级特色科室17个,建成五级中医馆3个、四级中医馆4个。建立急救“五大中心”区域协同救治平台、区级三大慢病中医诊疗管理规范和区级慢病管理模式。成立区级质控专业委员会和10个专业质控组,实现区域同质化管理。

【文化建设】 建有图书馆、文化馆2个国家一级馆,街道文体站5个,村(社区)综合文化服务中心76个。举办特色文化惠民活动近1000场,送书7000册。完成星甸街道高庙村和永宁街道大埝社区、友联村3家综合文化服务中心提档升级。

【社会建设】 新增城镇就业8033人,城镇失业人员就业4552人,支持成功自主创业1128人。完成三项社会保险费征收总额18.13亿元。城乡低保1880人,城乡最低生活保障标准提高至1050元/月。临时救助1216人次118.28万元。享受残疾人生活补贴3046人、护理补贴3858人。发放优抚安置资金3873.75万元,确保优抚对象相关待遇100%兑现。(区统计局)

·文稿编辑　王孜孜·

中共南京市浦口区委

重要会议

【区委五届七次全会】 8月2日召开。31名区委委员、7名候补委员出席,区纪委委员、各有关方面负责人、部分基层党代表列席。全会以习近平新时代中国特色社会主义思想为指导,学习贯彻党的二十大精神和习近平总书记对江苏工作的重要讲话精神,落实中央和省委、市委要求,回顾总结上半年工作,研究部署下半年任务,动员全区把握“学思想、强党性、重实践、建新功”总要求,开展学习贯彻习近平新时代中国特色社会主义思想主题教育,紧扣“一三五六”总体布局和江北一体化目标任务,推进“改革创新深化拓展年”行动,为现代化新浦口建设再上新台阶努力奋斗。江北新区管委会主任、浦口区委书记代表区委常委会向全会报告工作并作总结讲话。区委副书记、区长就下半年经济工作及全区重大项目推进作具体部署。全会审议通过《中共南京市浦口区委关于深入学习贯彻习近平总书记对江苏工作重要讲话精神在推进中国式现代化中走在前做示范谱写“强富美高”新浦口现代化建设新篇章的决定》和《中国共产党南京市浦口区第五届委员会第七次全体会议决议》等。全会认为,2023年以来,区委常委会以党的二十大精神为引领,把握高质量发展首要任务,开展一系列考察学习、集体调研和融合行动,交出良好半程答卷。全会指出,全区要全面学习、全面把握、全面落实习近平总书记对江苏工作的重要讲话重要指示精神,准确把握“四个新”重大要求,探索具有浦口特色的现代化建设路径,总结提炼中国式现代化视域下的浦口实践经验,为全省、全市发展大局多做贡献。下半年要营造联合联动强调度的统筹推进格局,强化全区“一盘棋”联合机制,加快江北“一张网”联动进程;要营造创新创造强执行的贯彻落实格局,让上级要求和自身需求相对接,让理念贯彻与任务贯彻相衔接,让执行力度与落实深度相连接;要营造敢拼敢比强品牌的争先进位格局,聚焦比拼瞄准的目标方位,完善鼓励比拼的机制办法,抢占比拼可能的赛道场景;要营造聚焦聚力强破题的改革攻坚格局,让改革的问题导向更加鲜明、改革的效果导向更加凸显、改革的长期导向更加强化;要营造全心全意强服务的基层赋能格局,丰富基层服务行动抓手,延伸基层服务覆盖触角,提高基层服务质效温度;要营造守紧守牢强韧性的安全稳定格局,使防风险的前瞻性更强、智慧性更强、系统性更强。全会强调,在全党范围内开展学习贯彻习近平新时代中国特色社会主义思想主题教育,是贯彻落实党的二十大精神的重大举措,浦口区要以下半年即将开展的主题教育为契机,增强党组织凝聚力、战斗力、创造力,以高质量党建推动高质量发展。

【区委五届八次全会】 12月27日召开。29名区委委员、7名候补委员出席,区纪委委员、各有关方面负责人、部分基层党代表列席。全会以习近平新时代中国特色社会主义思想为指导,学习贯彻党的二十大和二十届二中全会精神,落实习近平总书记对江苏工作的重要讲话重要指示精神,按照中央经济工作会议、省委十四届五次全会和经济工作会议、市委十五届七次全会部署,总结2023年工作,部署2024年任务,动员全区上下牢记嘱托、感恩奋进、实干担当,推动中国式现代化浦口新实践取得新成效。全会听取和讨论江北新区管委会主任、浦口区委书记受区委常委会委托作的工作报告，审议通过《中国共产党南京市浦口区第五届委员会第八次全体会议决议》，书面审议《区委常委会2023年度落实全面从严治党主体责任情况的报告》。全会指出，在中央和省委、市委的领导下，区委常委会团结带领全区人民学习贯彻习近平总书记对江苏工作的重要讲话重要指示精神，牢记嘱托、感恩奋进，中国式现代化浦口新实践的奋斗方向越来越明；开展学习贯彻习近平新时代中国特色社会主义思想主题教育，学在实处、干在实处，全区上下旗帜鲜明讲政治的氛围越来越浓；把握"高质量发展"首要任务，积极借鉴、深入调研，各级各部门改革创新促发展的本领越来越强；推动与江北新区融合发展，统筹推进、重点突破，江北全域一体崛起的态势越来越好。全会分析全区经济社会高质量发展存在的短板不足，结合面临的挑战与机遇，科学谋划新形势下的发展方向。全会要求，要坚持稳中求进、以进促稳、先立后破，突破畏难情绪、定势思维、局部观念，强化抓机遇的主动性和防风险的精准性，重点增强经济韧性、环境韧性、社会韧性、制度韧性、改革韧性，奋力推动发展指标、发展品牌、发展能级的突破，具体做好六个方面工作，即狠抓经济补短提优、狠抓产业提档升级、狠抓民生多元供给、狠抓城乡品质彰显、狠抓生态价值释放、狠抓安全风险防控。全会强调，要坚持党的全面领导，用新思想武装头脑、指导实践、推动工作，深刻领悟"两个确立"的决定性意义，增强"四个意识"、坚定"四个自信"、做到"两个维护"；要健全"一把手"抓、抓"一把手"责任机制，在抓党建促乡村振兴中，重点强化带头人队伍建设，建好平台阵地；要坚定不移把全面从严治党作为永恒课题，严格"两个责任"落实，严抓纪律作风建设，严肃推进反腐倡廉。

【区委常委会会议】 全年召开区委常委会会议48次，摘录其中7次。

3月17日，召开五届区委第91次常委会会议。传达学习习近平总书记重要讲话重要指示精神和《江苏省乡村振兴促进条例》；听取全区产业项目跟踪监督情况、重点城建项目民主监督情况的汇报；传达学习全市公立医院党的建设工作推进会、全市教育系统党的建设工作推进会精神。

6月12日，召开五届区委第101次常委会会议。传达学习习近平总书记重要讲话重要指示精神和省委书记在《关于河南虞城"麦田里长出高楼"相关问题查处情况的通报》上的批示；听取"四清、四拆、四整治"、铁路沿线整治工作情况汇报。

7月1日，召开五届区委第103次常委会会议。传达学习习近平总书记重要讲话重要指示精神及省委书记、市委书记相关批示精神；听取城镇燃气领域安全生产工作情况汇报；传达学习2023年度长三角地区主要领导座谈会精神，听取浦口区下一步工作安排汇报；审议并原则通过《关于贯彻〈地方党委和政府领导班子及其成员粮食安全责任制规定〉的实施意见（讨论稿）》。

8月12日，召开五届区委第107次常委会会议。传达学习习近平总书记在四川和陕西汉中考察时的重要讲话重要指示精神、在《求是》杂志上发表的《加强基础研究 实现高水平自立自强》重要文章、关于防汛救灾工作的重要指示精神；听取区城乡建设局、区城市管理局、区交通运输局工作汇报；传达学习省、市安委会会议精神，听取全区安全生产工作情况汇报；审议并原则通过《浦口区2023年对口支援协作合作工作要点》《关于深化行知教育实验，推动浦口教育高质量发展实施方案》。

9月2日，召开五届区委第110次常委会会议。传达学习习近平总书记重要讲话重要指示精神，以及全省"半拉子工程""形象工程""面子工程"专项整治工作推进会精神；研究全区意识形态工作；听取区应急管理局、区文化和旅游局工作汇报；审议并原则通过《浦口区2023年度选聘优秀村（社区）党组织书记纳入事业编制人员管理的实施方案》。

10月21日，召开五届区委第115次常委会会议。传达学习习近平总书记重要讲话重要指示精神、全省党委和政府秘书长办公室（厅）主任会议精神；听取区住房保障和房产局、浦口规划资源分局、浦口生态环境局、区税务局工作汇报；审议并原则通过《浦口区促进集成电路产业高质量发展若干措施》。

11月20日，召开五届区委第119次常委会会议。传达学习习近平总书记重要讲话重要指示精神，以及中央、省、市网络安全和信息化工作会议精神；审议并原则通过2024年主要经济指标目标、分解情况及重点项目计划编制和2024年城建重点项目计划编制;听取浦口国资集团、浦口城建集团、浦口交通集团、浦口康居集团、浦口文旅集团工作汇报。

(郝德胜)

组 织 工 作

【概况】 至年末,区委下设直属党(工)委30个,各党(工)委下辖基层党组织1182个。党员25324人。其中,女性7944人,占31.37%;35岁及以下5707人,占22.54%;高中及以上文化程度20084人,占79.31%。

【基层党建】 完善街道党工委、村(社区)党组织、网格党支部、党员中心户(楼栋长)四级组织体系,实施村(社区)阵地两年提升行动。构建村(社区)书记"五个一"(开展一轮深度访谈、组织一次专题调研、举办一组定制培训、梳理一份集成信息、制定一套规范文件)培育体系,永宁街道大埝社区书记杨震入选全省第三批"百名示范"村(社区)书记,新增市级"千名领先"村(社区)书记4人。累计选聘9名村(社区)书记纳入事业编管理,制定社工管理"1+5"文件体系。成立党建引领基层治理工作专班,完成市级"学仙林、办难事"攻坚项目9个,推动区级善治有"浦"重点申报项目结项64个,打造《书记办工单,"一次"解民忧》《构筑跨省基层治理红色堡垒》2个市级党建引领基层治理创新案例,做法被《新闻联播》《人民日报》报道,创建党建引领物业管理服务工作省级示范点1个(君誉澜山苑)。推进"浦乡共惠"工程建设,推广"支部+协会""支部+合作社""支部+电商"等党建富民新模式,推进村级债务处置,促进村集体经济健康发展。统筹机关、国有企事业单位等领域党建工作,抓好教育系统、公立医院、国有企业党建工作,开展离退休干部示范支部创建和"紫金银辉"行动,推进老山、浦口高新区、南京国家农创中心等板块融合党建,党组织领导运行机制更加健全。

【"三新"领域党建】 提前完成"双有"(两新组织从业人员100人以上的有单独党组织、50人以上的有党员)目标。以党建引领城乡商圈高质量发展,推动成立商圈集市功能型党组织,开展商圈集市党建相关活动109场,覆盖2.6万人次。开展"红链兴浦"计划,指导成立集成电路、高端交通装备、特色水产等产业链党建联盟,浦口开发区集成电路产业链被确定为产业链党建市级联系点。以质量小站、知识产权工作站、知识产权联盟等为载体,以5个党建指导站为主阵地,强化党建赋能引领"小个专"企业高质量发展。加强"两新"组织党务工作者队伍专业化建设,完成初级及以上资格认证"两新"组织党务工作者56人,市场化选聘8人。新发展"两新"组织党员95人,增长10.47%。开展"暖蜂有浦"行动,组织开展"小蜂看浦口"、爱心体检等系列关爱新业态新就业群体活动98场,服务近2000人次。

【党员教育管理】 开发优化《红色图"浦"》党员教育地图手册和小程序,丰富党员教育资源。结合主题教育,创新实施流动党员教育"四个一"(开展一次暖心提醒、了解一次学习动态、征询一次意见建议、掌握一次学习效果)行动,抓好全区2.53万余名党员全覆盖轮训工作。实施发展党员"双提"(提高发展党员质量、提优党员队伍结构)工程,严格入党程序和工作纪律,举办发展对象培训班,新发展党员269人。组织全区8000余名党员干部深入一线开展"集中走访日(周)"行动,把学用结合、以学促干体现在实践中。结合庆祝七一系列活动,为全区181名老党员颁发"光荣在党50年"纪念章。

【公务员管理】 加强公务员平时考核和年度考核,按照分级管理、逐级负责原则,对1679名区管以下公务员、参公单位人员进行2022年度考核,其中优秀510人、称职1098人、不称职1人、不定等次70人。优秀人员中,嘉奖381人、记三等功129人。采取总结述职、个别谈话、民主测评、座谈交流等形式,考核61名2022年度新招录公务员(含选调生),综合确定试用期满考核等次。加强年轻公务员培养,制发《新招录(聘)公务员、事业单位工作人员"基层实践锻炼"实施方案》,下派94名新进人员到基层一线实践锻炼,选派30余名年轻公务员参加全市年轻公务员大讲堂等专题培训班。开展公务员流动管理、职级晋升、年统等工作,做好各类工资项目审批发放,确保公务员工资福利政策落实到位。根据上级统一部署,完成47名2023年新招录公务员考录工作。

【干部识别任用】 加强干部识别考察，对71个区管领导班子和474名区管干部开展全覆盖日常考核，实施“三访三谈”（区管干部“家”访，谈班子建设；中层干部走访，谈队伍成长；村社书记约访，谈基层党建）及干部“无任用”推荐考察，近距离了解班子运转情况和干部履职表现，掌握储备一批日常表现较好、群众公认度较高的干部，为区委选干部、配班子提供决策参考。召开区管干部、科级干部、下派干部专题座谈会3场，搭建干部思想沟通、学习交流平台。多渠道选拔锻炼使用干部，选派4名干部到市级机关、市属企事业单位挂职锻炼、跟岗实践；开展2023年度科级干部双向挂职锻炼，择优选派50名科级干部到机关部门、园区平台、村（社区）挂职锻炼；选派2名干部对口帮扶陕西省镇安县；接收4名市级机关干部到浦口区挂职、跟岗实践；接收9名安徽省马鞍山市、湖南省张家界市干部到浦口区跟班学习。

【干部教育培训】 制订《2023年浦口区干部教育培训主要班次计划》，举办区管干部学习贯彻习近平新时代中国特色社会主义思想和党的二十大精神集中轮训班，开展“学习贯彻党的二十大精神，奋力推进中国式现代化浦口新实践”大讨论。坚持分层分类，抓好重点对象培训，针对优秀年轻干部，举办中青年干部培训班，通过理论“充电”、实践锻炼、一线调研、自主研讨等方式，为年轻干部成长成才蓄力赋能；针对新任职区管干部，围绕政治能力、产业发展、业务提升和廉政教育等主题，举办推动高质量发展专题研讨班；举办全区“一把手”政治能力建设专题培训班，提升领导干部政治能力和履职本领。推荐13名市管干部、16名区管干部参加省委党校、市委党校主体班次培训，推荐304名区管干部、23名优秀科级干部参加高校专题培训，选派7名省、市管干部和4名区管干部参加上级各类调训。

【干部监督管理】 严格科级干部调整和干部社团兼职审批，对31家单位128名科级干部和15名干部社团兼职进行审核批复，开展领导干部在高校、科研院所、企业、社会组织兼职排查规范工作。修订《浦口区推进领导干部能上能下实施办法》，对1名因身体健康、履职不力等原因不适宜担任现职的区管干部，启动“下”的程序。印发《浦口区规范人员借调管理办法（试行）》，明确人员借调范围、情形和审批程序。统筹做好市管干部推荐考察、干部信息采集更新、干部退休、慰问等日常管理工作。

【人才工作】 压实区委人才办牵头抓总、相关部门各尽其责的人才工作格局，首次将人才工作纳入区对机关部门党建考核，新增国家重点人才5人、省级重点人才9人、市级重点人才23人。实施人才评价机制改革，在全省首批试点开展农业科技人才评价改革，在全市首创集成电路产业人才单划赛道评选方式和人才举荐机制。落地南京邮电大学集成电路学院、省产业技术研究院绿色智慧化工技术与装备研究所、南京首个紫金山产才融合（集成电路）示范基地，举办南京市集成电路校地融合发展大会，助推政产学研用深度融合。立足主导产业发展，选派11名专家担任科技镇长团成员和科技人才专员；打造“行在浦口、就来浦口、飞来浦口、就在浦口”四大品牌活动，成立集成电路专家咨询委员会。启动首批区级“名校优生”招录，为8家用人单位集聚高素质专业人才14人。开展南京邮电大学非全日制研究生定制化培养，设立“清华之友”奖学金、“浦芯精英”奖学金等，惠及优秀学生400余人。推出“‘宁’聚英才，共‘浦’未来”人才工作品牌，开展“爱国·奋斗·奉献”精神教育、浦口—南谯人才及人才工作者培训班等活动30余场。牵头推行人才奖励“免申即享”办法，兑现人才扶持资金2600余万元。

【学习贯彻习近平新时代中国特色社会主义思想主题教育】 根据党中央及省委、市委部署要求，9月起，浦口区开展学习贯彻习近平新时代中国特色社会主义思想主题教育，全区72家单位、15个基层党委、114个党总支、960个党支部2.4万余名党员参加。把握“学思想、强党性、重实践、建新功”总要求，加强组织领导，突出主题主线，采取务实举措，一体推进理论学习、调查研究、推动发展、检视整改、建章立制等重点措施，在以学铸魂、以学增智、以学正风、以学促干上取得明显成效。理论学习方面，召开区委理论学习中心组研讨交流25次，示范带动各级党委（党组）理论学习中心组学习736次、各基层党支部“三会一课”专题学习7291次。各级领导干部、党组织书记讲专题党课1205场。全区开展轮训、培训549场,覆盖2.8万人次。各基层党支部开展"学思想·我来讲"活动1660场、"学习身边榜样"活动638场。调查研究方面,区级领导确定调研课题37个、正反面典型案例2个,召开主题教育调研成果交流会9场,形成调研报告37篇。全区领导干部下访接访638人次,化解信访矛盾291个,为民办实事1897件。推动发展方面,开展"双晒双亮""书记办工单"等行动,区级层面化解安置房办证等31个疑难杂症;开展"先锋建新功"等活动,设立党员示范岗、党员责任区1108个。检视整改方面,区领导形成问题清单31个,制定整改措施92条,重点问题形成专项整治方案2个,区管干部形成问题清单437个、整改措施1243条,以解决问题的实际成效取信于民。建章立制方面,推动出台《浦口区促进集成电路产业高质量发展若干措施》《南京浦口高质量发展投资基金管理办法》《关于促进浦口区新型农村集体经济高质量发展的实施意见》等文件。经验做法被中央、省委、市委主题教育简报刊发15次,被《新闻联播》《人民日报》《新华日报》等中央、省、市主流媒体报道195篇次。 (张迎雪)

宣传工作

【概况】 2023年,浦口区宣传思想文化战线坚持以习近平新时代中国特色社会主义思想为指导,落实中央和省委、市委、区委部署,强化对标找差和文化建设高质量发展,开创浦口宣传思想文化高质量发展新局面。开设"四智课堂"(红色学堂传承精神、理论讲堂传播思想、实践课堂传递力量、美善展堂传扬典型),提升冬训实效,获评全省基层党员冬训工作示范街道1个、"我是冬训主讲人"优秀视频1个。讲好现代化新浦口奋进故事,在市级以上媒体刊发稿件7600余篇,其中核心央媒刊发97篇。获评"江苏好人"2人、"南京好人"7人,评选区级新时代好少年80人、"最美家庭"48户。

【理论学习】 区委理论学习中心组开展专题学习34次,其中交流研讨26次、辅导报告7次、现场学习1次。举办"贯彻二十大 奋进新征程"宣讲、"四下基层"理论宣讲、浦口区基层理论宣讲大赛初赛。基层党员冬训工作围绕5个主题,组织开展"我是冬训主讲人"视频评选活动,打造以"浦言朴语"理论宣讲研学中心、"红色直播间"为代表的实境课堂近20个,承办全市基层党员冬训实境课堂观摩交流活动。星甸街道获评全省基层党员冬训工作示范街道,《办好人民满意的教育从我做起》获评省、市"我是冬训主讲人"优秀视频,浦口区获评2022—2023年度全市基层党员冬训工作创新创优区。

【新闻宣传】 建立健全全方位新闻线索搜集、信息适时沟通和重大主题策划等机制,围绕贯彻党的二十大精神、高质量发展、"改革创新深化拓展年"、乡村振兴、"大走访"等主题深度策划,在中央、省、市主流媒体刊发稿件7600余篇,其中在中央广播电视总台、《人民日报》、《新华每日电讯》、《光明日报》、《经济日报》5家核心央媒发稿97篇,在其他重点央媒发稿近50篇。《"十里造船带"蝶变滨江生态风光带》案例登上《人民日报》头版、《经济日报》头版和《新华每日电讯》《光明日报》等央媒,浦口区主题教育、扩内需促消费、联动共治苏皖乌江站、九华飞行营地、兰花塘春耕等在《新闻联播》播出,响堂栀子花大会、文化兴农探索共富之路、扎根乡村40年的行知教育实验、展现"新农人"新风采被《光明日报》专题刊登,浦口开发区打造集成电路产业集群登上《经济日报》图片新闻,农文旅融合发展、文化赋能乡村振兴等工作登上人民网总网首页。

【社会宣传】 围绕高质量发展等重大主题和区委、区政府中心工作,开展典型经验、特色亮点宣传。在"强国复兴有我"群众性主题宣传教育活动中,坚持面向基层、面向群众,围绕主题宣讲、形势政策教育、公民道德实践、群众性文化活动等加强策划,举办活动2800余场,覆盖65万余人次。实施公民道德建设工程,建立"浦口好人库",开展第七届"美善浦口人"评选,制作好人事迹情景剧3部,提档升级浦口区新时代文明实践好人广场。

【网络综合治理】 开展"清朗·从严整治'自媒体'乱象""清朗·优化营商网络环境 保护企业合法权益""清朗·2023年暑期未成年人网络环境整治""清朗·生活服务类平台信息内容整治"等专项行动,推动网络空间风清气正。《南京浦口狂风暴雨辟谣处置》案例作为市委网信办6月份选题报送中国互联网联合

辟谣平台月度辟谣榜。开展网信普法宣传进校园、进企业、进工地等系列活动,扩大网信普法宣传覆盖面。（高倩）

统战工作

【概况】 2023年,召开区委统战工作会议、区委统战工作领导小组会议,加强对统战工作的全面领导和对统战重点工作、重大问题的统筹指导。加强区委统战工作领导小组与民族宗教、民营经济等专项协调机制衔接,定期召开党外干部工作、新的社会阶层人士统战工作联席会议,压紧压实统战工作主体责任。至年末,全区有民主党派7个,其中5个民主党派成立基层委员会。认定无党派人士102人,区管党外干部19人。少数民族35个,约4500人。经过审批登记的宗教活动场所67处,信教群众约1.14万人。区工商联吸纳会员1617人,执委以上成员119人,基层商会、行业商会10个。新的社会阶层人士近4万人,其中代表人士195人。海外华人华侨426人,经认定归侨2人,留学人员378人,归国留学人员262人,侨资企业169家。台胞502人,台资企业95家。通过归侨侨眷联合会、欧美同学会、海外联谊会等团体,组织侨台海外人士活动。

【政治引领】 坚持以习近平新时代中国特色社会主义思想为指引,召开党派工作座谈会、区知联会会长会议、党派信息员培训会议等,强化理论武装,凝聚政治共识。发挥区社会主义学校党外人士教育培训主阵地作用,举办全区统战理论培训班、非公经济代表人士培训班等15个班次,参训人员1200人。依托微信公众号等新媒体平台发布宣传党的政策理论50余篇,引导党派成员凝聚共识,提高政治站位。发挥各民主党派之家、无党派人士工作室、党外知识分子实践创新基地作用,开展文件研读、座谈交流、观看主旋律电影、走进红色教育基地等活动15场。围绕“凝心铸魂强根基、团结奋进新征程”主题教育,传达学习习近平总书记在党外人士座谈会上、考察江苏时重要讲话精神以及区委五届七次全会精神,组织会员参加“把握正确导向、为新时代塑像”主题讲座、“礼赞二十大、同心聚合力”慈善义拍等活动,引导党外知识分子坚定走中国特色社会主义道路,与党同心同德、同向同行的信心和决心。各民主党派基层组织分别召开主题教育动员会,通过研读文件、学习交流等形式,准确把握主题教育的重要意义和内涵要求,筑牢“不忘合作初心,继续携手前进”的思想根基。开展新时代中国特色社会主义学习实践活动,组织党外知识分子赴爱国主义教育基地参观学习。举办“同心创浦口——我们的美好时代”统一战线成果展以及“同心创浦口 共谋新发展”“五洲同庆 云端送福”、台青创客南京行等主题活动,激发统战成员同心跟党走、建功新时代的奋进力量。

【参政议政】 发挥“同心议事园”作用,形成党外知识分子信息收集、整理、反馈工作闭环,为党外知识分子参政议政创造条件。组织党外知识分子参加民主协商会、情况通报会、对口联系会10余次,围绕城市管理、安全生产、劳动纠纷调解、民生服务、法治建设等社会热点难点问题,收集意见建议50余条,及时反馈相关部门办理。组织党外知识分子考察江苏洋河酒厂、南京同凯兆业生物技术有限公司等企业,增强党外知识分子参与地方建设的责任感和使命感。围绕经济社会发展大局,聚焦民生领域关键问题,组织开展专题走访调研活动6次,收集党外人大代表、政协委员建议、提案90余件,收集党外知识分子社情民意信息和建议130余条。朱海燕、张思洋、刘加美、杨杰4人被区人大评为“五好”人大代表,“关于进一步加强我区科技企业申报服务工作的建议”等5件建议被区人大评为2023年度浦口区优秀代表建议。刘芳芳、张玺等13人被评为区政协优秀委员,“关于深度挖掘农业产业链价值,培育独具浦口特色的乡村振兴发展新动能的建议”等19件(条)提案(信息)被区政协评为优秀提案、社情民意信息。

【民营经济服务】 围绕“两个健康”主题,推动民营经济高质量发展。指导区青年民营企业家联合会完成换届工作,吸收84名青年企业家进入商会组织。指导区餐饮商会完成换届工作。举办全区非公经济代表人士培训班,参训学员110余人。实施青年企业家能力素质提升工程,组织青年企业家赴红色教学点开展革命传统教育。利用浦口开发区“民企会客厅”线下阵地,举办经济形势分析、法律宣讲和金融服务推介活动3场,回应企业诉求,推进助企纾困政策落地落实。开展银校企对接服务,推动“浦惠贷”(“浦惠保”)项目落地,帮助10余家会员企业解决融资近700万元。与南京审计大学党委统战部合作开展党外审计专家“义诊室”项目,选聘专家义务为民营企业提供把脉问诊服务,项目获评省教育工委2023年统战工作实践创新成果一等奖。建设公平竞争的法治营商环境,与区法院、区检察院建立互动机制,推进民营经济领域纠纷化解和涉案企业合规工作。

4月20日,与南京审计大学党委统战部合作开展党外审计专家“义诊室”项目　　区委统战部供图

【民族宗教工作】　召开区委常委会3次、区政府常务会1次、区领导专题办公会10余次,研究民族宗教工作。强化民族宗教领域“三支队伍”教育培训,组织民宗干部外出考察学习2次,举办民族宗教政策法规培训6期。开展民族宗教政策法规学习月、《中华人民共和国宪法》及民族宗教政策法规宣传活动,推进“六进”活动深入开展。落实少数民族就业创业扶持政策,做好少数民族流动人口养老、医疗、随迁子女教育等民生保障工作,协调解决15名学生入学问题。加快建设回民习俗所需殡葬设施,亭子山回民公墓一期241个穴位竣工验收。

【党外人士社会服务】　深化“同心笃行”工作实践,搭建“同心公益”基金、“浦新汇”同心服务团等公益平台,指导各民主党派基层组织、党外知识分子联合会开展“同心笃行”品牌系列活动,民革浦口区总支、农工党浦口区基层委员会开展“同心护绿”植树活动,民革浦口区总支开展“浩学书屋”公益行活动,九三学社浦口区支社等开展“同心捐赠”活动,致公党浦口区基层组织、民建浦口区基层委员会、民进浦口区基层委员会开展“同心助困”行动。聚焦基层社会治理,各民主党派基层组织、区工商联、区知联会与结对村(社区)开展“同心共建”活动10余次,帮助基层解决实际问题。其中,民革浦口区总支利用“中山博爱之家”阵地,到村(社区)开展法律咨询、医疗服务、助学帮教、老兵关爱等社会服务;民建浦口区基层委员会引进浆果种植特色农业项目,在汤泉街道新金社区建成百亩浆果基地,年产量20万吨;九三学社浦口区支社和南京市第一医院支社组织专家社员,赴汤泉街道开展义诊活动。

【新联会工作】　区新联会开展“凝心铸魂强根基、团结奋进新征程”主题教育,组织新的社会阶层人士参加学习培训15次,涌现出张思洋、宋娜、葛智勇等参与乡村振兴、助困助残的典型。6月,召开区新联会换届大会,选举产生新一届领导班子,健全组织架构和运行机制。推荐2人为区政协委员。“匠心苑”阵地被遴选为南京市新的社会阶层人士统战工作实践创新基地第五批重点项目,接待省内外10余个考察团考察交流。区新联会会员撰写社情民意信息50余篇,提出意见建议16条,筹办“庆祝二十大　同心聚合力”慈善义拍活动,征集作品50余幅,义拍收入2.71万元全部捐赠给困难学生和残障人士。开展“和美乡村行　共话新发展”“情暖中秋·携爱同行”“弘扬传统文化　传承青瓷技艺”等活动,参加会员120人次。邀请市、区知名网络平台40余个,开展“与宁e路同行·寻美南京浦口”活动,推介城南中心、南京国家农创中心、响堂美丽乡村建设,相关报道在新浪江苏、焦点网、大南京生活圈等媒体转发。

(付瑞峰)

【区委统战工作领导小组会议】
3月24日召开。会议传达学习

全国、全省、全市统战部长会议及省委、市委统一战线工作领导小组会议精神；审议并通过《2023年浦口区统战工作要点》《2023年浦口区民族宗教工作要点》。会议强调，要筑牢思想根基，加强统战干部队伍自身建设，强化党外代表人士教育培训，坚决拥护"两个确立"，做到"两个维护"；要服务全区发展大局，防范重点领域风险，凝聚各方智慧力量，画好统一战线和谐稳定"同心圆"；要加强党的全面领导，发挥好区委统战工作领导小组作用，构建党委统一领导、统战部门牵头协调、有关方面各负其责的大统战工作格局。

（区融媒体中心）

机构编制工作

【概况】 2023年，区委编办聚焦优化机构职能、创新体制机制、深化履职监管、加强民生保障等工作，编印32个部门行政权力清单6423项，完成9个部门内设机构调整、人员划转、职数调整等工作，形成《浦口区义务教育集团办学调研报告》《浦口区中小学（园）机构编制调研报告》《浦口区医疗卫生领域机构编制统计》《关于进一步加强单用途预付卡管理的实施意见（暂行）》等调研材料7篇，为浦口区经济社会高质量发展提供体制机制保障。

【综合行政执法体制改革】 围绕区委"改革创新深化拓展年"和市委深化改革委员会"一区一特色"工作要求，聚焦执法改革难点，完善执法体制机制，巩固"一个部门统执法、一支队伍管执法、一套制度保执法""111"浦口模式。推行跨部门、跨领域"综合查一次"联合执法检查机制，执法办案领域由城管向多领域覆盖，实现办案数量较改革前同期翻倍增长，群众、企业满意度显著提高。与江苏警官学院合作建立全省首个区级综合行政执法培训基地，开创"综合行政执法＋警院"培训模式，实现执法队员培训全覆盖。浦口区执法机构设置、院地合作培训模式和规范化、智能化阵地建设得到省、市、区领导认可，作为典型案例被省委编办在全省推广。

【机构编制资源配置】 完成区国防动员办公室机构设置及人员编制划转等工作；完成疾病预防控制机构改革，在区卫生健康委加挂区疾病预防控制局牌子；优化区委办、区纪委、区发展改革委、区财政局等部门内设机构设置。向市委编办争取核增区红十字会机关、区卫生健康委各1名副处级领导职数；浦口公安分局4个内（下）设机构升格为副处级，核增8名副处级领导职数。

【权力清单管理】 落实政府权力清单管理制度，加强行政权力事项清单管理。根据省、市工作部署，组织部门对行政权力清单进行动态调整并完成事项认领，编印32个部门行政权力清单6423项。组织区退役军人事务局、区文化和旅游局开展全口径权责清单编制试点工作。

【预付式消费全流程监管机制完善】 为规范单用途预付卡管理，防范和化解社会风险，确保人民群众信用消费安全，区委编办聚焦新形势下预付式消费退卡难、索赔难等问题，依据相关法律法规，结合浦口实际，制定《关于进一步加强单用途预付卡管理的实施意见（暂行）》，厘清部门职责分工，建立健全工作机制，并率先在全省组织实施。

【编外用人管理】 "健全体制、强化执行、规范全区编外人员管理"作为区委编办年度"百名干部破百题"牵头事项，在深入调研、科学研判基础上，联合区财政局、区人力资源社会保障局制定《南京市浦口区机关事业单位编外人员管理办法（试行）》等"1＋5"系列文件，明确编外人员员额核定、招聘使用、岗位类别、薪酬体系和经费核拨等程序和要求，逐步形成"编委抓总、部门协作、闭环管理、保障发展"的管理机制，打破原有"只用不管""重用轻管""各管一段"的局面。编外人员管理工作成为区委编委重点工作之一，"1＋5"文件为全市首创。

（孙至）

政策研究

【文稿起草】 围绕全区中心工作和改革攻坚任务，坚持深谋划、重调研、当参谋，起草综合性重要文稿。完成区委常委会调研街道（园区）工作情况、听取部门条线汇报、各级干部座谈等活动讲话稿。牵头起草作风建设大会、农村工作会议、主题教育专题党课等文稿220余篇。会同区委办汇总梳理全区重要事项信息，编写"每日区情动态"284期，为区委、区政府决策提供参考。

【调查研究】 结合现代化新浦口建设，围绕贯彻落实党的二十大精神，突出区委、区政府中心任务，征集重点调研课题78个。聚焦创新型产业、区域协同、生态治理等重点，组织赴苏州、无锡、常州考察，形成《关于无锡集成电路产业调研的体会思考》等领导参考信息7篇，相关成果直接融入区委全会等重大会议文稿。聚焦区情问题，调研全区11个板块，研究56个部门工作情况，形成文稿素材，为区委常委会集体调研提供参考。聚焦重大理论和现实问题，参与省、市重大课题调研和征文活动，《江北新区与浦口区加速城乡建设一体化路径探析》成为省社科应用研究精品工程市县专项课题并结题。开展区人大工作理论研究，完成《关于完善地方政府重大行政决策前置性审查制度的思考》等课题。借力专家智库，强化调研合作，与市委研究室、南京审计大学等单位开展课题联动研究，形成《浦口区与江北新区产业一体化发展近期工作思考》《浦口区发展都市现代农业 助力乡村振兴路径研究》等专项调研报告7篇，促进相关问题有效解决。

【深化改革】 围绕"改革创新深化拓展年"目标定位，建立完善改革落实机制，拟定区委深化改革委员会年度工作要点和推进计划，九大领域37个方面218项改革任务有序推进。深化"百名干部破百题"行动，公开征集、筛选破题任务45项，评选优秀案例15个。落实市委深化改革委员会"一区一特色""一园区一突破"工作部署，打造浦口"111"品牌模式，《构建"综合查一次"联合执法机制 深化综合行政执法浦口"111"模式》获评南京市2022年度"一区一特色"优秀案例。国家级农业现代化示范区等7个省级以上综合性、牵引性改革试点获批，推动国家数字乡村试点等7个试点落实验收。结合主题教育，现场调研督察16个改革重点任务。获批国家级农业现代化示范区、省级智慧健康养老示范街道、省级"深化乡村地名服务 点亮美好家园"试点区。全国农业科技现代化共建先行县以90分以上成绩被首批赋名，国家数字乡村试点项目以全国第四成绩通过验收，新时代文明实践小镇省级标准化试点通过省级验收。《"四化"并举促发展，三产融合增效益——南京市浦口区尹广红家庭农场》获评全国优秀案例，《南京市浦口区"中通南京智慧物流产业园一期存量用地整治＋盘活"节地模式》获评省级先进案例。塑造擦亮省义务教育均衡发展示范区、省"15分钟医保服务圈"示范点等品牌。省际接壤处一体化治理经验获市委书记批示。《"十里造船带"蝶变滨江生态风光带》在《人民日报》发表，《网络直播激发社区新活力》被《求是》杂志刊发。创新优化督查落实方式方法做法获国务院真抓实干成效明显地方激励。打造专业化职业院校校长及师资队伍、培育发展战略性新兴产业2项工作获省政府真抓实干成效明显地方激励。发挥公安联动优势，重点推进苏皖接壤处公共安全、综合交通、生态环境、公共服务等方面均等化和区域"小循环"，建立6个不同主题的联动共治工作站，联合开展各项跨省工作，让苏皖两地群众"进一扇门、办两省事"。

【区委全面深化改革委员会会议】 3月4日，召开第一次会议。学习贯彻市委改革部署；审议并原则通过《关于推行浦口区区属国有企业集团职工代表大会制度的意见》；听取"百名干部破百题"专项行动揭榜情况汇报。会议指出，要坚持党的领导、落实主体责任、强化法治保障，推进区属国有企业集团民主管理；要善于发现问题、勇于实干担当、健全体制机制，推进"百名干部破百题"新一轮行动。

5月18日，召开第二次会议。学习贯彻十八大以来习近平总书记关于全面深化改革的重要论述、省市委全面深化改革委员会会议精神；审议并原则同意《中共南京市浦口区委全面深化改革委员会2023年工作要点》；听取"一区一特色""一园区一突破"工作汇报。会议强调，要围绕全区"一三五六"总体布局，紧扣"改革创新深化拓展年"目标要求，将工作要点九大方面37项改革任务统筹落实到位。关于2023年度改革总体工作，要着眼发展大局，在改革统筹上用实功；着眼关键领域，在创新突破上出实招；着眼责任落实，在任务攻坚上见实效。

8月19日，召开第三次会议。学习贯彻市委全面深化改革委员会第十二次会议精神；听取"百名干部破百题"工作汇报。会议强调，要持之以恒抓改革，在强化改革担当上更深一层，在推动改革攻坚上更进一步，在深化改革成效上更实一分。会议要求，结合主题教育工作安排，开展"百名干部破百题"交流评估活动,确保发挥破题实效,做到以改革推动工作。

9月9日,召开第四次会议。学习贯彻省委全面深化改革委员会会议精神;听取“百名干部破百题”工作汇报。会议强调,做好“百名干部破百题”工作,要围绕真问题,抓住真重点,下好真功夫,解决难点、取得突破;要以务实的举措、实干的作风推动破题,加强经验学习、调查研究,让主题教育和“破百题”工作相互促进、融会贯通;要保持工作定力,定期组织成果展示和“回头看”工作,确保好的制度机制、经验做法一以贯之。

10月13日,召开第五次会议。听取“百名干部破百题”工作汇报。会议强调,要结合主题教育,做好“百名干部破百题”工作,敢作敢为聚力发展攻坚、用心用情解决群众难题、善始善终建立长效机制。

10月28日,召开第六次会议。听取“百名干部破百题”工作汇报。会议强调,要更高标准推进“破百题”行动走深走实,善始善终把破题事项推进好;各揭榜人要适时组织“回头看”工作,开展自我评价和自我研判,区委改革办要加强督查会办,确保破题事项落地见效;要善于总结破题经验,形成制度成果并在面上推广,加大宣传力度,实事求是宣传破题成效。

11月4日,召开第七次会议。听取南京国家农创中心、区委编办、区水务局等单位“百名干部破百题”工作汇报。会议强调,围绕推动“破百题”行动圆满收官,要结合主题教育,主动对接发展难题,将破题行动推动好;要真解决问题、解决真问题,评选出一批打通痛点堵点、推动改革发展、解决群众急难愁盼的优秀案例;要通过案例评审选树一批改革闯将。 (曹也)

区直机关党建

【概况】 至年末,区级机关工委下属党支部116个,其中直属党组织44个(基层党委7个、直属党总支13个、党支部24个)。党员2407人。

【党的组织建设】 落实中央和国家机关工委关于“四强”支部建设部署,印发《机关党支部主要工作清单》《机关党的建设文件汇编》。开展组织生活制度督查,检查43个机关党支部,现场反馈并督促整改党小组划分不到位等问题。机关工委党支部在主题教育中坚持边学习、边对照、边检视、边整改,推动机关党建高质量发展,加强机关党员队伍建设。抓好党员教育管理,组织210人次参加全区基层党支部书记和党员骨干培训,安排59名机关党组织书记参加全省机关党组织书记学习贯彻习近平新时代中国特色社会主义思想示范培训。组织21名新发展党员走进红色教育基地,上好党性教育第一课。开展党内关怀帮扶,做好省、市、区关爱基金申报和困难党员慰问工作,向区级机关16名老党员颁发“光荣在党50年”纪念章。发挥机关党组织战斗堡垒作用和党员先锋模范作用,推动设立党员示范岗、党员责任区,开展设岗定责、承诺践诺等创先争优活动。推进区委党校“红色学府”、区社保中心“保您满意”等品牌培育和区法院“枫桥式人民法庭”培育。全区培育模范机关建设和新时代基层党建案例40个。根据市级机关工委关于党建阵地“四个规范化”要求,走访察看直属党组织阵地,补齐短板、抓好示范,建成首批机关党建示范阵地5个。

【党的政治建设】 发挥理论学习中心组领学促学作用,推动落实“第一议题”制度。严格执行理论学习中心组巡学旁听制度,检查区信访局等9个党组织学习情况。举办以“党的二十大精神引领机关党建质量提升”为主题的区级机关党组织书记培训班,组织100名机关干部参加中央和国家机关工委《旗帜》杂志社“学思想 强党性 共奋斗”知识挑战赛。在区级机关坚持由单位主要负责人担任党组织书记,推动各级党组织书记走上台前抓党建,带动领导班子其他成员履行“一岗双责”。实施机关党建“书记项目”41个,培育“三级书记”办理“12345”工单等特色项目。

【机关作风建设】 通报表扬机关作风建设先进集体21个、先进个人92人。按照区委“双晒双亮”要求,每月抽样260个,调查其中31家单位涉企满意度情况,设立营商环境监测点50个,掌握企业需求,征求意见建议100余条,反馈给责任单位整改落实。抓好市、区两级满意度评议反馈87条意见建议整改,召开专题分析会4场,整改完成率100%。抓好突出问题整治,市、区联动摄制典型问题案例视频,倒逼责任单位主动整改。解决市作风办转办作风诉求2起,集中培训作风

区级机关工委组织举办"习艺修身"书法培训班

区级机关工委供图

监督员60人,落实监督例会制度,提高作风监督效能。抓好作风纪律整肃,发挥区级机关纪监工委职能,应对隐形变异"四风"问题,每周推送廉政短信,开展党风廉政警示教育、违规吃喝问题专项整治。建立"日常+集中+专项"监督模式,组织监督检查120余次,以优良党风引领社风民风。首次开展半年区领导干部、区级机关主要负责人、机关干部代表和"两代表一委员"及作风监督员评价,组织作风评议15场6000余次。开展"以优良作风推进浦口高质量发展"系列主题宣传,摄制《有浦有为好作风》短视频,在区内外平台展示。邀请市作风监督员"看浦口",展现"浦口精神""浦口速度""浦口担当",赢得社会各界好评。

【机关群团工作】 支持机关群团组织依章开展工作,做好机关工会、妇联组织换届以及区妇代会妇女代表选举工作。开展岗位建功、风采展示、暖心活动,关心干部职工身心健康,组织125名干部职工赴甘肃、贵州、福州等地疗养。举办书画、葫芦丝、羽毛球、游泳等培训班,参加培训300人次。开设"宁育未来、童乐一夏"区机关暑期托管班,托管儿童30人。 (李亮)

老干部工作

【概况】 至年末,全区有老干部96人,其中离休干部49人、区(县)四套班子退休干部47人(享受市厅级待遇4人)。离休干部中,机关单位23人,事业单位9人,企业17人;享受县处级待遇32人,享受科级待遇17人;党员30人,非党员19人。平均年龄94岁。

【离退休干部党建】 按照离退休干部党支部"六有一提升"标准,推进党组织建设质量提升行动,落实"十项举措""强力工程"。依托老干部活动中心、老年大学,开展专题报告会、座谈研讨会、主题党日教育等活动,组织老干部学习党的二十大报告和党章、《习近平著作选读》《习近平新时代中国特色社会主义思想专题摘编》等。开展"学习二十大,银发在行动"百名银发志愿者接力领学、"学思想我来讲,紫金银辉在行动"等活动,推动党的创新理论入心见行、善思善用。落实"六好"离退休干部示范党支部建设三年行动计划,通过研讨推进、典型引领等途径,实现全区10%以上离退休干部党支部达到"六好"示范标准。区发展改革委机关离退休干部第四党支部被评为江苏省离退休干部"六有一提升"示范党支部,浦口公安分局离退休干部第二党支部被评为江苏省百佳离退休干部党支部。江苏省江浦高级中学离退休干部党支部被市委老干部局推荐为省级"六好"支部。联合7个涉老协会,建立工作联席会议制度,出台《全区离退休干部"开启新征程,银发再出发"志愿服务行动实施方案》,组织老干部参与党的建设、科技创新、绿色发展、社会治理等,开展"五老"关爱青少年儿童心理健康行动、"青春向阳 护苗成长"青苗呵护行动、"党旗下的幸福"公益摄影活动,市、区联动开展"紫金银辉"老专家助力乡村振兴、推进"共学共建共为"活动,凝聚银发力量,助力浦口高质量发展。

【老干部政治待遇】 采取会议通报为主、书面通报为辅的方式,向老干部报告浦口经济社会发展情况。召开老干部座谈会,听取老干部关于全区经济社会发展及重点民生项目的意见建议。加强"党建+阵地"建设,打造"向日葵的约定"离退休干部党建品牌,成立"桑榆风华"老党员工作室,确立"政治理论教育学新、思想道德教育求实、党史学习教育追远、党风廉政教育扬清"导向,成立离退休干部党员之家,向全区离退休干部党组织开放阵地资源，实现阵地建设使用与离退休干部党建有机结合。

【老干部生活待遇】 督促、把关各单位调整、核准离休干部基本离休金、生活补贴、提租补贴等，确保离休干部各项生活待遇落实。协调浦口人民医院、区中医院开通老干部就诊绿色通道，帮助老干部预约检查，代为取药。制定个性化体检套餐，邀请专家面对面解读体检报告。实施离休干部家庭医生签约服务，落实离休干部自付医疗费用补助标准。落实"六必访"工作制度，在走访慰问中征求意见、了解困难，把为老干部服务、帮老干部解难的暖心工程做好做实。落实干部荣誉退休制度，指导各单位举办荣誉退休仪式、办理"紫金银辉"服务卡、开展特困帮扶，引导新退休干部转换角色、调整心态，激发他们继续为浦口经济社会发展再立新功的政治热情。

【老干部活动阵地建设】 紧扣"向美而行——家文化"主线，发挥老干部活动中心主阵地作用，擦亮"老干部之家"品牌。开展"乐学乐活"文体活动，开设舞蹈、古筝、葫芦丝、摄影等课程，组织开展非遗手工、话剧鉴赏、户外视觉艺术深度体验等特色文体活动。结合重要纪念日、重大节庆活动，举办健身广场舞展演、书画摄影展、重阳节文艺汇演等活动。打造线上交流平台，完善"浦口老干部之家"微信公众号设置，开设"信仰空间"专栏，推送党的理论知识、党的二十大报告领学等专题96期，丰富"文化客厅""健康庭院""畅享花园"等板块内容，定期开设云课堂、智慧手机、健康养生等讲座，推出线上书画摄影等展览。推进"紫金银辉"工程，成立"紫金银辉"工作站领导小组，组建"银发生辉"志愿服务团队，制定志愿服务联席会议制度，创作《浦霞成绮尚满天》主题曲，设计制作"银发生辉"志愿团队队旗。着眼基层社区服务需求，开展新春送福字、书画摄影社区巡展、广场舞展演、中医药科普知识讲座、义诊等活动，为基层送文化、送健康，广受群众好评。摄影团队开展"党旗下的幸福"公益摄影活动，为离休老党员拍摄幸福照片，启动"浦口寻美之旅"。（蒋伯涛）

关心下一代工作

【概况】 2023年，调整充实区青少年"大思政"宣讲团，成立区"阳光心育"关爱团，发挥"五老"在教育引导和关爱保护青少年方面的优势，开展教育活动2700余场。1人被市关工委评为网吧监督工作先进个人，14人被市关工委评为优秀"五老"网吧义务监督员。

【关心下一代工作组织建设】 调整区关工委领导班子，建立健全关工委成员单位联席会议制度并召开联席会议。制订《浦口区关工委关于开展"五有五好"基层关工委建设三年（2023—2025）巩固深化年活动实施方案》《浦口区关工委关于对社区关工委"五好"建设实施"以奖代补"工作的实施方案》，通过组织"五有五好"基层关工委建设现场观摩会、基层关工委自查以及市、区关工委抽查验收等方式，打牢基层关工委工作基础。在市关工委以奖代补评比中，浦口区获一等奖10个、二等奖10个、三等奖6个。

【法治教育与权益维护】 制定《浦口区少年法学院运行管理办法》《浦口区少年法学院工作例会制度》《浦口区少年法学院工作督查制度》。利用区少年法学院法治教育实践基地"沉浸式学法"新形式，深化法治教育。区检察院关工委协助举办江苏少年警校夏季训练营，接待6批200人次未成年人参观。区法院关工委组织"润心工作室"心理咨询师、"五老"、志愿者等深入5个街道10个村（社区），开展"童心守护 花开向阳"教育活动11场。区司法局关工委推出线上开学"法治第一课"《防拐骗、防欺凌，呵护青春之花》，受教育学生4000余人次。依托"4·15"安全教育日、"12·4"国家宪法日，开展"关爱明天、普法先行"青少年法治宣传教育活动251场。确定帮教关爱对象40人，72名政法老干部参与，建立"零犯罪、零受害"共建阵地31个，与20个村（社区）、11所学校签订"双零"共建协议书。举办浦口区少年法学院年度工作总结表彰暨德法教育实践活动，表彰优秀组织单位22个、优秀教员24人。

【立德树人"大思政"教育】 区青少年"大思政"宣讲团成员围绕社会主义核心价值观，结合青少年身心特点，利用红色阵地资源，开展主题宣讲活动165场。在南京市金陵中学浦口分校举行浦口区2023年"老少心向党，奋进新征程"主题教育启动仪式，该校学生表演课本剧《金色的鱼钩》,市"五老"思政辅导员、区思想道德讲师团成员陶道均作《弘扬"三浦战役"精神,为全面建设社会主义现代化国家而奋斗》主题宣讲,优秀"五老"志愿者向7位"江苏好少年""南京好少年"赠送红色书籍。在行知基地举行南京市第十八届革命老区中小学生科技夏令营浦口分营开营仪式暨"青少年党史学习月"启动仪式。以"向雷锋同志学习"60周年、纪念毛泽东同志诞辰130周年为主题,开展爱国主义教育390余场。动员青少年参与市关工委党史国史教育基地网络地图线上浏览、"我是强国小主人"主题征稿等活动,区关工委、区教育系统关工委及4所中小学获市关工委优秀组织奖。

7月10日,在行知基地举行南京市第十八届革命老区中小学生科技夏令营浦口分营开营仪式暨"青少年党史学习月"启动仪式

区关工委供图

【校外教育阵地建设】 巩固"校站结合"机制,整合内外资源,开展德法教育、生命教育、劳动教育、社会实践等活动1895场,参与校外教育活动"五老"632人。开设爱心暑托班40个,联合浦口开发区关工委开展集成电路创新馆参观科普活动20余场,覆盖青少年近1000人次。举行全区"五老"助力青少年心理健康教育推进会暨邵福海心育工作室授牌仪式,成立浦口区"阳光心育"关爱团,举办"阳光心育"关爱团工作研讨会,制定《浦口区"阳光心育"关爱团工作制度》,拟推"一人一课"心育菜单。区关工委、区教育系统关工委获市关工委"怀抱梦想,不负韶华"——2023年逐梦心语征集活动优秀组织奖,10余所中小学分获最佳组织奖、优秀组织奖,个人获奖435人次,其中一等奖11人。在第十五届南京市中小学科技"四个一"作品竞赛活动和南京市第九届校外教育辅导站电子阅览室电子报竞赛中,区关工委、区教育局获组织奖,南京市浦口区实验学校获优秀组织奖。江浦街道校外教育辅导站视频作品《从"心"开始 "浦"育未来》获2023年市校外教育辅导站"双优"特色视频二等奖。联合开展关爱帮扶行动,筹集助学助困资金64.67万元,扶贫助学780人。在市慈善总会举办的江苏专场网络募捐和"9·9"公益日活动中,筹集善款15.5万元。浦口开发区关工委主任被市慈善总会授予"爱心济困、善行江苏"慈善专场暨"9·9"公益日活动先进个人称号。

【"三扶两创"工作】 围绕"两个基地"建设、"五老"队伍建设和典型案例选树等开展实地调研与评估论证,梳理出种植户33家、养殖户27家、电子商务企业21家,创建农民合作社19个、家庭农场73个。为大学生提供现代农业补助等金融扶持,争取项目资金460万元,帮扶创业青年19人,帮助青年农民立项13个,培育"两个基地"项目7个。可欣家庭农场、胡守兴家庭农场、周添翼家庭农场被市关工委、市农业农村系统关工委联合授予2023年度"三扶两创"工作青年农民创业示范基地称号,永宁街道东葛社区农村政科校、桥林街道高汤村农村政科校、星甸街道关工委农村政科校被授予优秀农村政治科技学校称号,滕之武、陈浩然、邵立昌被授予青年农民创业之星称号,郭成兵、狄恒荣被授予最美"五老"称号。发挥"五好"民企关工委示范作用,培养有理想、守信念、懂技术、敢担当、讲奉献的青年产业工人队伍。大地建设集团科技有限责任公司关工委为毕业五年内的大学生免费提供办公工位,免收物业、水电费用,支持青年创业。江苏润邦智能车库有限公司连续七年资助贫困学生184人,累计金额25万余元。

(吴艳)

党校工作

【概况】 2023年,区委党校(行政学校)学习贯彻党的二十大精神和习近平总书记在中央党校建校90周年庆祝大会暨2023年春季学期开学典礼上的讲话精神,落实《中国共产党党校(行政学院)工作条例》,打造“红色学府·旗帜飘扬”党建品牌,展现新时代党校在干部培训、思想引领、理论建设、决策咨询等方面的担当。举办党员干部培训112期,参训学员12329人次。在各级刊物发表论文21篇,完成市、区级课题7项,在中央党校出版社出版教材1部,在全市党校系统第十届科研组织奖评选中获优秀科研工作组织奖。

【教学培训】 落实集中走访工作要求,挖掘和利用石村广场红色文化资源,《“三浦战役”制胜之道与启示——“三浦战役”史料陈列室现场教学》入选全市党校系统第一批现场教学“核心+骨干”课程。打造“红色学府·码上知晓”,涵盖党校建设发展历程、党史知识等,让学员在党校学习时沉浸式感受党性教育氛围。举办区管干部学习贯彻习近平新时代中国特色社会主义思想和党的二十大精神集中轮训主体班3期,实现区管干部全覆盖。中青年干部培训班历时2个月,首次采用市、区两级党校联动办学方式组织实施。与省委驻邳州乡村振兴帮扶队、山东省委党校、安徽省委党校等联合举办专题外培班20期。开办全省7个领域党组织书记主题教育示范培训班、市委党校党务干部培训班,以及青海西宁、西藏墨竹工卡培训班。

【科研咨询】 《中国式现代化视域下浦口新实践》在中央党校出版社出版,展现现代化新浦口图景。围绕全区重点调研课题组成调研组,调研文章《发展乡村旅游民宿产业群 巩固我市文商旅消费复苏势头》在南京市委党校《市情参考》刊发。赵慧、曾军、程楠等课题项目《浦口数字乡村建设赋能乡村振兴的对策建议》获2022年度江苏省社科应用研究精品工程优秀成果二等次,论文获全市党校系统第十届优秀决策咨询奖二等奖。修楠《对发展新型农村集体经济的调研分析和对策建议——以浦口区发展农村集体经济为例》获全市党校系统第十届优秀决策咨询奖一等奖。亓媛《基于党校工作背景推进红色档案的开发利用——以南京长江大桥档案为例》获全省档案学术论文征文三等奖、南京市档案工作者年会征文二等奖、南京市档案系统“学批示、见行动、开新局”主题征文活动优秀奖。钱梦佳《新时代文明实践中心助力南京市浦口区乡村文化振兴的现状调查及对策建议》获湖北省新时代文明实践研究院首届新时代文明实践前沿论坛征文比赛二等奖。《习近平法治思想人民性的司法实践逻辑——昆山“反杀案”中的人本法治观》入选省委党校“深入学习党的二十大精神”理论研讨会论文集。

【基层宣教】 组建“学府红”宣讲队,开发《学习贯彻习近平新时代中国特色社会主义思想》《学思践悟新思想 砥砺奋进新征程》《〈共产党宣言〉及其时代意义》《弘扬伟大建党精神》等专题课程,通过“线上+线下”方式参加“四下基层”活动,开展基层宣讲118场,受众1.41万人次。把“学习强国”学习平台作为传播先进思想的展示平台,推送《缅怀不朽革命先烈 弘扬伟大抗战精神》微课。推动“沁书坊”阅读分享活动社区获评南京市职工优秀阅读组织。 (亓媛)

·文稿编辑 卢仕松·

南京市浦口区人大

综　述

【概况】　2023年,区人大及其常委会召开会议22次,听取和审议各项工作报告27个,作出决议、决定10项。检查法律法规实施3次,视察调研65次。任免和决定任免国家机关工作人员、人民陪审员129人次。至年底,全区有省、市、区三级人大代表370人。

【人大代表构成】　至年底,区第五届人民代表大会代表333人,其中男性229人、女性104人;中共党员282人,占总数的84.7%;大专以上文化程度329人,占总数的98.8%。

【代表工作】　区人大常委会注重做好代表工作,抓好代表思想理论学习和人大知识学习,做好代表服务保障和管理工作,激发代表履职热情,发挥代表在全过程人民民主中的作用。

代表履职培训　紧扣"学、思、践、行"4个重点,制订区人大常委会组成人员、人大代表履职培训计划,印发《浦口区人大代表"牢记嘱托、感恩奋进"学习实践活动实施方案》。7月6—12日,组织常委会组成人员参加履职能力提升培训。10月20日至12月15日,组织浦口区人大代表开展网络履职培训。

代表履职活动　拓展"两个联系",区人大常委会领导成员坚持走访基层代表、听取工作建议,邀请58名代表列席常委会会议、参加视察调研活动。组织178名市、区两级人大代表集中视察江北新区、浦口区城市发展规划和重大项目建设工作。注重宣传代表形象,激励代表履职,在《人民与权力》《南京人大》发表代表履职风采文章13篇。组建人大代表专业组9个,制定管理办法,明确工作规程,形成代表团、专业组双重履职机制。制发《区人大代表履职评价及激励实施细则》,细化量化履职内容,实行积分制考核管理,全过程记录代表履职情况。首次评出"五好"(学习好、参政好、督政好、为民好、敬业好)人大代表20人。

【人大工作宣传与理论研究】　区人大常委会注重传播人大声音、讲好人大故事,在省、市人大媒体平台发表文章19篇,获全市宣传人民代表大会制度"好新闻奖"。发挥区人大工作理论研究会智库作用,撰写理论研究文章28篇。　(段淑媛)

重要会议

【概况】　2023年,区人大及其常委会召开人民代表大会1次、常委会会议8次、常委会主任会议13次。人代会听取和审议工作报告6个,人大常委会听取和审议区政府工作报告20个、区检察院工作报告1个,发出审议意见书11份,作出决议、决定10项。

【区五届人大二次会议】　1月5—8日在审计署党校召开。应到代表336人,实到代表304人。会议听取和审议政府工作报告;审查2022年国民经济和社会发展计划执行情况与2023年计划(草案)的报告、2022年财政预算执行情况和2023年财政预算(草案)的报告;听取和审议区人大常委会工作报告和区法院、区检察院工作报告,并就上述报告作出6项决议。票决产生重点民生实事项目10个。选举产生区五届人大常委会副主任1人、委员10人、区监察委员会主任1人、出席市第十七届人代会代表57

人。表决通过区五届人大财政经济委员会、监察和司法委员会主任名单。

【区五届人大常委会会议】 3月7日，召开第九次会议。传达学习党的二十届二中全会精神；通过区人大常委会工作要点和工作计划、各街道人大工委工作计划和人事任免事项。

4月12日，召开第十次会议。传达学习习近平总书记在两会期间的重要讲话精神和十四届全国人大一次会议精神；审定《南京市浦口区人民代表大会常务委员会规范性文件备案审查办法（草案）》；听取和审议区政府关于2022年全区环境状况和环境保护目标完成情况、《浦口区国土空间总体规划（2021—2035年）（草案）》和区检察院关于未成年人检察工作情况的报告；听取区政府7名干部履职情况的报告；通过人事任免事项。

5月25日，召开第十一次会议。传达学习习近平总书记在河北考察时、在深入推进京津冀协同发展座谈会上和在二十届中央政治局第四次集体学习时的重要讲话精神；听取关于检查《中华人民共和国就业促进法》《江苏省就业促进条例》实施情况的报告；听取和审议区政府关于科技创新平台建设情况、关于铸牢中华民族共同体意识推动新时代民族工作高质量发展情况的报告；通过人事任免事项。

7月31日，召开第十二次会议。传达学习习近平总书记在江苏考察时、同团中央新一届领导班子成员集体谈话时的重要讲话精神；听取和审议区政府关于上半年工作情况（含民生实事项目推进情况）、关于“十四五”规划纲要实施中期评估情况、关于审计2022年区本级财政预算执行情况和其他财政收支情况的报告，审议区政府关于上半年国民经济和社会发展计划及财政预算执行情况、关于全区国有资产管理情况的书面报告，分别作出《关于批准浦口区“十四五”规划纲要部分指标目标调整方案（草案）的决议》《关于批准浦口区2022年财政决算的决议》；通过人事任免事项。

9月20日，召开第十三次会议。传达学习习近平总书记在办公厅机关会议上的重要讲话精神；听取关于检查《南京市供水和节约用水管理条例》实施情况的报告；听取和审议区政府关于深化服务重大项目“一件事”改革工作情况、关于城市更新工作情况、全区分级诊疗体系建设及《关于进一步提升“院府合作”质效 加快推动浦口人民医院高质量发展的决定》落实情况的报告；通过人事任免事项。

11月23日，召开第十四次会议。传达学习习近平总书记在中央金融工作会议和二十届中央审计委员会第一次会议上的重要讲话精神；听取和审议区政府关于“八五”普法中期评估情况、关于分层分类社会救助体系建设情况的报告，并就救助体系建设情况开展询问；通过人事任免事项。

12月6日，召开第十五次会议。传达学习习近平总书记在深入推进长三角一体化发展座谈会上的重要讲话精神和就第十个国家宪法日作出的重要指示；听取审计意见整改工作情况的报告，作出《关于批准浦口区2023年财政预算调整方案的决议》；通过人事任免事项。

12月26日，召开第十六次会议。传达学习习近平总书记在中共中央政治局专题民主生活会和二十届中央机构编制委员会第一次会议上的重要讲话精神；听取和审议区政府关于2023年国民经济和社会发展计划以及财政预算完成情况和2024年计划以及预算（草案）、关于2023年民生实事项目实施情况和2024年民生实事候选项目的报告，并就2023年民生实事项目完成情况开展满意度测评；审阅区政府关于债务管理情况的书面报告；通过《关于表扬2023年度优秀代表建议和先进承办单位的决定》《关于表扬2023年度“五好”人大代表的决定》和人事任免事项；听取区人大常委会代表资格审查委员会《关于部分区人大代表资格审查情况的报告》；讨论决定区五届人大三次会议有关事项。

【区五届人大常委会主任会议】 1月18日，召开第十四次会议。传达学习习近平总书记在中共中央政治局民主生活会上的重要讲话精神和2023年新年贺词，以及市十七届人大一次会议精神；研究区人大常委会领导成员分工调整、区委交办跟踪监督的6项重点工作任务及人代会票决产生的10个民生实事分管等事宜；部署区人大常委会近期重点工作。

2月23日，召开第十五次会议。传达学习习近平总书记在2023年春节团拜会和中共中央政治局第二次集体学习时的重要讲话精神，以及省十四届人大一次会议精神；研究区人大常委会工作要点和工作计划、各街道人大工委工作计划、区委交办的6项重点工作和10个民生实事跟踪监督方案，以及区人大常委会机关招商引资工作、区人大常委会领导成员分工调整等事宜。

3月6日，召开第十六次会议。传达学习党的二十届二中全会精神；审议区人大常委会工作要点和工作计划、各街道人大工委工作计划；讨论人事任免事项。

3月21日，召开第十七次会议。传达学习习近平总书记在全国两会期间的重要讲话精神和十四届全国人大一次会议精神；听取区监委《关于整治群众反映强烈问题专项工作情况的审议意见书》落实情况的报告；研究《南京市浦口区人民代表大会常务委员会规范性文件备案审查办法(讨论稿)》、区人大常委会法律助理聘任工作和区人大常委会第十次会议有关事宜。

4月23日，召开第十八次会议。传达学习习近平总书记在广东考察时的重要讲话精神；听取江浦街道办事处工作情况报告。

5月23日，召开第十九次会议。传达学习习近平总书记在河北考察时、在深入推进京津冀协同发展座谈会上和在二十届中央政治局第四次集体学习时的重要讲话精神；研究《区人大代表"牢记嘱托、感恩奋进"学习实践活动方案(讨论稿)》《区人大常委会及机关大兴调查研究的实施方案(讨论稿)》《区人大常委会领导及组成人员联系代表工作方案(讨论稿)》《区人大代表专业分组工作办法(讨论稿)》及代表分组方案、《区人大代表履职评价及激励实施细则(讨论稿)》和区人大常委会第十一次会议有关事项；听取10项民生实事跟踪监督情况的汇报。

6月14日，召开第二十次会议，听取老山林场林相改造工作情况汇报。

7月20日，召开第二十一次会议。传达学习习近平总书记在江苏考察时的重要讲话精神；听取上半年有关审议意见书落实情况、10项重点民生实事推进情况的汇报；研究区人大常委会第十二次会议有关事项。

8月29日，召开第二十二次会议。传达学习习近平总书记关于党的建设和组织工作的重要指示；听取顶山街道人大工委工作情况报告。

9月14日，召开第二十三次会议。传达学习习近平总书记在中国国际服务贸易交易会全球服务贸易峰会上的致辞和在文化传承发展座谈会上的重要讲话精神；听取10项民生实事跟踪监督情况的汇报；研究区人大常委会第十三次会议有关事宜。

10月19日，召开第二十四次会议。传达学习习近平总书记在浙江考察时的重要讲话精神及对宣传思想文化工作作出的重要指示；听取区五届人大二次会议代表建议、批评和意见办理情况的汇报。

11月16日，召开第二十五次会议。传达学习习近平总书记关于树立和践行正确政绩观的重要论述、关于坚决防止和克服形式主义的重要指示、在文化传承发展座谈会上的重要讲话精神、关于"四下基层"的重要批示，以及浙江"千万工程"典型经验；听取区委交办的6项重点工作任务跟踪监督情况的报告；研究区人大常委会第十四次会议有关事宜。

12月14日，召开第二十六次会议。围绕习近平总书记在听取浙江省委和省政府、内蒙古自治区党委和政府工作汇报时的重要讲话精神，以及关于党的自我革命重要论述，开展学习交流；听取区行政审批局《关于浦口区深化服务重大项目"一件事"改革工作情况的审议意见书》、区卫生健康委《关于全区分级诊疗体系建设及〈关于进一步提升"院府合作"质效加快推动浦口人民医院高质量发展的决定〉贯彻落实情况的审议意见书》、区城乡建设局《关于全区城市更新工作情况的审议意见书》落实情况的报告，以及区财政局、区国资办关于政府性债务、平台经营性债务管控情况的报告；研究关于表扬优秀代表建议和先进承办单位、"五好"人大代表以及区人大常委会第十六次会议等事宜；听取区五届人大三次会议筹备情况的汇报，讨论区人大常委会工作报告(讨论稿)。　(段淑媛)

监督工作

【概况】 2023年，区人大常委会紧扣"改革创新深化拓展年"各项工作部署，加强对经济发展、资金管理、城乡建管、民生实事4项重点工作的监督。推动法治建设，检查3部法律法规在浦口行政区的实施执行情况。

【重大事项监督】 聚焦全区"十四五"规划纲要实施，抓好经济运行情况跟踪监督，7月听取区政府上半年工作报告，年中、年末2次检查国民经济和社会发展计划、财政预算等执行情况并审议报告,10余次专项检查深化服务重大项目“一件事”改革成效和重大产业项目、科技创新平台等建设情况,调研浦口高新区科创片区建设发展情况,在听取报告后提出意见建议。其间,重点抓住资金规范高效管理事项,运用预算联网监督系统强化预算执行情况的全口径审查、全过程监测,加大对财政资金使用、政府债务管控的监督力度,督促审计查出问题的整改销号,要求相关单位强化资金“借、用、管、还”全周期管理,应对财政收支矛盾,提高资金资产运行效益,防范化解重大风险。推动城市规划实施,审议国土空间总体规划编制情况的报告,调研江浦街道“一片城区”建设情况,就做强经济实力、做美城市形象、做精近郊乡村等提出工作建议9条。关注城市更新“一项重点”,调研城市空间形态、项目开发建设、历史文化保护等情况,对城市更新工作提出专业性意见建议。加强民生实事办理监督,运用“群众选、代表定、政府干、人大督”的常态长效机制,抓好十大类61项重点民生实事项目的落实,区人大常委会及其主任会议研究督办情况或听取落实进度情况汇报8次,编发监督简报2期,并就全区分层分类救助体系建设工作开展询问。12月,区人大常委会听取关于民生实事完成情况的报告,组织满意度测评,并向全体代表发出满意度测评结果通报。

【法治建设监督】 督促全区“八五”普法规划落实,组织视察实施情况并听取中期评估情况汇报。优化基层立法联系点,联合开展宪法宣传和普法教育。监督法律法规的遵守和执行,上下联动检查《中华人民共和国就业促进法》《江苏省就业促进条例》施行情况,提出“增强相关单位间的协调联动,从需求端和实际出发保障就业”建议。检查《南京市供水和节约用水管理条例》实施情况,深入现场调研,召开座谈会,提出“治理水生态环境、建设供节水设施”要求。组织常委会委员、人大代表集中视察老山林场落实《南京市老山景区保护条例》情况,围绕做好森林抚育、护林防火以及物种保护等工作提出建议12条。制定规范性文件备案审查办法,审查文件3件。

(段淑媛)

代表建议

【概况】 2023年,区人大常委会加强代表建议办理的会商调度,组织代表全程参与监督、赴现场视察重点建议办理工作。区级领导干部带头领办督办建议18件,主任会议听取建议办理情况专题汇报,促进建议高质量落实。至年末,区五届人大二次会议代表提出的203件建议全部答复完毕,办成率84%,满意率100%。通报表扬优秀代表建议30件,以及区交通运输局、区教育局、区住房保障和房产局、区城市管理局、浦口公安分局、区农业农村局、区民政局、区残联、桥林街道、浦口开发区、浦口交通集团、泰山街道12家先进承办单位。

【重点建议摘要】 区人大常委会经审查研究,确定重点建议17件,摘录其中4件。

加强高标准农田建设 浦口区有基本耕地6740公顷,建成高标准田4427公顷,占比65.7%。其中,桥林街道将兰花塘片区283公顷中低产田打造成旱涝保收的高产田,秋稻亩产超700千克,事实表明中低产田潜力可挖,但建成的高标准田与兰花塘片区相比还有提升空间。赵建代表建议,借鉴打造兰花塘片区高标准农田的经验,加大类似边片区域高标准农田建设投入力度,运用科技力量,提升建成高标准田质量,提高产出效应;按照“逐步把永久基本农田全部建成高标准农田”要求,加大剩余地块整合力度;因势利导,加强规划设计,啃下地块分散、不易建成连片高质量标准田的“硬骨头”,提升高标准田占比。

加快推进拆迁安置 针对超期安置影响拆迁群众生产生活,因过渡费支出增加财政支出成本等状况,张文伟代表建议抓紧办理拟建安置房手续,尽快启动进场施工,加快安置房建设进度,尽量压缩交房时间;保障安置房工程质量及配套设施齐全,相关职能部门要严把质量关,减少安置房交付后因质量问题造成的矛盾;交付后的安置房周边要加快建设雨污管网、道路交通等配套设施,保障安置居民生产生活需求;做足建设资金保障,紧盯施工时限,保证建设进度;用好回购处置、预选房、轮候制等方式,减少安置房源缺口压力。

简化企业自用项目竣工验收流程 工程竣工验收作为工程建设项目中的最后一道关卡,现状手续烦琐、流程繁杂,且需对接多个部门,浪费大量人力物力,增加企业负担。史和庆代表建议,自建项目竣工验收要结合各行业、

企业实际情况,组织相关人员论证,从精减企业自建用房竣工验收项目出发,制定简易措施,优化审批流程,开辟绿色通道,缩短验收时间,提高审核效率,减少企业不必要支出;成立服务机构,对重点建设项目实行特事加急办,帮助企业解决验收实际困难,助推企业集中精力抓经营促发展。

增加村(社区)消防应急设施配备　鉴于部分村(社区)距离消防队较远,一旦发生火情,消防车很难第一时间赶到现场施救,戚良伟代表建议,由区应急管理局牵头,加强村(社区)组级微型消防站配备和应急队伍组建、培训。要以实战实用为主,由职能部门牵头指导村(社区),根据人口密度和交通状况合理设置消防站,选配消防器材;指导消防队和村(社区)制定应急处置制度,定期组织消防应急培训演练,形成与微型消防站适配的应急机制,提高火灾应急处置能力;安排专人定期检查消防人员在岗在位、器材装备配备、消防检查、消防业务熟悉程度等落实情况;开展面向群众的消防安全检查及宣传活动,扩大消防知识覆盖面。

表1　2023年南京市浦口区人民代表大会代表重点建议一览表

序号	案号	建议名称	建议人
1	0006	关于发展林公堤夜间经济的思考与建议	林传龙
2	0009	关于加快城建项目建成即交付的建议	赵海军
3	0012	关于加强高标准农田建设的建议	赵　建
4	0021	关于进一步加强“后疫情”时代我区学生心理健康教育的建议	黄晓萍
5	0028	关于完善养老机制,建设“智慧养老院”的建议	齐　成
6	0039	关于加快江浦至桥林片区路网建设的建议	韩　云
7	0050	关于进一步加快拆迁安置推进的建议	张文伟
8	0052	关于整合长江岸线资源,打造乡村旅游精品线路的建议	张　颢
9	0058	关于企业自用建设项目工程竣工验收简化流程的建议	史和庆
10	0063	关于工业园区非主干道路面超预期损坏维修的建议	史和庆
11	0065	关于持续推进传统村落保护的建议	马　楠
12	0066	关于加快提升城市管理水平的建议	林苏霞
13	0075	加强开发汤泉旅游资源	李明望
14	0080	增加村社内部消防应急设施配备	戚良伟
15	0081	进一步推进天网工程提档升级	王海华
16	0099	关于加强农旅融合发展的建议	邵名文
17	0101	关于在突发公共卫生事件中如何充分发挥基层医疗机构作用的建议	邓　莉

(段淑媛)

人事任免

【概况】 2023年，区人大常委会依法行使人事任免权。任免和决定任免人大、政府、监察机关工作人员18人次。任免法、检“两院”工作人员（含陪审员）111人次。

【任免事项】 区五届人大常委会第九次至第十六次会议任免人大常委会机关工作人员11人次、监察机关工作人员1人次，决定任免政府机关工作人员6人次，任免区法院工作人员6人次、区检察院工作人员13人次；任命人民陪审员92人次。 （段淑媛）

视察调研

【概况】 2023年，区人大常委会根据每次会议实际安排，选择重点议题，组织视察调研62次，为更好地审议工作报告做准备，同时完成区委交办的专题调研任务。

【人大代表视察调研】 3—11月，分别组织视察调研未成年人检察工作情况、江浦街道办事处工作情况、全区科技创新平台建设情况与民族工作高质量发展情况、老山林场林相改造工作情况、顶山街道人大工委工作情况、深化服务重大项目“一件事”改革情况、城市更新工作情况、分级诊疗体系建设情况及“院府合作”工作推进情况、重点代表建议办理工作情况、“八五”普法中期工作与分层分类社会救助体系建设工作。12月，围绕事关区域经济社会发展的重大事项、人民群众关心关注的热点问题，组织部分市、区人大代表集中视察南京江北新区规划展览馆、南京集成电路产业服务中心、华天科技（南京）有限公司、南京国家现代农业产业科技创新中心、南京中车浦镇海泰制动设备有限公司。

【专项调研工作】 区人大常委会完成公共自行车运营、优化教育资源布局、重点工业企业3项专项调研工作。记录其中2项调研情况。

公共自行车运营调研 3—5月，区人大常委会成立专题调研组，分赴南京主城区、江北新区、江宁区、六合区、高淳区主管部门，以及扬州市交通产业集团、哈啰共享单车有限公司考察，交流公共自行车和共享单车建设、运营、管理等情况，并拜访市交通运输局，咨询业务开展情况。召开座谈会15场，现场调研10余次，其中召开4个园区和部分企业代表以及江浦、桥林2个街道和20个社区负责人座谈会，委托其发放调查问卷。综合内外调查情况，向区委呈送《因地制宜 错位发展 以规范管理便捷群众交通出行》报告。报告指出，全区有桩站点333个、自行车4500辆，在实际运营中，存在“骑行体验不佳、投诉意见较多，企业负担加重、资金压力较大，服务人次减少、站点使用差异大”等问题。提出维持公共自行车发展现状并做好设施更新维护、引进共享单车与公共自行车兼营、引进共享单车并逐步实现市场化运营管理3种对策方案。建议树立江北“一盘棋”发展意识，按照省、市、区重点决策部署，推进浦口区与江北新区一体化融合发展；彰显公共自行车公益属性，着眼短期内把公共自行车作为大多数群众出行首选，根据其特点优化服务效能；引进共享单车要借鉴南京较为成熟的经验，加强共享单车规范化管理。

优化教育资源布局调研 8月，区人大常委会根据区委工作部署，成立由主任担任组长的专题调研组，配备副组长2人，区人大财政经济委员会、区教育局、区住房保障和房产局、浦口规划资源分局以及各街道为成员单位，从“理思路、定方向，摸底数、察实情，强分析、提建议”3个方面展开调研。调查全区81所中小学及幼儿园现状并形成调研报告。报告显示，浦口区存在“教育资源总体充足，但局部矛盾突出；教育规划总体合理，但变化应对不足；教育质量总体稳定，但名校少、城乡差别大”3个特点，指出要实现教育兴区，务必结合全区教育资源布局现状及矛盾、未来发展趋势，精细谋划、精准施策，增强工作的前瞻性和针对性。建议完善一个机制，区教育资源保障工作领导小组办公室负责做好动态分析研判，定期梳理问题清单，大事要事及时报请领导小组研究决定；落实两个要求，即法律规定和责任考核；把握规划与现实、面上与局部、优质与均衡三

个关系;突出四个重点,做到先急先建、不急缓建、整合资源、狠抓管理。 (段淑媛)

专门委员会工作

【概况】 2023年,区五届人大常委会设专门委员会4个,即区人大法制委员会、区人大财政经济委员会、区人大社会建设委员会、区人大监察和司法委员会。各专门委员会按照各自职责和任务开展工作。

【法制委员会】 邀请市人大常委会法工委相关负责人、区法律助理分别作规范性文件备案知识辅导,并参与备案审查,完成线上线下规范性文件报备工作。承接市人大常委会交办的工作,组织相关部门、8个立法联系点就制定《南京市安全生产条例》《南京市中医药传承创新发展条例》《南京市科学技术进步条例》征求意见建议并给予反馈。跟踪监督"提升医疗服务能力"民生实事项目落实情况,视察"八五"普法中期评估情况并提出审议意见。

【财政经济委员会】 听取浦口区2022年度绩效评价情况报告,选取区财政局、区住房保障和房产局等4个预算单位的部门开展整体自评,完成农村人居环境长效管护、残疾儿童康复经费等10个项目部门评价结果的审议。每季度跟踪监督政府债务管理情况,上半年和下半年分别听取政府性债务(包括隐性债务)和经营性债务管理情况报告。做好重点产业项目建设等监督工作。邀请人大代表走访重点产业园区、重要经济部门,参与产业基金审查、预算执行监督等重点工作。预先审查2个重点部门预算。邀请专业组代表听取关于2022年度财政决算草案报告。

【社会建设委员会】 检查《中华人民共和国就业促进法》《江苏省就业促进条例》实施情况。年初分解细化民生实事子项目8个,列出月度任务计划表,召开监督部署会,开展3轮国资国企改革监督,实现区属五大集团、四个园区平台全覆盖,形成"发现问题—整改反馈—跟踪落实"监督闭环。

【监察和司法委员会】 组建由监察和司法委员会委员、人大代表和街道人大工委委员参与的监督组,检查"提高养老服务水平"和"提升社会保障服务能力"2项重点民生实事落实情况。视察区检察院"12309"检察服务大厅、未成年人司法社会服务中心、蒲公英工作室、少年法学院法制教育基地保护未成年人工作情况,并组织座谈交流。下半年赴区检察院、区妇联、区教育局,听取关于未成年人保护工作情况的汇报,就共同做好未成年人保护工作提出建议。 (段淑媛)

·文稿编辑 杨宇金·

南京市浦口区政府

综　　述

【浦口区民生实事项目】 1月8日，区五届人大二次会议票决2023年全区重点民生实事项目10个。

优化教育资源配置　建成汤泉街道幼儿园等3所中小学、幼儿园，推进园特路幼儿园等5所中小学、幼儿园建设。联合创办南京晓庄学院浦口幼教集团，完成3所省、市优质园创建，集团化整合18所初中，实现初中集团化办学覆盖率100%，引进名校长和高层次人才10人。实施青少年身心健康“4S”服务促进计划。

提升医疗服务能力　完成浦口人民医院三期主楼施工，启动设备安装和装饰工程。建成区级托育综合服务中心，全区5个街道实现普惠托育机构全覆盖。妇女“两癌”免费筛查不少于1万人。深化“院府合作”，启动浦口人民医院骨科、心内科省级重点专科创建工作，引进高层次人才5人以上，提升医疗科研水平。

提高养老服务水平　健全社区居家养老服务体系，建成并运营区级养老服务指导中心。实施老年人家庭适老化改造145户。提升养老服务人才队伍技能，培训养老护理员160人次。

实现更高质量就业　组织线上线下招聘会140场，培训企业职工2000人次。帮扶失业人员再就业2000人、就业困难人员就业900人。新增残疾人就业50人，为100名残疾人提供职业技能培训。新增农民创业就业300人以上。

优化交通出行环境　调整516路等5条公交线路。完成智慧停车一期建设，新增共享泊位500个。服务保障356省道项目开工建设，完成龙湖天街等城市配套道路建设，打通卓溪路等“断头路”。推进“四好农村路”提档升级及重点乡村道路“白改黑”工程建设。完成星石线、张西线和龙周线等道路护栏设施建设。

改善群众居住条件　新开工建设保障房50万平方米，竣工30万平方米，因地制宜实施“房票制”，满足群众多元化安置需求。新建312国道悦江府小区段隔音屏170米。新增燃气用户5000户。完成汤泉农场邻舍小区出新改造工程。

提升城市管理服务水平　开展“四清、四拆、四整治”环境整治行动，推进“清垃圾、清水系、清乱堆乱放”等重点工作。完成建设路绿地环境综合整治和亚青路等10条道路周边背街小巷整治提升。创建省级垃圾分类达标小区9个。开展“15分钟便民生活圈”建设。合理增加综合办事窗口和街道社区便民分点，打造“15分钟政务服务圈”。

加大安全保障力度　开发食品安全线上管理程序，实现“云监管”。免费发放家庭应急救援包6000个、消防应急包800个。完成2个人防工程建设。2个消防站点投入执勤，完成钱塘望景小区高层建筑消防管网整改。安装简易报警器200个、电气火灾监控100套，推广车棚简易喷淋设备。开展公安流动政务服务车进企业、机关、院校和社区常态化服务。

提升社会保障服务能力　失能保险政策逐步扩至覆盖精神残疾、脑瘫等群体。加大对困难群体医疗救助保障力度。运用区急难救助慈善基金等对部分特别困难家庭实行再救助。启用亭子山万寿园新馆，推动殡葬服务品质升级。

加大环境保护力度　确保$PM_{2.5}$平均浓度保持全市前列、地表水环境质量保持全省前列。完成狮子岭等3个水库生态清淤及库容恢复。完成汤泉街道团结河综合整治,实施沿滁中型灌区节水配套改造。加强工地扬尘、噪声管控,实现工地文明施工达标率100%。（段淑媛）

【浦口区跨界协同发展】 浦口区落实长三角一体化重大战略,统筹推进区域协同发展,开展对外协作和帮扶工作。

浦口区与南谯区协同发展工作 印发《2023年浦口—南谯跨界一体化发展示范区建设工作要点》,明确加快产业合作园建设的重点任务,开展以新能源、半导体及电子信息、新材料、先进装备制造四大产业为主导产业的对外招商引资工作,产业合作园区签约落地项目4个,总投资42亿元。其中,华瑞微半导体IDM芯片项目30亿元、亚芯微晶圆封装项目5亿元、辰达行封装测试项目5亿元、安徽越好半导体设备制造项目2亿元。8月30日,南谯区党政代表团到浦口区考察交流,探索"生产在南谯,研发在浦口"合作模式,形成《浦口南谯深化合作备忘录》,达成以平台共建为载体、打造苏皖省际毗邻区合作新典范共识。

浦口区与镇安县对口协作工作 6月、7月,镇安县、浦口区党政代表团互访,召开联席会议,研究部署对口协作工作,签订"1+5"协议书。浦口区援助镇安县1000万元,用于苏陕协作"连心桥"、回龙镇中心小学"校安"工程等项目建设。5个结对街、镇分别签订对口帮扶协议书。浦口区有关部门对接镇安县相关单位,8月,区农业农村局组团赴镇安县调研交流,签订合作协议书,援助合作经费10万元,支持该县农作物新品种示范基地项目建设;教育、医疗方面做好协作帮扶成果巩固工作,发挥双方特色优势,将合作推向更广领域。（高田）

重要会议

【区政府全体(扩大)会议】 1月19日召开。学习习近平总书记重要讲话、重要指示精神,传达省、市两会精神和市政府全体(扩大)会议精神。会议强调,要贯彻落实中央、省、市工作会议精神,完成省、市、区两会确定的目标任务,锚定江北一体融合发展主线,聚焦重点工作、重大项目,着力破解经济总量小、产业结构不合理、板块发展不均衡等制约经济发展的难题,在招商引资、产业培育、闲置资源盘活等方面形成特色品牌,奋力争取一季度开门红。原则同意《2023年区政府主要工作目标任务分解落实方案》。会议指出,2023年是全面贯彻落实党的二十大精神的开局之年,也是实施"十四五"规划承上启下的关键一年。要坚持稳中求进工作总基调,应对困难挑战,破解要素制约,加快项目建设;要突出重点、抓好关键,推进主导产业发展、优化营商环境、加快城乡建设、增进民生福祉等工作;要以求真务实的作风,更加关注细节、质量、风险,清单化、任务式推进各项工作,确保向全区人民交出一份满意的答卷。

【区政府常务会议】 1—12月,区政府召开常务会议31次,摘录其中11次。

2月10日,召开第35次会议。听取关于2022年度审计工作情况和2023年度审计项目计划情况、关于"百名干部破百题"专项行动揭榜情况的汇报;审议并原则同意或通过《南京市浦口区突发事件总体应急预案(修订)》《2023年浦口区打好污染防治攻坚战目标任务》及《目标责任书》《浦口区人民政府 南京晓庄学院教育战略合作协议》《浦口区人民政府 南京晓庄学院关于深化学前教育合作协议》等10个事项。

3月23日,召开第38次会议。听取关于政府承办人大代表建议和政协委员提案交办情况、关于春耕备耕有关工作情况、关于深入打好污染防治攻坚战有关工作情况、关于浦口区人民政府—南京邮电大学共建集成电路科学与工程学院(产教融合学院)有关情况的汇报;审议并原则同意或通过《浦口区关于做好2023年全面推进乡村振兴重点工作的实施意见(送审稿)》《南京市浦口区国土空间总体规划(2021—2035年)》《桥林新城战略规划》《桥林新城总体城市设计规划》等11个事项。

4月17日,召开第40次会议。听取关于一季度河长制工作情况汇报;审议并原则同意或通过《浦口区创建全国基层中医药工作示范区实施方案》《浦口区"十四五"学前教育发展提升行动计划》《浦口区农村人居环境长效管护"红黑榜"评价实施办法》《浦口区"十四五"特殊教育发展提升行动计划》等10个事项。

5月25日,召开第43次会议。听取关于建设施工及燃气、水务领域“治本攻坚”大会战情况汇报；审议并原则同意或通过《区委常委会成员、区政府领导班子成员2023年安全生产重点工作清单（送审稿）》《浦口区推动服务业高质量发展扶持政策》《浦口区优化营商环境23条（2023版）》等10个事项。

7月6日，召开第46次会议。听取关于上半年实施乡村振兴战略及实绩考核情况、关于上半年全面推行林长制工作情况、关于上半年法治建设工作情况、关于浦口区村庄规划编制工作推进情况的汇报；审议并原则同意或通过《2023年度浦口区高质量发展综合考核实施办法》等10个事项。

7月20日，召开第48次会议。听取关于上半年浦口区民生实事推进情况、关于深入打好污染防治攻坚战上半年工作情况的汇报；审议并原则同意或通过《浦口区2023年上半年国民经济和社会发展计划执行情况的报告》《浦口区国民经济和社会发展第十四个五年规划纲要中期评估报告》《浦口区政府2023年上半年工作情况和下半年工作安排的报告》等8个事项。

7月26日，召开第49次会议。审议并原则同意或通过《下半年经济工作及全区重大项目推进的具体部署》《高水平建设都市现代农业强区行动方案》《浦口区强化社会治理和民生保障行动方案》《浦口区关于推动落实南京打造具有全球影响力的产业科技创新中心主承载区行动方案》《浦口区加快建设制造强区行动方案》5个事项。

9月8日，召开第52次会议。审议并原则同意或通过《国家知识产权局专利局专利审查协作江苏中心与南京市浦口区人民政府合作协议》《〈南京市老山景区保护条例〉行政处罚裁量基准（2023版）》等3个事项。

11月2日，召开第55次会议。听取关于浦口区加快建设全国统一大市场有关情况的汇报；审议并原则同意或通过《浦口区落实〈关于强化投资促进推进产业强市的政策措施〉工作方案》《关于全面推进美丽浦口建设的实施方案》《浦口区矛盾纠纷多元化解“一站式”平台建设实施方案》《浦口区人民政府与中铁十四局集团大盾构工程有限公司战略合作意向协议》等11个事项。

11月30日，召开第59次会议。听取关于农村公路工作及“路长制”推进情况、关于2023年民生实事项目实施情况及2024年民生实事候选项目编制情况的报告；审议并原则同意或通过《浦口区科创金融改革试验区建设实施方案》等6个事项。

12月21日，召开第62次会议。听取关于《2024年政府工作报告》起草情况、关于《浦口区2023年国民经济和社会发展计划执行情况与2024年国民经济和社会发展计划（草案）》编制情况、关于乡村振兴战略及林长制工作情况、关于深入打好污染防治攻坚战目标任务完成情况、关于永久基本农田核实处置工作情况、关于2023年预算执行情况和2024年区级预算编制情况的汇报；审议并原则同意或通过《贯彻落实〈加快推进社会主义文化强市建设行动方案〉实施意见》等7个事项。（李颖）

政务服务

【概况】 2023年，全区办理各类行政审批和服务事项132万件。浦口区在全市“五拼五比晒五榜·拼服务比环境”竞赛中夺得“红旗”5面，连续三年被评为全市工改先进区。“12345”政务热线服务质效连续两年位居全市第一，“书记办工单，一次解民忧”入选全市党建引领基层治理优秀范例。区行政审批局被评为2023年浦口区“双晒双亮促发展”先进集体、浦口区招商引资工作先进单位，获2023年浦口区“双亮”行动项目服务优星奖。工改工作入选2023年全区“百名干部破百题”优秀范例。

【工程建设项目审批改革】 深化重大项目服务保障“一件事”改革，为重大项目实行全过程、全链条、全周期审批服务保障，办理固定资产投资审批事项628件，出具意见函6件。全区重点A类新开工项目基本完成立项，核发建设工程施工许可证158件。强化政策工具普及运用，跟进重大新开工项目，在“全员大走访”中获知项目问题20余个，通过分类梳理项目全过程审批流程，辅导10个项目报建手续，发送告知承诺书和施工意见函，保障海桥路配建高中等23个项目平均提前3个月开工。3月23日，作为年度首个“拿地即开工”项目，伟测集成电路芯片晶圆级及成品测试基地项目取得不动产权证、建设用地规划许可证、建设工程规划许可证等手续，比常规办理缩短近3个月。落实改革新要求，

工程项目一站式服务专区　　区数据局供图

将水电气工程项目纳入“一站式”审批专区，推行联合踏勘、联合报装。将“拿地即开工”从工业类项目扩大到科研类和政府投资类项目，将“竣工即交付”从保障房项目拓展至部分工业项目。完成“拿地即开工”项目7个、“竣工即交付”项目8个。

【商事制度改革】　推进集中住所(经营场所)登记在线申报工作，收到住所申报登记6154件，办结5933件，其中新设企业登记5153件。推进“一照多址”改革，登记“一照多址”企业155家。试行企业住所“社会化托管登记”办法，建成社会化托管机构3个，托管登记企业284家。扩大“注销一件事”关联范围，将部分涉企经营许可注销列入“一件事”范畴，实行前台统一收件、后台部门间信息共享和业务协同机制，精简材料、简化流程，推动营业执照和经营许可注销“一窗受理、并联审批”，办理“注销一件事”410件。落实注销疑难问题“直通车”机制，安排专人专窗负责解决企业注销过程中遇到的疑点难点问题，受理相关咨询30余件。

【“政务+警务”融合服务】　完善街道、村(社区)“两清单”，推动更多警务事项走进村(社区)便民服务站，增强基层政务服务供给能力。以帮办代办为主要形式，推进“政务+警务”融合工作，打造村(社区)级政务服务新模式。制定村(社区)级政务服务帮办代办事项清单101条，印发《浦口区“政务+警务”工作手册》，明确政务服务帮办代办事项办理形式、办理时限、材料清单等要素，规范帮办代办服务受理、承办、回复、建档等工作流程。在浦口联动共治苏皖乌江站、桥林街道兰花塘社区便民服务站和永宁街道永宁社区便民服务站试点“政务+警务”帮办代办融合服务点建设，升级帮办代办服务点软硬件设施，设置帮办代办服务窗口，每个社区配备2名帮办代办员，提升基层服务效能。推动街道便民服务中心分中心建设，探索设立安置房集中点政务服务网点，打造“离居民最近的服务窗口”。

【行政审批服务】　推进区、街道、村(社区)三级政务服务场所一体化和政务服务事项标准化建设，优化“跨域通办”服务事项设置，其中全国162个、省内200个、南京都市圈172个、街道和村(社区)26个。落实与安徽省两市五县“跨省通办”政务服务战略合作计划，发挥桥林乌江“政务融合+苏皖警网”服务驿站和专窗效能，破解两地企业、群众“折返跑”难题，办理事项约3万件。按照“一件事”改革要求，推出161个高频事项，实行“一件事”线上线下融合办理。推广“宁企通”综合服务平台，16个部门24项政策90个事项上线，完成市场主体注册5万个，占比57.68%，规模以上企业、高新技术企业和专精特新“小巨人”企业等注册93%。落实国家、省、市部署的32个“一件事”“一业一证”场景，推动“公民身后一件事”办理，力求将民宿“一业一证”打造成市级标准。创新制定即时登记、预办结、两级复核、跟踪再办4项制度，通过上门办、提级办、联合办，承办合理、合法、合规涉企诉求工单1555件，满意率98.3%，解决率97.64%。

【政务热线服务】　办结工单9.4万件，下降8.53%。发生投诉类工单6.8万件，下降7.14%。收到表扬类工单221件，增长20.1%。实现满意率、解决率“双提升”，工单数、投诉率“双下降”。在全省首创“只投诉一次”服务机制，审核不满意工单

12218件，实施再办理“事未解决”诉求4064件，解决率97.36%。《浦口区“12345”政务热线不满意工单再办理规范》获市主管部门批复。

【公共资源交易】 结合营商环境改革要求，立足优化和规范服务、“互联网+”公共资源交易等工作，做好建设工程招标和政府采购业务。受理公共资源交易项目608个，进场交易标段245个，交易金额46亿元。推行建设工程招投标“数字见证”模式，105个标段采用“数字见证”模式，数字见证率100%；331个事项从“一人一标、现场见证”变为“一人多标、电子见证”。开展永宁街道省级特色田园乡村（侯冲社区牛王殿组）建设工程总承包项目省内异地评标1场，配合南通、泰州、徐州开展省内异地评标9场，5月25日配合安徽芜湖完成区内首个外省异地评标。推进数字人民币应用工作，促进和规范招标投标担保应用，首次以数字人民币形式支付龙井中河保障性住房项目评标专家费，标志着浦口公共资源交易领域首个数字人民币应用场景落地。（何频）

信访工作

【概况】 2023年，全区群众来访775批2367人次，批次上升5%，人次下降22%。办理网信事项2208件（阳光信访系统1725件、区领导信箱483件），下降21.5%。及时受理率、按期办结率均为100%，责任单位满意率99.25%，责任单位参评率97.12%，初次信访量上升9.77%，求决类初次信访一次性化解率97.45%。浦口区被评为2023年度全市信访工作先进区。

【信访接待处置工作】 围绕“一升一降一平稳”（提升化解率、压降重复率、确保信访形势平稳有序）目标，结合“全员大走访 共建新浦口”活动，推动“浦口的事在浦口办、浦口的问题在浦口解决”。区委、区政府召开常委会、常务会16场，分析研判信访形势，确定信访突出问题攻坚工作，依据“常委包联系点、区长包条口”原则，书记、区长带头领办事项120余件，并严格按照“凡包五必”（必须逐案过堂分析、必须亲自接待信访人、必须组织协调会办、必须明确化解措施、必须跟踪督导落实）要求抓成效、做示范，推动全区信访件高质量办理。

【信访突出问题攻坚化解】 聚焦“信访突出问题攻坚化解巩固提升年”行动、信访问题源头治理三年攻坚行动和进京访突出矛盾“百日会战”“双月攻坚”工作，区级党政领导干部参加接访167次，接待群众161批177人次，就地推动矛盾化解147个。组织联合接待会办56次，召开区、街道信访联席会议69场，解决特殊疑难问题14个，其中10年以上积案2件、5年以上积案1件。中央信访联席办交办的第一批111件、第二批34件、第三批34件国治件全部办结，化解稳定率100%。排查并解决60个基层突出矛盾纠纷问题。受理省信访联席办指定市县党政主要领导干部接访包案信访事项8件，实体性化解7件。

【“零访社区”试点】 推进信访问题源头治理三年攻坚行动计划落实，打造“信访不离浦·矛盾不上行”工作品牌，推动信访矛盾在基层动态清零。选择永宁街道青山村、桥林街道百合社区开展“零访社区”试点。其中，青山村整合区信访干部、村“两委”、综治员、民警、网格员、“五老”、乡贤等力量组建接待室，开展信访工作；百合社区组建“合芯桥”工作室，成立“和事佬”“话事人”队伍，整合各方力量，畅通群众诉求表达通道，以“信访为民服务日”为载体，上门开展政策辅导、法律咨询等服务，不出村组、网格解决群众诉求。

【信访工作责任落实】 5月6日，《中华人民共和国信访工作条例》集中宣传日暨全省信访法治宣传月在浦口启动后，组织检查全区条例实施情况。至年末，开展专项督查32次，约谈重点单位1家，向相关责任单位发出《信访风险警示函》8份、《信访事项交办单》101件次，推动领导包案责任、部门主管责任、属地管理责任落实。报送《浦口信访信息》27期，为区委、区政府科学决策提供参考。（谷业婷）

外事工作

【概况】 2023年，建立外事工作联络员制度。成立邀请外国人来华会审工作小组，负责会审企业现状、企业信用、被邀请人情况并做好把关工作，办理企业邀请外国人来华14批38人次。开展领事保护预防性知识宣传，赴重点外经企业开展宣传活动，提升企业境外安全防范意识和突发事件应急处置能力。完成13批次26人次赴境外招商招才工作。

【对外交往交流】 6月,意中交流协会到浦口考察汤泉温泉资源,意大利蒙特格罗托市与南京市签署关于建立友好城市关系意向书。区外事办参加第一届都灵理工大学中国校友联谊会,与中意各方建立广泛联系,为科技创新、人文教育等双边合作积蓄国际资源。接待哈萨克斯坦希姆肯特市代表团、韩国京畿道公务员研修团考察农业科技创新资源。邀请区内外籍友人和外语志愿者参与第四届老山国际文化旅游节活动。

【涉外安全保护】 定期召开海外利益安全领域成员单位会议,部署海外利益安全风险摸排工作,保障重要时间节点海外利益安全。面向重点涉外企业,适时发出国别安全风险及海外投资经营预警通报,建立健全"走出去"服务保障体系。重点摸排巴以冲突涉及的浦口籍人员情况,协助做好2名在外人员安抚及回国事宜,确保其生命财产安全。

(龚雅君)

台务工作

【概况】 2023年,区台办落实全市对台工作会议精神,结合浦口实际,为台企台商台胞做好服务保障工作。组织涉台人士参加招商、企业家沙龙、台青创客浦口行等活动,举办台青创业大讲堂4场,线上线下600余人参加。组织"同心·光点"市集活动,为台湾青年在浦口创业提供扶持政策和发展机遇。围绕浦口支柱产业,组织长三角地区多行业多领域涉台人士参加招商活动,推动更多创新项目转化落地。组织"芯享事成"浦台集成电路企业家沙龙活动和赴马鞍山交流互动活动,助力浦口集成电路产业生态圈发展。在两岸企业家紫金山峰会信息产业合作推进小组专题会议期间,组织浦口开发区、浦口高新区招商人员开展嵌入式招商,宣传推介浦口。举行浦口区创业投资对接会暨两岸青年创业者联盟成立仪式、台青创客浦口行活动,促成以商引商具体成果落地。组织台湾企业参加"智改数转"暨专精特新企业培育推进会,助力企业转型发展。召开台企台商服务联盟工作例会,协调解决34名台积电员工子女就学问题。帮助台积电(南京)有限公司、南京泛铨电子科技有限公司等7家台企完成奖励兑付102.74万元。协助南京碁人网络科技有限公司等5家台企完成江苏省科技型中小企业报批入库。

(易智博)

【浦口区创业投资对接会暨两岸青年创业者联盟成立仪式】 11月10日举行。活动由区台办、区人力资源社会保障局、团区委、浦口高新区联合主办,两岸40余名青年企业家参加。签约两岸青年创业者项目8个,与创投机构签订1000万元的投资协议,揭牌成立两岸青年创业者联盟。

【集成电路企业家沙龙活动】 4月19日,首届"芯享事成"浦台集成电路企业家沙龙活动在浦口科创大厦举行。海峡两岸集成电路及其上下游企业家及高管29人参加,就浦口、中国台湾集成电路产业合作发展开展研讨,在芯片设计及产业链、供应链,尤其是生产设备、原材料供应、人才引进、知识产权,以及推动设备和原材料国产化进程、走融合发展道路等方面进行探讨交流。

6月14日,区台办开展"芯享

11月10日,举办浦口区创业投资对接会暨两岸青年创业者联盟成立仪式　区委统战部供图

事成”浦台集成电路企业家走进马鞍山沙龙活动。组织10余家集成电路企业走访马鞍山市郑蒲港新区和马鞍山经济开发区，实地考察安徽富信半导体科技有限公司等4家半导体行业公司，就半导体行业科技研发、人才培育、国产化应用以及两岸半导体行业公司合作发展、助力长三角地区集成电路产业生态圈有序发展等方面进行研讨交流。（区台办）

区直机关事务管理

【概况】 2023年，区机关事务管理局建立党政机关安全生产标准化检查体系和机关运行安全管理体系，分别被省机关事务管理局列为第一批机关事务标准化示范项目和机关事务工作高质量发展地区实践项目。反食品浪费工作成为市级试点项目，并在2023年全国节能宣传周江苏省暨南京市公共机构启动仪式上展示。采用合同能源管理模式改造既有用能设备，增设光伏发电系统，搭建节能降碳管理平台，获ISO 50001能源管理体系认证。“浦小勤”志愿服务队被评为南京市“青年文明号”，机关事务团队6人被评为全省机关事务系统先进工作者，1人被评为全省机关事务系统信息宣传先进个人，1人获评浦口区“十佳青年”。

【机关安全生产管理】 全区党政机关对照江苏省第一批机关事务标准化示范建设项目内容，开展安全自查4次以上，区机关事务管理局开展安全巡查9次、专项巡查4次，整改安全隐患82个。开展党政机关办公场所燃气安全专项整治，现场勘探使用瓶装气的机关食堂81家，确定41家食堂实施管道天然气改造、40家食堂实施“瓶改电”。检查党政机关电动自行车棚消防安全情况，在机关大院安装圆石锂离子电池液态灭火剂自动喷淋系统。

【公共机构节能工作】 建成紫峰研创中心、南京国家农创中心等光伏项目，装机容量3.1兆瓦。实施区中医院合同能源管理项目，推动浦江智汇园集中办公区综合性合同能源管理项目落地，实现建筑节能改造21万平方米。江浦街道办事处创成省公共机构节能低碳示范单位，区级机关大院、区中医院通过省级示范单位复核。对3家能耗异常单位实施能源审计和节能改造。发出公共机构节能倡议书，引导全区公共机构节能降碳。将单位能耗情况纳入全区一体化考核，确保公共机构能耗控制在约束值以内。

【办公用房管理】 严把办公房使用、调配审核关，开展办公用房巡查3次，及时调剂使用效率低的办公用房。开展办公区房产租金专业评估，统一调整办公用房租金和物业费用。推动办公用房权属统一登记工作，完成区级机关大院14栋建筑产权划转，推动区委党校、区人力资源社会保障局、区社保中心等办公用房权属统一管理。

【公务用车管理】 严控公车购置“总开关”，推进公务用车“新能源化”，新能源汽车购置比率55%。印发《公务用车管理工作规范汇编》，规范公务用车管理，提高公车管理效能。

【公物仓管理】 管理权限由区财政局调整到区机关事务管理局，各单位虚拟仓和线下实体仓的实物及数据实现“双统一”。建立区级机关公物仓，明确区级行政事业单位配置资产优先考虑公物仓。调剂物品使用125件，节约财政资金约65万元。

（葛树可）

·文稿编辑　杨宇金·

政协南京市浦口区委员会

综述

【概况】 2023年,区政协组织召开全体会议、常委会会议、主席会议15次,开展各类协商议事活动63场,1200余人次参加。开展专题监督、视察考察调研91次。开展"协商议事+大走访"活动,组织政协机关干部走访企业、村(社区)30余家(个)。完成调研文章及理论成果21篇、各类监督调研专报26期,编发社情民意信息38篇。举办"浦口·书香政协"线上委员读书活动25次。组织各类学习活动40余场,900余人次参加。243件委员提案100%办结。

【政协委员构成】 至年末,五届区政协委员325人。其中,中共党员委员128人,占比39.38%;非中共党员委员197人,占比60.62%。男性委员220人,占比67.69%;女性委员105人,占比32.31%。由17个界别组成,包含中共界、各民主党派界、无党派人士界、共青团界、总工会界、妇联界、工商联界、侨台界、文化体育界、科技科协界、经济界、农业和农村界、教育界、医药卫生界、社会工作界、民族宗教界、特邀界。

【委员工作】 区政协注重委员履职能力提升,组织学习报告会、座谈会等12场。4月10日,举办学习宣传党的二十大精神专题报告会,邀请解放军南京陆军指挥学院教授张政文作《坚持总体国家安全观 科学研判国家安全形势》辅导报告。6月5—9日,在浙江大学举办区政协委员履职能力提升培训班,60名政协委员参加培训。汇编优秀提案,开展社情民意信息专题培训,帮助委员开拓视野、提升素养。强化委员履职服务管理,建立健全委员履职评价体系,完善委员履职档案、履职积分管理、常委履职报告等制度。坚持"委员接待日"制度,结合"协商议事+大走访",邀请党外委员谈心谈话,探访侨眷侨属、台胞台属,接待、走访委员90余人次。激励委员模范履职,动员全体委员参与"9·9"公益日活动,募集善款近30万元。开展送文化、送卫生、送科技、送教育、送法律到基层活动20余次。

【"界别同心谈"活动】 区政协利用"我们的节日""浦口·书香政协"等基层政协特色载体和委员界别特色优势,创新开展"界别同心谈"系列活动。在中央农村工作会议等重要会议召开之际,与主管部门联合组织农业和农村界委员集中学习,邀请专家授课,宣传讲解政策。关注民营经济健康发展,推出"大经济界"界别融合新概念,举办政企协商座谈会,促成政府领导、职能部门、金融机构与民营企业代表交流、共话发展。开展主题式联谊活动,结合界别特色节日,组织妇联界委员分享阅读感受、科技科协界委员交流创业心得,带领总工会界和共青团界等委员代表及部分职工、青年代表参观红色阵地。开展特色主题活动9场,17个界别的政协委员和相关界别群众836人次参与,做法被《人民政协报》、"学习强国"学习平台宣传报道。

【"委员进社区"试点深入推进】 区政协在永宁街道推进"委员进社区"试点工作,通过专委会与党派联动、街道与界别结对、委员与村(社区)共建,推动街道政协工委和城建工作组34名委员组成11个履职小分队,深入对口联系村(社区),组织协商座谈30

余场，开展公共义诊、农业培训、安全指导等活动40余场，提供有效招商信息15条，助推群众出行、农民增收、人居环境改善等问题解决，相关做法获评全省政协工作创新案例。

【文史工作】 区政协发挥政协文史“存史、资政、团结、育人”功能，编纂、出版《浦口文史》第二十辑《老山蝴蝶》，全书分为5个章节，约15.5万字，图照700余幅，印刷800册。委托区图书馆打造浦口政协文史资源库，运用政协网站、电子立屏等载体，促进文史作品多渠道传输、多平台展示、多终端推送，增强文史资料的可用性和可读性。组织区政协教育工作组、政法社会工作组开展文史进校园、进社区活动。

（周锌锌）

重要会议

【概况】 2023年，区政协召开全体会议1次、常委会会议4次、主席会议10次。常委会会议听取有关部门（含区政协办和各专委会）工作汇报、通报10次，作出决定6项；主席会议听取有关部门（含区政协办和各专委会）工作汇报48次。

【区政协五届二次会议】 1月5—6日召开。应到委员324人，实到委员286人。会议审议通过区政协五届二次会议议程；听取和讨论区委书记代表中共南京市浦口区委在开幕会上的讲话；听取和审议政协南京市浦口区五届常委会工作报告和区政协五届一次会议以来提案工作情况的报告。全体委员列席区五届人大二次会议，听取和讨论政府工作报告及其他各项报告。会议选举产生政协浦口区第五届委员会副主席1人、常务委员3人；审议通过区政协五届二次会议提案初步审查情况报告和区政协五届二次会议决议；表扬2022年度优秀委员16人、优秀提案15件、提案承办先进单位10家、优秀社情民意信息10篇。首次组织大会发言，12名委员代表口头发言，26名委员代表书面发言。会议期间收到委员提案290件、集体提案8件。

【区政协常委会会议】 3月23日，召开五届六次常委会会议。传达学习习近平总书记在全国两会期间的重要讲话精神和全国两会精神、全国政协十四届一次会议关于《中国人民政治协商会议章程》修正案的决议，以及省、市两会精神；听取区政协办关于区政协党组年度工作要点和区政协重点协商监督计划的通报。

7月28日，召开五届七次常委会会议。学习习近平总书记关于科技创新的重要论述；视察江苏芯德半导体科技有限公司、南京志卓电子科技有限公司，听取区发展改革委关于全区上半年国民经济和社会发展计划执行情况的汇报、区财政局关于全区财政预算执行情况的汇报、区税务局关于全区税务工作情况的汇报，与会委员围绕议题提出意见建议。

9月19日，召开五届八次常委会会议。听取区发展改革委关于浦口区“十四五”规划纲要实施中期评估情况的汇报和区政协经科农委专题发言，与会委员围绕议题提出意见建议；听取区政府办和江北新区管委会综合部关于区政协五届二次会议以来提案办理情况的汇报，以及区政协提案委专题发言；通过人事事项。

12月27日，召开五届九次常委会会议。学习习近平文化思想座谈会及全国、省、市、区宣传思想文化工作会议精神；传达学习中央经济工作会议精神和习近平总书记近期重要讲话重要指示精神，以及省委、市委、区委全会精神；通过《关于召开政协南京市浦口区第五届委员会第三次会议的决定》和会议议程（草案）、会议日程；通过提交区政协五届三次会议的两个报告及报告人名单；研究召开区政协五届三次会议其他相关事宜；听取区政协常委代表述职；通过有关制度和人事事项。

【区政协主席会议】 2月22日，召开五届十二次主席会议。通过区政协主席、副主席、秘书长工作分工和主席、副主席联系委组分工；审议区政协2023年度重点协商监督计划（草案）；通过区政协2023年度学习教育培训计划；通过区政协五届二次会议以来提案审查立案情况的报告；通过区政协各专委会2023年工作计划；通过区政协界别工作组和街道政协工委2023年工作任务分解。

3月23日，召开五届十三次主席会议。通过区政协五届六次常委会会议议程（草案）；听取浦口规划资源分局关于《南京市浦口区国土空间总体规划（2021—2035年）》情况的通报；听取区政协办关于“委员进社区”试点工作阶段性调研情况的汇报和永宁街道补充汇报;确定2023年度区政协重点提案;通过《浦口区政协“界别同心谈”活动方案》。

4月24日,召开五届十四次主席会议。视察白马生活广场和谢营1号地租赁住房海绵项目建设情况,听取区城乡建设局关于全区重点城建项目建设工作情况的通报和浦口开发区补充汇报,以及区政协人资环(城建)委关于全区重点城建项目民主监督有关情况的汇报,与会委员围绕议题提出意见建议;听取区委组织部、区委政法委关于“大走访、大排查、大攻坚”工作(以下简称“三大行动”)进展情况的通报和区发展改革委、区工业和信息化局补充汇报,以及区政协提案委关于全区“三大行动”民主监督有关情况的汇报,与会委员围绕议题提出意见建议。

5月18日,召开五届十五次主席会议。视察孙垄河生态河道整治工程、三岔水库应急水源地和光大工业废水处理南京有限公司,听取浦口生态环境局关于全区生态环境质量工作情况的汇报和区城乡建设局、区水务局补充汇报,以及区政协经科农委关于全区生态环境质量民主监督有关情况的汇报,与会委员和专家围绕议题提出意见建议。

6月25日,召开五届十六次主席会议。学习习近平总书记关于民生工作的重要讲话;视察星甸街道邻里居家养老服务中心、汤泉街道“残疾人之家”和江浦街道未成年人保护工作站;听取区民政局关于群众最低保障兜底工作情况的汇报和区教育局、区人力资源社会保障局补充汇报,审阅区住房保障和房产局、区卫生健康委、区社保中心、区慈善中心、区残联、区医保分局书面汇报,以及区政协教卫文体(文史)委关于全区群众最低保障兜底工作民主监督有关情况的汇报,听取视频征集的部分政协委员、民主党派成员、基层群众代表建议和满意度问卷调查结果的通报,与会委员围绕议题提出意见建议;通过区政协五届七次常委会会议议程(草案);听取区政协各专委会上半年工作完成情况和下半年工作计划的汇报。

8月25日,召开五届十七次主席会议。学习《习近平法治思想学习纲要》;视察区综合行政执法局和永宁街道综合行政执法办公室,听取区委编办关于综合行政执法改革工作情况的汇报和区司法局、区综合行政执法局、区数字治理中心补充汇报,以及区政协社法(民宗)委关于全区综合行政执法改革工作民主监督情况的汇报,与会委员围绕议题提出意见建议;通过区政协五届八次常委会会议议程(草案);听取区政协办关于“委员进社区”试点工作情况的汇报和永宁街道补充汇报,以及有关社区和政协委员代表意见建议;审议人事事项。

9月19日,召开五届十八次主席会议。听取区政协办关于服务为民和民生专题协商议事月活动情况的汇报;审议人事事项。

10月18日,召开五届十九次主席会议。视察南京高新区(浦口园)质量小站、永宁街道质量小站,听取区市场监管局关于全区质量“一站式”服务工作情况的汇报。

11月23日,召开五届二十次主席会议。学习习近平总书记关于加强和改进人民政协工作的重要思想;听取区政协各专委会、界别工作组、各街道政协工委2023年工作情况及2024年工作安排的汇报。

12月27日,召开五届二十一次主席会议。学习中央经济工作会议精神和习近平总书记近期重要讲话重要指示精神,以及省委、市委、区委全会精神;通过区政协五届九次常委会会议议程(草案);听取区政协各专委会关于专题民主监督开展情况的汇报;研究区政协五届三次会议筹备工作、有关表扬事宜、有关制度和人事事项。(周锌锌)

协商议政

【概况】 2023年,区政协坚持团结和民主两大主题,把握政协性质定位,以服务区域高质量发展为重点履职尽责,组织各类协商议事活动63场,形成协商建议、监督意见近400条。

【对口协作工作考察调研】 3月28—30日,区政协率区工商联、各民主党派主委和部分省、市、区政协委员及企业家代表,赴陕西省镇安县开展对口协作考察调研。到镇安县基层社会治理暨民宗社法委委员工作室、云盖寺镇金钟村村民协商议事室、西口回族镇青树村等地,调研对口协作工作情况。召开浦口·镇安政协对口协作暨“四方双结对、共建示范村”浦口区民主党派政协委员结对帮扶联席会议,镇安县委常委、副县长介绍镇安县经济社会发展情况和对口协作工作情况。浦口区各民主党派主委结合两地发展实际，重点围绕加强产业协作、促进民生改善、带动就业消费、用好自然资源等方面交流发言。两地政协签订对口协作协议书，浦口区各民主党派主委与结对村签订“四方双结对、共建示范村”协议书。

【协商议事工作拓展创新】 探索界别协商新路径，成立工商联界、科技科协界等界别委员工作室，由区工商联工作组推荐委员担任商会调解中心特邀调解员，化解经济纠纷3起。开辟矛盾化解新通道，江浦街道推行“小分队微协商”，政法工作组开展“民生直通车”法律咨询服务，沿江街道运用直播形式就住宅小区自治组织成立开展线上议政。围绕住宅小区自治组织成立、发展葡萄产业、助推乡村振兴、江苏信宁新型建材有限公司预期发展等问题，组织专题协商，开展服务为民和民生专题协商议事月活动13场，解决百姓关切问题52个。结合“集中走访日（周）”安排，围绕民营经济发展等6个方面，开展主题调研、“四下基层”80余次，推动江浦街道老虎桥社区拆迁居民安置等15个问题得到解决。

（周锌锌）

民主监督

【概况】 2023年，区政协围绕区委交办的重点任务开展专题民主监督工作。组织5个监督组跟踪监督并向江北新区延伸，100余名委员分赴9个街道30余个村、社区（含江北新区）视察，提出建议80余条。联合区委组织部、浦口生态环境局等10余个部门，召开对口协商会30余场，形成监督专报并提出建议196条。

【民主监督事项实施】 按照区政协年初重点协商监督计划，分期分批完成5个民主监督事项。

重点城建项目实施　区政协分管副主席组织人资环（城建）委会同区城乡建设局、江北新区建设与交通局等协商，拟定民主监督工作实施方案，成立专委会牵头、委组联动、各部门分工负责的监督专项小组，建立政协委员与城建项目“一对一”监督机制，抓住重要节点和类型问题、片区问题、特殊问题，开展民主监督活动9场，调研项目20余个，提出监督建议30余条，助推各类建设项目堵点问题化解。

“三大行动”　按照《浦口区政协专项集体性民主监督实施方案》，将“三大行动”确定为提案委民主监督议题，成立由区政协副主席任组长，提案委、“三大行动”指挥部牵头单位为成员的专题民主监督工作小组，融合主题教育、定期走访委员等工作，采用“一月一调研、一月一监督、一月一专题”做法，深入城乡基层了解实际情况，参加“三大行动”指挥部工作会议14场、工作座谈会7场、问题协调会2场，联合印发月度分析报告11期、工作专刊12期、专项分析报告3期。

综合行政执法体制改革　区政协与区委编办、区综合行政执法局以及江北新区综合行政执法局协商，成立专项民主监督工作组，分别制订两区深化综合行政执法体制改革民主监督实施方案，赴两区10个部门、9个街道开展民主监督活动15场，召开各类对接会、交流会、协商会8场，重点聚焦省级赋权（委托）、阵地建设、综合执法、数字赋能、队伍建设等方面，通过沉浸式调研、定向式视察、协商式座谈，了解两区深化综合行政执法体制改革工作推进情况，查找薄弱环节，提出意见建议9条，并向区委常委会、区政协主席会议汇报。

生态环境质量　立足江北一体化发展，首次将民主监督工作向江北新区延伸，围绕大气污染防治、水环境质量、生态产品价值转化等方面，开展现场调研、座谈交流等14次，就推动污染联防联控、生态环境共保共治，为区域高质量发展注入“绿色动能”等提出意见建议。

群众最低生活保障兜底工作　区政协首次将民生领域重点事项确定为民主监督具体工作指标，成立专项监督小组，按“每月开展走访调研、每季度形成监督专报、不定期进行协商讨论”要求，分赴浦口区、江北新区部分职能部门和相关街道，了解政策执行、服务供给、效能提升等情况，开展民主监督活动15场，召开监督座谈会6次，提出意见建议40条。

（周锌锌）

提案工作

【概况】 2023年，区政协加大提案督办力度，着力提高提案质量、办理质量和服务质量。至年末，交由江北新区办理的84件（含13件分办）、浦口区政府部门办理的148件（含13件分办）、党群部门办理的24件提案全部办复完毕，委员满意度100%。表扬优秀提案15件、先进承办单位10家。

【提案审查立案会议】 2月20日,区政协分管副主席召集提案委全体成员、区政府办和江北新区管委会综合部具体负责提案工作人员,协商研究提案立案工作。经审查,区政协五届二次会议以来征集委员提案305件,确定立案243件,其中经济发展方面83件、城市管理方面57件、教卫文旅方面60件、社会服务方面21件、生态环境方面9件、法制宗教方面6件、其他7件;不予立案62件,作为一般建议(信息)处理。

【重点提案摘要】 区政协经征求相关方面意见,协商决定10件提案为重点件,摘录其中2件。

助推两区产业统筹发展 江北新区与浦口区联系紧密,在集成电路、高端交通装备、文旅健康、金融总部等主导产业发展上具有很强的集聚度和互补性。为更好推动区域产业发展,打破行政壁垒,区政协委员徐从根建议,推动要素资源互为支撑,打造一批有代表性的地标产业,统筹产业发展布局,提升产业集聚度和竞争力;统筹产业扶持政策,避免内部无序竞争;统筹开展招商推介活动,全面考虑项目落地布局;建立产业发展联席会议制度,形成常态化定期推进机制,放大自贸试验区政策优势。

助力政产学研协同育人 近年来,浦口区规模工业企业发展势头迅猛,特别是集成电路和高端交通装备产业,既是高新技术产业,也是劳动密集型产业。随着一批重点集成电路晶圆制造和封测企业落地,对高端管理人才和技术工人的需求迅速增长,当地人才供不应求。区政协委员赵驳强建议,建立招商引资落地企业与政府部门对接协调机制,定期研究解决企业用工和职工技能培训问题;深化校地合作,联合打造人才培养链,加大见习岗位开发力度,完善重点产业链人才储备库;加强与社会培训机构合作,根据企业用工需求,合理设置培训课程,推动培训机构课程设置与企业技能需求有效衔接。

表2 2023年南京市浦口区政协重点提案一览表

序号	姓名(单位)	提案标题
1	徐从根	关于进一步加强江北新区与浦口区产业发展统筹的建议
2	赵驳强	加强政产学研协同育人,助力企业引才用工
3	郭丽萍等4名委员	关于重塑求雨山,打造南京文化新地标的建议
4	袁冬梅	深度挖掘农业产业链价值,培育独具浦口特色的乡村振兴发展新动能
5	毛正东	关于当前形势下如何提升招商实效的建议
6	朱　亮	坚持以文塑旅,以旅彰文,推进文化和旅游深度融合发展
7	秦慧东	建立普惠托育服务体系,促进人口长期均衡发展
8	桥林街道政协工委	关于加快地铁周边配套设施建设的建议
9	李扬等3名委员	关于改善环老山旅游交通问题的建议
10	叶文醒	加强社区卫生中心(站)和小区医疗服务站建设的建议

(周锌锌)

专门委员会工作

【概况】 2023年,区五届政协设提案委员会、经济科技和农业农村委员会、人口资源环境和城市建设委员会、教卫文体(文史)委员会、社会法制和民族宗教委员会。各专门委员会按照各自职责分工开展工作。

【提案委员会】 围绕区委、区政府中心工作,将全区年度工作任务、需要突破的工作难点、群众关心的热点议题梳理分类,拟定50条提案参考要目,供委员撰写提案参考。编发《市、区两级优秀提案》2期。邀请市政协提案委主任授课,用鲜活的案例向委员讲授写好提案的基本常识。组织分头审查和集中审查,创新开展评分式审查,从源头上保证提案质量。会同区政府办、江北新区管委会综合部参与提案立案审查,商定承办单位;对涉及办理单位较多的提案,征询主办单位意见,提高提案交办精准度。落实提办双方"办前、办中、办后"三次沟通机制,促进了解委员意图、介绍办理进程、反馈办理成果。协商解决问题,办结A类件209件。完成"三大行动"民主监督工作。助推社情民意工作,从提案中挖掘社情民意资源和线索,改写社情民意信息14篇,新撰写3篇,其中《建议加快试点推广太阳能光伏露天停车场》被市政协采用。

【经济科技和农业农村委员会】 统筹安排生态环境质量民主监督活动。围绕数字乡村赋能乡村振兴,联动区农业农村局等部门开展重点调研和座谈。围绕"1+2+3+N"顶层设计框架建设,推动浦口"三农"迈向"数字时代",撰写专题调研报告1篇,社情民意信息《首批国家数字乡村试点经验对于数字化赋能乡村振兴的启示与建议》被市政协采用。围绕金融支持文旅发展,组织银行机构共同走访文旅企业,解决企业贷款难、融资难、还款难和续贷难等问题,会同区金融监管局主办银企对接会,促使主管部门和政策性银行、商业银行形成合力,编撰专题调研报告《金融赋能助力文旅企业脱困蝶变》。

【人口资源环境和城市建设委员会】 聚焦各类民生热点难点问题,开展民主监督,推动民生工程实施。听取《南京市浦口区国土空间总体规划(2021—2035)》实施情况通报,提出意见建议。围绕海绵城市示范项目建设,助力问题解决和工作提升。完成重点城建项目民主监督,围绕江北新区和浦口区城市建设一体化开展调研。与区政协办、星甸街道政协工委就江苏信宁新型建材有限公司经营发展情况开展专题调研,形成专项调研报告,相关建议被区委、区政府采纳,区政府成立工作专班推动问题解决。召开联系部门和委员会议,传达上级重要会议精神,通报年度重点工作,为委员知情明政、履职建言搭建平台。调动委员履职积极性,针对社会反映集中、民众关心的热点问题,做好提案和社情民意收集工作。走访挂钩联系重点企业和困难家庭,帮助解决问题。

【教卫文体(文史)委员会】 开展群众最低保障兜底工作专题民主监督。编撰《浦口文史》第二十辑《老山蝴蝶》,推进政协"文史e站"项目建设,开展文史进校园活动。围绕文旅产业高质量发展专题,视察浦口火车站片区文化更新、南钢工业文化旅游基地等项目。到南京市浦口区新浦实验小学参观校园特色活动并开展学习交流。视察区疾控中心、浦口人民医院,了解"乙类乙管"政策落实情况。定期开展"大走访"活动,撰写社情民意信息。

【社会法制和民族宗教委员会】 完成市政协专项民主监督调研任务、区政协重点调研课题及专题民主监督工作。4月,联动市政协,围绕基本公共服务均等化开展实地视察、座谈交流,形成专题调研报告。上半年,赴永宁街道11个村(社区),指导推进"委员进社区"试点工作,引导委员开展"五个一"(参加一次体验日活动、结交一名居民朋友、参与一次信访接待、提出一批高质量建议、为群众办一件实事)活动。10月,指导桥林街道开展服务为民和民生专题协商议事月活动,围绕丰子河路建成后配套问题建言献策。11月,调研农村宗教活动场所规划布局情况,提出意见建议。2—11月,完成综合行政执法体制改革民主监督工作。组织开展总工会界、共青团界及侨台界"界别同心谈"活动2场。推进"八五"普法、"全员大走访"及"集中走访日(周)"活动。

(周锌锌)

·文稿编辑 杨宇金·

南京市浦口区纪委监委

综　　述

【概况】 2023年,全区纪检监察组织开展习近平新时代中国特色社会主义思想主题教育和纪检监察干部队伍教育整顿,促进更好履行党内监督、国家监察职责。召开区纪委全会、区纪委常委会、区监委会会议61场,查处违纪违法案件(含违反中央八项规定典型案件)218件。设立监督审查技术办公室1个。

【纪检监察机制健全】 协助区委制定全面从严治党主体责任和监督责任清单,督促党委(党组)专题研究党风廉政建设101次,列席民主生活会79场。推动廉政风险排查防控,聚焦关键权力,建立“自查报备、抽查监督、动态更新”的闭环管理体系。探索建立审查调查室与派驻纪检监察组“1+2”联合办件机制,规范监察员办公室与街道纪工委联动办案程序,加强对园区纪工委联系指导。专题调研基层监督体系健全情况,实行基层纪检监察工作督导检查制度,运用“监督一点通”平台监管小微权力。着眼“干部敢为”,建立容错纠错、澄清正名、教育回访3项典型案例报送机制。

【纪检监察队伍建设】 抓好纪检监察干部理论学习、思想武装、党纪教育,制定《2023年意识形态(网络意识形态)重点工作清单》,常委会专题议党47次,以党建推进队伍建设,完成106名监察官等级确定工作。全面培养、锤炼干部,岗位交流15人,推荐20名业务骨干参与上级专项工作,分层分类召开干部履职、成长座谈会。注重干部专业知识学习,依托“青莲班”组织学习17场,参加上级业务培训26场。加强内部权力运行监督和风险管控,制定财务、保密、案例等管理制度17项,常委会专题研究办案安全工作7次,刚性落实领导首谈、安全首课、领导驻点、飞行检查等制度,严格约束纪检监察干部行为。推广、运用智慧纪委监委平台,建立操作手册1套、操作流程11张。　　(郭江涛)

重要会议

【区纪委五届三次全会】 2月10日召开。会议以习近平新时代中国特色社会主义思想为指导,贯彻落实中央、省、市纪委全会部署,总结2022年全区纪检监察工作,部署2023年重点任务。会议强调,全区纪检监察组织要强化政治监督,保障党的二十大战略部署落地见效;注重系统发力,推动完善党的自我革命制度规范体系;深化政治巡察,彰显全面从严治党“利剑”震慑;纠治“四风”,加固中央八项规定精神堤坝;坚持“严”字当头,把党的纪律建设摆在更加突出位置;一体推进“三不腐”,坚决打赢反腐败斗争攻坚战持久战;推动自我革命,锻造堪当重任的高素质纪检监察铁军。全会通过区纪委常委会工作报告和区纪委五届三次全会决议。

【区纪委常委会暨监委会会议】 2023年,召开区纪委常委会暨监委会会议60场,审议“三重一大”事项、各类监督督查、案件审查调查审理、纪检监察体制改革和机关党建、信访举报、意识形态及安全保密工作相关议题360余个,推进各项工作落实。　　(郭江涛)

监督执纪

【政治监督】 紧扣高质量发展主题,按照党中央重大决策和省委、市委、区委具体部署,强化政治监督,约谈领导班子成员及重点岗位人员207人。开展耕地和永久基本农田划定成果专项督查,推动133.33公顷违规用地整改。在“百名干部破百题”行动中开展农村土地确权专项监督,摸清田亩、补贴、权属底数,一体推进纠违、查案、促管工作,土地确权监督模型在全市首届数据建模竞赛中名列第二位,获评“精品监督模型”范例。聚焦政府投资基金“乱象”,提请区委、区政府开展专项整治,强化跟进监督。聚焦发展和改善民生,嵌入“每月一办”,督查推动12件民生实事落地。

【作风保障】 驰而不息纠治“四风”,查处违反中央八项规定精神问题,通报曝光典型案件7期14起。坚持以案看风、以风挖案,查处移送审查起诉案件涉及“四风”问题12个。集中专项整治违规吃喝、违规发放购书卡和津补贴等问题,纠正跑偏政绩观,严查履行职责不担当、服务群众不上心等形式主义、官僚主义问题。开展营商环境监督治理,专项监督搭车收费、增加市场主体负担行为、交通建设领域违规领取评审费等。针对公职人员“一证两用”、扰乱市场竞争秩序行为,开展挂证取酬专项监督。(郭江涛)

惩治腐败

【概况】 2023年,区纪委监委紧扣浦口区腐败斗争的阶段性特征,以全周期管理方式深化腐败治理,查处违纪违法案件218件,增长3.3%,挽回经济损失约1000万元。

【重点领域腐败问题查处】 聚焦开发园区、征地拆迁等重点领域,紧盯规划设计、渣土监管等关键环节,查处一批严重违纪违法案件,留置区内干部5人。承办上级指定管辖案件,保障上级专案办理协查协作事项399批次,留置4人。发挥纪检监察建议工作指引作用,制发纪检监察建议10份,推动征地拆迁、农村建房等问题全面整改。 (郭江涛)

巡视巡察

【概况】 2023年,修订五届区委巡察工作规划,提请区委召开全区巡察工作会议,推进2轮常规巡察,开展国企改革专项巡察,首次巡察区纪委监委机关、区委组织部,全覆盖巡察街道、园区、集团,延伸巡察74个村(社区),发现问题1560个,移交问题线索46个。实行巡察情况双向反馈机制,召开巡察反馈问题通报会18场。

【巡察整改】 建立省委巡视整改监督检查与质效评估联动机制,围绕政府回购、招商引资、融资租赁、工程建设等重点领域,开展复盘式监督。开展2轮巡视整改情况评估检查,协助区委迎接省委巡视整改落实情况专项督查。创新建立“六单五表”工作法,强化巡察关联信息的集成、分析、运用。制定《加强对“一把手”巡察监督工作办法》,列出监督重点,区分党政机关、国有企业、群团组织、街道,制定巡察监督清单、监督要点以及突出问题表,做到有的放矢、精准巡察。制订查看项目、走访群众计划,实行“登门访”“电话访”,创新“码上巡”,开展实地暗访,倾听群众诉求,督促立行立改问题199个,为民办实事129件,解决“‘断头路’影响出行”等一批民生问题。

(郭江涛)

反腐倡廉教育

【全区领导干部警示教育大会】 12月24日召开。会议播放警示教育片《任性的权力》。会议强调,全区党员干部要始终坚定信念,时刻不忘忠诚;要始终秉持操守,时刻不忘宗旨;要始终自省自律,时刻不忘廉洁;要始终管党治党,时刻不忘责任;要始终担当作为,时刻不忘发展。务必保持改革创新的锐气,提振真抓实干的状态,强化攻坚克难的本领,推动浦口高质量发展再上新台阶。

【“定制化”警示教育】 建立案件总结、剖析、通报机制,把查办成果转化为警示教育的素材、督促整改的靶向、建章立制的依据。开展办案人员到发案单位同步宣布处分决定和警示教育16场,覆盖1400余人次。以典型案例说责、释纪、析法,推动定向教育走深走实。推进廉洁文化建设,完成王荷波纪念馆升级改造,指导打造区级廉洁文化阵地18个,教育引导党员干部崇德尚廉。

(郭江涛)

·文稿编辑 杨宇金·

民主党派 工商联

民革浦口区总支

【概况】 2023年,民革浦口区总支下设综合一支部、综合二支部、离退休支部。有党员66人,其中省政协委员1人,市政协委员2人,区政协委员6人(含常委1人),区人大代表1人,市、区作风建设监督员4人。开展“凝心铸魂强根基、团结奋进新征程”主题教育,筑牢共同思想政治基础,强化履职使命担当,突出特色工作优势。徐瑞被民革江苏省委会授予组织工作先进个人称号,张玺被区政协评为优秀委员,李江华获评浦口区作风建设优秀监督员。

【参政议政】 民革党员向各级提交提案15件、社情民意信息12篇,其中数件提案和社情民意信息被民革南京市委会采用。

【社会服务】 组织党员开展助学成才活动,彰显“中山博爱”民革情怀。向云南省景洪市嘎栋中心小学捐赠“浩学书屋”;向南京市浦口区桥林中学困难学生捐助学习文具价值5000余元;携手江北新区浦口外国语学校向贵州省纳雍县幼儿园捐赠绘本1000余册;向南京市浦口区江浦实验小学捐赠鲜羊奶和羊奶粉价值11万元。 (王莉)

民盟浦口区基层委员会

【概况】 12月14日,民盟南京市委会批准撤销民盟浦口区总支,成立民盟浦口区基层委员会,原所属教育支部、综合一支部、综合二支部、煤炭设计院支部、经济支部不变。有盟员76人,其中市政协委员1人、区政协委员8人。民盟原浦口区总支被民盟南京市委会评为社会服务先进集体,综合一支部被民盟南京市委会评为组织工作先进集体,郑小艳被民盟南京市委会评为组织工作先进个人,胡圣勇被民盟南京市委会评为宣传工作先进个人,郑一辰、韩冰被民盟南京市委会评为社会服务先进个人。

【参政议政】 盟员深入结对社区开展实地调研,为助力农文旅一体化发展建言献策。吴文彪撰写的社情民意信息《大力发挥国家农创中心创新引领作用,强化企业创新主体地位》被区政协评为优秀社情民意信息;陈青玲撰写的论文《任重道远,项目管理中“竣工即交付”推进思考和总结》获民盟南京市委会行知论坛征文三等奖。

【社会服务】 盟员朱世红参与爱心献血,连续24年献血总量9400毫升,获全国无偿献血奉献金奖,先进事迹被民盟江苏省委会微信公众号宣传报道。组织盟员为身患重病的无党派人士捐款。组织参加爱心助农活动,助力解决农产品滞销难题。响应民盟南京市委会号召,组织盟员律师赴浦口监狱提供法律咨询服务,开展帮教调解工作。(王莉)

民建浦口区基层委员会

【概况】 2023年,民建浦口区基层委员会下设一支部、二支部、三支部。有会员87人,其中市、区两级人大代表1人,区政协委员14人(含常委2人),区检察院特约检察员1人,区法院特约监督员2人,城乡环卫监督员1人,江北新区作风建设监督员2人,市、区两级机关作风评议员20余人。

【参政议政】 会员发挥参政议政作用,提交社情民意信息和调研报告52篇,担任人大代表、政协委员职务的会员向区人大、区政协提交发言材料4篇、提案16件,部分提案被列为重点督办件。

【社会服务】 联合民建南京市委会举办"助企高质量发展"金桥议政座谈会,了解民营企业会员发展困难,提出化解措施,搭建企业与政府部门交流平台。发动会员参与爱心捐助,向"思源工程"捐赠8.3万元;向南京点将台社会福利院捐助生活物资、理疗器械等价值5000余元;捐助困难家庭3000余元;会员企业向南京江北图书馆捐赠少儿图书4800余套,价值40万元。开展对口支援工作,组织会员购买陕西省镇安县青树村农特产品价值2.2万余元。 (王莉)

民进浦口区基层委员会

【概况】 2023年,民进浦口区基层委员会下设一总支(内设教育一支部、教育二支部)、二总支(内设综合支部、十四中学支部、经济支部)。有会员112人,其中市政协委员2人(含常委1人)、区政协委员6人(含常委2人)。加强思想政治建设,组织会员参观南京市"民主党派之家"、王荷波纪念馆和廉政教育基地,开展"凝心铸魂强根基、团结奋进新征程"主题教育。一总支、二总支被民进江苏省委会授予宣传思想工作先进集体称号,会员詹桂芬、张震都被民进江苏省委会授予宣传思想工作先进个人称号,民进浦口区基层委员会被民进南京市委会评为理论宣传工作先进集体、社情民意信息工作先进集体,会员苏庆、陈一华被民进南京市委会评为社情民意信息工作先进个人。

【参政议政】 组织会员参加调研活动,报送社情民意信息64篇、提案8件、调研报告2篇。其中,被民进中央采用2篇,被民进江苏省委会采用48篇,获区政协表扬3篇。

【社会服务】 根据民进界别特点,在教育、文化、出版等领域开展调研、建言献策。开展献爱心活动,组织会员为身患重病的无党派人士捐款,在助困、助学、助医、助残、助老、助孤活动中捐款4万余元。 (王莉)

农工党浦口区基层委员会

【概况】 4月19日,农工党浦口区基层委员会成立,下设一支部、二支部、三支部、浦口医院支部。有党员85人,其中农工党南京市委会委员1人、市人大代表1人、市政协委员2人、区政协委员9人(含常委1人)。开展"凝心铸魂强根基、团结奋进新征程"主题教育,为浦口经济社会发展贡献力量。杨昊被评为区政协优秀委员。

【参政议政】 农工党党员撰写区政协大会发言稿1篇、提案10件、调研文章4篇、社情民意信息34篇,其中杨昊撰写的《关于深化校企合作,逐步解决"就业、用工"两头难的问题建议》被区政协评为优秀提案,《强化研发用关键原材料保供 推动生物医药产业高质量发展》获农工党江苏省委会农工论坛"增强生命健康科技力量"全省联合征文一等奖。肖丽萍被农工党南京市委会评为社情民意信息工作先进个人,关晓芳在区政协大会上发言。

【社会服务】 组织开展社会服务活动,连续8年资助12名品学兼优的困难学生完成学业,走进社区、校园分别开展"9·20"爱牙日大型义诊活动、"爱眼日"主题活动。党员顾蕾长期致力于苏陕协作公益事业,杨昊获浦口区光彩事业突出贡献奖。 (王莉)

致公党浦口区基层组织

【概况】 2023年,致公党浦口区基层组织设综合一支部、综合二支部。有党员26人,其中区人大代表1人、区政协委员9人(含常委2人)。开展"凝心铸魂强根基、团结奋进新征程"主题教育,组织党员参观中国共产党历史展览馆、中国致公党历史展览馆,接受革命传统教育。

【参政议政】 发挥致公党党员作用,组织党员参加各类调研活动,提交社情民意信息4篇、调研报告3篇、提案1件。

【社会服务】 开展"同心助老"活动,与建邺区综合三支部、鼓楼区总支、秦淮区总支、玄武区四支部开展共建活动,与镇江市丹徒区基层委员会开展共建学习交流。在春节、端午节、中秋节期间,组织党员赴桥林敬老院慰问老年人,此举成为浦口区致公党服务社会品牌。 (王莉)

九三学社浦口区支社

【概况】 2023年,九三学社浦口区支社有社员34人,其中区人大代表1人、区政协委员3人。杨杰被评为浦口区"五好"人大代表,陈德昌、丁小和、常晓娟、季江海、杨杰被九三学社南京市委会评为先进个人,张鹏飞被九三学社江苏省委会授予社会服务先进个人称号。

【参政议政】 围绕安全生产、基层社会治理、主导产业发展等开展调查研究,为浦口高质量发展建言献策,向区政协五届一次会议提交发言稿1篇、提案6件、调研报告2篇、社情民意信息2篇。

【社会服务】 组织社员立足岗位,利用自身专业优势,履行社会责任。六一儿童节期间,赴南京市浦口区乌江学校开展“放飞梦想 快乐同行”助学慰问活动,向30多名品学兼优的少先队员赠送书包、文具、护眼灯等学习用品。联合南京市第一医院支社近20名社员赴汤泉街道,开展“惠百姓、送健康”义诊活动,向群众赠送健康礼包。 (王莉)

南京市浦口区工商联

【概况】 2023年,区工商联有会员企业1600余家,基层商会、行业商会10个,其中全国“四好”商会1个、省级“四好”商会6个。区工商联连续四次被认定为全国“五好”县级工商联,获江苏省2023年度构筑非公经济舆论阵地先进单位称号。2月9日,在全市率先召开中共南京市浦口区总商会党委成立大会,理顺商会党建工作体制机制,实现以党建促会建、以会建促发展目标。

【理想信念教育】 组织民营经济人士学习贯彻党的二十大精神和习近平总书记关于新时代民营经济统战工作的重要指示精神,围绕“同心建功新时代”等主题,组织举办理想信念教育活动10次,参训学员180余人次。举办全区非公经济代表人士培训班,邀请南京大学和省委党校专家教授授课,参训学员110余人。实施青年企业家能力素质提升工程,举办企业管理者的领导力建设实践培训班。

【组织队伍建设】 增补副主席(副会长)4人、常委4人、执委13人,执委队伍119家,吸纳新会员企业129家。完善“苏商E家”会员数据库,入库企业1617家。2月28日,区青年民营企业家联合会召开二届一次理事会,选举产生会长1人、常务副会长4人、副会长15人、监事1人,新一届理事会员84人。3月15日,区餐饮商会召开三届一次会员大会,选举产生新的领导班子,商会会员增至54人。开展商会间交流合作,与滁州市南谯区工商联共同推动《浦口—南谯两地企业家交流工作机制》落实。拓宽会员企业合作渠道,与张家界市、扬州市、淮安市、昆明市呈贡区、南京市鼓楼区和秦淮区商会等开展合作交流,与张家界市慈利县工商联缔结友好工商联,推动区餐饮商会与扬州市仪征市、江都区和淮安市金湖县餐饮商会缔结友好商会。星甸街道商会通过全国“四好”商会评定,浦口高新区商会建成江苏省“四好”商会。

【会员服务工作】 在浦口开发区建立约500平方米的会客场所,探索“民企会客厅+”工作模式,围绕惠企政策解读、法律宣讲、金融服务推介、企业诉求回应等策划主题活动6场。组织企业与8家金融机构协作,推动“浦惠贷”(“浦惠保”)项目落地,解决会员企业融资需求。推进民营企业“义诊室”项目实施,与南京审计大学签订战略合作协议,选聘30余人为专家团成员,为20余家民营企业提供义务咨询。与区法院制定《关于推进民营经济领域纠纷多元化解机制建设的实施办法》,成立商会调解中心,聘请5名特约调解员,调解经济纠纷3起。与区检察院等部门印发《企业合规经费管理办法(试行)》,组建第三方监督评估专业人员库,办理企业合规案件16件。组织20余家企业参加区检察院案件公开审查和护航民企发展检察开放日活动。利用“万所联万会”机制,推动12个律师事务所17名律师与10个基层商会对接。结合全区“大走访”活动,调研会员企业近100家,宣传助企纾困政策,了解企业困难,收集意见建议20余条。

【社会责任履行】 组织会员企业参与光彩事业行动,商会和会员企业投身“万企兴万村行动”“光彩助学”“光彩助困”等公益项目,捐赠物资价值200万元,帮扶困难群众近60户、困难学生近100人。推荐6名非公经济人士为第六届南京市优秀中国特色社会主义事业建设者。 (李杰)

·文稿编辑 杨宇金·

群众团体

南京市浦口区总工会

【概况】 截至年末，全区有工会组织669个，会员77313人。浦口区彩虹桥爱心驿站被评为2023年全国最美工会户外劳动者服务站点。区总工会经费审查工作连续第八年被市总工会评为特等奖。

【职工思想文化建设】 依托“浦邑柱石”劳模宣讲团，首创劳模宣讲实践研学模式，结合“劳模工匠进校园 思政教师进企业”活动，走进企业、学校、社区、工地开展宣讲活动50场。与区融媒体中心联合制作《今天，他们的声音你要听》《中国梦劳动美——行业尖兵刀刃绝活》录像片，传播劳模精神和工匠精神。获南京市百万职工学习贯彻党的二十大精神知识竞赛一等奖。选树区行政服务中心为江苏省工会服务大厅“职工书屋”，选树南京审计大学实验小学教师博雅学院读书会和南京市浦口区行知小学行知苑教师阅读沙龙为南京市优秀职工阅读组织。星甸街道解放桥社区、桥林街道百合社区“职工书屋”被认定为南京市“职工书屋”，南京浦口经济开发有限公司被认定为南京市书香企业。中铁十四局集团大盾构工程有限公司“‘四坚持四提升’推动思想工作先进班组”被确定为南京市职工宣传思想文化创新项目一等奖。区总工会获评南京市职工宣传思想文化建设先进单位。组织开展“强国复兴 奉献有我”职工志愿服务集中行动，“浦小安”党员志愿服务队（浦小安·安全服务驿站）被授予南京市优秀职工志愿服务品牌称号，中铁十四局集团大盾构志愿服务队被认定为南京市优秀职工志愿服务队。张琬莹、华奕玮、吴平3人获评南京市优秀职工志愿服务者。

（翁娅岚）

【基层工会建设】 联合区委组织部印发《关于加强党建带工建推进全区工会建会入会工作的实施意见》，召开工会组建部署会和推进会，狠抓基层工会组建、新就业形态劳动者建会入会等工作，在26家企业设立工会联系点、建立观察员队伍。新建工会组织41个，发展会员6301人。印发《关于推行浦口区区属国有企业集团职工代表大会制度的意见》，在8家区属国有企业集团建立职代会制度。制订全区企事业单位民主管理提质增效行动五年方案，江苏九天高科技股份有限公司、南京珍珠泉园林建设有限公司等4家企业获评省、市厂务公开民主管理先进单位。做好本级预决算审查，完成区总工会专项资金以及职工文化活动中心、14个直属工会、20个基层工会审查审计，直属工会对90个基层工会独立开展审查审计。开展经审业务培训，210余人次参加。

（袁学权　苗守静）

【工人队伍建设】 围绕建设和壮大一支知识型、技能型、创新型产业工人大军的目标任务，制订《关于进一步深化浦口区产业工人队伍建设改革工作方案》，召开推进会，推动产改工作走深走实，完成56家企业产改试点工作。落实党建、工建、产改一体推进机制，建立产改联络员队伍，指导各基层工会将产改工作纳入党建工作要点和年度工作计划，覆盖50%以上产改单位。鼓励产业工人创新创造，参加全市职工“三个十大”（十大科技创新成果、十大先进操作法、十大发明专利）和“五小”（小发明、小创造、小革新、小设计、小建议）认定遴选活动,成立浦口经济开发区劳模创新工作室联盟,南京浦口中等专业学校张光弘劳模创新工作室被命名为南京市劳模创新工作室,中铁十四局集团大盾构工程有限公司单晓波创新工作室、南京澳林生物科技有限公司早诊先锋创新工作室被命名为南京市职工创新工作室。开展评先评优,以典型引领促进产业工人队伍建设,5 个单位(班组)获评江苏省、南京市“工人先锋号”,2 个单位(班组)获得南京市五一劳动奖状,3 名个人获得江苏省、南京市五一劳动奖章,35 个班组获评区级“工人先锋号”。华天科技(南京)有限公司夏和平被授予南京市文明职工称号。　(袁学权)

【职工权益维护】 贯彻落实《江苏省集体协商条例》,以能级工资协商为重点,推动企业集体协商工作扩面提质增效,发放集体协商要约书 621 份,120 家企业开展集体协商,选树集体协商示范企业 10 家。围绕“以法护‘新’·与‘新’同行”主题,开展“送法入企”“互联网 +”法治宣传、联合普法宣传等活动,增强职工法治观念。常态开放区劳动人事争议仲裁院工会法律服务窗口,安排援助律师为职工提供工会法律服务,办理工会法律援助案件 20 件,为 20 名受援对象挽回经济损失 51.6 万元。办结职工(企业)信访件 12 件。

【工会普惠服务】 通过加强互助保障政策宣传,简化参保、理赔手续,向新业态劳动者赠送康惠保障项目等措施,推动职工互助保障工作扩面,参保职工 27201 人次,理赔 1781 件次,理赔金额 546.4 万元。帮扶建档立卡困难职工 7 人,为 12 名困难职工家庭子女提供金秋助学金 3.9 万元,帮助南京市浦口区珠江小学 50 名外来务工子女实现“微心愿”。筹集经费近 150 万元,用于双节“送温暖”和夏季“安康三送”活动,慰问一线职工约 5000 人。组织 100 名求职人员参加全国工会就业创业系列活动暨长三角区域工会综合招聘活动,为 17 名职工核发创业小额贴息贷款 385 万元。组织 1135 名职工参加疗休养,接待到浦口疗休养职工 1025 人。建成市级基础母婴室 3 个、康乃馨服务站 3 个。区法院、浦口公安分局、江苏省江浦高级中学文昌校区、南京市金陵中学浦口分校(初中部)、南京市浦口区实验学校(小学部)5 个职工心理

表 3　2023 年浦口区获市级以上工会表彰的单位一览表

序号	获表彰单位	荣誉称号
1	南京澳林生物科技有限公司技术质量部	江苏省工人先锋号
2	南京大吉铁塔制造有限公司研发中心	江苏省工人先锋号
3	南京浦江工程检测有限公司市场研发部	南京市工人先锋号
4	国家税务总局南京市浦口区税务局第一税务所(办税服务厅)	南京市工人先锋号
5	南京乾鑫电器设备有限公司环网柜班组	南京市工人先锋号
6	南京市浦口区新浦实验小学	南京市五一劳动奖状
7	江苏芯德半导体科技有限公司	南京市五一劳动奖状

表 4　2023 年浦口区获市级以上工会表彰的个人一览表

序号	姓名	性别	工作单位	荣誉称号
1	黄祖祥	男	江苏鑫合易家信息技术有限责任公司	江苏省五一劳动奖章
2	庄树林	男	南京市浦口区疾病预防控制中心	南京市五一劳动奖章
3	周传婷	女	江苏先丰纳米材料科技有限公司	南京市五一劳动奖章

(袁学权)

健康教育服务室被认定为南京市职工心理健康教育中心（站、室）。联合开展青年交友联谊活动2场，支持机关企事业单位开办暑期托管班5期。（王德胜）

【劳模（工匠）关爱服务】 做好劳模待遇落实工作，发放劳模困难补助金7.25万元。组织16名劳模参加省、市疗休养，慰问全国劳模5人、省级劳模48人、市级劳模193人，发放慰问金17.08万元。做好全国劳模体检申报工作，严格按条件、程序申报劳模生活困难补助金、住院报销费、遗属慰问金。

【劳动和技能竞赛】 拟制《浦口区推进产业工人与技能人才建设实施意见》，与浦口区相关部门联合举办劳动技能竞赛4场，与江北新区总工会联合举办江北片区应急执法劳动技能竞赛。推荐区应急管理局职工魏羽捷代表市总工会参加全省安全生产和劳动保护技能竞赛，获团体一等奖，魏羽捷获江苏省五一创新能手称号。区应急管理局魏羽捷、陈子曦和江北新区应急管理局陈漫漫获评南京市五一创新能手，魏羽捷获评南京市技术能手。

（袁学权）

【浦口区总工会第三届工会委员会第四次全体会议】 3月23日召开，27人出席。会议听取和审议区总工会《竭诚服务职工凝聚奋斗伟力 扎实推动新阶段工会工作高质量发展》工作报告，审议经费审查委员会、女职工委员会2个工作报告，补选区总工会第三届委员会委员7人。

【浦口区彩虹桥爱心驿站被评为2023年全国最美工会户外劳动者服务站点】 12月8日，中华全国总工会办公厅印发《关于确认2023年“最美工会户外劳动者服务站点”名单的通知》，浦口区彩虹桥爱心驿站上榜。2019年9月，浦口区彩虹桥爱心驿站投入使用，位于江浦街道上河街彩虹桥边城南河广场，面积约180平方米，配有中央空调、冰箱、微波炉、投影仪等设备，为户外劳动人员提供临时休息、如厕、纳凉、取暖、饮水、热饭热菜、手机充电、教育培训、母婴服务，接待户外作业人员月均近300人次、年均近4000人次，每年开展户外作业人员安全常识教育、专业知识学习等活动30余场。

（区总工会）

共青团南京市浦口区委

【概况】 至年末，全区有直属团组织28个、下级团组织1326个，其中团（工）委33个、团总支41个、团支部1252个。少先队员约2.6万人。共青团员约1.2万人，其中村（社区）占41.74%、学校领域占25.04%、“两新”领域占24.53%、机关事业单位及国企占8.69%。团区委挂职团干部1人，兼职团干部2人。1人获全国优秀共青团员称号，1人获全国优秀少先队员称号，3个团组织、4名个人获团省委表彰，16个团组织、21名个人获团市委表彰。团区委获全省共青团工作先进单位称号。

表5 2023年浦口区获市级以上团组织表彰的单位一览表

序号	获表彰单位	荣誉称号
1	南京市浦口区江浦街道同心社区团委	江苏省五四红旗团委（团工委）
2	南京市浦口区桥林街道百合社区团支部	江苏省五四红旗团支部（团总支）
3	南京市浦口区大桥中学团总支	
4	南京市浦口区汤泉街道龙井社区团委	南京市五四红旗团委（团工委）
5	南京市浦口区教育团工委	
6	南京市浦口区国资办团委	
7	中建二局二公司华东分公司团委	
8	南京浦口中等专业学校团委	

(续表)

序号	获表彰单位	荣誉称号
9	南京市浦口区江浦街道巩固社区团总支	南京市五四红旗团支部(团总支)
10	南京市浦口区江浦街道老虎桥社区团支部	
11	南京市浦口区桥林街道兰花塘社区团支部	
12	南京市浦口区星甸街道王村村团支部	
13	南京市浦口区永宁街道永宁社区团支部	
14	南京市浦口区水务局团支部	
15	南京市浦口区人民法院团支部	
16	南京浦口城乡建设集团有限公司团总支	
17	南京市浦口区实验学校团总支	
18	南京市浦口区江浦街道社区卫生服务中心团支部	
19	南京市浦口高新区中孚信息团支部	

表6　2023年浦口区获市级以上团组织表彰的个人一览表

序号	姓名	性别	工作单位	荣誉称号
1	张　颖	女	南京市浦口区星甸街道办事处	全国优秀共青团员
2	祝笑然	女	南京市浦口区实验学校	全国优秀少先队员
3	周　鑫	男	南京市浦口区人民检察院	江苏省优秀共青团员
4	杨　玥	女	南京市浦口区永宁街道永宁社区	
5	朱春艳	女	南京市浦口区教育局	江苏省优秀共青团干部
6	汪梦瑜	女	南京市公安局浦口分局巡特警大队	
7	周语心	女	南京市浦口区江浦街道办事处	南京市优秀共青团员
8	林海宁	男	南京市浦口区桥林街道明因寺社区	
9	臧贝婕	女	南京市浦口区财政局	
10	周啸宇	男	南京市公安局浦口分局珠江派出所	
11	周　璐	女	南京市广播电视大学浦口分校	
12	王溶延	男	南京市浦口区南京书人实验学校	
13	石　彧	女	南京市浦口区永宁街道社区卫生服务中心	
14	黄俊韬	男	南京市浦口区城市管理综合行政执法大队	
15	郑文超	男	南京芯德半导体科技有限公司	
16	赵世杰	男	江苏中路工程技术研究院有限公司	
17	朱晓雪	女	共青团南京市浦口区委	南京市优秀共青团干部
18	金帆帆	女	南京市浦口区星甸街道办事处	
19	汤家伟	男	南京市浦口区汤泉街道三泉社区	
20	项凌云	女	南京市浦口区永宁街道大埝社区	
21	曹灵子	女	国家税务总局南京市浦口区税务局	
22	孙　玥	女	南京市浦口区市场监督管理局	
23	王　品	女	南京市浦口区大桥中学	
24	朱　灵	男	江苏省江浦高级中学	
25	高　丽	女	南京市珍珠泉旅游度假区	
26	宗　芮	女	南京浦灏集成电路技术有限公司	
27	石佳勇	男	江苏卫生健康职业学院	

【团组织建设】 新建社会领域团组织184个，其中非公领域团组织78个。发展团员842人，其中初中生538人、高中生149人、中职生87人、社会领域青年68人。在团内开展“推优入党”工作，发展28岁以下青年党员71人。通过村（社区）共青团工作助理、青少年事务社工、大学生“六进”实习等工作为基层赋能，吸纳300余名青年骨干加入团干部队伍。实现学校、街道、村（社区）团组织全覆盖，“两新”领域团组织应建尽建。新建区级枢纽型“青年之家”2个，累计建成16个。

【青少年思想教育】 组织团员青年学习宣传贯彻党的二十大精神，开展“学习二十大、永远跟党走、奋进新征程”系列教育实践活动80余场。组建“浦青说说”青年讲师团，常态化开展主题宣讲。组织青年大学习21期，260万人次参加。开展“牢记嘱托跟党走 青春建功新征程”主题团日、青春演讲、知识竞赛、读书分享会、红色研学等系列活动，其中五四主题团日活动被《人民日报》《中国青年报》宣传报道。做好少先队员思想引领工作，开展“强国少年”“红领巾讲解员”等活动。强化党团队一体化育人链，组织开展“学习二十大 争做好队员”主题教育85场。

【青少年权益维护】 升级“浦青温度”项目，加强困境青少年关爱帮扶工作，构建“精准摸底+物质帮扶+成长关爱+素质养成”全方位关爱帮扶体系。与公检法司、妇联等成员单位建立信息通报共享机制，定期研究审议未成年人保护重大事项。联合区慈善总会、区关工委、区红十字会等部门，形成联动助困模式。启动“一粒种子的旅行”项目，向偏远地区新生赠送入学礼3000余份。联合区慈善总会、浦口康居集团及爱心企业，投入16万元，建成梦想小屋8间。联合驻区高校，实施“沁子童行·浦青课堂”周末公益助学项目，各街道举办为期28天的爱心暑托班10个。实现新年“微心愿”532个，开展“医”起守护、“圆梦行动”等系列助困行动，受益青少年2500余人次。

【青年志愿服务】 打造浦青志愿联盟，组建一支以100名团干部及大学生志愿者为骨干的志愿团队，成立乡村振兴、法治惠民、公益创客、便民服务等分队，参与文明城市创建、助力“双减”、社区服务、重大赛事等志愿服务，协助完成浦口马拉松赛事、老山国际旅游节、珍珠泉同学节、老山音乐节等重大活动保障工作，参与志愿服务1.5万余人次。

【青年人才服务】 按月开展“浦青荟”主题交流活动，承办市级青创下午茶活动2场，推荐浦口产品资源，链接创业项目上下游产业资源。建成“宁青驿站”浦口青年人才驿站3个，提供房源188间，为到浦口的大学生提供免费临时住宿累计1505天。加强青年创新项目选择培育工作，在江苏省2023“创青春”大赛中获一、二等奖各2个，获奖比例位列全市第一。实施“联青聚力”工程，开展统一行动日、联青“大走访”、“团团结对”及送岗直通车、直播荐岗进校园等活动。在新青年群体中开展“清凉补给站”、夏日送清凉、冬日暖“新”慰问、快递从业青年服务月等活动。实施安居、联谊、托管等服务青年群体特色“伙伴计划”。

【青年建功一线行动】 探索“乡村振兴工作平台+社会组织服务+直播销售平台”工作模式，“青春助力小店发展”等做法数次上全网热搜。发挥弘商圈青创直播基地作用，孵化“小狐园艺”“农菁电商”等农产品电商公司，助农销售800余万元。组织参加江苏省大学生直播竞赛，开办“青春e行 建功乡村”电商培训营2期，参与“了不起的小店”全国在线直播策划，招募32名青春助力乡村振兴志愿者充实到社区。实施“一线有我 号队出列”青春建功行动，培育区级“青年文明号”32个、青年安全示范岗集体8个，其中8个获评市级“青年文明号”。评选区级青年岗位能手110人，其中5人获评市级岗位能手。开发“浦青视角”项目，推出“百名青年看浦口”系列专题，利用“双百共建”机制开展“大学生看南京”研学活动49场，参与青年近1000人次。创新培育浦青文旅体验官，组织开展旅游体验、产业观摩、艺术创作、对话青商等系列活动30余场。

【浦口区青年工作联席会议第四次全体会议暨县域共青团基层组织改革推进会】 10月19日召开。会议强调，要提高站位、深化认识，增强青年工作的责任感和使命感。从全局看，推进共青团改革，是落实习近平总书记“强三性、去四化”要求的抓手；从长远看，加强对青年的政治引领，是落实党管青年工作原则、加强新时代党的青年工作的战略性举措；从浦口看，锻造青年生力军，是浦口经济社会高质量发展的源头活水和重要支撑。要把握特点、紧盯关键,找准青年工作的着力点和落脚点。紧盯目标抓改革,锚定增强政治性、先进性、群众性的改革方向,落实阶段性改革任务;立足浦口促发展,健全支持青年创新创造的政策体系,紧贴青年需求,创造性地开展工作;围绕问题强关爱,各相关单位要倾听青年呼声,回应青年关切,解决青年的操心事、烦心事。要凝聚共识、汇聚合力,增强青年工作的系统性和实效性。团区委要发挥牵头抓总作用,加强与各成员单位沟通协调,有效开展各项工作;各成员单位要各司其职、加强协同,以青年需求为导向,健全“大联动”“大协同”工作机制;各单位要强化社会宣传引导,为青年发展营造良好的社会氛围。 (王芃芃)

南京市浦口区妇联

【概况】 2023年,全区有妇联组织198个。区妇联强化政治引领,成立“星光”巾帼宣讲团和5支巾帼宣讲队,开展党的二十大精神宣讲80余场。获评南京市三八红旗集体6个、南京市三八红旗手6人。建成市级儿童友好社区3个。区妇联登上《中国妇女报》妇女宣传舆论阵地建设先进榜。选送作品《新农人爱上玩机器 夫妻档携手“上天入地”》获“她说”江苏女性融媒体创意大赛短视频组一等奖。

【妇联组织建设】 印发《关于区级机关妇联组织换届的实施意见》,指导26个区级机关妇联组织完成换届工作。推选中国妇女第十三次全国代表大会代表1人、江苏省妇女第十四次代表大会代表3人。召开浦口区妇女第五次代表大会。建成新领域妇联组织5个、“妇女微家”5个。妇联执委全员领办民生实事项目10类。开展“妇情民意调查”工作,举办“新领域 新乡村 新生她力量”市妇联执委第六组“走进浦口”活动。

【妇女权益维护】 举办“巾帼心向党 奋进新征程”三八国际妇女节主题活动。推动男女平等基本国策宣传进社区、进校园,并被区委党校列为主体班学习内容。深化“合家浦畅”家事调解品牌工作,依托区、街道、村(社区)婚姻家庭纠纷化解综合性服务阵地,为妇女提供情感支持、心理咨询、法律咨询、家事调解等服务。联合区委政法委在5个街道分别成立公益性家庭心理健康服务站。举办“爱TA护家 合家浦畅”主题宣传、“倡导‘她’维权 共筑好生活”法律宣讲、“‘典’亮新生活、护航‘半边天’”妇女权益保障法进南京审计大学等活动。实施妇儿权益维护与安全守护课堂项目,进社区开办讲座74场,指导基层规范开展妇女议事活动,推动妇女参与社会治理,提升妇女参政议政能力。

表7 2023年浦口区获南京市三八红旗集体荣誉一览表

序号	获表彰单位	序号	获表彰单位
1	南京浦口城乡建设集团有限公司会计核算中心	4	南京市浦口区桥林街道妇女联合会
2	南京溯远基因科技有限公司	5	“浦小清”巾帼志愿服务队
3	南京市公安局浦口分局巡特警大队女子勤务队	6	南京市浦口区中医院儿科

表8 2023年浦口区获南京市三八红旗手荣誉一览表

序号	姓 名	工作单位	序号	姓 名	工作单位
1	孙欢欢	南京市浦口区江浦街道烈士塔社区居委会	4	余 意	南京市浦口区农业农村局
2	赵莉莉	南京市浦口区教育局	5	许 薇	南京市浦口区妇联
3	许媛媛	南京市浦口经济开发区管理委员会	6	叶默然	南京市浦口区永宁街道妇联

【困境妇女儿童关爱】 实施“点亮心途 向阳花开”——困境未成年人增能服务项目，“一户一策”为7名父母监护缺失儿童提供关爱服务。在浦口区特殊教育学校和永宁街道成立兆兰浦口春蕾班，为贫困学生争取关爱资助。举办“童心童趣·欢乐童享”六一童行乐游会，集合50名困境儿童欢度儿童节。联合团区委开展拥抱梦想“童”心前行——浦口区“庆六一 享浦爱”活动，联合区检察院跟踪关爱涉案受侵害女童。开展单亲妈妈心理团辅活动，为10名儿童实现新年“微心愿”。向92名“两癌”患病妇女提供药费补助，为10名“两癌”患病妇女、单亲低收入妇女考入高中、大学的子女发放助学金，在江浦街道实施单亲低收入母亲综合支持项目1个。

【妇女创业创新服务】 依托永宁街道、江浦街道巩固社区“宁姐月嫂”家政服务工作站，举办月嫂提素增能培训班5期，参训学员131人，签约率100%。组织月嫂技能大赛，以“师徒制”形式带动乡村女性创业增收。与陕西省镇安县签订《苏陕协作月嫂劳务品牌联建协议书》，推进两地劳务品牌联合助力乡村振兴。在江苏省巾帼创业创新孵化示范基地南京同心众创空间（大学生创业园）设立“靠浦姐姐”创业就业培训中心，为女性就业创业提供指导。建成各类市级示范基地4个、省级巾帼新业态助农创新基地1个。

【社区家庭教育行动】 联合区文明办，以“心向党 同筑梦 浦家美”为主题，开展寻找“最美家庭”系列活动，评选区级最美家庭48户。与区纪委、区委组织部联合印制《“廉洁齐家，同建同行”领导干部关爱提示册》，组织学习《习近平走进百姓家》，推进家教家风建设。打造区级家庭建设服务示范中心，为家庭提供综合性、专业性、精准性服务。与区教育局合作，在4所学校试点开展家庭教育宣讲，推动家校社协共同育人。设立示范性家庭教育指导站7个，推广家庭教育经验，护航未成年人健康成长。

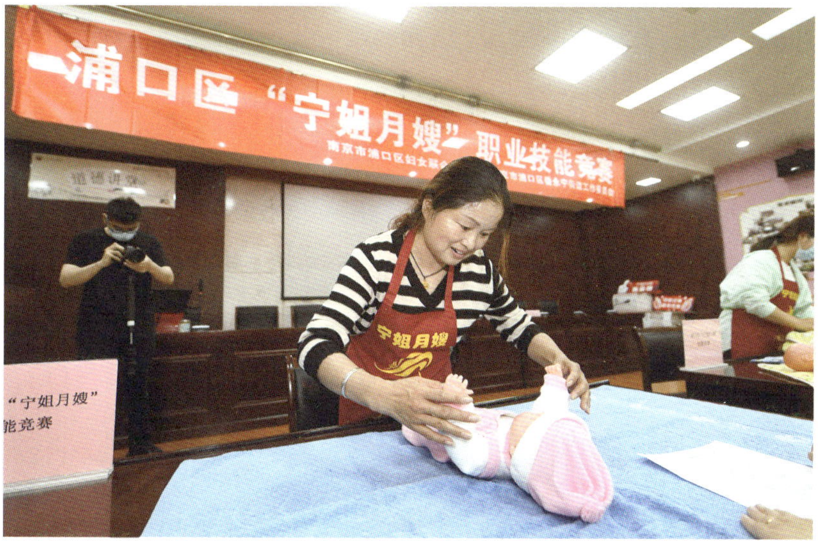

5月15日，区妇联举办浦口区“宁姐月嫂”职业技能竞赛

区妇联供图

【美丽庭院建设】 结合农村人居环境长效管护“红黑榜”评价实施办法，加强美丽庭院建设实效监督和成果考量，巩固美丽庭院创建成果。建成四级美丽庭院1230个，其中市级290个。累计建成美丽庭院10731个，其中市级1452个。打造美丽庭院示范片（带）5个，累计31个。星甸街道王村村被省妇联、省妇女“双学双比”竞赛活动领导小组办公室命名为江苏省“美丽家园”省级示范点。全区累计有江苏省“美丽家园”省级示范点7个。发展庭院经济，深化“巾帼美宿”品牌建设，将儿童友好、非遗文化、生态文明等主题与民宿经济结合，丰富精品民宿内涵。

【儿童友好社区建设】 成立“浦小星”小小民生观察团，开展小小民生观察员社会实践活动，收集儿童建议案近100条。联合浦口文旅集团，完成凤凰山公园梧桐语城市客厅儿童友好空间微更新。举办浦口区儿童友好logo设计大赛，宣传儿童友好理念。建成区级儿童友好社区7个，其中江浦街道老虎桥社区、星甸街道双山村、汤泉街道龙山社区建成市级儿童友好社区，全区累计有市级儿童友好社区4个。

【浦口区妇女第五次代表大会】 12月8日召开，161名妇女代表参加会议。大会审议区妇联第四届执行委员会工作报告，总结过去5年工作，部署未来5年任务。选举产生区妇联第五届主席1人、副主席5人、常务委员9人、执行委员45人。

【浦口区妇女儿童工作会议】 12月29日召开。会议传达学习习近平总书记关于妇女儿童工作的重要指示、重要论述,以及第七次全国妇女儿童工作会议和省、市妇女儿童工作会议精神,总结交流“十四五”时期以来全区妇女儿童工作的成绩和经验,研究部署下一阶段妇女儿童工作重点任务。会议要求,全区上下要学习贯彻习近平总书记关于妇女儿童工作和家庭家教家风建设的重要指示、重要论述和关于江苏工作的重要讲话精神,落实国家妇女儿童发展纲要和省、市、区发展规划,推进妇女儿童工作与经济社会同步发展,营造妇女全面发展、儿童优先发展的良好氛围。区检察院、区民政局、区农业农村局、桥林街道就推动妇女儿童事业高质量发展交流发言,区统计局介绍妇女儿童发展规划指标完成情况。 (郭伟)

南京市浦口区科协

【概况】 2023年,浦口区按照“科技创新、科学普及是实现创新发展的两翼”要求及《全民科学素质行动纲要(2021—2035年)》,发挥职能作用,开展科普工作。区科协被省自然资源厅、省科协评为第54个世界地球日优秀组织单位,被省科协评为2023年江苏省全民科学素质大赛网络赛优秀单位、2023年江苏省农民科学素质网络知识竞赛优秀组织单位,获2023年南京市科普讲解大赛优秀组织奖。

【科普阵地建设】 开展基层科普能力提升工作,投入50余万元,支持街道、村(社区)完善科普基础设施建设,加强志愿者队伍建设,开展专业化志愿服务活动。新建科普画廊2个,赠送科普图书1000余册,发放宣传资料1万余份。江浦街道华光社区被命名为2022—2023年度南京市优秀科技志愿服务点。浦口气象防灾科普馆通过省级科普教育基地认定,在南京市科普教育示范基地年度绩效评估中获优秀等次。华昌龙之谷、南京青花瓷2个科普教育示范基地被认定为市级科普教育示范基地。

【科普人才队伍建设】 邀请东南大学教授任祖平、南京古生物博物馆名誉馆长冯伟民、南京航空航天大学航空学院院长魏小辉,组建浦口区青少年科学传播专家团。以科技志愿者、科普中国信息员为主体,组建南京汉开书院学校志愿服务队。浦口区启明星工作室入选2023全国100家特色工作室,被中国科协青少年科技中心授予2023科创筑梦青少年科学工作室称号。浦口区“阅读悦美”科技志愿服务队被认定为2022—2023年度南京市优秀科技志愿服务组织。区青少年宫郑爱东获评2023年度长三角优秀科技志愿者,受聘为南京市科普公益宣传大使。区图书馆朱聚敏被评为2022—2023年度南京市优秀科技志愿服务者。南京中孚信息技术有限公司罗圣美被评为第十五届南京市“十大科技之星”。推荐4人申报江苏省农技协系统乡土人才。

【科普志愿服务活动】 实施“助力‘双减’在行动,科技科普进校园”志愿服务项目,与江苏省科学传播中心签订青少年科技科普资源共建共享协议书,联合省科普服务中心、区全民科学素质工作领导小组成员单位、科普教育基地、高校院所、优质科技类培训机构等,在27所学校举办活动100余场,服务青少年1万余人次。该项目被评为2023年度长三角科技志愿服务先进典型、2023年全国科技活动周暨江苏省第35届科普宣传周优秀活动项目、2022—2023年南京市科技志愿服务先进典型。举办“弘扬科学家精神”江苏省科协院士专家科普基层行活动,中国科学院院士都有为在南京市浦口区新世纪小学作《让青春飞翔》科普报告。承办第三届南京市老年人智能手机操作大赛,线上线下70余万人次观看。举办“科学之夜——来自老山脚下的‘芯’声”集成电路产业高端科普学术交流活动,承办江苏助力“双减”科普行暨“科学家(精神)进校园”活动,获2023年江苏省“全国科普日”优秀活动荣誉。

【全民科学素质宣教行动】 组织开展机关干部科学素质宣教工作,与区水务局开展“节水中国你我同行”联合行动,与区气象局开展世界气象日主题宣传活动,与浦口规划资源分局开展世界地球日主题宣传活动。举办暑托青少年科技科普课堂12场,组织科技志愿者进村入户开展送科技科普活动。在全国科技活动周、全国科普日期间,举办科技科普活动145场,31所中小学围绕主题开展校园科技节系列活动,11个市级以上科普教育基地参与开放。参加省、市科普素质竞赛,浦口代表队获2023年江苏省全民科学素质大赛团体赛二等奖、第六届南京市公众科学素质知识线下决赛一等奖、第三届南京市老年人智能手机操作大赛二等奖。在江苏省农民科学素质网络知识竞赛中，浦口区位列全省各区县第四名。南京市浦口区永宁学校苏灵萱、南京市浦口区新世纪小学王思远分获2023年南京市科普讲解大赛一等奖、二等奖，南京市浦口区永宁学校罗晓旭、南京市浦口区新世纪小学范陆婷被评为优秀指导老师。（王心晔）

【浦口气象防灾科普馆获评江苏省科普教育基地】 9月12日，省科协、省社科联、省科技厅、省教育厅下发《关于认定2023年度江苏省科普教育基地的通知》，浦口气象防灾科普馆入选江苏省科普教育基地（2023—2027年）。该馆2019年建成开馆，面积约1000平方米，设序厅、走进浦口、漫游浦口、认知灾害、极端气候事件、监测预警、预警发布、应急联动、灾害避险、3D影视演播厅10个主题展区，以VR虚拟、多媒体信息技术、数控模拟技术等高科技技术，宣传气象发展史、气象灾害特点及防御等气象知识。（区气象局）

南京市浦口区残联

【概况】 2023年，区残联完善残疾人社会保障制度和关爱服务体系，打造党建助残联盟，开拓康复新路径，推进残疾人事业发展。截至年末，持证残疾人10503人，其中视力残疾1657人、听力残疾782人、言语残疾79人、智力残疾1099人、精神残疾959人、肢体残疾5365人、多重残疾562人。设浦口残疾人康复中心1个。

【残联组织建设】 实现全区76个村（社区）残协组织全覆盖，配齐残疾人专职委员。建有街道、社区"残疾人之家"14个。推进助残资源整合，组织机关企事业单位与助残机构结成党建助残联盟，签订助残扶残协议书，开展助残活动30多场，实现"党建有成效强基础、党员有收获促提升、残疾人有发展得实惠"目标。做好10458名持证残疾人基本状况调查工作，完成调查10205人（入户调查10093人、电话调查112人），其中杳无音信5人、搬迁195人、空挂户9人、外出14人、注销（死亡）30人。深入企业、村（社区）和困难残疾人家庭，围绕困难重度残疾人家庭无障碍改造、残疾人辅助性就业、残疾儿童康复机构提高服务能力等开展调研，走访企业54次、村（社区）9次、困难群众176次，解决问题19个。梳理重点困难残疾人2680人，建立"一人一档"并定期走访。

【残疾人服务工作】 发挥"残疾人之家"辅助性就业、残疾人综合服务和社会化助残扶残作用，开发辅助性就业项目10余个，实现残疾人辅助性就业160人，提供培训服务300人次。开展寄宿制、日间照料服务，托养精神、智力、重度肢体残疾人353人，探索实施16～59岁精神和智力三、四级残疾人居家托养，每月提供居家护理服务不少于3次。加强对残疾人服务机构安全生产管理，免费配备防毒面具、灭火毯、安全绳及微型消防站等设备400余件，完成"瓶改气""气改电"工作，开展消防安全检查20余次。

【残疾人文体服务】 挖掘培养优秀残疾人文化体育人才，残疾人作家吴瑕当选为中国作家协会会员，出版第三本散文集。组织残障人士参加南京市残疾人群体特奥项目比赛，获银牌6枚、铜牌1枚，并获体育道德风尚奖。合作拍摄反映低视力儿童生活的励志主旋律动漫《奔跑吧小兵》。联合区乡村发展"三会"、区慈善总会，举办残障人士"奋进新征程，逐梦新时代"文艺会演，300余名残障人士参加。组织各残疾人协会开展活动21场。（王振兴）

·文稿编辑　杨宇金·

法　治

政 法 委

【概况】 2023年,深化基层基础平安建设,创新平安建设实践,省测群众安全感99.5%。推行法治惠企服务模式,打造“浦法惠企”品牌,《建立“浦法惠企”服务体系》被评为南京市2023年度法治保障十佳案例。加强网格体系建设,推进“精网微格”工程10项重点工作,开展提升网格化服务管理知晓率和满意度专项行动,省测网格服务知晓率74.25%,满意率98.32%,分别位列全市第二、第三。优化法治营商环境,深化“三步重生法”“破产金融”“执破融合”等工作机制,建立民商事诉讼案件“一庭了”庭审机制,开展“法企同行”专项行动。打造“山水‘益’新”生态检察品牌,构建生态环境检察工作体系。聚焦区域治安、交通管理、水域治理、政务服务等重难点问题,协调做好省际接壤处社会治理一体化工作。完善首席专家制度,围绕重大公共决策、风险防控、矛盾纠纷调处等需求事项,组织首席法律咨询专家参加有关案件或事项研判。推进从严管党治警,巩固政法队伍教育整顿成果,省测浦口区政法队伍满意度位列全市第二。

【平安浦口建设】 制定《2023年平安浦口建设工作要点》《2023年平安浦口建设护民十项举措》等文件。研判确定江浦街道宝隆时代广场为区级社会治安重点地区,通过开展专项攻坚行动,刑事案件、电信诈骗案件、涉娼涉赌警情等得到有效压降,治安形势明显好转。统筹推进矛盾纠纷多元化解“一站式”平台建设,采取常驻、轮驻和邀驻等方式,整合部门力量,吸纳行业性专业性调解组织和公益服务、仲裁、鉴定、公证、评估、律师团队等社会力量进驻,实现“一站式受理、一揽子调处、全链条解决”。制作《平安之花·浦口盛放》《和解浦畅,事了心畅》《网格就在你身边,有事就找网格员》3部宣传短片。举办2023年平安浦口文艺巡演活动,普及扫黑除恶、反电信诈骗等常识。

【“浦法惠企”体系建设】 整合全区法治力量,打造“1+1+3+3”法治惠企服务模式,建立“浦法惠企”品牌。出台《关于建立“浦法惠企”服务体系的实施方案》,在浦口开发区成立浦法惠企综合服务中心。推动民企会客厅、企业合成服务中心、法院巡回审判点(法官驿站)、商会调解中心、企业纠纷调处中心、“无讼园区”创建示范点等品牌或服务平台入驻,优选专家学者和社会律师常态为企业提供服务,发布5类40条法治惠企重点任务和110条法律风险项目。

【网格化社会治理】 深化“精网微格”工程10项重点工作,开展园区专属网格内企业平安建设专项治理,结合发展实际和工作需要动态调整网格划分,对社区民警、网格员、微网格员骨干进行专题业务培训,组织789名政法网格员参加“全员大走访”和“善治为民优服务、护航发展比贡献”等活动,开展“集中见面、组团服务”专项行动。全区网格员采集信息27.72万条,网格治理平台办理问题工单6.2万余件,办结率99.99%,网格合格达标率100%。开展提升网格化服务管理知晓率和满意度专项行动,拓展“网格+”功能范畴,规范微网格事件处置流程,完善专属网格管理服务机制,开发应用社会治理小程序“小浦拍”和智能微信机器人,实现网格服务更精细、信息摸排更精准、治理力量更精干。

【社会治理创新】 依据《全国市域社会治理现代化试点工作指引》，建立“月走访、动态月报、进展双月报、推进办季调度”的推进机制，分解细化需要区级落实的60项共性指标和14项区域特色指标，建立一级抓一级、层层抓落实的责任体系，市域社会治理现代化试点创建工作通过省级验收。申报培育市域社会治理创新项目33个，《创新基层治理“大联勤”机制》入选国务院发展研究中心“新治理时代我国社会治理的制度与实践创新案例”，被评为南京市市域社会治理现代化试点工作典型案例，《聚“贤”共治“贤爱堂”》被评为南京市域社会治理基层创新特色项目。深化“每月一办”机制，聚焦群众急难愁盼，构建大数据选题、基层出题、代表荐题、区领导点题的民生线索收集网络。区级层面召开“每月一办”工作推进会12次，研究交通出行、城市管理、安全生产等方面议题12个。部门、街道、村（社区）办理议题1366个，办结1283个，办结率93.92%，推动形成“群众做好事，村（社区）办小事，街道办大事，区级办难事”的四级联动格局。 （余珊珊）

法治政府建设

【概况】 印发《浦口区2023年法治政府建设工作计划》。督促落实《浦口区法治政府建设实施方案（2021—2025）》任务，梳理中期完成情况，做好中期评估基础工作，完成“十四五”规划、“八五”普法中期评估验收。发挥政府法律顾问与公职律师作用，全过程参与重大项目决策。推进全域综合行政执法体制改革，提升多元化行政执法监督质效，实现严格规范、公正文明执法。坚持和发展新时代“枫桥经验”，推进行政复议体制改革，推动行政争议实质性化解。提升政府履职能力，打造依法办事最优法治环境。

【综合行政执法体制改革】 出台《2023年度浦口区综合行政执法局行政执法能力提升业务培训实施方案》。与江苏警官学院合作，在全省率先建立首个区级综合行政执法培训基地，开展培训10期，覆盖全区15家执法单位1000余名综合行政执法队员。省司法厅调研浦口区综合行政执法体制改革工作，肯定该区综合行政执法“111”模式。

【行政复议】 开展“行政复议能力提升年”活动，宣传贯彻新修订《中华人民共和国行政复议法》，落实省、市行政复议办案规程、报告抄告办法等制度。常态化制发行政复议意见书、建议书，对行政复议确认违法案件加强整改落实监督。依法受理行政复议案件99件，其中审结93件、正在审理6件；审结案件中，直接纠错6件、实质性化解57件；针对办案过程中发现的违法共性问题，制发行政复议意见书6份，责令有关行政机关进行针对性整改。

【行政应诉】 执行区政府主要领导签批出庭应诉工作制度，做到“出庭又出声、出庭又出效”。形成《2022年浦口区行政应诉工作情况报告》，分析上年度行政应诉情况、特点、问题并提出工作建议3条。召开2023年度全区行政机关负责人观摩法庭庭审活动暨行政应诉专题会议，区政府主要领导对加强全区行政应诉工作提要求。开展全区行政应诉案卷评查及行政应诉典型案例评选活动，提升办案质量和队伍规范化履职能力。收到区政府为被告的一审行政应诉案件22件，开庭8次，行政机关负责人出庭应诉率100%。

【合法性审查】 印发《关于重申区政府行政规范性文件制定工作有关事项的通知》，涉及公民、法人和其他组织权利义务、具有普遍约束力、可以反复适用的行政规范性文件，一律使用“规”字编号统一发布。审查发布《南京市浦口区货物装载源头超限超载管理办法》等行政规范性文件3件，组织开展行政规范性文件专项清理1次、集中清理1次，清理区级规范性文件42件，其中保留31件、废止11件。坚持行政规范性文件发布后15日内报送市政府、区人大备案，全区34件行政规范性文件全部网上备案，报备率、及时率、规范率均达100%。

【包容审慎执法推行】 制定《〈南京市老山景区保护条例〉行政裁量权基准》，指导各行政执法单位落实省、市行政裁量权基准培训和适用，提升行政执法精细化水平。开展“五拼五比晒五榜”效能榜报送工作，落实“轻微违法违规行为免予或减轻处罚清单”，推动包容审慎柔性执法落实。办结轻罚免罚案件1116件，为各类市场主体减负1400余万元。制定涵盖14个监管领域的103项合规指导事项,预防和减少违法行为发生。全区现场行政合规指导服务8000余次,电话、短信提醒3万余次,涉及企业9000余家次。

【行政执法监督】 年初,出台《加强基层行政执法规范化建设工作方案》《浦口区综合执法联席会议制度》《浦口区街道综合执法联席会议制度》等文件。3月,前往5个街道开展“三项制度”、规范执法督查调研。5月,围绕交通运输执法领域专项行动,邀请10名特邀行政执法监督员开展“现场监督、现场评查、现场纠正、现场整改”执法监督活动,确保行政执法监督质效,推进公正文明执法,保障群众合法权益。组织区级39家行政执法部门开展案卷评查,邀请14家单位业务骨干集中评查,评选优秀案卷15卷。

【规范人员证件管理】 3月,完成21家单位95人行政执法资格培训考试并拿证,为725名领取证件人员提供公共法律知识培训。5月,召开习近平法治思想暨强化行政执法能力建设专题视频培训班,覆盖25个行政执法单位相关负责人。8月,开展房屋征收执法专题培训,组织14家单位47名新增执法人员完成行政执法证申领及培训工作,完成10家单位36人行政监督证申领审批工作。落实《南京市浦口区行政执法辅助人员管理实施细则》,完成853名行政执法辅助人员备案工作,新办执法辅助证39件。 (杨明祺)

公　安

【概况】 2023年,紧扣公安工作现代化主题主线,推进打击犯罪、维护稳定、治安防控等工作。创新打造平安韧性小区、建成5类6个联动共治工作站、深化苏皖毗邻区域协调治理、组织开展“假如Ta是我的家人”大实践活动等经验做法得到市、区领导批示肯定17次。《联动共治工作站拓展社会治理现代基层新实践》获评浦口区“十佳创新项目”,《创建联动共治工作站打造社会治理新矩阵》获评全市公安机关改革创新项目评选“金奖”,“假如Ta是我的家人”大实践活动获评全市公安机关思想政治工作“十佳创新项目”,参赛模型“派出所主防之平安韧性小区数字化综合治理体系——基于植物系列的模型矩阵场景应用”获市公安局“十大攻坚提升行动”数据实战建模大赛一等奖。

【治安维稳】 建立浦口公安分局警务创新研发中心,搭建“本地异动、外地异入”模型场景21个,下发线索1900余条。成立全市首家分局层面的反恐处突小分队,组织浦口公安“老山2023”反恐处突实战演练,街面抢劫抢夺零发案。9月16日,抓获外市流窜浦口的4名命案嫌疑人。

【打击犯罪】 落实主办侦查员制度,坚持大刑侦、全警种、强衔接,破获刑事案件1457起,同比增长46.4%,刑事破案率和入室盗窃案件破案率分别达64.5%、93.3%,抓获刑事作案成员1161人,同比增长26.2%。常态推进扫黑除恶,破获涉黑恶案件63起。侦办“1·6”非法经营雪茄烟案件,该案件是全市首起国家特级烟草案件。

【安全监管】 落实安全监管清单化、标准化管理,开展住人车库、城镇燃气、基层消防专项整治,排查隐患1957处,同比增长119.7%。打掉“黑加气”站点2个,打击处理9人。牵头推动电动车充电降费在37个小区落地,压降飞线充电问题。

【交通管理】 查处交通违法行为48.5万起、酒驾醉驾873起、超员超载6059起,劝导不文明行为4.6万人次。交通亡人事故26起,交通事故亡人30人,同比分别下降25.7%、14.3%。

【户政管理】 推进“网上办、一次办、就近办”,完成“两省一街”乌江警务室政务服务窗口、合成服务中心浦口开发区分中心窗口和“政务+警务”帮办代办窗口建设。开展公安政务流动服务车进企业、进社区、进高校活动21场,办理业务350件次。网办中心办理110项线上审批业务36995件次。依托省、市“互联网+监管”系统,编制检查实施清单95项,事项覆盖率100%。

【出入境管理】 审批中国公民因私出入境事务1.6万人次,登记报备法定不准出境人员993人次。培训旅馆业从业人员4场130人次,辖区境外人员临时住宿登记合格率、准确率、及时率均达100%。“浦小境”微信小程序上线运营，为企业、中国公民、外籍人员等对象提供出入境政策查询、材料预审等功能。

【平安韧性小区建设】 选点桥林街道兰桥雅居小区建设“四有四无”平安韧性小区，聚焦党建引领、文化涵养、法治润泽、多元参与、环境提升、科技赋能6个维度，输出“四防”工作首创经验。10月以来，小区警情环比下降59%，发案环比下降42.8%。区分新商品房小区、旧商品房小区、老旧小区、零散小区及村落5类场景，出台平安韧性小区建设标准。

【联动共治工作站创建】 7月，区分城市治理、乡村治理、市场管理、省际治安、生态警务5类主题，建立江浦同心站、江浦巩固站、星甸星兴站、永宁市场站、苏皖乌江站、生态警务站6个联动共治工作站，整合公安、网格、城管、司法等力量联合进驻、实体办公，混编分组开展信息采集、治安维稳、市容管理、隐患排查、矛盾化解、宣传防范等工作。分流非警务警情1800余起，办理民生服务事项2700余件次。（黄晨）

检　　察

【概况】 2023年，区检察院受理审查逮捕案件126件188人，受理审查起诉案件556件874人，监督立案32件，监督撤案61件，纠正侦查活动违法117件，纠正漏捕、漏诉24人，纠正审判活动违法21件。受理民事检察监督案件47件、行政检察监督案件57件、公益诉讼案件67件、控申案件206件。获2023年度全市检察机关队伍建设先进单位称号。1件案例获评最高检上门听证典型案例，1件案例获评江苏省第三批生态环境损害赔偿提名表扬案例。获评省、市先进、荣誉和业务竞赛标兵、能手12人次。

【刑事检察监督】 制发监督类法律文书271份，同比增长48.9%。加强侦查活动监督，与公安机关推动区侦查监督与协作配合办公室实质化运行，开展立案监督、侦查活动监督专项行动7次。加强刑事审判监督，与区法院建立健全日常沟通、联席会议、列席审判委员会会议等制度机制，共同研究类案办理，统一司法尺度。加强刑事执行监督，排查“减假暂”案件5件，对其中2件开展监督。深化监检协作，起诉职务犯罪案件5件5人，凝聚反腐败合力。

【民事检察】 针对民事生效裁判、审判程序和执行活动发出检察建议，均被采纳。将数字检察作为赋能监督“新引擎”，搭建虚假律师费监督模型、注销主体涉诉案件监督模型，在全市检察系统推广应用。紧抓检察上下一体，参与市检察院个体工商户侵害商标权信访案件，联合区市场监管局制作知识产权保护宣传手册，深入个体工商户集中地区开展普法活动，帮助个体工商户树立合法经营理念，避免侵权纠纷发生。

【行政检察】 聚焦“案结事不了”“程序空转”等突出问题，实质性化解行政争议60件。针对“12345”工单反映强烈的违规出租地下车库问题，开展住房领域专项监督，与区住房保障和房产局推动全区范围整治。聚焦解决“不刑不罚”问题，与行政机关探索行刑反向衔接机制，移送行政处罚线索63条，促进形成执法司法治理闭环。依托案件办理，牵头江北新区法院、检察院和六合区检察院，会签加强行政争议协同化解工作备忘录，助力“大江北”法治政府建设。

【未成年人检察】 依法严惩侵害未成年人犯罪15件15人，就2件监护性侵案件支持起诉撤销监护权，同步对未成年被害人开展综合救助。联合团区委、社会组织、爱心企业，提档升级区未成年人司法社会服务中心，获全市未成年人关爱保护优秀项目一等奖。以未成年人保护检察“蒲公英工程”品牌创建10周年为契机，专题向区人大常委会汇报“护幼”10年成效，相关工作被市委办《南京动态》推荐。

【公益诉讼检察】 聚焦国家利益和社会公共利益损害，立案公益诉讼案件58件，发出诉前检察建议15份，整改率100%。加大国有财产保护和国有土地出让领域案件办理力度，督促追缴耕地占用税、个人所得税等1300万余元。深化噪声污染治理专项行动，办理案件5件。对一起企业违规占用高速公路高架桥下空间大量堆积混凝土制品，可能造成地基下沉、威胁桥梁和行车安全的公益诉讼案件，采取检察建议、现场回访直至提起行政公益诉讼，监督行政机关履职，排除企业危害行为。办理全市首例督促履行散装白酒食品安全监管职责行政公益诉讼案。

【融入基层社会治理】 释放宽严相济刑事政策效能,助力构建轻罪治理体系。深化认罪认罚从宽制度,适用率89.59%,上诉率由上年0.95%降至0.82%。依法规范行使不起诉权,对149名轻微刑事案件犯罪嫌疑人作出不起诉决定。结合办案制发社会治理检察建议7份,推动将社会治理检察建议纳入全区平安建设考核。就一起发生在物流园区的重大责任事故案件,向行政主管部门、街道、涉案园区和企业宣告送达检察建议,督促各方履行安全生产责任,入选省检察院典型案例。构建共治共享格局,针对基层治理突出问题,与区应急管理局、区教育局、区民政局等26家行政机关建立工作机制,会签文件9份。在江浦街道华光社区等3个村(社区)设立司法助力乡村振兴检察工作站。

【优化法治营商环境】 批捕、起诉破坏社会主义市场经济秩序犯罪36件130人,涉案金额6.81亿元。对一起最高检督办的涉私募基金案件提起公诉,助力挽回重大经济损失。加大反洗钱工作力度,排查7类上游犯罪,自行发现线索3件,起诉2件。护航民营企业发展,就1家高新技术企业员工商业受贿案件,主动上门听取企业负责人意见,深化检企互动。依法推进涉案企业合规改革,建立企业合规专家库,牵头9家单位会签制度规定,对实质性整改并经监管考察的12家涉案民营企业作出不起诉决定,维护企业正常经营。探索全流程办案模式,就一起虚开增值税专用发票案件,自公安侦查阶段即启动合规整改,于检察审查阶段完成监管考察,对涉案企业依法不起诉,对企业管理人员提出从轻量刑,确保1.2亿元在建工程不受影响。开展合规不起诉案件"回头看"工作,建议相关行政机关对2家企业减轻行政处罚。

3月14日,区检察院召开散装白酒行政公益诉讼案公开听证会,邀请人大代表、特约检察员、人民监督员以及区市场监管局、区商务局等相关人员参加 韦俊涛摄

【助力美丽浦口建设】 打击生态环境违法行为,起诉破坏环境资源犯罪7件7人,立案生态环境和资源保护领域公益诉讼案件39件,追缴生态环境损害赔偿金48万余元。推进长江大保护,开展长江船舶污染专项监督,防治外来入侵物种工作被市检察院主要领导批示肯定。依托地区生态环境资源优势,创新打造"山水'益'新"检察品牌,构建以南京老山生态公益保护基地、滁河流域司法协作、浦口—伊宁候鸟迁徙专项行动为三大载体的生态环境检察工作体系。探索不起诉案件非刑罚化措施,与4家单位会签涉环资类轻微刑事案件适用公益志愿服务考察机制,推动生态"破坏者"成为生态"守护者"。 (贺婷)

法　　院

【概况】 2023年,区法院新收各类案件11795件,审执结11383件,同比分别上升17.49%、13.3%。法定审限内结案率96.39%,平均结案时间68.29天。提档升级"心有浦、诉无忧"诉讼服务品牌。4个集体、16名个人获省、市级表彰,涌现出全省优秀人民法庭、全省法院办公室工作先进集体、全省法院立案信访工作先进个人等先进典型。以区法院真实案例改编的反映乡村振兴题材的微电影《林里》获全国法院第十届"金法槌奖"三等奖。

【刑事审判】 刑事立案492件，审结470件。强化以审判为中心的刑事诉讼制度改革，适用认罪认罚从宽审结案件429件，适用率91.28%。保障群众“钱袋子的安全”，参与打击治理电信网络新型违法犯罪专项行动，斩断电信网络新型犯罪上下游链条，审结电信网络诈骗、信息犯罪、掩饰、隐瞒犯罪所得等电信网络类犯罪案件119件223人。维护群众“舌尖上的安全”，审结生产、销售有毒、有害食品案件10件，召开食品安全专项新闻发布会。妥善审理陈某“1·20”诈骗案等社会影响重大的案件，严惩涉枪涉爆、涉黄涉赌等犯罪，审结黄赌毒案件19件50人。

【民事审判】 审结民事案件6897件。落实司法责任制，规范合议庭运行机制，院长、庭长带头办结案件4803件。法定正常审限内结案率同比上升3.43个百分点，一审服判息诉率同比上升1.34个百分点。推动“简案快审、繁案精审”，简案平均结案时间从50天压降至39.5天。提升裁判文书释法析理水平，2篇裁判文书获评全市优秀。优化劳动争议类案件“分调裁审”机制，参与推进区劳动人事争议联合调处中心建设，办理涉保障农民工工资支付案件581件，案件总标的约3000万元，《劳动者履职中未尽忠实勤勉义务，造成用人单位重大经济损失的，用人单位有权与其解除劳动关系》案例获评南京市法院劳动争议十大典型案例。推进家事审判方式改革，审结婚姻、继承等家事案件364件。重视未成年人权益保护，1篇以未成年人自护教育为主题的司法建议获评全省优秀。引入专业人员作为办理建设工程案件的专家顾问，协助法官进行现场查勘、案件调解，建设工程案件调撤率48.78%。

【商事审判】 制定《“一庭了”庭审机制的实施意见》，审结涉企纠纷案件4218件，适用率96%，案件办理周期同比缩短36.67%，“一庭了”庭审机制被列入2023年度浦口区营商环境创新政策23条。巩固“优化营商环境执行年”工作成果，帮助符合条件的207家失信企业修复信用。对民营企业依法慎重采取强制措施，避免影响被诉企业正常经营，延后收监执行案例入选南京法院司法护航民营企业高质量发展典型案例。加大对“僵尸企业”市场出清力度，审结破产清算案件156件。优化“三步重生法”，利用“破产金融”等工作机制，推动某重整企业向金融机构申请5000万元金融贷款，近10亿元的重整项目在建工程封顶。推进“执破融合”改革，通过“以破促执”，推动某酒店公司破产清算涉及的14起关联案件执行完毕，清偿率100%。助推某建筑公司重整成功，化解执行债务4000余万元。推行债权人会议“一会了”机制，简化破产审理程序，加快破产企业司法处置进程。

【诉讼服务】 创新打造“优+”诉讼服务模式，培育“心有浦、诉无忧”诉讼服务品牌，打造“江无讼 浦安澜”多元解纷品牌。联合区检察院、区司法局、区人力资源社会保障局出台《关于加强支持起诉协调衔接的工作意见》，探索“支持起诉+诉前调解”办案模式，帮助47名务工人员以诉前调解方式解决烦“薪”事。永宁法庭与汤泉司法所签订《庭所共建协议》，打造“枫桥式”基层治理互助样板，人民法庭指导、参与诉前调解540人次，诉前调解成功272件。与区工商联会签《关于推进民营经济领域纠纷多元化解机制建设的实施办法》，成立区商会调解中心，促进商会调解和诉源治理工作紧密结合。开展“无讼村居（社区）”创建，设立“浦法银龄”退休法官工作室，优化整合调解资源，诉前调解成功2498件。

【案件执行】 参与完善全区解决涉征收领域执行难协作联动工作机制，加大强制执行力度，推进执行指挥中心“854”模式迭代升级，执结案件3665件，执行到位金额5.32亿元。推广适用大数据网络询价，提高司法拍卖透明度和财产变现效率，成交367件2.36亿元。常态化组织涉民生专项执行行动，执结追索劳动报酬、赡养抚养纠纷等案件142件。

【普法工作】 放大“润心工作室”品牌效应，融合“司法+心理”模式，少年家事案件调解成功率66.3%，线上发布家庭教育指导课程4节，被“学习强国”学习平台转发。少年家事庭“童心守护 花开向阳”志愿服务活动入选浦口区2023年平安护民十项举措。深化“一法庭一品牌”创建，桥林法庭完成“法润长桥”基层社会治理实践基地改造，“浦法心桥”品牌工作获评服务企业（群众）微实事项目和2023年浦口区法治为民十件实事，“模拟法庭+法治宣讲”活动被中国日报网报道。永宁法庭获评全省优秀人民法庭,“五和促振兴”工作经验在全省作经验交流。

【浦口首个微法庭成立】 7月28日,浦口法院百合社区微法庭揭牌成立。桥林法庭将发挥社区微法庭在化解矛盾纠纷、便利当事人诉讼等方面的作用,创新法治宣传载体,凝聚诉源治理合力,将矛盾纠纷化解在源头,将司法服务送到社区群众家门口。揭牌仪式后,桥林法庭干警走进社区,举行“身边人讲述身边事——学民法,促和谐”法治微课堂活动,针对离婚、继承、相邻关系等纠纷进行答疑。

【浦口首个“无讼园区”示范点揭牌】 9月27日,区委政法委、区法院、区司法局、浦口开发区在浦法惠企综合服务中心举行“无讼园区”建设示范点挂牌仪式暨工作推进会。“无讼园区”建设是区法院主动融入党委领导下的诉源治理体系、营造法治化营商环境的创新举措,旨在通过健全矛盾纠纷预防机制、调处机制和诉调对接机制,推动开发园区矛盾纠纷就地化解,降低万人成讼率,实现“少讼”乃至“无讼”的基层治理良性格局。(姜颖)

9月18日,永宁法庭将巡回法庭搬到老百姓家门口,对一起赡养纠纷案件进行巡回审理　　姜颖摄

司法行政

【概况】 2023年,受理矛盾纠纷5063件,调解成功5058件,调解成功率99.9%。区公共法律服务中心接听“12348”热线电话5620次,接待窗口咨询1865人次,受理法律援助案件379件,办理公证案件4552件,其中93件为远程视频公证。区司法局获评全省“法律明白人”培育工作成绩突出集体、全省司法行政系统新闻宣传工作成绩突出集体,入选全省公职律师规范化建设成绩突出单位,区公共法律服务中心获评第七批南京市学雷锋活动示范点。

【法治宣传】 以组织推动“八五”普法中期评估验收工作为重点,分解省、市评估验收任务,召开中期评估验收动员部署会,接受省、市督导检查,完成“八五”普法中期评估验收各项任务。加强民主法治示范村(社区)动态管理,复核撤销省级民主法治示范村(社区)4个。启动法治薄弱村(社区)排查整治,推进法治乡村建设,助力基层社会治理水平提升。落实“谁执法谁普法”普法责任制,开展“‘法’进高校‘典’亮人生”民法典嘉年华、“12·4”国家宪法日咨询服务活动,举办第三届国家机关现场履职报告评议会。40家单位200余人参与“法护一江碧水,共建美好家园”徒步行活动,72家部门参加“法润浦口 法护长江”书画征集活动,第六届百万党员学宪法学党章考法律活动参与者突破6000人次,“法律明白人”、法治副校长队伍分别增至1188人、49人。围绕长江保护主题,联合浦口交通集团设计法治大道1千米,指导桥林街道周营村升级东龙山普法公园。结合平安韧性小区建设,谋划法治长廊、邻里中心建设,将法治文化阵地建到群众家门口。

【法律援助】 在浦口开发区、南京国家农创中心设立知识产权维权援助工作站,为企业提供侵权咨询、维权援助、纠纷调解等服务。通过“江苏微解纷”平台,与区法院合作,全过程参与知识产权纠纷调解工作。加强自贸试验区涉外法律服务,探索建立浦口、江北新区司法行政系统自贸区部分省级管理事项行权合作工作机制。提供知识产权侵权咨询90余次，调解知识产权司法案件70余件。依托"浦法惠企"主阵地，在园区设立"惠企浦畅"人民调解工作室，在大中型或劳动密集型企业成立企业调委会5个，开展隐患排查、纠纷调处、协议履行全过程调处服务，推动"苏解纷"小程序平台进园区、进企业，畅通矛盾纠纷申请调解工作线上渠道，实现企业内部纠纷就地化解、诉前化解。受理调解涉及企业合同争端、安全生产、劳资关系等矛盾纠纷17件。

【人民调解】 升级"医患浦畅"调解阵地，集法律咨询、纠纷调解、情绪疏导等服务于一体，提炼"望闻问切"医患纠纷调解法等调解文化，化解医患纠纷30件。打造刘开明调解工作室，发挥人民调解员、基层法律服务工作者专业优势，依法解决纠纷。与区市场监管局、区法院对接，在江浦街道白马广场打造"商贸浦畅"工作室，以人民调解员为主力，打造行政主导、法治保障、多元并举的调解体系，化解消费、合同等矛盾纠纷，维护法治商贸环境。在浦口开发区打造"惠企浦畅"工作室，整合人民调解、法律咨询、法治宣传等力量，调解安全生产、劳资关系等矛盾纠纷，努力实现涉企纠纷就地化解、诉前化解。加大"和解浦畅"品牌宣传力度，与区委政法委、区融媒体中心合作，摄制专题微电影。编印《"和解浦畅"工作典型案例汇编》，围绕19个案例，分析研究医患、交通事故、物业等六大类纠纷的调解方法。推进矛盾纠纷"一站式"化解工作，由区委政法委牵头，与区信访局、区检察院、区法院、浦口公安分局等单位对接，研究推进"一站式"矛盾纠纷化解工作举措。与区委政法委对接，参与制定《浦口区矛盾纠纷多元化解"一站式"平台建设实施方案》，以"政法统筹、调解优先、诉讼断后、信访兜底"为原则，打造区、街道、村(社区)矛盾纠纷调处化解中心(工作站)。从公安辅警中遴选28名具有法律知识和调解水平的人员，组成街面调解员队伍，开展业务指导和培训，颁发人民调解员证书。

【社区矫正】 坚持底线思维，夯实社区矫正队伍建设基础，提升社区矫正规范化水平。在册解戒后续照管对象15人。打造区级智慧矫正中心，提升规范化、标准化程度。推广"阳光浦照 蝶变人生"心理矫治品牌，外聘专业心理服务社会组织，开展心理矫治服务，将心理干预、心理辅导、行为矫正等工作全程融入特色主题活动、重点个性化教育等环节，推动社区矫正与个人成长深度融合，开展心理评估300余人次，建立动态心理档案300余份，组织系列主题教育、公益活动42次。

【公证服务】 浦口公证处探索"公证+律师"法律服务模式，发挥公证、律师在调查取证过程中优势互补的作用，对嘉品美寓项目3栋住宅楼216个房间及2.1万平方米地下车库施工现状进行取证、保全。创新"公证+调解"工作机制，助力社会调解，提升基层治理效能，调解矛盾纠纷7次。推进"公证+知识产权"新常态，为知识产权保护提供法律服务。与区法院、区检察院联合打造"一站式"纠纷解决机制，解决知识产权纠纷20次，办理知识产权公证10次。构建"公证+法院"诉讼与非诉讼衔接机制，将公证处和整个诉讼程序串联，让公证职能与区法院工作有机衔接。开通远程视频办证系统，通过"互联网+公证"方式，办理委托公

2023年，浦口公证处到南京工业大学驻点办证，为师生提供公证法律服务咨询，现场办理公证业务　　区司法局供图

证62件。办理各类公证5455件,其中民事类公证服务涉及内容广泛,保全证据类67件,遗嘱类98件,继承类1084件,委托类588件,合同(协议)类120件,声明、承诺类2401件。

【律师服务】 浦口区有律师事务所29家,律师470人。办理法律事务633件,其中法律援助案件455件、法律帮助案件178件。区公共法律服务中心和各分中心服务站点解答来访来电咨询6093人次,其中来访咨询2011人次、来电咨询4082人次。开展涉企法律服务,上门走访产业链企业10余家,为60余家企业提供法律服务,为48家企业开展法律讲座27场,审核合同240余份,解答法律咨询470余个。落实《南京市律师行业监督管理问题专项排查整治工作实施方案》,对区属律师事务所开展专项排查整治。 (杨灿)

仲　　裁

【概况】 2023年,受理劳动人事争议案件818件,其中劳动报酬类288件,社会保险类191件,经济补偿、赔偿金案175件,劳动关系类156件,其他类8件。结案818件,其中裁决444件、调解203件、撤诉145件、其他方式26件,涉案金额1953.4万元。通过劳动者主动提出、"12333"平台转入等渠道开展案前调解168件,调解成功140件。区、街道两级调解案件1285件,调解成功975件,调解成功率75.9%,涉案金额1200余万元。

【裁审衔接】 7月14日,区法院、区人力资源社会保障局举办业务研讨会,探究劳动争议裁审衔接工作规律,统一劳动争议案件裁审标准。7月28日,区法院、区人力资源社会保障局联合开展企业普法宣传座谈会,通过发挥仲裁与司法职能优势,以"稳就业、促发展"提升浦口法治化营商环境为宗旨,为参会企业在劳动用工管理中存在的工作时间、劳动报酬、带薪年休假等共性问题答疑解惑,并结合典型案例,就企业规范民主管理、完善规章制度等方面进行指导。

【基层调解组织建设】 按照《关于开展全市第三批"金牌劳动人事争议调解组织"选树工作的通知》要求,选树区矛盾纠纷调处服务中心劳资纠纷调解工作室为重点培育对象,该工作室获2023年市级金牌调解组织称号。

【农民工速裁庭建设】 根据人力资源社会保障部、省、市关于农民工工资争议速裁庭建设要求,9月,浦口区建立农民工工资争议速裁庭。通过推进快立、快调、快审、快裁的工作模式解决农民工工资争议。受理涉及农民工工资争议案件185件,结案185件,涉案金额415万元;受理法律援助案件27件。

【仲裁普法宣传】 以青年仲裁员志愿服务为主题,点对点联系劳动纠纷较多的企业,举办座谈会2场,20余家企业参加,探讨加班工资、调岗降薪、休息休假以及新业态劳动者的劳动关系界定和权益保护等问题。通过走访、招聘会、个案说法等方式发放法律汇编200余本、劳动仲裁宣传页150余份、典型案例50余本。

(李瑞华)

·文稿编辑　王孜孜·

军　　事

区人武部

【思想政治建设】 2023年，区人武部贯彻落实军委国防动员部党委《关于认真学习宣传贯彻党的二十大精神的措施》和省军区党委《关于认真学习宣传贯彻党的二十大精神20条措施》，常态落实党委理论学习中心组理论学习、周四“理论夜校”学习制度，开展学习党的二十大精神、习近平新时代中国特色社会主义思想主题教育、“学习强军思想、建功强军事业”教育实践活动、“读习主席著作、学强军思想，争做王继才式国动先锋”主题实践活动，参加警备区“强军杯”群众性体育竞赛、演讲比赛、书画摄影展、军事文化创作、军营微视频创拍、优秀教案创写评选活动和“四类骨干”（新闻报道骨干、国防教育骨干、多媒体制作骨干、心理辅导骨干）集训。结合营区整体规划，挖掘浦口革命老区红色文化资源，建成廉洁文化红色长廊、精神谱系阶梯，提档升级文化学习室软硬件设施。围绕“激发发展动力，争创一流业绩”目标，参观雨花台区、江宁区人武部规范化建设，开展“互助互学、互促互进、进位争先”结对共建活动。加强认知攻防信息产品制作，3个信息攻防产品获全军一等奖、战区特级。焦天帅被省军区表彰为全省征兵工作先进个人，3名人武部干部、文职人员被警备区评为人武部建设优秀个人。

【安全管理】 健全安全制度，利用党委会、支部会、安全形势分析会、交班会等时机，分析研判安全工作形势，讲评安全工作，建成保密档案室，常态开展重点部位安全隐患排查和微信泄密问题防范纠治，每季度组织保密条例和信息安全法规学习，利用显示屏滚动播放保密规定，做到人人知密、人人守密、人人保密。加大技术措施防范力度，在营院、办公场所安装屏蔽仪、监控和红外报警器，政务网、军网、网络机房分柜隔离，专用电脑全部配备军队专用软件，安装涉密文件管理系统和水印标签系统，定期升级防火墙和杀毒程序。严格文电等涉密载体使用管理，规范收发文、涉密载体登记。抓好车辆安全管理，参加省军区、警备区车辆安全教育整顿，签订安全驾驶承诺书，定期通报私家车违章情况，教育全体人员自觉遵守交通法规，开展“严禁违规喝酒、严防酒驾醉驾”专项教育整治。修订应急预案，建立军警群防联动机制，常态开展训练演练，配齐防暴、防火等设备器材，落实外来人员登记制度，消除营院安全隐患。

【后勤综合保障】 坚持经费保障重点向备战打仗聚焦，按照“一保生活，二保战备，三保建设”原则，严格落实省军区财务管理实施细则要求，制定年度经费预算结算和采购报销办法，加强装备、营房管理，定期对区民兵武器装备、民兵应急连器材和街道武装部装备器材、储藏情况进行检查保养。组织区域内国防坑道普查，完善档案资料，安装智慧界桩。做好民兵整组、防汛抗洪、军事训练、征兵、国防动员演练、新兵被装发放等综合保障工作。维修民兵训练基地食堂，组织民兵后勤保障分队轮训备勤、军事训练比武，参加省军区民兵整组点验考核、财务人员集训。

【双拥共建】 建立健全双拥工作联系机制，推进军地合署办公制度落实，探索创建“一部三站”（街道武装部、征兵服务站、国防教育服务站、退役军人服务站）

联合办公机制,设立法律援助服务站。联合区双拥办、驻区部队开展学雷锋活动。结对帮扶徐州市丰县赵庄镇赵庙村小学,投入3万元,购买文体器材和图书。开展“大走访”工作,走访慰问贫困户,联合区退役军人事务局、浦口籍官兵所在部队、所属街道,为12名立功受奖军人家庭送喜报,协调区教育局解决军人子女入学难题。配合区双拥办开展争创全国双拥模范城“十连冠”活动。

（杨贡斌）

国防动员

【概况】 2023年,组织国防动员潜力调查,深挖新型潜力资源,修订潜力调配方案,召开军地协调会4次、数据会审3次,集中办公4次,走访高新技术企业38家,完成潜力数据采集和汇总审核。开展预备役登记,更新2批退伍军人数据系统。调整组建区国防动员办公室,建立联席协商、对接需求、潜力调查等日常工作机制,制定具体工作措施,推进浦口区国防动员转型升级。常态开展全民国防教育,组织学生军训,增强全民国防观念。

【国防教育】 召开区委常委议军会,组织区、街道领导开展“军事日”活动,邀请军队院校教授为90名新任职区管干部和2023年度新录用公务员授课。围绕“团结奋斗新征程,保守秘密靠大家”主题,开展全民国家安全教育日宣传咨询活动,向市民发放《中华人民共和国国家安全法》《中华人民共和国网络安全法》等宣传资料,讲解国家安全相关知识。邀请陆军工程大学教授,对桥林街道300名干部和学生、群众代表开展国家文化安全形势教育。围绕“踔厉奋发强国防、勇毅前行向复兴”主题,举办全民国防教育月活动,对民兵和学生开展国防教育12次。开展学生军训商业化、市场化问题专项整顿治理。从挂钩高校退役大学生士兵、优秀退役军人中选拔军训教练员,组织资格认证考核,遴选50名优秀教练员,对江苏省江浦高级中学等5所学校3000名学生开展军训,上国防教育课5次,南京市浦口区第三中学被命名为全国国防教育示范学校。以五四青年节、八一建军节、国庆节、烈士纪念日为契机,组织民兵开展“讲英雄故事、学革命先烈、做红色传人”等主题实践活动。

【日常战备】 修订各类战备方案,落实战备制度,正规战备秩序,规范战备状态,印发《作战值班应知应会手册》,围绕战备抓训练演练,常态组织作战值班业务、战备法规和系统操作使用学习,参加省军区、警备区战备值班教育培训和资格认证考核。落实岗位必训、上岗必考制度,组织值班员学习战备法规、战备值班信息系统操作等内容,掌握战备制度规定,定期参加省军区、警备区战备法规常识抽考,建立值班员问题登记通报制度,围绕值班必备知识技能组织串讲和训练。利用元旦、春节等时机,组织民兵战备值班分队应急拉动演练,提高处置突发情况能力。

【征兵工作】 紧盯“五率”要求,挖掘辖区大学毕业生和高中毕业生兵员潜力。高考期间,区征兵办在江苏省江浦高级中学及文昌校区高考点开展征兵宣传现场咨询活动,鼓励高中毕业学生报名参军。组织体检、政审、廉洁征兵业务培训,严把体检和政治考核关。组织役前教育训练,邀请省军区南京第三十干休所邓德令讲述革命传统和战斗精神故事,组织开展唱军歌、看红色电影活动,

3月16日,浦口区新兵在“参军报国 无上光荣”横幅上郑重签名

张永祥摄

勉励预定新兵建功军营。坚持廉洁征兵,区、街道聘请廉洁征兵监督员,全程参与征兵工作,在“浦口发布”微信公众号公示举报电话,接受全社会监督。

（杨贡斌）

民兵预备役

【概况】 2023年,贯彻落实军委国防动员部、省军区、警备区军事训练任务部署,开展基地集中训练、挂钩部队联训,围绕年度训练任务按纲施训。强化首长机关动员业务训练,组织部分民兵投入非战争军事行动。开展对口专业分队共同科目训练、应急分队轮训备勤,组织民兵“四会”(会讲、会做、会教、会做思想工作)教练员比武,提升实战能力。开展民兵整组,加强民兵思想政治教育,民兵整组工作被省军区通报表扬。发挥民兵主力军作用,投身乡村振兴行动。

【民兵整组】 调整区民兵工作领导小组,召开全区民兵整组工作推进会,军地联合下发民兵整组工作计划,部署民兵调整改革任务。根据《江苏省民兵组织整顿工作实施细则》要求,研究探索新质民兵分队建设,成立区民兵组织整顿工作领导小组,深挖新型潜力资源,修订民兵新质力量建设方案,对潜力和编组数据中存在的问题进行整改,完成民兵整组任务。5月29日,浦口区民兵整组工作获省军区通报表扬。

【民兵思想政治教育】 利用“互联网+”教育平台,采取线上线下联动方式,常态抓好民兵思想政治教育。开设网络社会大课堂,定期发送政治教育资料。聘请参战老兵、党校教员、军事院校专家、优秀退役大学生、专武干部和民兵干部为政治教员,开展集中授课辅导。举办“学习强军思想、建功强军事业”“铁心向党、铁肩担当、铁拳出击”等教育实践活动。区人武部主要领导开展“贯彻二十大、奋进新征程”主题宣讲和“把握形势任务、增强斗争精神”形势政策教育,培育民兵战斗精神。组织民兵学习贯彻习近平新时代中国特色社会主义思想,开展小提问、小竞赛、小讨论、小发言、小测试、小评比活动。

【民兵军事训练】 严格按纲施训,科学制订军事训练计划,常态落实基地集中训练、轮训备勤。组织参加警备区军事训练开训动员大会,开展摩托化行军、徒步拉练和轻武器实弹射击考核。抓好首长机关动员业务训练,组织参加上级联训、岗位自训、体能技能集训、轻武器实弹射击考核等。3月27—31日,组织民兵铁路护路连、无人机侦察排、雷达装备维修排集训,提高遂行应急应战能力。5月8—19日,组织民兵无人机侦察排、遥感监测排、无人机支援保障排开展集中轮训、备勤集训。6月5—16日,组织民兵应急连、通用工程抢修抢建连、有线通信保障连等集中轮训,针对物资装卸、通信保障等科目进行专项训练考核,完成挂钩训练任务。选派5名民兵参加南京市民兵“四会”教练员集训考核,2人获评优秀教练员。1名教练员代表南京市接受省军区抽考,获警备区战备建设处表扬。全年组织专武干部、民兵新质分队等开展集训考核4批次。制订《浦口区专武干部履职考评实施方案》,成立专武干部履职量化考核工作领导小组,每季度对专武干部履职情况进行考评。选拔7名专武干部参加全市专武干部集训,江浦街道武装干事宗月雷被警备区表彰为优秀学员。

【非战争军事行动】 加强军地信息共享和指挥网络建设,建立军地一体的预警、处置、善后处理运行机制,作战值班室引接地方应急管理部门值班信息网络,共享预警信息,互通应急救灾情报。修订非战争军事行动应急预案,形成军地联动、重点突出、任务明确、相互衔接的预案体系。组织民兵应急分队开展抢险救援、应急维稳训练和拉动演练,提高民兵突发事件处置能力。加强街道、村(社区)民兵队伍维稳能力建设,组织民兵在村(社区)执勤巡逻。重大节日、活动期间,组织民兵配合街道派出所民警维护社会秩序。

（杨贡斌）

人民防空

【人防工程建设】 2023年,落实《江苏省人民防空工程建设平战转换技术管理补充规定》《江苏省人民防空工程防护设备质量检测管理办法》《江苏省人民防空工程标识技术规定》要求,开展人防防护设备安装质量专项检测。采取“双随机、一公开”、联合检查等形式,开展监理、设计质量检查,确保平战转换、标识标注规定执行到位。与区行政审批局、区城乡建设局对接,从建立绿色通道、深入现场服务、精简审批流程、压缩审批时间等方面抓好行政许可、质量监督、竣工备案等人防事项的办理,支持省、市重大项目加快落地实施。

【地下空间开发利用】 抓好自建工程建设、开发利用及收益入库。结合市人防办《人民防空工程开发利用备案及年度报告细则》出台,联合区行政审批局推进平时使用证发放工作。做好地下空间和人防工程数据动态更新工作,督促勘测单位及时启动勘测作业并向市人防办上报相关数据。

【人防工程维护和监管】 落实《市国防动员办公室2023年安全生产工作要点》等通知要求,执行人防工程安全维护管理"四级管理制度"。在节假日、汛期等重要节点,对全区在建人防工程、人防设备企业进行监督检查,督促相关单位落实安全措施。针对检查中发现的安全隐患及违规行为,出具整改通知单,明确整改到位时间并跟踪复核,确保消除隐患及违规行为。7月12日,举办全区网格员培训。7月28日,举办人防工程消防安全及维护管理培训。

【基层人防工作】 开展基层人防工作调研,加强对基层人防工作的指导。召开全区基层人防工作例会,印发《2023年浦口区社区人防工作实施意见》,指导街道、村(社区)加强人防工作站规范化管理、人防工程依法监管、人防专业队按标准整组和警报器按规章维护管理工作,提高村(社区)战时防空、平时防灾救灾能力。结合"12·13"国家公祭日,在桥林街道、汤泉街道开展广场宣传、技能培训、知识讲座和疏散演练等活动,普及防灾减灾和自救互救知识技能,帮助居民掌握应急疏散的程序和方法,提高居民应急避险能力。完成6000只应急救援包采购发放工作,抓好人防工程纳凉点免费向市民开放工作。

【人防宣传教育】 做好"5·12"防灾减灾宣传工作,5月11日,区国防动员办公室联合桥林街道在百合社区新时代文明实践站举办"防范灾害风险,护航高质量发展"防灾减灾广场宣传活动,社区人防志愿者及居民200余人参加。做好全区中小学校人防知识教材征订工作,26所小学、17所中学免费征订人防知识教材6818本。加强橱窗、宣传栏等阵地建设。利用防灾减灾日、国防教育日、防空警报试鸣等纪念日和重要时机,指导村(社区)开展宣传。依托人防宣传一条街和新闻媒体开展宣传,提高人防知识知晓率和防灾减灾能力。

【人防工程全生命周期管理】 落实"四个一"(使用管理单位每周一次、社区每月一次、街道人防部门每季度一次、区人防办每年一次)安全维护管理制度,完成人防工程安全维护管理检查。依照《人民防空工程维护管理技术规程》,落实人防工程日常维护管理工作。依照《江苏省人民防空工程标识技术规定》,加强人防工程标识标注检查。

(胡婷婷)

·文稿编辑 王孜孜·

经济管理

经济运行调节

【概况】 2023年，浦口区实现地区生产总值529.95亿元，可比价增长5%；一般公共预算收入65.3亿元，同比增长8.3%；全社会固定资产投资511.39亿元，同比下降12.3%；社会消费品零售总额150.35亿元，同比增长1.2%；全体居民人均可支配收入61157元，同比增长4.8%。

【主导产业发展】 制定《浦口区促进集成电路高质量发展若干措施》。深化与南京大学、东南大学等7所高校“2+7+1”厅、校、地集成电路产业战略合作，推进“浦芯精英”奖学金、“浦芯精英”非全日制研究生定制工作。组织浦口集成电路投资峰会、产业链供应链专场对接会、校企对接会、先进技术发布会和产业专场路演，促进区内企业链内循环，提升产业链运行质量和韧性。集成电路产业规模以上企业营业收入229.64亿元，同比增长35.66%。统筹推进产业链高质量发展，制订《浦口区加快高端交通装备产业链高质量发展三年行动方案（2023—2025）》。高端交通装备产业链规模以上企业59家，实现产值231.52亿元，同比增长18.1%。其中，汽车（新能源汽车）实现产值65.76亿元，同比增长5.87%；轨道交通实现产值164.72亿元，同比增长23.29%；航空航天实现产值1.04亿元，同比增长209.11%。12个产业项目当年计划投资10.25亿元，累计完成投资7.5亿元。南京依维柯中型多功能宽体轻客技术改造项目建成投产，拓展上汽大通整车代工业务，推出“聚星”新能源车型。5家企业入选市级培育“独角兽”企业，6家企业入选市级“瞪羚”企业。新增市级工程研究中心3家，联合组建省级工程研究中心2家，建成清研华科南京新能源汽车产业创新中心、新能源动力系统研发中试平台，新增志卓轨道交通车辆工程公共服务平台。解决产业链重点企业诉求17个。

【重大项目建设】 2023年，省、市重大项目18个，其中续建11个、新开工7个，总投资518.5亿元，当年完成投资174.06亿元。年度竣工项目5个。南京依维柯中型多功能宽体轻客技术改造项目从立项到产品投产仅用16个月，创造上汽商用车产品开发最快纪录。芯爱高端机板项目59天完成N1厂房封顶，再次刷新浦口区省、市重大项目建设速度。组织产业项目开工、竣工活动2场，完成5月份全市重大项目现场观摩活动，组织“双亮行动”专题活动2场。省、市重大项目推进工作获南京市“五拼五比晒五榜——拼项目比进度”2月、4月、6月、7月4次红旗激励榜。

【高质量发展政策落实】 落实国家、省、市各项助企优惠政策，推进高质量发展。印发《浦口区推动服务业高质量发展扶持政策》。推进普惠金融助企纾困，发挥1亿元规模“浦惠贷”（“浦惠保”）风险补偿资金作用，引导金融机构加大对区内符合产业发展方向的重点企业信贷支持力度，备案“浦惠贷”（“浦惠保”）业务存量授信总额10.13亿元，惠及企业425家。争取上级资金扶持，南京三叶草生态园艺有限公司入选市级菜篮子项目，获得补助资金24万元。集萃航空发动机闭式叶盘与叶片生产线项目入选省级军民融合重大示范项目，获得资金210万元。

【营商环境优化】 出台《浦口区优化营商环境23条(2023版)》,发布浦口区优化营商环境创新应用场景22个。科技人才训练营工作获评人民网全国优化营商环境百大优秀案例。建立企业监督机制,遴选6位主要行业企业负责人担任营商环境监督员。推进"质量小站"工作,服务企业530家次,解决问题557个,制作数字画像178份,为企业提供融资10亿元。开展重大项目服务保障"一件事"改革,设立工程建设领域报建线下专区,实现企业"只进一门、只跑一次"。深化综合行政执法体制改革,多项检查事项集中到"一张清单",垃圾分类、安全生产、扬尘管控、污染防治、噪声治理等行政执法检查事项归并整合,统筹设置执法检查场景10余个,多个执法部门同一时间、针对同一执法对象开展联合检查,变"单次检查"为"综合体检",最大限度减少执法扰民,检查频次同比下降53.5%。打造"跨省通办"2.0版,在浦口联动共治苏皖乌江站、大桥社区、西葛社区便民服务站设立线下"跨省通办"专窗,实现就近通办服务,线下办件1100余件。实施"一庭了"庭审机制,民商事案件一次庭审,缩短案件审理时间,民商事简案收案3455件,平均审理天数52天,相比同期下降3.63%。构建"一站式"劳动争议调处平台,整合法律咨询和援助、人民调解、行政调解、仲裁、诉讼等资源,建立"一站式接受、一揽子调处、一体化推进"劳动纠纷化解机制,联合调处案件4245件,调解成功率85.8%,涉案金额2400余万元。建立"民企会客厅"为企服务平台,组织高校、金融机构、社会组织以及专家学者与民营企业现场对接服务,开展会客厅主题活动16场,收集困难问题55个,当场解决问题16个。

【绿色低碳发展】 完善"双碳"工作体系建设,建立实施"双碳"工作部门联席会议制度。编制《浦口区碳达峰碳中和实施方案》,统筹新增固定资产项目用能需求,保障主导产业和重大民生项目新增用能。解决区外企业可转移能源消费量来源,保障空气化工产能提升项目顺利实施。26个项目通过节能审查,累计用能17.29万吨标准煤,其中主导产业项目8个、民生项目10个,用能11.89万吨标准煤,占年度使用新增能耗指标总量的68.77%。推进"无废城市"建设,强化塑料污染治理、废旧物资循环利用体系建设、废弃汽车专项治理,加强对7家新型材料、3家预拌砂浆生产企业产品质量监管。清理水域岸边塑料垃圾25立方米、白色垃圾1046立方米,摸排废弃汽车223辆,处置89辆。综合利废4025.11万吨,节约能源0.15万吨标准煤,减少二氧化碳排放0.29万吨。获市政府2022年度对生态文明体制改革、制度创新、模式探索等方面成效显著的区一等奖。

【能源安全监管】 聚焦行业领域安全监管职责,结合治本攻坚大会战和重大事故隐患专项整治工作,开展行业安全督导巡查20余次。清理不同电压等级电力线路各类隐患树木2000余棵。优化迎峰度夏(冬)电力需求侧负荷管理应对方案,479家电力用户列入负荷管理,其中高耗能用户51家、其他工业企业用户301家、非工业企业用户127家。编制《浦口区高耗能行业负荷管理方案执行预案》《浦口区其他工业企业精准调控方案执行预案》《浦口区非工业用户柔性调控方案执行预案》。推进15家非工空调用户柔性改造,挖掘非工空调用户负荷释放潜力。

【数字化、智慧化城市建设】 编排信息化项目20个,其中续建项目3个、新建项目17个,计划投资2569万元。完成"十四五"智慧城市专项规划中期评估。根据《浦口区政务数据归集、共享、开放实施细则》,各部门按照数据目录定期报送数据,并进行每月通报。平台归集52个部门1025项数据资源,共计20.5亿余条政务数据,提供定制化服务接口385个,共享数据量1.36亿余条,开放10类74项公共服务能力,政务云平台部署应用系统140余个,资源使用率超63%。建设区"一网统管"综合指挥平台,完善城市运行态势分析等功能。打造综合行政执法阵地建设标准体系,实现"一站式"办案、智能化管理、全流程监督。建设浦口区既有建筑管理系统,完成10万余条楼栋数据录入,建立既有建筑"一本账"。利用视频AI分析能力,实现"城市内涝及渣土违规乱倒"视频辅助在线巡查和对孤寡老人用水数据进行关联分析、预警推送。利用重大项目在线管理平台,掌握项目推进整体情况,梳理因故停工、滞缓、应开未开项目清单,精准定位,科学划分问题层级。解决江苏宁亚特绿色环保电力设备研发生产基地项目人员进保问题,该项目是全市首家新政破题项目。采取问题事项"销号"制,力推问题及时解决、尽快开工。统筹周监测月调度工作,实行问题项目周报、推进工作月通报制度。对应开未开、推进滞缓项目进行定期现场督查,确保各项目标任务如期完成。累计召开重大项目调度会28场,问题事项解决率94.3%。

(李雪　林凯)

国有资产监督管理

·区国资办·

【区属国有企业存量资产资源盘活利用】　9月,区国资办组建由分管区领导牵头的区属国有企业存量资产资源盘活工作专班,统筹推动区属国有企业存量资产资源盘活利用和提质增效。制订《浦口区国有企业存量资产资源盘活利用实施方案》,按照1个任务目标、5个行业领域、6条实施路径,清单化推进闲置资产盘活、存量资产确权办证工作,完成闲置资产盘活31.9万平方米、存量资产办证15.9万平方米。

【国有出租房产规范管理】　印发《关于进一步加强全区国有出租房产规范管理的通知》,强化国有出租房产规范管理。优化区国资国企在线管理系统资产管理模块,通过系统平台设置租金增长机制、免租期预警、合同到期提醒、租金阈值、应收租金预警等管理功能,促进房屋租金公允定价,提高资产使用效率和资产收益。联合区监委开展房产问题整改"回头看"检查,追踪问题房产整改,巩固整改工作成果,累计收回欠缴租金1506万元,完成浦口国资集团城南新村房产租赁合同问题整改,年租金由143万元增至750万元。

【党政机关事业单位所办企业清理脱钩】　2023年,浦口区党政机关事业单位所办企业清理脱钩工作基本完成。2021—2023年,浦口区累计完成清理脱钩企业267家,其中清算关闭220家、划转国资40家、股权转让1家、维持体制不变6家。解决146名混岗人员安置,其中85人转为党政机关事业单位编外人员专项管理。

【文旅资源整合完成】　指导珍珠泉度假区建立度假区—浦口文旅集团—珍珠泉经发公司"双委托"运作机制,印发"三重一大"事项决策和监督规定,明确珍珠泉度假区管办、浦口文旅集团权责边界。浦口文旅集团由珍珠泉度假区管办监管,负责运营全区文旅资源。整合后,西埂莲乡、水墨大埝、楚韵花香、草圣书乡、巅里人家划转浦口文旅集团统一经营。

【区属国有企业内部资源优化整合】　印发《关于开展区属国有企业内部资源优化整合工作的方案》,加大"两非""两资"清理力度。牵头深化开展区属国有企业内部资源整合优化专项行动,统筹推进低效劣势企业清退、亏损企业治理、同质化业务整合,"一企一策"逐户制订工作方案。清退低效劣势企业11家,治理亏损企业33家,整合同质化企业14家。

【区属国有企业投资项目后评价工作】　4月6日,区国资办印发《关于做好2023年度投资项目后评价工作有关事项的通知》,指导区属国有企业开展后评价工作。开展后评价项目38个,其中固定资产投资项目5个、长期股权投资项目33个,区国资办选取区属集团4个具有代表性的项目,聘请第三方机构开展后评价工作,形成后评价报告,强化投资评价成果运用,提高投资项目决策水平和投资效益,助力区属国有企业高质量发展。

【区属国有企业参股股权管理】　印发《关于加强区属国有企业参股股权管理的通知》,针对部分区属国有企业参股股权管理存在投资决策不够严谨、投后管理不够到位、退出机制不够健全、奖惩机制不够配套等问题,通过建立健全管理体系、规范参股投资行为、加强参股股权管理、合力调整参股股权、强化监督管理责任等方式,规范区属国有企业参股股权管理,维护国有资产安全,提高国有资本运作和配置效率。10月,区国资办牵头开展浦口区参股、混改企业专项检查,排查国有企业出资参与的参股、混改企业投资决策、公司治理、国有股东履职、协议履约、企业经营等方面情况。

【区属国有企业投资监管】　区国资办落实《浦口区国有企业投资监督管理办法》《关于区国资办委托第三方论证区属国有企业重大投资项目的通知》要求,强化区属国有企业投资监管工作。完成投资备案项目17个,其中固定资产投资项目7个、长期股权投资项目10个,涉及投资金额59.04亿元,对1个重大投资项目开展"双重论证"。

【国有企业资金监管】 完善资金监管机制,制定《关于进一步加强区属国有企业资金管理工作的意见》,对资金预算、债务融资、集中管控、担保借款、内部控制等涉及资金管理的环节进行规范管理。开展资金账户清查,对闲置无效、无贷款、无授信合作的银行账户应销尽销,对托收托付等银行账户应并尽并。对排查梳理的闲置资金账户逐笔排定销户计划,实行清单化管理,对账销号,定期通报,完成情况纳入年度综合考核。强化资金动态监测,依托国资国企在线监管系统,对区属国有企业银行账户开立、变更和注销、资金流向以及资金余额等进行动态监测,加强风险防范能力。

【区属国有企业债券发行管理】 出台《浦口区区属国有企业债券发行监督管理办法》,规范区属国有企业债券发行行为,防范企业债务风险。明确区属国有企业及其各级国有全资、控股子企业为债券发行责任主体,强调"聚焦主业、突出实业,优化结构、降低成本,审慎发行、防范风险"三大基本原则。明确债券发行主体合并报表的债券余额、一年内到期债券余额、权益类融资产品余额分别占带息负债总额、存续债券余额、净资产比例不得超过 50%、50%、40%。要求发行债券应按照公开、公平、竞争原则,选择公开招标、邀请招标、竞争性磋商等方式,择优选聘债券发行过程中涉及的中介服务机构。每月对标苏锡常、南京地区同期债券发行情况,确保区属国有企业债券发行成本不超过苏南地区同评级同期限平均水平。

【经营性债务管控】 区国资办围绕"控总量、减数量、降成本、优结构、建机制"工作任务,开展经营性债务管控工作,防范化解债务风险。执行融资审核报告程序,连续两年完成省、市下达的经营性债务管控目标,增幅连续四年下降。按照省定"三年减半、五年留三家"目标任务,累计退出 38 户平台,整体压降进度 38.78%,超过市对区要求第二年压降至 30% 的目标。按照 LPR 上限,严控新增融资成本,新增融资成本较上年下降 27BP,存量融资成本较上年下降 30BP。优化债务结构,年末全口径债务中,银行贷款占比 69.14%,较年初上升 9.33 个百分点,非标债务占比 2.94%,较年初下降 6 个百分点,5 年期以上债务占比 44.08%,较年初上升 5.3 个百分点,降低集中兑付风险。建立"631"债务预警机制,实行月度风险监测,对潜在兑付风险隐患做到早预警、早提示,未发生兑付风险。

【创投公司投招联动】 区创投公司围绕主导产业,与苏州芯阳创业投资中心、北京中科创星硬科技中小企业创业投资合伙企业新设子基金 2 支,总规模近 30 亿元;累计设立基金 15 支,总规模 243 亿元;实现自主管理基金 3 支,管理规模 56 亿元。参设基金投资产业项目 318 个,投资金额 117.6 亿元,其中区内项目 25 个,投资金额 9.17 亿元。已投项目中,"瞪羚"企业 20 家,专精特新企业 138 家,上市项目 9 个。推荐招商项目信息 69 条,促成剑博微电子(南京)有限公司、南京万众岛电子商务有限公司、南京欧菲汽车电子技术有限公司等 14 个项目落地。举办第二届集成电路投资峰会和集成电路企业家论坛,打造"遇见浦口"路演品牌,与园区和投资机构组团外出招商 21 次,召开基金招商项目沟通会 13 场,推动 14 个项目签约落地。开展"企业大走访"行动,帮助企业对接上下游产业龙头资源,走访企业 30 家,通过合作基金新增投资芯爱科技(南京)有限公司、南京仁芯科技有限公司、南京奕泰微电子技术有限公司 3 个项目 1.9 亿元。

【国有企业工资总额预算管理】 7 月,区国资办首次实施国有企业工资总额预算管理。规范工资总额预算编制工作,委托第三方审计机构开展 2022 年度工资总额清算工作,指导区属国有企业编制 2023 年工资总额预算方案,实行工效挂钩,做到效益增工资增、效益减工资减。根据工资总额预算方案,核定区属国有企业 2023 年度工资总额预算,指导区属国有企业规范薪酬发放。完善内部薪酬分配机制,在工资总额预算管理框架内实行"以岗定薪、按绩取酬"的差异化薪酬体系,合理拉开收入差距。

【50 亿元浦口高质量发展母基金备案】 9 月,区国资办牵头组建的 50 亿元浦口高质量发展母基金在中国证券投资基金业协会备案。基金由浦口区属国有企业、园区等共同出资组建,旨在通过打造覆盖初创期、成长期、成熟期全阶段的多层次基金矩阵,重点聚焦集成电路、高端交通装备、人工智能、文旅健康等主导产业,引导布局"双碳"新能源、数字经济、生物医药等战略性新兴产业,

加快培育区块链、元宇宙等未来产业。（杨雨婷）

·浦口国资集团·

【概况】 2023年，浦口国资集团实现营业收入4.32亿元。实现工程盘扣租赁业务产值1000万元、施工业务产值1800万元。医药健康产业优化电商销售，开拓医药直销新渠道，电商及直销渠道增收700万元。房产出租8.2万平方米。承担重点项目14个，涉及重点产业、社会事业、城市建设类，完成固定资产投资16亿元。建设项目获江苏省上半年建筑施工标准化星级工地、江苏省优质工程奖"扬子杯"等荣誉，区军粮供应站被中国粮食行业协会评为全国放心粮油示范销售店，南京启辉物业管理有限公司市民中心项目获评2022年度南京市放心消费创建示范街区，南京老山药业股份有限公司获"中国智媒营销大会·金理奖""年度智媒营销领跑者品牌"等荣誉。

【工程建设管理】 2023年，承担重点项目14个，其中竣工交付项目7个、完工项目3个。以精细化管理为抓手，贯彻"品质工程"建设理念，筑牢安全生产防线，落实扬尘"十达标"要求，推进医疗、卫生、教育等领域基础设施建设。出台《南京浦口国资集团建设项目前期手续管理办法》，规范手续办理，防止项目违规。修订《南京浦口国资集团材料设备品牌指南管理办法（2023年版）》《南京浦口国有资产投资经营集团工程建设项目评分办法（试行）》《浦口国资集团扬尘管控工作管理办法（暂行）》。完善管理制度，严格质量检查，加强质量、环境与上岗前教育培训管理，确保质量管理体系有效运行。

表9　2023年浦口国资集团项目建设一览表

单位：万元

序号	项目名称	建设性质	2023年投资	项目进度
1	江苏省人民医院浦口分院（南京市浦口区中心医院）三期工程	续建	76080	裙楼幕墙完成90%，主楼幕墙完成70%；机电安装完成70%；医疗专项完成50%；装修基层完成45%
2	2019G91地块商业用房开发项目	续建	28361	基本完工
3	北花园路规划中小学建设工程	续建	14200	竣工交付
4	狮山路配建小学	续建	13449	施工完成，办理验收相关手续
5	北花园路规划中小学运动场人防工程	续建	9767	竣工交付
6	南京浦口中等专业学校创业中心及风雨操场食堂综合体	续建	3800	基坑支护桩完成；冠梁完成；第一层锚杆完成，第二层锚杆完成；一区条基土方开挖完成
7	浦口区上河街人防工程	续建	2728	完工
8	浦口区中医院三甲创建基建（一门诊、二门诊部分改造）项目	续建	829	一门诊输血科装修完成；二门诊结构加固完成，主体结构封顶
9	南京国家现代农业科技创新示范园区A地块项目	新开工	6736	竣工交付
10	南京市浦口区新世纪小学腾换操场人防工程	新开工	4810	桩基施工完成30%

(续表) 单位:万元

序号	项目名称	建设性质	2023年投资	项目进度
11	南京市浦口区疾控中心实验室二期改造项目	新开工	1907	竣工交付
12	浦口区文德路18号11号楼消险维修项目	新开工	934	竣工交付
13	浦江智汇园园区维修改造工程	新开工	715	竣工交付
14	浦口区江苑路9号景观提升工程	新开工	630	竣工交付

【资产运营管理】 签约引进项目协议投资总额2亿元,新增国有房产出租面积约8.2万平方米。创新资产盘活方式,浦口文化中心以纳保形式盘活11～18楼资产,依据省、市、区三级保障性租赁住房政策,签约贝壳公寓,盘活面积1.12万平方米,签约投资总额0.6亿元,打造南京贝壳公寓首个标杆项目,服务浦口区青年人才。完成晓桥中队、石桥粮库、中国银行资产、原浦韵中心部分房产、武家嘴船厂部分场地出租。修订《房产出租管理制度》《房产出租实施细则》《国有资产评估管理制度》,确保国有出租房产管理工作有章可依。

【物业服务个性化】 商办物业管理体量145万平方米,物业经营收入3003.5万元。承接白马生活广场项目,在管市民中心项目获评2022年度南京市放心消费创建示范街区,在浦江智汇园区实施电力增容、充电桩等民生实事项目,物业服务客户满意度95%以上。南京启辉物业管理有限公司为客户提供户内精保洁、绿植租赁养护、衣物和窗帘洗护、户内维修改造等个性化服务,满意度100%。

【医药健康产业】 加强药品价格管控,胃乐宁片实现江苏、福建地区益丰、高济、老百姓等全国性连锁药店全覆盖,两省区域性中小连锁及单体店大面积覆盖,开拓湖南、重庆、安徽等地区近500家区域性连锁药店及单体店。南京老山药业股份有限公司通过2023年度江苏省质量信用AAA级评定。承担国际标准化组织/食品技术委员会/蜂产品分技术委员会(ISO/TC34/SC19)秘书处工作,在2023年度考核评估中被评为优秀。主导制定的《蜂王浆生产规范》国际标准(ISO 24364:2023)经国际标准化组织批准发布。

【粮食收储】 南京一品粮缘米业有限公司作为改革试点,引入安徽省农业头部企业定远县永存米业有限公司开展合作,成立南京金永缘米业有限公司,运营成品粮业务,合资公司营业收入913.6万元。星甸粮库完成"智慧粮库"提档升级,累计开展粮食轮换7.28万吨,完成秋粮收购2.33万吨。区军粮供应站作为南京区域唯一一家被国家粮食和物资储备局、军委列为检查的单位,11月13日完成检查,被中国粮食行业协会评为全国放心粮油示范销售店,中标浦口区中小学食材大宗采购等2个标段,外拓区外1家部队供应业务,拥有区内外4家长期合作单位。

(陈婷)

土地资源管理

【概况】 2023年,土地供应109宗581.26公顷,实现出让金总额51.77亿元。其中,经营性用地6宗22.4公顷,出让金49.73亿元;产业用地8宗60.33公顷,出让金2.04亿元;各类公共、公益、基础设施类项目供地95宗498.53公顷。办理各类协议出让35宗,出让金378.69万元。发布拟征地公告22个、农转公告10个、安置补偿公告46个、征地公告25个,签订征地补偿安置协议35份、征地事务协议45份、征地委托协议61份。65个项目完成征前工作,31个项目正在推进。拨付征地补偿费4.17亿元,安置进保3584人。取得9个批次5个单独选址项目征地批复,保障34个用地项目,总规模603.49公顷,新增建设用地461.14公顷。

【资源保障】 完成浦口区2023年度预支空间规模指标落地上图方案编制，该方案获省自然资源厅批复，预支空间规模245公顷，保障全区经济社会发展用地空间和重大项目落地。组织编制浦口开发区、汤泉街道、星甸街道等4个片区土地征收成片开发方案，上报市政府待批。完成《浦口区城乡建设用地增减挂钩专项规划》编制，上报省自然资源厅审查待批。

【重大项目保障】 保障国家、省、市级重大项目3个（北沿江高铁、宁淮城际铁路、南京农业大学二期），安置房项目9个（高华四期、高华五期、兰桥八期、兰桥十二期、林山雅苑四期、桥林中心城区2号、街心保障性安居工程、西埂保障性安居工程、延线保障性安居工程），教育类项目5个（南京农业大学二期，桥林双峰路配建幼儿园、小学、初中，紫创路以东、新莱街以南幼托地块），交通运输类项目15个，其他项目5个，保证全区各类项目顺利推进。

【土地节约集约利用】 完成低效用地再开发17宗，再开发面积79.6公顷，为5宗工业用地办理提质增效手续。完成2023年批而未供土地消化处置任务346公顷。做好“地等项目”落地服务，梳理盘整立即可用的产业用地资源以及存量产业用地资源，将符合利用条件的用地上报，纳入产业用地储备库，服务项目落地。办理临时用地审批33宗，用地面积32公顷，为经济社会高质量发展提供资源要素保障。浦口区获2022年度江苏省自然资源节约集约利用资金奖励地区称号，获2022年度南京市自然资源节约集约利用综合评价考核第一等次，《申通南京智慧物流产业园一期存量用地“整治＋盘活”节地模式》获评省自然资源厅2023年度节地模式（技术）先进典型案例。 （侯有乐）

不动产登记管理

【概况】 2023年，区不动产登记中心发放不动产权证50345本（份），其中证书29494本、证明20851份。办理登记58102件，其中商品房登记18669件、二手房登记6457件、抵押登记19646件、注销登记731件、预告登记7081件、其他登记5518件。办理档案查询32507件。

【农村和自然资源统一确权登记】 启动房地一体农村不动产日常登记，在各街道国土所设立农村不动产登记窗口，做好农村不动产总登记与常态化登记衔接，推动房地一体登记发证。统筹国有不动产登记线上线下服务，引导群众、企业通过线上服务平台办理业务，利用“互联网＋不动产登记”信息化手段，简化流程，及时办证。对农村土地承包经营权、林权、不动产统一确权。确权后，登记农村宅基地21997宗，发证20128本，发证率91.5%。

【不动产疑难案件处置】 邀请区法院专家、法律顾问、专业部门，举办疑难案件研讨会10余场，梳理农村不动产总登记中的疑难案件，处置占用非建设用地造成的登记问题件，处置率100%。协助省自然资源厅完成滁河、驷马山河、马汊河自然资源统一确权登记。通过专窗、专场、专送“三专”模式，为17018套安置房办理不动产权证书。

【不动产登记便民利企服务】 推行“高标准厂房分栋（层）登记”“带押过户”“交房（地）即办证”等便民利企措施，为5家高新技术企业办理“分栋（层）登记发证”，登记后抵押金额约3亿元，解决企业融资难问题。办理“带押过户”232件，涉及夫妻离婚析产、赠与、夫妻财产约定等应用场景。为7家企业办理“交房即发证”服务，占新交付商品房小区的87.5%，服务群众270余人。在全市首创工业用地项目首次登记“零材料”办理，简化“交地即发证”服务流程，为7个工业、住宅项目开展“交地即发证”服务，占全部用地项目的70%以上。 （侯有乐）

财　政

【概况】 2023年，浦口区一般公共预算收入65.3亿元，同比增长8.3%。其中，税收收入52.29亿元，非税收入13.01亿元。分预算级次为，区本级一般公共预算收入10.69亿元，街道、园区一般公共预算收入54.61亿元。一般公共预算支出119.82亿元，增长10.52%，其中民生支出99.02亿元，增长16.29%。

表 10 2023 年浦口区财政收支情况统计表

单位:万元

财政收入			财政支出		
类别	科目	金额	类别	科目	金额
公共财政预算收入	合计	653022	公共财政预算支出	合计	1198157
	一、税收收入累计	522890		一般公共服务支出	113860
	增值税	193041		防务支出	210
	企业所得税	76168		公共安全支出	57257
	个人所得税	27860		教育支出	165386
	资源税	446		科学技术支出	23130
	城市维护建设税	26139		文化旅游体育与传媒支出	14034
	房产税	29553		社会保障和就业支出	124916
	印花税	8826		卫生健康支出	97316
	城镇土地使用税	9246		节能环保支出	9557
	土地增值税	46981		城乡社区支出	392406
	车船税	2892		农林水支出	99968
	环境保护税	5556		交通运输支出	14879
	耕地占用税	28690		资源勘探工业信息等支出	15953
	契税	67466		商业服务业等支出	10440
	其他税收	26		金融支出	1085
	二、非税收入累计	130132		援助其他地区支出	4172
	专项收入	33242		自然资源海洋气象等支出	4661
	行政事业性收费收入	12336		住房保障支出	31393
	罚没收入	23798		粮油物资储备支出	2141
	国有资源(资产)有偿使用收入	55942		灾害防治及应急管理支出	5718
	国有资本经营收入	0		债务付息支出	7846
	政府住房基金收入	844		债务发行费用支出	95
	其他收入	3970		其他支出	1734
附列资料	上划中央收入	186184	附列资料	政府性基金支出	458896
	政府性基金收入	630359			

【重点工程项目保障】 落实 9 条过江通道区级资金 10.25 亿元,拨付重大轨道交通项目区级资金 4.87 亿元、重要干线公路区级资金 3.6 亿元、中央保障性安居工程建设资金 0.89 亿元。完成 22 个项目清单控制价审核,核减金额 11027 万元,核减率 5.4%。完成 5 个项目概算评审,核减金额 1985.8 万元,核减率超 10%。

【民生保障】 安排“三保”支出 51 亿元,节约资金全部用于民生事业。乡村振兴预算较上年增长 14.7%,超千万村 3 个,乡村振兴战略实绩考核连续两年位居全省第一。支付教育事业发展资金 16.54 亿元,开办 3 所学校。支付医疗资金 13.57 亿元(含基础建设项目),保障院府合作、区中医院三甲创建等工作。支付就业资金 1.17 亿元,促进社会就业。

【直达资金惠企利民】 2023 年中央下达浦口区的直达资金包含 15 个专项,主要用于医疗卫生、疫情防控、纾困惠企、就业补助、困难救助、教育补助及农林业生产发展等方面。下达增值税留抵退税及其他减税降费资金 22920 万元,主要用于弥补机关事业单位养老保险缺口。拨付 2023 年区基本财力保障机制奖补资金 200 万元,用于浦口人民医院和区中医院设备购置。支付计划生育转移支付资金113万元、医疗卫生服务补助资金557.44万元、社保补贴资金983万元、高校毕业生住房租赁补贴1027.16万元、住房租赁补贴733万元，用于落实社会保障补助政策。支付学生资助补助经费202.76万元、城乡义务教育补助经费1733.18万元，弥补学校教师经费及基础设施建设经费不足。下达农林发展补助资金3845.7万元，用于农田建设、林业改革、防灾减灾等方面，助力乡村经济发展。下达中央财政城镇保障性安居工程补助资金6844万元，逐步实现"有居到安居、安居到宜居"目标。

【预算绩效管理】 将"花钱问效、无效问责"的绩效理念融入财政资金管理和使用全过程，全区206家单位、754个项目全部纳入监控范围，实现财政管理全覆盖。对2022年度其他运转类和特定目标类项目及部门整体运行情况开展绩效自评价，覆盖率100%。指导和督促各预算单位按时间节点将绩效目标和自评价报告进行"双平台"公开，做到绩效信息"应公开尽公开"。

【落实"过紧日子"思想】 将"过紧日子"思想贯穿财政支出管理全过程，做到"无预算不支出"。压减一般性支出和非刚性、非重点支出，公用经费、"三公"经费压减20%以上，节约资金全部用于民生事业发展。

【规范政府采购】 印发《浦口区规范政府购买服务工作管理办法(试行)的通知》《关于明确2023年政府采购工作实施要求的通知》等文件，开展政府购买服务整改工作"回头看"和专项检查，落实采购人主体责任，规范政府采购行为，提升政府采购工作效率和服务能力。

【盘活资产资金】 对全区资产资金进行分类排查、甄别、清理。优先通过存量资产(公物仓)统筹调剂新增资产配置，节约资金200余万元。优化账户资金管理，盘活预算单位账户资金6.5亿元。落实各级政府促进经济回升向好政策措施，培植有优势、有后劲、有竞争力的产业税源，落实金融、税收和产业发展政策，寻找新的资金增长点。

【财政监督】 成立财会监督专项行动领导小组，印发《浦口区财政局2023年财政监督工作要点》《浦口区财政局2023年度财政监督工作计划》等文件，聚焦财政、财务、会计领域短板和薄弱环节，开展财政监督项目18个，保障财政资金安全，严肃财经纪律。

【债务风险防范化解】 制订《浦口区或有隐性债务风险整改方案》，防范系统性金融风险发生，完善政府债务风险监测、预警、化解、应急处置机制。强化园区平台债务风险和财务管理专项调研指导，压实平台公司主体责任，化解存量隐性债务，杜绝新增隐性债务。实施经营性债务"双管控"，强化预警监测，债务规模和增幅均保持在正常区间。支持国企改革和规范化建设，五大集团市场化营业收入增长18%，利润同比增长19%。（吴敏）

税　　务

【概况】 2023年，区税务局组织完成各项收入196.5亿元，增长5.6%。其中，税收收入90.2亿元，增长58.4%；社保费收入44.4亿元，增长10.6%；非税收入61.9亿元，下降30.5%。完成一般预算收入52.3亿元，增长40.3%。朱笑仪获大比武国际税收条线反避税岗全国第一名，史姮妮、朱笑仪被省税务局评为"青年才俊"，汪溢峰获国际税收条线非居民税收管理岗全省第二名。

【税收政策落实】 落实减免和退税工作，办理留抵退税139户次5.11亿元，主要集中在房地产、集成电路制造、批发零售等行业。办理软件即征即退77户，退税2488.24万元；资源综合利用和新型墙材即征即退25户，退税1708.88万元；福利企业即征即退20户，退税1991.78万元。享受10万元以下免税户数21002户，减税2.52亿元；享受小规模纳税人减按1%征收率征收优惠户数7819户，减税1.14亿元。退税完成率98.86%，退税金额8065.48万元。强化政策支持企业科技创新作用，与区科技局联合完成2023年高新技术企业申请认定244户。开展优惠享受疑点核实，补缴税款及滞纳金126.17万元，减少亏损277.54万元，向科技部门转请2户企业的研发项目鉴定。开展个人所得税汇算清缴，2023年应参加汇算清缴7.17万人，补、退税整体申报进度95.9%，退税申报率95.86%，补税申报率96.56%，大额补税人群(VIP)申报进度100%。优化出口退(免)税工作机制,准予948户次企业出口退税额16.37亿元,分析辖区内企业出口退税总体情况,产生免抵成效金额4.56亿元。做好跨境税源管理,对外支付代扣代缴企业所得税4898.59万元、增值税2380.99万元。优化耕地占用税精细化管理,挖掘往期税源2.7亿元,入库耕地占用税2.84亿元。加强环境保护税风险管控,完成环境保护税协作共治平台疑点数据核实377条,完成环境保护税税源登记经纬度数据缺失及错误整改数据156条,完成35个污染源自动监测平台数据排口与税源编号对应匹配工作。落实社保费日常管理,完成机关单位2022年缴费工资申报补调整及2023年工资申报,推进城乡居民医疗保险集中征缴、大学生医保征缴,核实企业欠费等情况。提高非税收入管理水平,完成申报土地出让金89笔,净入库35.38亿元;辅导申报人防费20笔,入库2052.29万元;辅导申报水保费50笔,入库285.17万元;辅导申报森林植被恢复费21笔,入库27.68万元。

【税收征管】 完成公告数据24539条,涉及欠税金额3.4亿元。办理即办注销5654户、一般注销1054户、注销迁出645户。制定大企业税收管理政策,大企业申报率和准确率均达100%。开展遵从评定试点(综合)250户次,完成率82.94%,入库成效1.04亿元,总成效2.28亿元。完成总局遵从评定试点(风险提醒)121户次、总局遵从评定试点(标准)17户次。完成纳税评估(总局)16户次、提示提醒(内网)23户次、"金三一体式"任务116户次。完成政策落实任务441户次、受托协查284户次。完成自然人异议申诉4168条。清理问题数据,核实六类1636条信息数据。完成10个方面1175条层级督察和全量加工征管数据。清理一人多号数据4.3万条,涉及纳税人2.2万户。接受大额发票疑点数据18户,领票未缴税9户,网络电商低遵从户1户。

【建筑业税收征管新模式探索】 区税务局召开建筑业税收协同共治会议,发挥行业主管部门作用,定期对建筑项目税收属地纳税情况进行分析调度。与区财政局、街道配合,减少税源流失,实现税收收入1664.25万元。按月报送《大企业税收服务和管理工作月报》,按期报送财务数据,93户大企业申报率和准确率均达100%。实现建筑业税收收入8.92亿元,较上年同期增长64%。

(曹灵子)

金融监管

【概况】 2023年,浦口区地方金融从业机构有农村小额贷款公司2家、融资担保公司1家、典当行2家、交易场所1个;各类投资公司508家,其中从事股权投资业务212家、从事投资管理和资产管理业务50家、从事咨询和顾问业务的中介类公司29家、实业投资和其他类217家。存贷款总额7778.75亿元,同比增长18.68%。其中,存款余额3696.47亿元,同比增长18.89%;贷款余额4082.28亿元,同比增长18.89%。

【金融风险点化解】 落实《江苏省地方金融条例》,依法依规对地方金融业态进行全面监管。开展行业年审、监管评级及现场调查,推动各类地方金融组织规范健康发展。农民资金互助合作社涉众风险基本清零。推进地方交易场所华鼎文化艺术产权交易中心有限公司"提货离场、转型退出"。落实若尔航空老山机场项目属地责任,防范安全隐患,避免财产损失。加强金融风险防控宣传教育,提高公众对各类金融风险的识别力和抵御力,管控存量风险,遏制增量风险,无新增非法集资立案。

【普惠金融助企纾困】 创新"浦惠贷"("浦惠保")产品,发挥1亿元规模风险补偿资金作用,引导银行机构加大对区内符合产业发展方向的重点企业信贷支持力度,26家银行开展"浦惠贷"("浦惠保")业务,授信499笔21.6亿元,惠及企业425家。推进企业在省综合金融服务平台注册,新增注册企业7014家,977家企业获得授信1116笔,授信金额31.94亿元。引导企业使用南京市民营企业转贷互助基金,380家企业使用民营企业转贷基金508笔,转贷金额15.7亿元。组织开展银企对接会77场,举办"创投驱动发展 资本支撑强链"——南京市浦口区集成电路产业专场路演活动。梳理银行机构信贷产品,编印《浦口区银行信贷产品汇编》,涵盖29家银行400余项产品。

【科创金融改革试验区建设】 落实《南京市建设科创金融改革试验区工作要点》《浦口区科创

金融改革试验区建设实施方案》,按照《浦口区数字人民币试点工作实施方案》要求,引导科技企业、科创载体用好用活各类金融服务产品和渠道。运用浦口区年度银行综合评价机制,引导银行机构落实科创金融政策,用好用活知识产权质押融资服务,落实“宁科贷”政策,助力科技企业融资。推进数字人民币试点,数字人民币人均月活钱包数0.41个,线下受理商户门店拓展水平(线下门店总数/人均生产总值)达0.06。（韩林）

【人民银行浦口支行】 开展数字人民币试点,江苏省首单数字人民币诉讼费缴纳业务、南京市首个数字人民币慈善捐赠支付场景、南京市首个支持数字人民币支付的康复医院场景、南京市首笔数字人民币普惠小微贷款落地浦口。做好晶门科技集团跨境资金池业务申请辅导,自主办理辖区首笔跨国企业集团跨境资金集中运营备案。帮助南京自贸区外贸企业与金融机构对接,融资100万元,实现跨境金融服务平台银企融资对接应用场景试点首日在江北首发落地。推进普惠金融服务点建设,聚焦“金融服务+政务便民”建设方向,打造“就近办、自助办、上门办”15分钟金融政务便民服务圈,建成服务点67个,办理取现、汇款、代缴水电费等业务7.13万笔,金额3052万元。维护金融稳定,针对一人多户、长期不动户、频繁开销户等存量账户开展涉诈风险排查,排查存量账户40万户。配合公检法开展打击洗钱犯罪活动,推动宣判洗钱罪1起,实现洗钱定罪零的突破。（常博聪）

审　计

【概况】 2023年,开展审计项目13个,审计发现问题163个,涉及金额10.48亿元,提出审计建议36条,出具审计专报6篇,移送区纪委监委案件线索1条。实施上级交办任务14个。

【财政审计】 对7家一级预算单位、4家二级预算单位2022年预算执行情况进行审计,对南京浦口中等专业学校等12家单位进行重点审计,完成助企纾困专项资金、人才发展专项资金、农业保险保费补贴资金、政府购买服务4个省、市统筹同步审计事项。审计查出超范围租车、购买服务项目未按要求进行绩效评价等八大类33个问题,涉及资金8.07亿元,提出审计建议4条,出具风险提示函4份,报送审计专报1篇,督促相关部门出台财务管理、往来款管理、资产管理等制度10项,规范部门预算管理,强化预算执行约束,促进财政资金提质增效。

【财政运行审计】 强化街道财政资金监管,提高资金使用效率,对江浦街道、星甸街道2022年度财政运行开展审计。重点关注街道财政收支、工程建设、村级资金管理等方面,从审计角度客观评价街道经济运行情况,揭示发展中存在的问题和风险。审计发现工程建设监管不严等问题30个,提出审计建议6条,查出问题资金2786.65万元,追缴财政资金655.72万元。

【经济责任审计】 聚焦权力运行制约和监督、环境资源利用与保护,落实“两统筹”要求,融合式开展领导干部经济责任审计和自然资源资产审计,开展经济责任审计3项、领导干部自然资源资产审计1项,揭示问题31个,提出审计建议12条,涉及资金7294.42万元。重点关注领导干部任职期间方针政策和决策部署贯彻执行、财政财务收支、环境资源利用与保护、内部监督管理、廉洁廉政等情况,加强党风廉政建设和干部监督管理。编制领导干部履行经济责任风险清单,清单涵盖8个风险领域、21个风险点,列出主要表现形式及预防措施,推进领导干部经济责任审计由事后监督向事前防控转变。

【专项审计调查】 开展浦口区2020—2022年就业创业补助资金绩效、市场监管平台项目一期信息系统建设、中医药政策落实情况审计,重点审计就业创业扶持政策体系建设和政策落实、市场监管平台系统建设和安全管理,以及中医药资源配置、服务体系建设、服务能力建设、公立中医医院医疗服务开展及运营发展等方面的专项资金预算安排、管理、使用情况。揭示就业创业方面问题22个,涉及资金17.23万元,提出审计建议3条,推动出台制度1项,挽回财政资金损失9.52万元。揭示市场监管平台建设方面问题9个,涉及资金135万元,提出审计建议3条,推动出台制度1项。揭示中医药政策落实方面问题16个,提出审计建议5条。

【政府投资审计】 督促建设单位及时办理审计结果备案,完成政府投资建设项目审计结果备案274个,送审金额11.68亿元,审定金额10.77亿元,核减金额0.91亿元,总体核减率7.79%。对浦口区农村生活污水治理项目建设管理情况开展专项审计,重点审计项目建设管理、资金来源与使用、工程实施过程及竣工验收交付、竣工结算情况、后期运营及绩效等方面,揭示问题24个,提出审计建议3条,涉及资金1.39亿元,挽回财政损失4995.46万元。

【审计整改】 紧盯"关键少数"压实整改主体责任,明确各级责任人的职责和任务,确保整改工作得到有效执行。按照"一题一策"思路破解整改难题,协助整改责任单位深挖问题原因,探寻整改路径,建立部门间整改协调机制,畅通协作配合渠道,形成整改闭环合力。出具"负面清单",加强监督指导,指导被审计单位纠偏整改,及时堵塞漏洞,建立健全制度,增强审计整改内驱力,从根本上清理屡查屡犯的问题。督促整改问题220个,其中省委巡视问题46个、市委督查问题7个、区内项目涉及问题160个、往年整改"回头看"问题7个,挽回经济损失17.84亿元,增收节支金额2.25亿元。 (尚燕)

统　计

【统计监测】 统筹推进农业、工业、投资、劳动力、人口、城乡住户等统计调查工作,开展"短、平、快"专项统计调查60余次,完成10家企业投入产出调查和6039户主要畜禽监测调查样本轮换摸底工作。做好基本单位名录库更新维护,完成季度、年度审批改错及关于社会信用代码、法产单位核实、单位指标核实、单位活跃度情况核实等专项核查工作。全区新增"四上"单位129家,净增60家。制订《加强全区统计基层基础规范化建设三年行动实施方案》,强化月度基础指标监测预警,紧扣各专业主要指标月初预计、月中上报、月底定案时间节点,做好全区主要经济指标全流程监测,以月保季、以季保年,为推动全区经济运行率先整体好转提供统计保障。对照高质量考核细则,配合做好调查对象的监测服务指导。更新各专业"四上"单位及抽样调查企业明细,助力各部门更好地走访企业。编发统计年鉴、统计公报、统计月(季)报等统计资料,为区委、区政府会议、调研、督查、考核等提供统计数据资料。

【统计信息分析】 深化部门数据信息共享交流,建立完善常态化、制度化的数据共享协调机制,利用数据互补优势,强化比对分析,夯实数据基础。关注各专业主要指标变动情况,撰写主要经济指标变动信息51篇,被省政府网站录用3篇,被市政府网站录用8篇。围绕经济运行等全区重点难点问题,撰写经济社会发展进度分析和专题分析122篇,被市统计局采用101篇,被省统计局采用2篇,服务区委、区政府科学决策。

【统计执法与宣传】 执行"双随机"抽查制度,采取随机抽选方式对7个统计专业130余家企业进行实地统计数据质量核查,对全区50家统计调查对象进行统计执法监督检查,均未发现统计违法行为。开展统计造假屡禁难绝专项治理行动,摸清数据质量底数,加强源头数据管理。结合"12·8"《中华人民共和国统计法》颁布纪念日,开展统计法治广场宣传活动,发放《统计法在身边》《喊你来报到 经济大体检》等宣传折页1500份、宣传品300余份,提高全社会对统计法律的知晓度。开展"半小时学法活动",通过第十三届"统计开放日""大走访"等形式开展统计宣传普法活动。

【第五次全国经济普查】 成立区第五次全国经济普查领导小组,组建区、街道、园区经济普查机构,落实人财物各项保障。完成普查小区绘图、全区79个普查区和381个普查小区划分以及清查底册核实工作。在"浦口发布"微信公众号登载第五次全国经济普查内容4次,在138个公益大屏、行政单位以及各小区大屏滚动播放宣传片,通过制作宣传光碟、定点发送普查信息、制作公交站台橱窗广告、悬挂宣传标语、张贴宣传海报等方式,引导普查对象和全社会依法配合、参与普查。对近600名"两员"(普查员、普查指导员)进行清查阶段业务培训。实行"地毯式"入户普查,加大清查数据审核力度,全区第五次全国经济普查清查单位32199家,其中法人单位28948家、产业活动单位3251家;个体经营户33932户,为正式普查登记工作奠定基础。 (沈加青)

市场监督管理

【概况】 2023年，浦口区获2022年度质量强市工作优秀区称号，质量工作、知识产权工作获市政府督查激励，浦口开发区获评2023年度江苏省知识产权建设示范（园区），星甸街道九华村获得全国首张“零碳乡村”认证证书。《农产品快检结果“码上查”公示构建视频安全共治共享机制》获第二届全国食品安全社会共治优秀案例。“质量小站”一站式服务案例入选2023年苏浙皖赣沪质量基础设施“一站式”服务典型案例25佳。区市场监管局获评2022年南京市扛起“争当表率、争做示范、走在前列”三大光荣使命先进集体、2022年度南京市市场监管系统政务信息工作先进集体、全市消协系统2022年度先进集体、2023年度南京市药品医疗器械化妆品安全风险监测相关工作先进单位。毛如虎、蒋睿被市委、市政府评为2022年南京市扛起“争当表率、争做示范、走在前列”三大光荣使命先进个人，金如祥被市市场监管局评为2023年度南京市药品医疗器械化妆品安全风险监测相关工作先进个人，孙玥、王好被团市委评为2022年度南京市优秀共青团干部。

【市场主体发展情况】 新增个体工商户10261户，新增资金10.45亿元；新增外商投资企业18家，新增资金2.52亿美元。截至年末，全区实有个体工商户5.52万户，资金总额64.36亿元；外商投资企业366家，资金总额73.86亿元。

【质量工作】 2月，发布《浦口区“质量小站”效能提升年实施方案》，举行金融赋能“质量小站”签约仪式。6月，将“质量小站”工作纳入《浦口区优化营商环境23条（2023版）》。9月，举办浦口区质量月系列活动，成立南京国家现代农业产业科技创新中心质量创新联盟，发布全市首个《质量状况白皮书》。11月，召开2023年质量发展委员会工作会议。发布“质优贷”，推广“苏质贷”“宁质小贷”，累计为企业提供知识产权及质量类融资14.29亿元。走访服务企业2469家次，帮助企业解决质量提升、政策申报等问题1853个。协调南京农业大学、新疆农业大学等专家，帮助慧尔（南京）数字技术有限公司解决遥感在北方旱地应用技术研究瓶颈，上线慧尔数字农业云平台，配合水肥一体化灌溉设备使用，服务面积20万公顷。26家企业通过江苏省质量信用等级认定，其中南京老山药业股份有限公司通过江苏省质量信用体系AAA级认定，南京志卓电子科技有限公司通过江苏省质量信用体系AA级认定，南京依维柯汽车有限公司获“江苏精品”认证。

【标准化建设】 为全区100家企业提供标准化提升服务，星甸街道新时代文明实践小镇标准化试点项目通过验收，南京三乐集团有限公司主导制定发布《L波段75KW连续波磁控管技术要求》国家标准，南京老山药业股份有限公司主导制定发布《蜂王浆生产—规范》，参与制定《蜂胶—规范》《蜂花粉—规范》国际标准，4家企事业单位参与南京市标准化活动优秀案例评比，江苏久吾高科技股份有限公司申报国家智能制造标准化试点并立项。为南京老山药业股份有限公司、江苏久吾高科技股份有限公司兑现质量强省专项奖补各10万元。

【市场主体监管】 3月，组织全区“双随机、一公开”各成员单位编制浦口区“双随机”监管年度工作计划。7月，召开全区“双随机”监管联席会议。全区成员单位开展“双随机”检查296次，市场主体抽查3246家。在建筑垃圾运输行业、歌舞娱乐行业、校外培训机构、人力资源服务机构、房产经纪机构、养老服务机构等10余个行业开展部门联合“双随机”“一业一查”，检查市场主体300余户。推进省市场监管信息平台运用，做好月度运用情况监测及提醒。归集信息7427条，其中行政许可信息1473条、行政处罚信息699条、抽查检查信息5255条。浦口区2023年度应年报企业28393家，年报企业27816家，平均年报率98%。强化经营异常名录移入与移出管理，列入经营异常名录企业632家，移出经营异常名录企业432家。

【消费者权益保护】 收到工单24353件，其中“12345”工单10062件、“12315”工单14291件，全部办结。在各类投诉举报中发现违法行为并立案处置71件。“12345”工单首办不满意率同比下降5.6%。编发投诉举报日报249期、工单分析双月报表6期，分析热点诉求问题，向业务条线和承办单位及时推送预警，并跟踪解决、分析成效。推进全区“线下实体店七天无理由退货”,实现商业综合体、商业街区、连锁经营单位、美丽乡村无理由退货承诺全覆盖,2000余家实体店参与,线下无理由退货1774件,退货金额48.03万元。组织36家单位申报省级示范区域、单位、街区,21家单位入围2023年省级放心消费创建单位、示范区域,入围数量全市第一。举办南京市放心消费示范乡村亮标仪式暨消费体验网络打卡活动。

4月21日,南京市放心消费示范乡村亮标仪式暨消费体验网络打卡活动在江浦街道不老村举办　　区市场监管局供图

【特种设备监管】　特种设备定检率100%,未发生一起特种设备安全事故。重点推进特种设备安全生产排查整治“治本攻坚”大会战,开展危险化学品相关特种设备、锅炉、人员密集场所电梯、起重机械、叉车、大型游乐设施和客运索道等重点特种设备专项整治,做好节假日、两会等重点时段安全保障,发现隐患608处并全部整改,立案查处特种设备类案件17件。依托江苏省特种设备安全智慧服务平台,开展超期未检特种设备专项整治,确保应检尽检、应改尽改。联合开展“综研联检”工作,要求企业严格落实主体责任。

【食品安全监管】　制定发布南京市地方标准《新时代文明实践食品安全志愿服务活动规范》《小型食品生产经营单位食品安全管理水平提升指南第3部分:小食杂店》。62家食品生产企业建立风险管控清单,48家食品生产企业食品安全总监、食品安全员通过考核,834家食品经营企业纳入“主体责任”监管系统管理。对92所学校食堂开展开学季校园及周边食品安全全覆盖风险隐患排查。加强对2所学校配餐服务企业监管,校外供餐单位“互联网+明厨亮灶”覆盖率100%,实现数据信息互通共享。对895家特殊食品经营单位开展专项清理整治行动,严厉打击假冒伪劣、虚假宣传等违法行为。完成食品采样检验2717批次,发现不合格食品53批次,总体合格率98.05%。完成食用农产品和普通食品快速检测25万批次,快速检测疑似阳性率0.22%。培育落实食品安全主体责任示范企业3家,打造食品安全示范街(区)1个、食品安全示范店(食堂)3家。

【药械监管】　加强药品监管能力建设,制定《浦口区药品安全委员会工作规则》《浦口区药品安全委员会2023年工作要点》。完成药品监督抽样送检70批次、医疗器械抽样送检7批次。全覆盖检查疾病预防控制机构、疫苗接种单位疫苗质量安全13家次。完成“双随机、一公开”单部门和跨部门联合检查67家次。二级医疗机构药械不良反应(事件)报告实现全覆盖,其中药品不良反应报告451份,医疗器械不良事件报告221份,化妆品不良反应报告56份。完成药品行政许可及备案办件174件、医疗器械行政许可及备案办件299件。推进零售药店“一业一证”改革,实现“照后减证”,破解“准入不准营”难题,发出行业综合许可证10张。

【公平竞争审查】　印发《浦口区推进落实公平竞争审查制度2023年工作要点》,依托市市场监管局第三方公平竞争大数据评估平台,定期评估政策文件中存在的公平竞争潜在风险点。明确各单位内部复审机构和机构负责人,建立联络员制度。组织全区各行政机关和法律法规授权的具有管理公共事务职能的组织,排查和制止滥用行政权力、限制竞争的行为。对9家单位开展公平竞争政策文件抽查,抽查文件基数2020份,累计抽查文件45份,未发现相关问题。开展公平竞争宣传进企业、培训进机关活动，邀请第三方律师对高新技术企业开展公平竞争宣讲，普及公平竞争概念。建立公平竞争审查投诉举报受理回应机制，面向全区单位和个人征集违反公平竞争审查标准的线索，发挥社会监督作用。

【市场监管执法】 开展打击传销、打击制售假冒伪劣商品等专项整治行动，立案787件，涉嫌刑事犯罪移送公安机关2件。办理防止食品浪费提示提醒案件2件，获评江苏省、南京市典型案例。办理系列侵犯大自然、金牛、公元等知名品牌注册商标专有权案件，货值100万余元。参加市市场监管局侵权假冒伪劣商品集中统一销毁活动，处理侵权油漆、水表等物品670余千克。聚焦食品非法添加、假冒伪劣化肥、“神医”“神药”违法广告等领域，开展民生领域案件查办“铁拳”行动。

【广告管理】 实施分级分类监管，以监管主体“差异化”提升日常检查“精准度”。以民生问题为导向，突出房地产、金融领域风险整治。联合区住房保障和房产局、区城市管理局、浦口规划资源分局等单位，每月对售楼处进行全覆盖检查，检查新开楼盘146个次，现场检查房产销售类广告1650条次，监测互联网房产广告4240条次，现场整改不符合规范的广告69条次。开展金融专项广告检查4次，监测企业、个体户260余家（户），监测金融广告1600余条次。

【全区首张互联网药品信息服务资格证书发放】 区市场监管局承接省药监局赋予自贸区南京片区13项行政权力事项，按照行政许可办理流程和规范进行操作。5月11日，完成全区第一张互联网药品信息服务资格证书发放工作。

【南京国家现代农业产业科技创新中心质量创新联盟成立】 9月15日，在南京国家农创中心举办质量月系列活动。成立南京国家现代农业产业科技创新中心质量创新联盟。联盟由区市场监管局牵头发起，经南京市产品质量监督检验院、南京国家农创中心及部分企业友好协商成立。联盟的成立将深化质量提升工作，集聚科技创新合力，为农创产业推广工作提供技术、人才、科研、标准等方面服务和支撑，带动区域内和产业链相关的各类企业特别是中小企业质量提升。

9月15日，南京国家现代农业产业科技创新中心质量创新联盟成立　　区市场监管局供图

【《农产品快检结果“码上查”公示构建视频安全共治共享机制》获评全国优秀案例】 11月11日，第二届食品安全社会共治会议在北京举办。会上评选出64个食品安全社会共治优秀案例，区市场监管局《农产品快检结果“码上查”公示构建食品安全共治共享机制》入选。市民在选购食品前，只需用手机微信扫描各经营场所公示的二维码，即可实现电子化查询食用农产品快速检测结果，了解商户近期食品安全管理情况。 （孙玥　吴梦颖）

价格管理

【价格调控】 完成2023年度全区价格调控目标责任制分解落实工作，发布《浦口区2023年价格调控目标责任分解落实意见》。组织开展重要民生商品保供稳价机制落实情况分析调度，每月报送《重要民生商品供需平衡分析表》。指导新建商品房价格备案申报，备案商品房25件2956套，总建筑面积30.21万平方米，备案均价29007.19万元/平方米（含装修）；备案产权车位9件7021个，备案价格9万～15万元/个；备案储藏室1件50间，均价6000～7000元/平方米。完成浦口区自来水有限公司供水成本

及浦口区珠江污水处理厂污水处理成本监审工作。完成农户购买农资专项调查、油菜籽成本预测与收益底线调查、油菜籽成本直报、上半年生猪成本收益调查等。调整民用管道天然气价格。

(刁筠锁)

【价格监管】 开展教育收费、粮食收购、涉企收费等专项治理,出动执法人员82人次,检查单位21家,退还消费者费用8.63万元。

教育收费专项治理 根据南京市《关于组织开展2023年全市教育收费自查自纠和重点抽查检查的通知》,区发展改革委、区市场监管局、区教育局、区财政局联合对全区84所学校和3家校外培训机构的自查自纠情况进行指导,对南京市游府西街小学浦口分校、南京浦口中等专业学校、南京市浦口区第四中学、江苏省江浦高级中学文昌校区等8家单位收费情况进行专项检查。

粮食收购专项治理 节假日期间,对农贸市场、商超、粮食经营点等经营主体的大米、面粉等价格行为进行检查,出动46人次,检查102家次,规范粮食价格市场秩序。夏粮收购时,区市场监管局开展检查2次,与区发展改革委开展联合检查1次,提醒粮食收购部门落实国家粮食收购政策,维护粮农合法权益。

涉企收费专项治理 制定《浦口区市场监管局"助企远航"服务浦口经济运行率先整体好转若干措施》,开展转供电收费、水电领域涉企违规收费专项整治,责令转供电主体向40多家经营者退还多收价款82650元。会同区民政局开展清明节期间公墓价格执行情况巡查。 (叶龙金)

【收费管理】 完成2022年度收费情况报告及收费统计工作。对36家收费单位的收费情况进行统计分析,通过江苏省收费动态监管服务系统汇总审核,加强对收费年报和日常收费变更情况的指导监督,纠正收费单位存在的问题。根据《江苏省景区门票和相关服务价格管理办法》规定,合理安排2023年度景区免费开放日时间,让更多市民享受免费开放日的惠民措施。开展养老、托育服务收费情况调查,包括收费政策、收费项目、收费标准、成本主要构成等。关注社会民生热点,落实教育、停车、养老、殡葬等领域价费政策和降本减负政策,清理涉企收费。下发《关于转供电环节收费政策回头看的通知》,规范转供电环节收费工作。

【价格监测】 完成价格监测数据采集、整理及上报工作,监测数据上报率100%。完成价格监测数据636期,其中农贸市场主副食品价格监测日报288期、超市主副食品价格监测日报288期、生猪鸡蛋类周报48期、农家乐餐饮民宿监测数据月报12期。围绕极端天气应急价格监测预警,启动应急监测日报,汇总上报农贸市场73个品种、苏果超市104个品种价格。加强价格监测预警预报工作,落实节日期间应急监测值班制度,加大对民生商品价格监测力度,坚持市场巡查,密切关注商品价格走势,上报价格动态信息,做好价格突发事件应急准备。加强敏感时期价格监测和预警,针对恶劣天气、特殊情况等不利形势,跟踪监测粮、油、肉、禽、蛋、奶、菜等市场价格,分析市场行情和形成原因并预测走势。

(郭静)

【价格认定】 做好涉纪检监察、涉刑事价格认定工作,加强与公安机关、纪检监察部门沟通协调,强化对价格认定依据真实性、合法性、关联性审查,重点把好协助受理、审核签发出入口,完成各项涉纪检监察、涉案价格认定工作,为公安机关处理盗窃槽钢、电缆线、汽车及盗采黄砂等案件提供价格服务。涉案财产认定55件,认定值161.69万元。推进涉政府事项价格认定,为"三重一大"工程、生态环境建设、公共服务购买、国有资产处置等领域提供价格认定服务。加强与区市场监管局、区应急管理局等部门协作,做好相关行政执法活动价格认定。做好消防火灾、安全生产、重大自然灾害等突发事件涉及的价格认定事项,做好长江大保护涉及的价格认定事项。配合各街道做好拆迁扫尾、永宁街道北沿江高铁等重点项目苗木价格认定,参与区农业综合行政执法大队在执法过程中涉及的财物价格认定。涉政府事务价格认定144件,认定值16739.68万元。

【价格争议调解】 贯彻落实《江苏省价格争议调解处理办法》《南京市价格争议调解处理实施意见》,推进价格争议调解站规范化建设。按照《关于深入开展价格争议纠纷调解工作意见》要求,提升价格争议调解在多元化纠纷解决协作机制中的职能作用,推进大调解体系建设。优化价格争议调解网络,设调解服务站8个,重点推进价格争议高发区域、多发领域的调处工作,维护社会和谐稳定。受理价格争议调解28件,调解值4.5万元。

（宋林虎）

知识产权管理

【概况】 2023年,区知识产权工作围绕创建国家知识产权强县建设示范县、实施知识产权强区战略开展。申报国家知识产权强县建设示范县通过省知识产权局综合评审,被推荐至国家知识产权局最终评审认定。与江北新区科创局签订《打造知识产权综合服务共享体系,助推两区高质量发展合作协议》。落实《浦口区知识产权奖励办法》,兑现2021年8月1日至2022年12月31日相关补助与奖励321.94万元。新增发明专利授权488件、知识产权贯标备案企业41家、知识产权贯标合格企业30家,知识产权专精特新企业参与贯标率100%,知识产权质押贷款59笔5.7亿元,非正常专利申请撤回3批171件,撤回166件,撤回率97.08%。举办第五届紫金知识产权国际峰会分论坛,指导企业(单位)获得知识产权省、市项目立项。主办专利行政裁决案件1件,参与办理专利行政裁决案件3件。

【国家知识产权强县建设示范县建设】 2023年,浦口区围绕国家知识产权强县建设示范县建设要求,推进工作有序开展,调整区知识产权强区建设工作领导小组,明确工作目标任务,定期召开专题调度会,提供相应基础保障。做好发明专利授权量、有效发明专利拥有量、高维持年限发明专利、知识产权质押融资、知识产权贯标等重点指标监测与调度工作,召开试点示范专题会、重点指标推进会、地理标志培育专题推进会、质押融资专题推进会及知识产权培训会等。创建国家知识产权强县建设示范县工作通过省知识产权局验收。

【企业知识产权项目申报】 开展2023年浦口区拟上市集成电路企业知识产权培育,拨付资金30万元。开展2022年度浦口区知识产权培育项目中期评估,拨付资金120万元。南京三乐集团有限公司获第二十四届中国专利奖,南京三乐集团有限公司、南京依维柯汽车有限公司获首届江苏省专利优秀奖,江苏久吾高科技股份有限公司、南京依维柯汽车有限公司获南京市优秀发明专利奖,18家企业(单位)获得省、市知识产权项目立项,桥林、星甸街道综合服务中心获得市地理标志类项目扶持。举办集成电路产业专场知识产权质押融资银企对接会,推进南京集成电路产业知识产权联盟建设。立项南京市知识产权区域能力提升计划项目,获得资金支持130万元。

【知识产权保护】 开展知识产权保护交流协作,参加154家县域知识产权保护跨区域协作协议签署。编印《浦口区拟上市企业科创属性评价汇编》,建立区域重点企业知识产权保护名录和辖区重点市场关注名录,开展杭州亚运会知识产权保护专项行动、2023年地理标志专用标志使用专项检查和“蓝天”行动专项整治。深化南京集成电路产业知识产权联盟和知识产权工作站建设,服务企业1570家,组织培训18场,完成需求处理207项。受理投诉咨询72件,成功调解知识产权纠纷案件32件。

【知识产权共享】 围绕建设江北一体化知识产权共享体系,与江北新区签订《打造知识产权综合服务共享体系,助推两区高质量发展合作协议》。两区建设的服务平台互利共享,重大活动相互助力,在共建体制机制、共享创新资源、企业知识产权能力提升三方面共享知识产权全程在线服务,推进知识产权集成服务能力建设。《建设江北一体化知识产权共享体系》项目被选送至市商务局,参与自贸试验区项目“一区一件事”项目评审。

【第五届紫金知识产权国际峰会分论坛】 9月10日,第五届紫金知识产权国际峰会“知识产权赋能集成电路产业高质量发展”分论坛在浦口区举办。浦口开发区作浦口集成电路产业情况介绍。举行知识产权质押融资银企合作签约仪式、集成电路领域政产学研协议签订仪式和知识产权合作协议签订仪式。主题演讲环节,4位专家聚焦产业发展热点交流经验、分享智慧。与会专家就知识产权如何助推产业高质量发展开展主题讨论。

（孙玥　吴梦颖）

【浦口开发区被确定为2023年度江苏省知识产权建设示范(园区)】 12月18日,省知识产权局发布《关于确定江苏省知识产权建设示范(县域、园区)的通知》,浦口开发区被确定为2023年度江苏省知识产权建设示范(园区)。截至年底,浦口开发区拥有国家知识产权示范企业1家、优势企业2家。完成知识产权贯标备案企业84家,其中通过第三方认证或省绩效评价企业65家。获国家专利优秀奖3项、省级专利奖3项。截至9月,园区累计有效发明专利拥有量792件,同比增长27.54%。(浦口开发区)

社会信用体系建设

【概况】 2023年,归集双公示信息1525条,其中行政许可信息1161条、行政处罚信息364条,入库率100%。实施个人信用审查187人次、企业信用审查1561家。

【政务诚信建设】 在工业企业安全风险、粮食、食品安全、劳务派遣等20个行业和领域制订信用分级分类监管方案。将政务诚信建设纳入街道综合考核体系,在政务、财政、就业、物业、公共卫生等10个方面建立公开承诺制度,引导村(居)委会就遵守法律法规、落实奖励扶助政策等作出承诺并诚信履约,健全政府基层单位投诉举报反馈机制,定期组织开展街道、基层组织失信专项治理。在政府采购、招标投标等重点领域应用信用报告,企业通过"信用南京"和"我的南京"App等在线渠道自主申请并出具信用报告。加强政府失信处理机制建设,对涉及政府机构未履行生效裁判案件进行排查,建立多部门联动工作协调机制,推动案件清理整改。加强政府工作人员诚信建设,在干部提拔、评先评优中应用信用审查,区信用办和区委组织部联合开展公务人员政务诚信教育活动。

【农村信用体系建设】 联合人民银行浦口支行、区农业农村局开展"三信"评定试点。3月,举办首届"信用户、信用村(社区)、信用镇(街道)"授牌授信暨第二届"三信"评定启动仪式。组织涉农银行对获得"三信"称号的单位优先享受"信易贷"绿色通道,助力缓解"三农"融资难题。申报全省农村信用体系建设工作试点,完善农村信用体系建设,发挥信用助推普惠金融发展和助力基层社会治理的作用。

【失信治理与修复】 落实《江苏省社会信用条例》《南京市社会信用条例》,督促区城市管理局、区交通运输局、区市场监管局等部门,加强对行业领域失信主体的诚信宣传教育,对市场主体失信行为进行认定,推行信用修复告知和失信行为认定"两书同达"工作机制。告知企业关于信用修复的相关政策、办理流程、需提交资料等事项,引导企业增强信用意识,修复失信行为,加快重塑企业信用。

【融资信用服务】 区信用办、区金融监管局联合召开融资信用服务工作推进会,举办面向个体工商户的专题融资信用服务平台对接会8场,引导各街道和园区中小微企业在南京市融资信用服务平台注册、选用产品及服务,做好"信易贷"政策宣传,融资信用服务平台新增注册企业5187家。

【"信易+"应用场景建设】 在永宁街道河岸花海景区开展"信易游"活动。遴选一批诚信商户进入景区,推行信用承诺管理模式,景区内商铺全部签订诚信经营承诺书,以信用承诺约束不文明行为;推进"信易游"惠民工程,对进入景点参观的南京市"诚实守信好市民"给予门票免费优惠,市民在景点入口处出示"我的南京"App个人信用正面信息,即可免票入园。《"信易游"让好信用"畅游"浦口》入选第五届"新华信用杯"全国优秀信用案例,获南京市2023年度信用工作优秀案例示范奖。区城市管理局创新应用"信用+执法",以信用赋能垃圾分类,用志愿服务替代处罚,《以信用赋能垃圾分类》案件获南京市2023年度信用工作优秀案例优秀奖。

(陈春)

·文稿编辑 刘廷峰·

经贸合作

招商引资

【概况】 2023年，完善招商机制，制定《浦口区产业链招商“七个一”工作机制推进措施》，落实全市招商引资推进大会精神，开展“双晒双亮”（晒发展速度、晒经济贡献，亮项目建设、亮服务效能）行动，项目数量、质量和体量实现新突破，全区签约亿元以上项目153个，其中百亿级项目1个、10亿~100亿元项目11个，签约项目投资总额639.06亿元，实际投资总额231.49亿元，实际使用外资8490万美元。推动全员招商，出台《浦口区全员招商引资项目管理办法》，全区60余家部门提供有效招商项目信息768条，签约项目96个，总投资167.11亿元。拓展招商方式，强化“一把手”招商，围绕集成电路、人工智能和数字经济等重点产业方向，赴中国香港、西安、上海等地招商28次，拜访中交高新科技产业发展有限公司、沐曦集成电路（上海）有限公司、锦湖（中国）轮胎销售有限公司等企业100余家，全年开展小分队招商、中介招商等招商活动430余次。提升活动成效，举办江北半导体上下游产业链企业交流会、浦口集成电路投资峰会、2023（南京）扬子江集成电路创新发展大会等重点招商活动59次，中交智慧港、龙大5G数智基地等项目集中签约。深化“拿地即开工”“竣工即验收”等特色做法，华府（南京）跨境电商贸易项目实现当月洽谈、当月签约、当月注册，全年完成亿元以上注册项目113个，开工运营项目80个。招商工作获市级招商“目标任务进度奖”，在全市“五评五比晒五榜”中连续两次获“拼招商比成效”红旗激励。 （孔杰）

【江北半导体上下游产业链企业交流会】 3月9日在浦口开发区集成电路设计大厦举办。江北新区、浦口区领导，东南大学、南京邮电大学、南京大学等高校代表，以及浦口区、江北新区20余家半导体设计、封装、测试、装备企业代表参加。江北新区作江北半导体产业投资环境推介，芯爱科技（南京）有限公司、江苏芯德半导体科技有限公司、沐曦集成电路（南京）有限公司、南京芯驰半导体有限公司、尊湃通讯科技（南京）有限公司等企业代表介绍各自研发产品、特色技术、生产能力等情况。东南大学、南京邮电大学、南京大学等高校代表围绕需要政府解决的问题、上下游产业链需求、人才引进培养、未来发展思路等交流发言。企业家从技术参数、产品体系、应用场景、发展方向等角度探讨交流。

【浦口集成电路投资峰会】 3月14日，举办“凝芯聚变 创赢未来”第二届浦口集成电路投资峰会。浦口开发区、浦口高新区进行投资推介，与会嘉宾就“集成电路行业投资深度分析与展望”“国产半导体设备材料产业的探索前行”组织圆桌论坛，企业家和学者代表围绕行业热点进行主题演讲。

【2023（南京）扬子江集成电路创新发展大会】 9月19日，2023（南京）扬子江集成电路创新发展大会暨南京集成电路产业发展闭门交流会在南京国际博览会议中心举办。大会以“共谋共创，浦芯之光”为主题，由市政府指导，区政府、南京市集成电路产业专班、市商务局主办，浦口开发区、区商务局、区工业和信息化局承办，芯谋研究协办。浦口区推介投资环境，芯爱科技（南京）有

限公司董事长张垂弘、沐曦集成电路(南京)有限公司总经理王爽作重点产品发布,高通无线通信技术(中国)有限公司董事长孟樸、意法半导体(中国)投资有限公司总经理曹志平等集成电路产业领域专家和企业家进行演讲。浦口区17个重点项目集中签约,涉及芯片设计、封装等重点领域,总投资60余亿元。

(区融媒体中心　区商务局)

【金洽会浦口区文旅招商专场推介会】 9月26日在南京四方酒店·傲途格精选举行。11个项目集中签约,涉及度假酒店、运动研学、农文旅融合等类型,总投资13.88亿元。其中,珍珠泉度假区与江苏第二师范学院生化学院达成战略合作,在老山景区合作打造昆虫多样性监测样地及野外实习基地,深化生物多样性研究。企业代表围绕浦口营商环境、旅游资源、文旅项目运营交流发言。活动发布"大美老山"生物多样性图册和珍珠泉度假区泉小虎IP及动物幼儿园,展示28个拟对外招商项目。(区融媒体中心)

对外贸易

【概况】 2023年,外贸进出口总额274.3亿元,实际使用外资8490万美元。跨境电商企业7家,进出口交易额12.59亿元。落实外经贸政策,制定《浦口区推动服务业高质量发展扶持政策》,开展线上线下政策宣讲会19场,组织企业开展各项资金申报,拨付进口贴息、境外投资、开拓国际市场机票补贴、出口信用保险4批外经贸资金8987.35万元,惠及企业28家次。培育外贸新业态,协助浦口高新区相关平台申报跨境电商产业园,开展跨境电商业务培训34场。依托会展平台,搭建企业走出去拓展业务桥梁,向企业提供境内外展会信息249条,组织企业参加北京服贸大会、全球服贸大会,搭建中国(南京)国际电商产业博览会浦口专区,助力企业开拓市场。新增基本半导体(南京)有限公司、南京宽能半导体有限公司等外贸主体企业23家。走访6家重点外资企业,宣传递延纳税政策,鼓励外资企业以利润增资扩股,推动东爵有机硅(南京)有限公司、江苏信宁新型建材有限公司到资2350万美元。指导企业填写变更信息报告,促成芯爱科技(南京)有限公司504万美元纳入实际使用外资统计。协助光大工业废水处理南京有限公司、东爵有机硅(南京)有限公司申报2023年省级商务发展专项资金100万元。

【跨境电商】 全区有跨境电商企业7家,其中浦口开发区4家(南京津慧贾科工贸有限公司、南京麦科斯电气设备有限公司、南京丝享家服饰有限公司、南京大蜻蜓供应链管理有限公司)、浦口高新区3家(江苏攀达跨境电子商务有限公司、江苏良旭智能科技有限公司、南京大佑贸易有限公司),实现进出口交易额12.59亿元。浦口高新区获批南京市跨境电子商务创业创新孵化基地试点,入驻国际贸易、进出口等企业30余家,创业服务团队30人,具备创业孵化运营、团队组织架构完善、项目引进、创业孵化、系统开发、科技服务、电商运营等综合管理能力。基地组织跨境电商线上线下培训34场,促进企业"互联网+外贸"发展,拓宽海外营销渠道,打造外向型经济增长点。浦口高新区实现跨境电商进出口交易额10.84亿元。

【外贸服务】 搭建企业交流平台,推进企业走出去开拓国际市场。组织南京伟测半导体科技有限公司、南京科邦物流有限公司等20家企业参加全球服贸大会,组织60家企业参加第六届进博会。发挥政策引导作用,组织南京依维柯汽车有限公司、南京睿晖数据技术有限公司等企业申报中央外经贸、市服务贸易(服务外包)专项资金183万元。结合自贸区联动发展机遇及政策,引导、培育更多服贸、服务外包企业参与国际市场竞争。跟踪服务全区服务业、外贸进出口、服务贸易、服务外包、离岸服务外包、对外承包工程等重点服贸企业,推进企业创新发展。省服务外包系统填报服务外包执行额9883.5万美元,其中离岸执行额7400.9万美元。(孔杰)

【南京跨境电商数字生态创新大会】 11月3日,南京跨境电商数字生态创新大会暨2023TikTok Shop卖家(南京站)启动大会在浦口高新区举办。大会由市商务局指导,区商务局、浦口高新区主办,南京跨境电子商务行业协会、TikTok Shop承办,跨境电商领域专家、企业代表等100余人参加。元宇宙跨境电商产业服务中心成立,为加入元宇宙跨境电商平台的商家提供支持和服务,通过共享资源和合作共赢,助力商家在

全球市场发展,线上元宇宙展厅亮相。 (何洪玲)

浦口经济开发区

【概况】 2023年,浦口开发区实现地区生产总值122.28亿元,可比价增长9%;一般公共预算收入53.28亿元;规模以上工业总产值385.58亿元;全社会固定资产投资213.66亿元,同比增长6.63%,其中工业固定资产投资160.31亿元,同比增长2.92%;外贸进出口总额245.6亿元,同比下降5.8%。新增"四上"企业27家。浦口开发区是全市打造集成电路产业地标、江北新区打造"芯片之城"的重要板块,产业规模保持全市第一位,其中台积电(南京)有限公司实现产值138.83亿元,同比增长29.16%。实施"智改数转"项目152个,完成52家企业"智改数转"诊断。南京绿芯集成电路有限公司获批第五批国家专精特新"小巨人"企业,6家企业获批省级专精特新中小企业。华天科技(南京)有限公司被认定为省级工程技术研究中心。南京老山药业股份有限公司获批农业产业化省级龙头企业。"四上"企业"首席质量官"取证率100%,实现园区全覆盖。在南京市"五拼五比晒五榜、勠力同心促发展"竞赛活动中2次摘得"拼开放比创新"红旗激励。浦口开发区入选2023年度江苏省知识产权建设示范(园区)。

【基础设施建设】 浦口开发区基础设施建设项目18个,计划总投资152.11亿元,当年计划投资20.13亿元。其中,生态环境建设项目4个,计划总投资6.09亿元,当年计划投资1.62亿元;市政公用基础设施建设项目11个,计划总投资131.51亿元,当年计划投资14.21亿元;安居保障建设项目2个,计划总投资12.11亿元,当年计划投资3.4亿元;拆迁项目1个,计划总投资2.4亿元,当年计划投资0.9亿元。

华天科技(南京)有限公司 浦口开发区供图

【产城融合发展】 系统分析现状土地效益,对桥林新城片区产业项目、产业配套和生活配套设施进行空间布局。开展工业园城市更新一体化咨询,优化桥林老工业园用地布局、成本测算、运营策略,形成中期成果。列入全区城建A类计划项目18个(续建13个、新建5个),当年计划投资20.13亿元。推进沿山大道西延、丁香路北延、丁香路南延、紫峰路南延、百合路南延、秋江路、林西路、丰子河路一期8条骨架路建设,总长34.1千米,建成21.5千米;推进云实路、双浦路、建兰路、兰北路、春藤路5条产业片区支路及地铁小镇内部5条道路建设,总长7.2千米,建成5.6千米。签约入驻品牌商户17家,芯城荟、兰桥汇等5个总建筑面积7.8万平方米的商业载体出租率70.37%。7个人才公寓出租3188套,保障4500余名企业员工入住。

【招商引资】 签约亿元以上项目107个,总投资405.74亿元,其中10亿元以上项目9个。完成投资150.09亿元,实际利用外资5030.69万美元。注册项目50个,开工运营项目40个。举办江北半导体上下游产业链企业交流会、校友企业高质量发展联谊会暨清华大学112周年校庆南京校友会庆祝活动、日韩境外专题招商、2023世界半导体大会、2023(南京)扬子江集成电路创新发展大会暨南京集成电路产业发展闭门交流会等招商活动10余场,搭建政府、企业、高校、人才等交流平台。

表11　2023年浦口开发区签约10亿元以上项目一览表

单位:亿元

序号	签约时间	项目名称	项目内容	总投资	投资方
1	1月4日	晶圆级先进封测基地	规划建设晶圆级先进封测生产线,生产Bumping、WLCSP、FO、TSV、SiP等集成电路晶圆级封装产品	100	华天科技(江苏)有限公司
2	3月17日	高档工业母机及智能制造装备研发制造基地	从事高档工业母机设计、研发、制造、销售以及智能制造装备技术开发、研究、制造、销售	10	南京工大数控科技有限公司
3	6月21日	龙大5G数智基地	从事通信设备研发、生产、销售及服务,主产品有5G基站、Mesh自组网、微波自组网、5G专网通信、信号屏蔽、信号放大、信号探测等设备	10	深圳东方龙大通信有限公司
4	6月25日	轨道交通综合智慧运维系统研发生产基地	提供计算机系统服务、人工智能应用软件开发、物联网应用服务、轨道交通运营管理系统开发、安全系统监控等服务	10	安徽鲸梦科技有限公司、南京轨道交通产业发展有限公司
5	6月29日	中尚恒业(南京)智能终端生产基地	引进现代化智能研发及生产设备,构建集智能终端主板、显示屏模组、智能终端产品及芯片封测生产线于一体的生产基地	53	尚恒实业有限公司
6	8月30日	汽车零部件研发生产基地	研发、生产乘用车及商用车线控转向器、车辆用线控减振器、车辆电控执行器等	10	理诚动力传控技术(苏州)股份有限公司
7	9月25日	中交智慧港项目	引入中交集团智慧产业园项目,构建以集成电路、高端交通装备等为主导的产业园区,完善上下游产业链条,形成区域主题产业集群	11	中交投资有限公司
8	11月2日	智能太阳能光伏组件制造基地	聚焦智能太阳能光伏组件制造,提供智能接线盒、储能电池以及智能充电站一体化解决方案	10	EZ Power Limited
9	12月11日	轨道交通高端智能运维装备产业化项目	牵引供电检测监测系统、工务工程、车辆工程检测监测系统、智能运维信息化管理系统等研发、生产、销售	10	成都唐源电气股份有限公司

【项目建设】 列入省重大项目2个,总投资272.5亿元,当年完成投资94.72亿元。列入市重大项目14个,其中续建7个、新开工7个,总投资396.16亿元,当年完成投资129.85亿元。列入区一号文A类产业项目55个,其中续建22个、新开工33个,总投资518.3亿元,当年完成投资153.24亿元。其中,南京华天存储及射频类集成电路封测产业化项目、芯德封装测试扩建项目、浩都电子元器件研发生产基地项目、华粤智能新能源产业基地项目、宝湾产城南京浦口智造园一期项目等25个项目投产,芯爱高端基板一期项目、江苏华天晶圆级先进封测基地项目等8个项目启动试生产或设备调试,长晶年产200亿颗新型元器件项目、伟测集成电路芯片晶圆级及成品测试基地项目等8个项目主体完工或部分封顶。

【科技创新】 净增高新技术企业44家,有效高新技术企业157家。科技型中小企业入库263

家。8家重点研发企业完成研发投入9.44亿元,同比增长19.48%。技术合同成交额12.82亿元。新增省级科技企业孵化器1家(高芯科谷电子信息孵化器)、市级科技企业孵化器1家(南京全赢科技企业孵化器),有省、市级科技企业孵化器9家。南京紫峰科技创业园、南京绿色低碳谷科技企业孵化器获评2022年度省级绩效考核B类(良好),南京科学城科技企业孵化器、高芯科谷集成电路孵化器、清研华科新能源孵化器获评2022年度市级绩效考核B类(良好)。3家企业获得4个国家级奖项认证:南京三乐集团有限公司专利入选第二十四届中国专利奖;南京宏泰半导体科技股份有限公司产品获中国生产力促进(创新发展)三等奖,入选"中国好技术"项目库(B类);南京方生和医药科技有限公司沙库巴曲缬沙坦钠片获国家药监局药品注册证。32家企业获评11个省级荣誉资质:江苏久吾高科技股份有限公司入围2023江苏民营企业创新100强,与华天科技(南京)有限公司共同获得江苏省优秀企业称号;华天科技(南京)有限公司获批新建省级工程技术研究中心;江苏九天高科技股份有限公司、南京睿芯峰电子科技有限公司等20家企业通过省民营科技企业备案;江苏久朗高科技股份有限公司入选2023年度省重点研发计划产业前瞻与关键核心技术项目立项名单;南京湃睿半导体有限公司、麦思卓微电子(南京)有限公司获评第十一届"创业江苏"科技创业大赛暨第十二届中国创新创业大赛江苏赛区优秀企业;南京百识电子科技有限公司、南京宽能半导体有限公司、中茵微电子(南京)有限公司入选江苏潜在"独角兽"企业;南京依维柯汽车有限公司、南京三乐集团有限公司获首届江苏专利优秀奖,江苏久朗高科技股份有限公司仲兆祥获首届江苏专利发明人奖;清研华科新能源研究院获江苏企业(研发机构)创新大赛新型研发机构专场选拔赛二等奖;南京绿野仙踪生物科技有限公司入选江苏省2023年度技术先进型服务企业;南京黎创智能装备有限公司、南京瑷卡测控技术有限公司、南京丙辰表面技术有限公司入选江苏省科技副总项目。9家企业获评4个市级奖项:华天科技(南京)有限公司入选南京市知识产权战略推进计划项目;南京科略环境科技有限责任公司、南京绿芯集成电路有限公司、南京天易合芯电子有限公司等6家企业入选市级工程技术研究中心;南京苏试广博环境可靠性实验室有限公司入选2023年度南京市科技服务骨干机构培育库;南京方生和医药科技有限公司入选南京市知识产权维权援助项目。

2023年,江苏久吾高科技股份有限公司入围2023江苏民营企业创新100强,获江苏省优秀企业称号　　浦口开发区供图

【重大产业项目集中开工】 1月30日,举办浦口区重大产业项目推进活动。上半年开工重大产业项目60个,总投资167.7亿元,涉及集成电路、高端交通装备和新材料等新兴产业。全面投产后,预计实现年产值130亿元,带动就业近9000人。

【上汽商用车中型多功能宽体轻客项目投产仪式】 2月28日在浦口开发区举行。上汽商用车中型多功能宽体轻客项目是上汽集团控股南京依维柯后的首个战略项目,总投资15亿元,产品同时涵盖燃油和新能源,达产后每年新增产量2.3万辆、产值40亿元、税收1.2亿元。

【19个项目竣工投产运营】 6月26日,浦口区2023年重大产

业项目竣工投产运营仪式在南京依维柯汽车有限公司举办。参加竣工投产运营仪式的重大产业项目 19 个(5 亿元以上项目 8 个),总投资 386 亿元,近八成项目为制造业。全面达产后,预计可实现年产值 208 亿元、税收 12.6 亿元,带动就业 1.36 万人。其中,总投资 5 亿元的集成电路芯片晶圆级及成品测试基地项目一期工程完成厂房装修改造 0.51 万平方米,搭建集成电路晶圆测试、芯片测试线,购置进口设备 120 余台(套)。达产后,预计晶圆年测试量 60 万片,成品年测试量 4 亿颗。 (浦口开发区)

【第四届商用车电动化与智能化论坛】 12 月 7 日举办。论坛由区政府、江苏省产业技术研究院主办,浦口开发区、清研华科新能源研究院、江苏汽车产业院士协同创新中心承办,江苏省汽车工程学会、清华大学南京校友会协办。清研华科新能源研究院与徐工集团研究总院签约,共建智能新能源动力联合创新中心。全国首个"光储充氢算"源网荷储一体化平台示范项目对外发布,该项目集氢—电—热算力中心于一体,多能互补,可实现清洁能源多载体多场景循环利用,是探索零碳产业落地的重要路径。中国科学院院士、清华大学教授欧阳明高发表主旨演讲,徐工集团上海研究院院长王佳、广西玉柴机器股份有限公司高级副总裁钟玉伟、北京清杉科技有限公司首席执行官张景利、常州易控汽车电子股份有限公司副总经理李中分别进行主题演讲。

(区融媒体中心)

浦口高新技术产业开发区

【概况】 2023 年,浦口高新区完成地区生产总值 31.93 亿元,同比增长 6.1%;一般公共预算收入 13.3 亿元,同比增长 43.8%;全社会固定资产投资 76.43 亿元;规模以上工业总产值 7.96 亿元,同比增长 4.3%;软件信息服务业营业收入 32.38 亿元,同比增长 15.9%。江苏中路信息科技有限公司和江苏省交通工程建设局联合申报的《江苏省交通工程建设绿色数据中心》项目获评 2023 江苏省"双化"协同转型发展典型案例。南京中孚信息技术有限公司申报的《基于零信任的商用密码应用改造方案》入选 2023 年江苏省信息技术应用创新优秀解决方案。

【基础设施建设】 列入 2023 年区一号文重点 A 类项目 12 个,其中续建项目 10 个、新开工项目 2 个,计划总投资 33.09 亿元,当年完成投资 13.99 亿元。智地街、智人街、新莱街、虎桥路南延、海桥路拓宽等 9 条道路竣工通车,嘉义路(台南路—浦乌路)开工,台北路、兰源路、云林路 3 条"断头路"建成通车。明发浦口通兴计算机科技创新大厦、浦口高新区南京集成电路国际城研发园(一期)、浦口高新区建设工程检测中心、审计大数据中心和浦口高新区人工智能产业园 5 个项目完成竣工备案。浦口高新区海科新寓经济适用房(拆迁安置房)E 区项目、海桥路配建高中、南京艺术学院附属中等艺术学校、园特路幼儿园等重点载体项目按时序推进。

【招商引资】 落实"大招商"工作机制,实施招大引强、精准招商等专项行动,以高质量的招商引资成效助力园区经济高质量发展。签约亿元以上项目 74 个,总投资 260 亿元。其中,5 亿元以上项目 9 个,总投资 68.97 亿元。

11 月 28 日,浦口高新区人工智能产业园项目竣工 陈炜摄

表12　2023年浦口高新区签约5亿元以上项目一览表

单位：亿元

序号	签约时间	项目名称	项目内容	总投资	投资方
1	1月3日	中建友安建工华东总部项目	发挥企业在资金、资质、业绩、施工、技术及专业等方面优势，打造华东总部项目，承接华东区域工程建设类业务，实现工程建设施工、投资、运营一体化管理，带动浦口高新区相关产业及上下游企业共同发展	5.20	中建友安建工（集团）有限公司
2	3月10日	江苏佳泽数字经济总部基地项目	建设大数据、人工智能、移动支付、智能物联网等核心技术产品研发、生产及全国数字化平台运营结算总部	6.00	江苏佳泽数字科技有限公司
3	3月15日	龙湖名晔商业综合体项目	规划建设商业、酒店及配套设施	15.92	南京名晔置业有限公司
4	3月16日	众芯邦电子雷管模组控制芯片项目	产品电子雷管专用延时芯片基于独立ASIC（专用集成电路）架构设计，在芯片逻辑运行时，状态机提供多重运行保护，提高芯片抗电磁干扰能力	8.50	江苏众芯邦软件科技有限公司
5	5月8日	湖远生命科学基因科技全球总部项目	从事高端生命科学仪器研发、智造，立足技术创新，完善国产基因测序产业链。项目包括Sanger测序仪研发生产基地、PCR研发生产中心、大型分子生物研发智造中心、设备大数据共享中心、海外贸易中心等	8.60	南京湖远基因科技有限公司
6	5月12日	华博药物制剂AI分析型数据库云平台研发项目	研发AI算法智能制剂评分系统，对制剂配方结合实验数据模拟药理进行评分，智能系统根据溶解度、崩解度等参数，药企选取评分较高的配方进行实验验证	8.75	宿迁华博生物科技有限公司
7	5月26日	电源管理芯片设计及功率器件产品研发项目	聚焦ACDC、SJMOS和锂电保护3条产品线，专注集成电路设计、绿色电源管理芯片和功率器件产品开发。以消费电子、工业类产品为主，涵盖ACDC、DCDC、SR、BMS、MOSFET等，应用于高端手机、WTS耳机、小家电、智能穿戴LED等终端	5.80	南京霍格微电子科技有限公司
8	6月16日	大建环境库底泥治理与绿色资源化利用项目	与河海大学开展深度产学研合作，研发河湖库底泥环保疏浚技术、绿色资源化利用、污染防治利用相关技术，在行业内推广，形成商业化应用。成立河湖库底泥炭捕捉和封存技术（CCS）研究院，重点打造CCS大数据云平台，把二氧化碳作为可继续使用的原料，在环保、工业、新能源领域实现广泛应用	5.10	南京大建环境科技产业发展有限公司

(续表)　　单位:亿元

序号	签约时间	项目名称	项目内容	总投资	投资方
9	7月24日	华瑞微第三代半导体(SiC、GaN)高性能功率器件区域研发总部项目	拟建成国内外市场布局的重要研发及运营平台,从事高性能功率器件半导体(SIMOS、IGBT 及 SiC、GaN 等)研发、生产及销售,计划五年内扩建二期晶圆厂、封装厂,打造功率器件 IDM 龙头企业	5.10	南京华瑞微集成电路有限公司

【项目建设】 重点产业建设项目21个,其中新开工项目12个、续建项目9个,计划总投资75.48亿元,当年投资22.52亿元,涵盖现代服务业、科技创新及社会事业类,包括南京银行科教创新园二期、颐高人工智能港、鲸安信息安全产业基地、鼎华总部项目等市、区重点项目。

【科技创新】 净增高新技术企业52家,累计有高新技术企业149家。技术合同交易额10.78亿元。新增科技型中小企业348家。高维持年限(11年以上)发明专利累计19件。完成知识产权融资项目18个,知识产权质押融资13617.9万元。新增贯标备案企业9家,贯标达标企业4家。

【人才聚集】 入选国家重点人才工程2人。入选江苏省"双创"人才1人、江苏省"双创"博士1人、江苏省科技副总1人。入选紫金山英才高峰计划1人、紫金山英才先锋计划高层次创新创业人才项目(市级)3人、紫金山英才先锋计划外国人才项目3人、南京市中青年拔尖(优秀)人才2人、南京最具成长潜力留学人员创业企业1家、南京留学人员科技创新项目择优资助计划2人。入选浦口区企业专家工作室项目2人、浦口区中青年拔尖(优秀)人才6人。

【国内首颗新一代高集成射频前端模组产品诞生】 3月,升新高科技(南京)有限公司推出新一代高集成射频前端模组(Phase8 L-PAMiD)产品FCX62985,这是国内首颗Phase8 L-PAMiD。该产品广泛用于智能手机、平板电脑、微型基站、无人机、毫米波芯片等,实现射频器件小型化、支持多个频段、降低成本等方面突破,填补国内空白,进入国际射频龙头Qorvo、Skyworks和Murata等相关产品同一阵营。

(何洪玲)

【全省首个无人机产业高质量发展实施方案发布】 9月25日,《南京市民用无人驾驶航空试验区核心区无人机产业高质量发展实施方案(2023—2027)》在浦口高新区发布。方案明确22条重点任务和8项保障措施,通过"三步走",打造亚太区域领先综合性无人机装备产业合作发展基地,是江苏省航空航天产业首个实施方案。全国领先的集"感、传、算、控"于一体的低空服务管理平台——南京市低空服务管理平台上线运行。该平台以5G网联通信、高精度导航定位、低空空域监视、低空气象服务、场景应用设施和低空服务为目标,支撑和保障各类无人机在长江低空空域中安全、有序、高效、协调、开放运行。浦口高新区和市海事局签署全面深化战略合作协议,和南京市红十字血液中心、南京医药集团签署应用场景共建协议。中航金城无人系统产业化项目、鲲志无人机应用硬件研发及教研培训项目、御风航空总部项目等7个产业项目签约,总投资20余亿元。

(区融媒体中心　浦口高新区)

【星起源(南京)科技有限公司获评第十二届中国创新创业大赛优秀企业】 9月27日,第十二届中国创新创业大赛新材料全国赛在长沙举办,星起源(南京)科技有限公司获评优秀企业。星起源(南京)科技有限公司专注于电磁与热防护材料领域,主要产品涵盖电磁波吸收材料、多功能一体化复合材料、电磁与热防护材料、电波暗室测试系统四大类。公司创始技术团队因吸波、防隔热材料的重大技术突破,获得2项国家科技进步三等奖(均为第一完成人),推动特种功能材料在国家航空航天相关领域的应用进程,解决领域"卡脖子"问题,打破国外技术垄断与封锁。

【中路交科科技股份有限公司入选第八批省级服务型制造示范企业】 12月11日，省工业和信息化厅公布第八批省级服务型制造示范企业名单，中路交科科技股份有限公司入选。该公司是一家在交通基础设施领域提供专业化工程咨询、科技产品及服务的综合解决方案供应商，围绕“研究+产业化”发展战略思路，提出“十年三步走”战略发展计划，通过全生命周期服务推动服务模式转型，面向用户需求研发创新产品。业务范围覆盖全国20多个省、市，实施超高韧性环氧树脂、高端沥青路面关键材料、公路建养智能化三大关键技术创新，促进交通行业技术进步。（何洪玲）

12月11日，中路交科科技股份有限公司入选第八批省级服务型制造示范企业　　浦口高新区供图

街道园区

【江浦街道总部经济园】 2023年，总用地面积3.58万平方米，总建筑面积12.7万平方米。园区有企业5家，分别为南京灿唐会计服务有限公司、大润发超市（南京轩润超市有限公司）、南京江北东南公寓管理有限公司、南京锦季酒店管理有限公司、南京同心众创企业管理有限公司。其中，南京灿唐会计服务有限公司和永宁街道联合打造永宁医疗康养产业园；大润发超市实现营业额1.53亿元，缴税429万元；南京江北东南公寓管理有限公司实现营业收入约1000万元；南京锦季酒店管理有限公司有客房88间、床位113张，实现营业收入1010万元；南京同心众创企业管理有限公司有在孵企业、项目285家（个）。（吴诗诗）

【星甸街道工业园区】 2023年，新增江苏禹泓达水务工程有限公司、南京沐迪磁业有限公司、江苏润邦焊接科技有限公司3家规模以上企业。新增南京康尼环网开关设备有限公司、南京抚坪再生资源利用有限公司、江苏博悦新能源科技有限公司、南京百纳福生物科技有限公司4家高新技术企业，高新技术企业总数22家。有购地工业企业74家。列入统计限额以上规模企业36家，实现工业总产值24.18亿元、销售收入26.18亿元、利税26111.44万元。（戴贤梅）

【永宁街道工业集中区】 2023年，有在地企业21家，其中厂房出租企业8家。有南京乾鑫电器设备有限公司、南京博路电气有限公司等高新技术企业7家。净增规模以上工业企业1家，规模以上工业企业总数12家，实现总产值13.03亿元、税收5788.1万元。（杨旻玥）

·文稿编辑　卢仕松·

制 造 业

综 述

【概况】 2023年,全区规模以上制造业企业完成总产值441.86亿元、主营业务收入431.53亿元、利税53.79亿元。新增规模以上制造业企业29家,全区有规模以上制造业企业310家。规模以上工业增加值增速同比增长9.5%,增速高出全市平均水平5.9个百分点。企业产销衔接良好,产销率98.5%。规模以上工业企业综合能源消耗51.22万吨,同比增长2.3%。省级绿色工厂企业3家。

(区统计局　区工业和信息化局)

表13　2023年浦口区主营业务收入2000万元以上规模制造业企业主要经济指标统计表

产业分类	年报企业数(个)	总产值(亿元)	主营业务收入(亿元)	利税总额(亿元)
一、交通运输制造业	34	57.53	57.29	1.67
1.汽车制造业	13	49.21	48.72	1.47
2.铁路、船舶、航天航空和其他制造业	21	8.32	8.57	0.20
二、电子信息制造业	79	230.56	221.42	43.21
1.计算机通信和其他电子设备制造业	66	227.65	218.45	43.17
2.仪器仪表制造业	13	2.91	2.97	0.04
三、医药食品制造业	17	11.51	10.40	0.22
1.医药制造业	6	4.07	2.86	0.14
2.农副食品加工业、食品制造业	11	7.44	7.54	0.08
四、新材料制造业	13	20.36	19.97	1.08
1.化学原料和化学制品制造业	5	5.97	5.96	-0.04
2.橡胶和塑料制品制造业	8	14.39	14.01	1.12
五、机电电器制造业	114	82.74	79.84	4.90
1.机电(含金属制品、专用通用设备制造业)	83	63.12	61.95	3.88
2.电气机械和器材制造业	31	19.62	17.89	1.02
六、其他制造业	53	39.16	42.61	2.71
1.纺织服装制造业	4	3.13	3.17	0.13
2.非金属制品制造业	31	27.86	30.59	1.22

（续表）

产业分类	年报企业数（个）	总产值（亿元）	主营业务收入（亿元）	利税总额（亿元）
3. 废弃资源综合利用业	2	1.11	1.10	-0.33
4. 造纸和纸品制造业	3	0.57	0.55	0.01
5. 印刷和记录媒介复制业	1	0.31	0.34	0
6. 石油、煤炭及其他燃料加工业	1	1.23	1.98	1.07
7. 其他制造业	11	4.95	4.88	0.61
合　　计	310	441.86	431.53	53.79

表 14　2023 年浦口区新增规模以上制造业企业一览表

序号	企业名称	序号	企业名称
1	南京益昂通信技术有限公司	16	江苏迅储科技有限公司
2	南京广晟源商贸有限公司	17	南京群选智能装备有限公司
3	南京今世鹏食品有限公司	18	南京叶航智能制造有限公司
4	南京钛净流体技术有限公司	19	南京雅文汽车科技有限公司
5	江苏依众达汽车有限公司	20	江苏先丰纳米材料科技有限公司
6	南京浦桥环保材料有限公司	21	南京飞恩微电子有限公司
7	南京长空科技有限公司	22	南京利顿纺织科技有限公司
8	百州制造（江苏）有限公司	23	阿佩泰克（南京）开关设备制造有限公司
9	江苏深农智能科技有限公司	24	南京科德睿电力电子科技有限公司
10	南京沐迪磁业有限公司	25	江苏之叶环保科技有限公司
11	江苏禹泓达水务工程有限公司	26	南京真芯润和微电子有限公司
12	江苏润邦焊接科技有限公司	27	南京苏胜天信息科技有限公司
13	南京瑞源给排水设备有限公司	28	南京智睿能源互联网研究院有限公司
14	南京品砼新材料科技有限公司	29	南京迪赛佳特信息科技有限公司
15	上越（江苏）工业技术有限公司		

（雷芳）

【智改数转网联】 加快培育当地服务商，推动全区制造业智能化改造和数字化转型能力水平整体提升。全区实施智改数转项目220个，覆盖规模以上企业220家。江苏芯德半导体科技有限公司、南京志卓电子科技有限公司等4家企业通过国家“两化”融合管理体系贯标认证。南京锦湖轮胎有限公司、华天科技（南京）有限公司通过江苏省智能制造示范工厂认定，实现浦口区省级智能制造示范工厂零的突破。开展规模以上企业智改数转免费诊断服务65家。32家企业通过省级星级上云企业认定。

【3家企业入选国家级专精特新“小巨人”企业】 9月9日，江苏润邦新材料集团有限公司、南京中孚信息技术有限公司、南京绿芯集成电路有限公司入选第五批国家级专精特新“小巨人”企业。江苏润邦新材料集团有限公司成立于2003年，主要产品是先进功能金属复合材料，主要应用于船舶海工、航空航天、军事装备、石化设备等行业，部分产品填补国内空白，并出口欧洲、中东等地。南京中孚信息技术有限公司成立

于2011年,是中孚信息股份有限公司的全资子公司,专业从事信息安全产品研发、生产、销售及安全服务,以“自主可控”打造全方位信创解决方案,主导产品涉及信息设备国产化、检查监管一体化、保密治理数字化、数据安全智能化、业务安全场景化、数字安全实战化六大核心业务方向。南京绿芯集成电路有限公司成立于2016年,是专业从事能源节约电源管理芯片研发、生产与销售的国家高新技术企业,是国内第一家结合第三代半导体功率、驱动及控制的芯片设计公司,拥有完全自主知识产权及众多著作权、专利等。 (刘海浪)

【新增2家国家级“独角兽”企业】 7月25日,第六届中国IC“独角兽”榜单发布,南京观海微电子有限公司、南京宏泰半导体科技股份有限公司2家企业入选2022—2023年度第六届中国IC“独角兽”企业。南京观海微电子有限公司成立于2017年,是一家专注于显示和模拟芯片领域的高科技企业,主要产品涵盖小尺寸显示驱动芯片(SDDI)、中大尺寸显示驱动芯片(LDDI)、显示驱动与触控一体化芯片(TDDI)、有源矩阵有机发光面板驱动芯片(AMOLED Driver)、电源管理芯片(PMU)等,同时布局Mini LED和Micro LED等新型显示领域。南京宏泰半导体科技股份有限公司是一家专注于半导体测试设备研发、生产、销售的高新技术企业,产品覆盖测试机、分选机等主要半导体测试设备类型,多种产品主要性能和指标达到国际同类产品水平并打破SoC测试设备国外厂商垄断局面,获得境内外授权专利140多项,其中发明专利近50项,获国家级专精特新“小巨人”企业等荣誉。

(区融媒体中心)

电子信息产业

【概况】 2023年,全区电子信息制造业规模以上企业79家,实现总产值230.56亿元、主营业务收入221.42亿元、利税43.21亿元。其中,计算机通信和其他电子设备制造业规模以上企业66家,实现总产值227.65亿元、主营业务收入218.45亿元、利税43.17亿元;仪器仪表制造业规模以上企业13家,实现总产值2.91亿元、主营业务收入2.97亿元、利税0.04亿元。集成电路产业实现营业收入216.53亿元,规模保持全市第一。 (雷芳)

【集成电路产业补链强链】 围绕全产业链发展思路,浦口开发区以台积电(南京)有限公司、华天科技(南京)有限公司、芯爱科技(南京)有限公司等龙头企业,以及江苏长晶科技有限公司、江苏芯德半导体科技有限公司等骨干企业为依托,打造集成电路产业“芯”高地。设计领域引进新能源汽车电池管理芯片设计研发总部、芯华集成电路设计人才培养等项目;制造领域总投资40亿美元的台积电一期1B项目产能快速释放;封测领域签约总投资100亿元的华天晶圆级先进封测基地项目,为浦口建成具有国际先进水平的集成电路封装测试生产基地提供重要支撑;材料配套领域引进芯飞智造创新产业园、半导体制造工厂设施设计运营中心、晶升半导体晶体生长设备生产及实验、半导体智能制造系统国产化研发等项目。

【第三代半导体产业链条搭建】 浦口开发区聚焦功率器件细分领域(碳化硅、氮化镓两大材料体系),助力重点项目落地建设,初

江苏芯德半导体科技有限公司　　浦口开发区供图

步构建涵盖衬底、外延、设计、制造、封测等主要环节的产业链闭环。上游原材料领域:总投资10亿元的百识电子第三代半导体碳化硅、氮化镓外延项目实现营业收入3310万元;总投资1.4亿元的国科半导体研究院项目主要生产高水平的锑化物外延片、锑化物II类超晶格外延片,完成展厅装修审计、超净间验收工程及办公家具安装。中游设计领域:南京国科半导体研究院分子束外延技术列入科技创新2030量子通信与量子计算机重大项目计划。下游器件制造领域:总投资30亿元的桑德斯大功率半导体硅和碳化硅芯片、器件研发生产项目厂房和动力站结构封顶;总投资10亿元的宽能6英寸硅基器件专业代工项目基本完成设备调试。

【华天科技(南京)有限公司】 华天科技是中国半导体封测行业领军企业,在全球集成电路封装行业排名第六位。1月28日,入选2023年江苏省智能制造示范工厂名单。10月12日,获江苏省优秀企业称号。公司拥有大直径晶圆减薄技术、大尺寸芯片粘片技术、低弧度长引线高密度金丝铜线球焊技术、薄形大面积塑料包封技术等集成电路高端封装技术,在国内处于领先水平,并具有自主知识产权。具备晶圆中测、成品电路测试及DIP/SDIP、SOT、SOP、SSOP、TSSOP/ETSSOP、QFP/LQFP/TQFP、QFN/DFN、BGA/LGA、FC、MCM(MCP)、SiP、WLP、TSV、Bumping、MEMS等系列集成电路规模生产能力。截至年末,有员工4500人。实现产值29亿元,同比增长61.74%。

【宽能6英寸硅基器件专业代工项目开工】 1月开工,12月基本完成设备调试。项目计划总投资10亿元,租赁中科创新产业园约1.4万平方米的B10、B11标准化厂房,建设专精于金属氧化物半导体场效应管(MOSFET)功率器件代工厂,具备先进工艺开发能力。项目投产后,预计年产6英寸MOSFET功率器件晶圆片9.2万片,年产值2.5亿元,税收1500万元,新增就业100人。

【江苏华天晶圆级先进封测基地项目开工】 3月开工,12月设备进场安装调试。项目一期占地面积16.93万平方米,计划投资9.5亿元,总建筑面积15.5万平方米,建设集成电路晶圆级封测生产线,生产Bumping、WLCSP、FO、TSV、SiP等集成电路晶圆级封装产品。达产后,预计月产集成电路晶圆级封装9万片,年产值18亿元,年税收1.1亿元,带动就业880人。

【伟测集成电路芯片晶圆级及成品测试基地项目主体封顶】 8月8日主体封顶。项目总投资9亿元,占地面积3.08万平方米,总建筑面积5.5万平方米,建设主车间、动力中心、实验楼及配套设施,主要从事集成电路芯片晶圆级测试、成品测试及测试程序开发,可测试6英寸、8英寸和12英寸集成电路。达产后预计年测试晶圆80万片、芯片20亿颗,实现年产值超10亿元。

【南京长晶半导体新型元器件生产基地项目主体工程封顶】 11月6日封顶。由江苏长晶浦联功率半导体有限公司投资建设,总投资9.5亿元,总建筑面积12.9万平方米,建设生产厂房、动力中心、库房等,主要生产表面贴装的半导体分立器件和功率器件。建成达产后,预计年产器件200亿颗,年产值12亿元,税收5000万元,新增就业岗位1200个。

【芯爱集成电路封装用高端基板项目试生产】 12月试生产。项目投资45亿元,总用地7.67万平方米,建设CPU、GPU、AI、FPGA、5G、自动驾驶和网通产品等高端封装制程生产线。投产后预计年产值不低于10亿元,年产约145万片FCCSP(晶片尺寸覆晶基板)和FCBGA(倒装芯片球栅格阵列器件)。 (浦口开发区)

交通运输制造业

【概况】 2023年,全区交通运输制造业规模以上企业34家,实现总产值57.53亿元、主营业务收入57.29亿元、利税1.67亿元。其中,汽车制造业规模以上企业13家,实现总产值49.21亿元、主营业务收入48.72亿元、利税1.47亿元;铁路、船舶、航天航空和其他制造业规模以上企业21家,实现总产值8.32亿元、主营业务收入8.57亿元、利税0.2亿元。

(雷芳)

【高端交通装备产业补链固链】 围绕高端交通装备产业链关键环节和缺失环节,浦口开发区开展靶向招商、精准招商,集聚上下游企业近100家,初步形成以新能源汽车整车及零部件、轨道交通车辆配件及服务配套、智能装备制造及材料配套为核心板块的整体产业链布局。加大产业链上下游企业对接、洽谈、引进力度,引进理诚动力汽车零部件研发生产基地、中交智慧港、工大数控智能制造装备研发制造基地、龙大5G数智基地、人工智能检测设备生产基地等重点项目,产业链条加速构建,集聚水平不断提高。

【南京依维柯汽车有限公司】公司是上汽集团和依维柯集团共同投资成立的国内著名商用车企业。占地面积84万平方米,建筑面积18.4万平方米,年产6万辆依维柯轻型汽车,实际产能可达9万辆。拥有依维柯产品平台和"温馨360"服务平台,产品覆盖物流、客货两用、专业改装、通勤商旅和军用五大领域,是国内用途最广泛、承载力最强、耐久性最好的欧系轻客。下设整车厂、动力总成厂、改装厂3个制造单元,拥有冲压、焊装、涂装、总装整车制造四大工艺及发动机、车桥、变速箱核心动力链。1月17日,南京依维柯全新得意轻客获第六届"运输人口碑高效创富全能轻客奖"。6月6日,获首届江苏专利优秀奖。至年末,公司在册员工2600余人,实现产值46.13亿元、利税2.7亿元。

【南京锦湖轮胎有限公司】 公司是锦湖轮胎(香港)有限公司投资兴建的大型轮胎生产企业。2023年,占地面积44.36万平方米,拥有轿车用子午线轮胎(PCR轮胎)生产线1条,与一汽大众、北京现代、盐城起亚、上汽集团、长城汽车、上海通用五菱等汽车厂家合作,产品远销170多个国家和地区。1月28日,入选2023年江苏省智能制造示范工厂名单。至年末,有员工622人,实现总产值12亿元、税收4918.09万元。 (浦口开发区)

新材料产业

【概况】 2023年,全区新材料制造业规模以上企业13家,实现总产值20.36亿元、主营业务收入19.97亿元、利税1.08亿元。其中,化学原料和化学制品制造业规模以上企业5家,实现总产值5.97亿元、主营业务收入5.96亿元、利税-0.04亿元;橡胶和塑料制品制造业规模以上企业8家,实现总产值14.39亿元、主营业务收入14.01亿元、利税1.12亿元。 (雷芳)

【江苏久吾高科技股份有限公司】 公司从事陶瓷膜、有机膜、吸附剂等新材料及装备的研发与应用,具有从新材料生产、成套装备制造到膜集成技术整体解决方案的完整业务链,在新能源、工业过程分离及水处理与资源化利用等领域得到广泛应用。9月26日,入围2023江苏民营企业创新100强。10月12日,获江苏省优秀企业称号。11月9日,工业和信息化部、水利部联合发布《国家鼓励的工业节水工艺、技术和装备目录(2023年)》技术支撑单位名单,该公司高盐废水资源利用集成技术项目入选。

(刘海浪)

【江苏润邦新材料集团有限公司】 2023年,公司生产哈氏合金/钢、钛/钢、钛/铝、铜/钢、钽/钢、不锈钢/钢、铜镍合金等金属复合材料,以及堆焊、增材制造工业阀门、法兰、管道、管件等耐腐蚀耐磨材料。加强与南京理工大学等高校产学研合作,开展高性能功能金属复合材料以及特种异质金属构件电弧复合增材产品的研发和制造。9月9日,被工业和信息化部评为第五批国家级专精特新"小巨人"企业。年内,获2023年度南京市集体协商质效评估三星级企业称号。

(刘海浪 戴贤梅)

机电电气产业

【概况】 2023年,全区有机电电器制造业规模以上企业114家,实现总产值82.74亿元、主营业务收入79.84亿元、利税4.9亿元。其中,机电制造业规模以上企业83家,实现总产值63.12亿元、主营业务收入61.95亿元、利税3.88亿元;电气制造业规模以上企业31家,实现总产值19.62亿元、主营业务收入17.89亿元、利税1.02亿元。 (雷芳)

【南京恒威防护设备有限公司】2023年,公司加强与中国标准化研究院、东南大学、南京航空航天大学、陆军工程大学等单位产学研合作。自主研发WZ-1排烟设备多波段综合伪装装置、特大型防淹防护门、人防工程智能化运维系统、竖向智能化门等产品。为南京地铁1号线北延、2号线西延、宁句线、徐州地铁2号线等工程生产、安装防护设备,完成省内500多个人防工程防护设备生产、安装。12月14日,入选2023年度江苏省专精特新"小巨人"企业。12月20日,获江苏省地下空间学会科学技术奖特等奖。

至年末，有员工100人，其中国家注册人防防护工程师6人，工程师以上职称人员10多人，各类专业人员50多人。实现工业产值1.38亿元，上缴税金825.86万元。

（戴贤梅）

智能电网产业

【概况】 2023年，全区智能电网制造业规模以上企业30家，实现总产值19.42亿元、主营业务收入17.83亿元、利税0.98亿元。其中，以南京大吉铁塔制造有限公司和南京乾鑫电器设备有限公司为龙头，上下游配套企业30余家，以生产输变电设备为主。

（雷芳）

【南京大吉铁塔制造有限公司】 公司是一家生产各种电压等级的输电线路铁塔、通信塔、钢管塔、变电站构支架等产品的专业企业。2023年，占地53万平方米，拥有角钢塔生产区、钢管塔生产区、热镀锌生产区、原材料库区、技术中心、行政管理区、生活服务区，年产能40万吨。至年末，有员工1000余人，其中技术管理人员128人，拥有总资产30亿元，实现工业总产值10.12亿元、税收3019.12万元。

【江苏宁亚特绿色环保电力设备研发生产基地项目开工】 11月开工。项目计划投资7亿元，总用地面积6.2万平方米，总建筑面积10.93万平方米，新建标准厂房、办公楼、研发楼、宿舍楼、地下停车场及相关辅助设施用房，购置机器人流水线、精密激光切割机、在线监测控制故障查找仪等设备50台。项目建成投产后，预计年产智能化环网箱1万台、智能化开关柜5万台、新能源变压器1万台、新能源充电桩100万台、新能源光伏逆变器30万台、开关柜微机保护装置10万台、配电自动化控制装置DTU、FTU、RTU 10万台，年产值超8亿元。

（浦口开发区）

南京大吉铁塔制造有限公司　　浦口开发区供图

医药食品产业

【概况】 2023年，全区医药食品制造业规模以上企业17家，实现总产值11.51亿元、主营业务收入10.4亿元、利税0.22亿元。其中，医药制造业规模以上企业6家，实现总产值4.07亿元、主营业务收入2.86亿元、利税0.14亿元；农副食品加工业和食品制造业规模以上企业11家，实现总产值7.44亿元、主营业务收入7.54亿元、利税0.08亿元。

（雷芳）

【江苏波杜农牧股份有限公司】 总部坐落于星甸街道工业园区，是一家集科研、生产、销售和服务于一体的反刍动物饲料生产企业。2023年，公司加大反刍动物饲料营养研发力度，成立波杜农牧研究工程中心，与南京农业大学、吉林农业科技学院、江苏省农业科学院、扬州大学、江苏农牧科技职业学院等合作，缩短研发周期，成功开发牛羊颗粒饲料，颠覆牛羊传统养殖模式，实现全程无草饲料喂养。12月14日，入选2023年度江苏省专精特新“小巨人”企业。至年末，设分公司10家，市场销售量100余万吨。总部有职工30人，实现工业产值3712万元，上缴税金162.26万元。

（戴贤梅）

【南京正济医药研究有限公司】 位于浦口开发区紫峰研创中心二期9号楼，拥有研发场地4800平方米。2023年，有员工100余人，其中专业科研及技术人员70余人。拥有研发中心2个（南京、苏州）、原料药生产基地2个（淮安、苏州）、制剂生产基地1个（苏州）、综合性高端生产制造基地1个（日照），实现研发、生产、销售一体化与规模化。公司专注于抗病毒类、抗肿瘤类、心脑血管类以及消化系统类产品研发与制造，

通过国家高新技术企业复审,建有市工程技术中心和企业技术研究中心,获评市级专精特新和创新型中小企业。（刘海浪）

【百家汇医健智能制造总部基地项目开工】 5月开工。项目位于浦口开发区,东至南京道广建筑模板有限公司,南至景天路,西至金鼎路,北至南京鑫埔建筑工程有限公司,计划总投资3亿元,占地面积2万平方米,总建筑面积3.3万平方米,建设标准工业厂房和生产生活配套辅助设施用房。项目以第三方医学诊断(设备、试剂、耗材)为先导,开展医疗器械、医疗冷链物流、智能检测等关联产品研发、生产和制造。预计年产值2.4亿元、税收1100万元,带动就业30人。

（浦口开发区）

其他产业

【概况】 2023年,全区其他制造业规模以上企业53家,实现总产值39.16亿元、主营业务收入42.61亿元、利税2.71亿元。其中,纺织服装制造业规模以上企业4家,实现总产值3.13亿元、主营业务收入3.17亿元、利税0.13亿元;非金属制品制造业规模以上企业31家,实现总产值27.86亿元、主营业务收入30.59亿元、利税1.22亿元;废弃资源综合利用业规模以上企业2家,实现总产值1.11亿元、主营业务收入1.1亿元、利税-0.33亿元;造纸和纸品制造业规模以上企业3家,实现总产值0.57亿元、主营业务收入0.55亿元、利税0.01亿元;印刷和记录媒介复制业规模以上企业1家,实现总产值0.31亿元、主营业务收入0.34亿元;石油、煤炭及其他燃料加工业规模以上企业1家,实现总产值1.23亿元、主营业务收入1.98亿元、利税1.07亿元;其他制造业规模以上企业11家,实现总产值4.95亿元、主营业务收入4.88亿元、利税0.61亿元。

（雷芳）

【江苏润邦智能车库股份有限公司】 2023年,投入科研资金68890万元,加大产品技术改装力度。产品涵盖九大类停车设备30余项子产品,为客户提供停车管理系统及停车设备相关产品配套、客户服务和技术支持。购置6台A6装备及检测设备,制造多系列智能立体停车设备。在18个省、直辖市和30余个地级市建立数百个标杆项目。获江苏省专精特新中小企业、江苏省正版正货承诺企业称号。截至年末,有职工80人,其中高级工程师4人。实现工业产值7100万元,上缴税金165.41万元。（戴贤梅）

【南京沐鼎节能建材有限公司】 公司是一家专业从事内置百叶中空玻璃研发、生产、销售的企业,主营产品有磁控中空内置百叶窗、电动内置百叶玻璃窗及三玻两腔中空内置百叶窗。2023年,公司专注于内置百叶玻璃制品研发、生产与销售,引进国际先进生产线和生产设备,拥有国家知识产权局批准专利40多项和江苏省高新技术产品认定。年产中空玻璃100万平方米以上,业务遍及全国20多个省、市,服务涵盖中国房地产100强企业。截至年末,有员工200余人,实现工业产值1.03亿元,上缴税金263.5万元。（戴贤梅）

·文稿编辑　卢仕松·

都市农业

综　　述

【概况】 2023年,实现农林牧渔业总产值82.48亿元,同比增长1.5%;实现增加值54.17亿元,可比增长2.5%。粮食作物播种面积4987.8公顷,总产量33292吨。发放种粮补贴665万元,兰花塘哈茨木霉菌生物有机肥示范田水稻测产亩产801.9千克,出米率71%,较全区平均出米率高5%。蔬菜播种面积6084公顷,总产量21.66万吨。生猪存栏1.91万头。水产养殖面积2413公顷,总产量20102吨。推进未利用耕地复耕复种533公顷,提升兰花塘"吨粮田"示范片建设水平,推进粮食生产无人化农场、"全程机械化+综合农事"服务中心等示范点建设,农业特色机械化率达75%以上。开展"两品一标"认证,新获绿色食品证书企业14家、绿色食品产品41个,绿色优质农产品占比77.99%。永宁街道创成省第三批五星级乡镇农产品质量安全监管机构。落实"惠企十条",发放资金323万元,培强新型农业经营主体。强化品牌推广,永宁青虾入驻盒马鲜生,"四季永宁"系列农产品登陆金鹰商超,培塑简诺龙虾、名文大米等电商典型,农产品网上营销主体农业电商208家,销售额13.7亿元。浦口区入选国家级农业现代化示范区创建名单,国家数字乡村试点终期评估排名全国第四,全国农业科技现代化先行县综合评估90分以上,连续两年获全省乡村振兴战略实绩考核第一等次第一名。　（钟倩）

【高效设施农业】 扶持高效设施农业(蔬菜园艺)项目9个,总投资2392.58万元。其中,现代农业发展服务中心承建连栋塑料温室3.24公顷,总投资1620万元;现代农业发展服务中心承建宽体大棚0.84公顷,总投资380万元;浦口区永泰家庭农场承建防鸟网4公顷,总投资61万元;浦口区金桥家庭农场承建防鸟网3公顷,总投资51万元;浦口区山香红家庭农场承建水肥一体系统4.33公顷,总投资40.77万元;浦口区邵之家庭农场承建水肥一体系统4.33公顷,总投资

表15　2023年浦口区农林牧渔业总产值、增加值统计表

分　行　业	总产值		增加值	
	绝对值(亿元)	现价增速(%)	绝对值(亿元)	可比价增速(%)
农业	45.01	2.8	34.07	2.8
林业	6.99	5.5	4.10	6.8
牧业	3.37	-5.4	1.39	2.1
渔业	18.97	-5.4	9.48	-3.3
农林牧渔专业及辅助性活动	8.14	12.2	5.13	9.3
农林牧渔业	82.48	1.5	54.17	2.5

（钟倩）

39.41万元;浦口区十里家庭农场承建喷滴灌系统7.33公顷,总投资34万元;南京念山文化发展有限公司承建喷滴灌系统7.6公顷,总投资72万元;南京桥丰农业发展有限公司承建无土栽培配套设施0.5公顷,总投资94.4万元。新增设施蔬菜、设施园艺面积43.32公顷。 (佟莹)

【智慧农业】 投入资金243.5万元,市级财政补助123.5万元,新建永宁街道通威水产科技有限公司水产养殖、永宁街道结庐东篱家庭农场樱花种植、星甸街道澎湃生态农业有限公司水产养殖、星甸街道石全家庭农场林果种植4个农业物联网技术应用示范点项目,通过传感器、数字高清视频监控、智能控制等设备,实现全面感知、可靠传输、智能处理,达到省本节工、高效集约、绿色低碳、提质增效的效果。全区农业物联网应用主体50家,传感器数量200多个。农业物联网有效数据量100余万条,数据有效率97.98%,位居全市第一。 (邢蓉)

【农产品品牌培育】 组织龙头企业、基地大户等开展绿色食品产品申报续展,新获绿色食品证书企业14家、绿色食品产品41个。至年末,有"两品一标"企业41家,其中绿色食品企业40家、有机食品企业1家。有绿色、有机产品140个,地理标志农产品1个。浦桥玉剑茶叶、老山蜂蜜、永宁青虾、名文大米、福联富硒大米、老山不老茶、本草龙虾、守兴西甜瓜等25家农业企业29个农产品获"浦食浦味"品牌授权,其中有机食品浦桥玉剑品牌入选2023年江苏农业品牌精品培育名单、"苏垦杯"第二届江苏省农业企业知名品牌30强。区域公用品牌"浦食浦味"设黎家营店、雨山路集散中心店、白马广场"一家墨店"、紫金文创园店、云园"梧桐语"店5家实体展示店。

【农产品质量安全监测】 制订年度监测工作计划,开展区级监督抽检和风险监测。区级监测1959批次,完成市定千人食品抽检率任务。其中,监督抽检183批次,风险监测1776批次,合格率99.3%,通过江苏省农产品追溯管理平台实时报送监测数据。举办全区胶体金快检培训班3期,区、街道完成胶体金快检14286批次,合格率99.8%,对3908个样品(种植业)进行农残仪速测抽检,抽检覆盖率、合格率均为100%。配合国家、省、市农业农村部门抽检样品560批次,全区没有发生农产品质量安全事件。

【农产品质量安全监管】 全区有监管人员39人、村协管员84人,村协管员每个季度巡查网格监管主体不少于1次。更新监管主体,开展移动监管,将日常监管巡查信息实时上传平台,检查生产经营主体5657家次,巡查覆盖率100%。对入网监管的1088家生产经营主体开展信用评价,其中A级诚信生产主体28家、B级791家、C级263家、D级6家,按照评价结果实施分级分类监管。举办区级入网监管专题培训班,指导入网主体开具食用农产品合格证,开具追溯标签148.07万张,入网主体常态化打印合格证或追溯标签比例100%。举办区级追溯平台操作系统专题培训班,指导首批10家应用市级农产品生产记录登记系统的示范主体正确使用电子生产记录。 (朱威)

【农业综合行政执法】 开展渔政、农资打假、农产品质量安全、动物卫生监督、农机安全生产、森林资源保护、野生动物保护等执法。办结行政处罚案件293件,其中渔政176件、农资和农产品质量安全19件、动物卫生监督12件、农机安全生产17件、林业和野生动物保护69件,罚没款227.9万元,查办案件数量增长36%。检查农资经营单位147家次,出动执法人员479人次,完成农产品质量安全监督抽检省级42批次、市级20批次、区级180批次。开展长江禁渔多部门联合执法18次,街道、专项组出动检查巡查人员11236人次,劝导钓鱼爱好者规范垂钓1026人次,销毁禁用渔具、渔网、地笼、钓具等127套。组织农机手安全知识培训4期,参加培训266人。开展普法教育,发放普法宣传资料1100余份、长江禁捕宣传资料600余份。区农业综合行政执法大队在南京市2023年度职工技能大赛农业综合行政执法信息化技能竞赛中获团体一等奖,狄昌山、仝晨分获一、二等奖。 (封慕)

【农业科技创新体系建设】 建设全国基层农技推广体系改革与建设补助项目农业科技示范基地2个、省级现代农业产业技术体系示范基地6个、市农业科技产学研合作示范基地2个、创新项目5个、"一区一中心"平台3个。对接农业科研教学单位,组建专家团队7个,提高基地科技含金量,使基地成为农科教协作的重要载体、农业先进适用技术的展示窗口和农技人员开展指导服务的综合平台。　（吴佳慧）

【新型农业经营主体】　实施家庭农场培育计划,新增省级示范家庭农场4个、市级示范家庭农场10个。开展示范社创建,新增市级示范合作社5个。新增省级龙头企业1家、市级龙头企业16家、区级龙头企业8家。中央专项资金支持家庭农场22个、合作社4个,市级专项资金支持综合社1个。至年末,全区有家庭农场796个(含种养大户147个),其中各级示范家庭农场239个(省级39个、市级49个、区级151个)。获省百佳家庭农场6个,获南京最美家庭农场、南京美丽家庭农场10个。工商登记注册农民专业合作社319个,其中各级示范合作社76个(国家级6个、省级10个、市级20个、区级40个)。农业产业化龙头企业71家,其中省级6家、市级31家、区级34家。农业产业化联合体11个,其中省级3个、市级8个。

（邵晨）

【浦口区家庭农场服务联盟】整合涉农补贴资金,在育苗育种、技术培训、生产管理、机械化服务等方面给予会员支持,保障家庭农场持续发展。与紫金农商银行、南京银行、江苏银行开展金融惠农合作,推出针对家庭农场的贷款优惠及金融服务套餐,每家会员单位申请贷款额度约50万元,帮助200多户低收入户实现创业就业。浦口区家庭农场联合会新增专业产业团队1个,吸纳主体会员20户。探索"互联网+"农产品出村进城机制,在抖音平台开展浦口区家庭农场联合会农产品专场推荐活动。组织抖音团队深入会员基地,开展农产品直播6场,农产品电商平台销售量180吨,销售额600万元。线上线下开展技能提升培训5期,受训300多人次。获江苏十佳家庭农场服务联盟称号。　（姜德金）

【农业保险】　扩大农业保险覆盖面,在29个农业保险险种基础上,新增浦口区地方财政补贴性内塘青虾养殖保险。水稻、小麦、玉米保险承保面积4760公顷,增长12.28%。高效设施农业保险涵盖设施大棚、蔬菜园艺、林果、水产、畜禽养殖、公益林、生猪期货、野生动物、内塘青虾等险种,收到6123户次保费4789.35万元,区级以上财政承担70%。受理农业保险案件1383件,增长8.13%。理赔金额3777.99万元,下降33.5%。户均理赔金额0.75万元,下降45.71%。理赔支付到位率100%。　（檀时山）

种　植　业

【概况】　2023年,全区农作物播种总面积13364.3公顷,同比增长22.2%。其中,粮食作物种植面积4987.8公顷,增长2.1%;经济作物种植面积8376.5公顷,增长12%。小麦以杨麦33、杨麦34、宁麦13和镇麦系列为主,水稻以南粳46、南粳5055、徽两优丝苗为主。主要农作物病虫害专业化统防统治面积3069公顷,绿色防控覆盖率65.33%。实施水稻绿色高质高效创建千亩核心示范片建设4个,实产验收亩产713.2千克,比全区水稻平均亩产增长24%。兰花塘高标准农田水稻高产田块单产801.9千克。实施机插核心面积280公顷,占水稻总面积的12.2%。

【粮食生产】　印发《关于印发浦口区2023年实际种粮农民一次

兰花塘高标准农田　　滕宏飞摄

性补贴发放实施方案的通知》《关于印发浦口区2023年稻谷补贴工作实施方案的通知》《关于做好2023年度浦口区粮食种植补贴发放工作的通知》《关于印发浦口区2022年新增水稻种植面积和大豆连片种植补贴工作实施方案的通知》,保障农户种粮基本收益,稳定粮食产能。粮食作物种植面积4987.8公顷,总产量33292吨。其中,夏粮种植面积1351.7公顷,产量6817吨;秋粮种植面积3636.1公顷,产量26475吨。小麦种植面积1320公顷,产量6734吨,增长6.1%。水稻种植面积2284.1公顷,产量19693吨,增长0.9%。玉米种植面积580公顷,产量3828吨,增长4.6%。大豆种植面积600公顷,产量1695吨,增长7.8%。兰花塘小麦施用南京百特公司研发的二氢卟吩铁植物生长调节剂,高产田块单产541.24千克。水稻施用南京农业大学沈其荣院士团队哈茨木霉菌高产技术,高产田块单产801.9千克。水稻获全省高产竞赛第八名。

【油料生产】 油料作物种植面积1648.9公顷,产量3789吨。其中,油菜面积1584.3公顷,产量3592吨;芝麻、花生面积64.6公顷,产量197吨。建设桥林街道兰花塘高标准农田油菜绿色高效示范片1个,面积1.5公顷,通过推广"四新"技术,实现油菜单产228.5千克,排名全省第八、全市第一。(朱巨云)

【瓜果生产】 西甜瓜播种面积446.67公顷,产量2.39万吨。其中,西瓜播种面积366.67公顷,产量2.03万吨;香瓜(甜瓜)播种面积80公顷,产量0.36万吨。在第五届江苏"好西(甜)瓜"品鉴推介会中,浦口区胡守兴家庭农场、浦口区浦桥乡果家庭农场获小果型西瓜组特金奖,浦口区邵贤豹家庭农场获中大果型西瓜组、甜瓜组特金奖。在2023年南京市优质葡萄评比大赛中,浦口区乐水庄园家庭农场"妮娜皇后"获特等奖,"阳光玫瑰"获金奖;浦口区蓝美生态农业园"阳光玫瑰"和"妮娜皇后"获特等奖;南京简易农业科技有限公司"阳光玫瑰"获特等奖。在南京市第二届最好吃番茄擂台赛中,南京桥丰农业发展有限公司"粉玲珑"、浦口区胡守兴家庭农场"味美佳"获小果组、大果组特等奖,南京桥丰农业发展有限公司"艳玉"、浦口区滕之武家庭农场"青蜜"获小果组金奖,南京宁永现代农业发展有限公司"粉精灵"获中果组金奖。(佟莹)

浦口区乐水庄园家庭农场"阳光玫瑰"葡萄

区农业农村局供图

【单产提升攻关技术】 对接南京农业大学姜冬团队,推进5个千亩小麦攻关田建设。通过适期、适量、精量播种,规范化和标准化种植,分析田块农情差异和播种新技术成效,对不同田块开展苗情诊断,提出施肥建议。开展沟系检查和清沟理墒。科学指导各基地做好冬季化学除草等工作,核心片区攻关单产500千克,整体单产不低于400千克。对接江苏省农科院胡茂龙团队,推进4个油菜攻关田建设。引进优质高产宜机化品种宁杂1818、宁杂182、宁R101,熟化机械条播技术,示范推广无人机飞播技术和苗期"一调三抗"促平衡技术,苗期施用尿素和喷施生长素类调节剂,促进弱苗生长,对于早播早栽的大苗、旺苗及时喷施多效唑、烯效唑等生长抑制剂控旺。核心片区攻关单产225千克,整体单产不低于200千克。与南京农业大学沈其荣院士团队合作,建设水稻高质高效攻关田5个,攻关哈茨木霉菌高效技术。与南京农业大学李刚华教授团队合作,建设水稻高产示范方8个。南粳水稻高产田块单产801.9千克,稻米食味值89分。（马保庆）

蔬菜园艺业

【概况】 2023年,全区蔬菜播种面积6084公顷,产量21.66万吨。茶园种植面积933.33公顷,产量98.1吨,其中绿茶98吨、红茶0.1吨。果树种植面积440公顷,产量0.83万吨。其中,桃树种植面积113.33公顷,产量0.26万吨;梨树种植面积146.67公顷,产量0.18万吨;葡萄种植面积93.33公顷,产量0.22万吨。（佟莹）

【苗木产业转型发展】 新建永宁街道苗木特色镇1个、永宁街道侯冲社区苗木特色村1个。转型种植元宝枫等特色经济林果,汤泉街道泉鑫农业发展专业合作社与省农业科学院休闲农业研究所合作建设元宝枫科研实验及育苗示范基地13.33公顷,引进种植元宝枫苗木1.6万棵,发展木本油料产业。利用林下空间开展林下种植、养殖,打造林下经济等特色产业。新建泉鑫农业发展专业合作社、麦浦园林景观建设工程有限公司、墨香园生态农业专业合作社、万成生态园林有限公司、十里家庭农场、老山平坦林业有限公司6个区级林下经济示范点。结合全国农业科技现代化先行县项目,与南京农业大学实施林下复合生态种养技术集成与示范工程,集成与示范林—禽、林—药、林—茶生态复合种养关键技术,打造万成生态园林有限公司、野蔷薇农业科技有限公司、丰鲜乐活农业开发有限公司、求山家禽养殖专业合作社、老山生态农业开发有限公司5个林下生态复合种养示范基地。印发《浦口区高粱试点种植方案》,引导苗农转型种植高粱,提升土地资源综合利用价值。（仲梦梅）

【庭院经济】 结合苗木转型升级,因地制宜选择优势、特色产业,采用“村集体+合作社+农户”等合作模式,打造栀子花、无花果、多肉3个庭院经济项目,覆盖村(社区)3个、农户91户。江浦街道华光社区采用“村集体+农户”模式,响堂组、兴隆组40户农户利用边角地、抛荒地种植栀子花1000余棵。发挥响堂栀子花基地辐射作用,通过线上线下购物平台,帮助村民拓宽销售渠道,依托“我们的节日·端午”文化传承基地,举办栀子花大会,“新村民”联名设计栀子花花盒,拓展栀子花经济,实现统一购销。永宁街道东葛社区以社区股份经济合作社为帮扶主体,组织3个组41户农户试点种植无花果300棵。定期开展技术培训,对农户提供上门技术指导服务,引导周边农户参与种植。借助“四季永宁”品牌,扩大无花果销路,盛果期带动每户年增收约1000元。星甸街道十里村采用“村集体+家庭农场+农户”模式,支持家庭农场探索种植技术、引进新品种,指导农户种植技巧。十里村何庄组、十里组10户农户开展多肉种植,家庭农场以50元/盆价格从农户手中回购,统一销售,户均收益约1.5万元。

（姜万梅）

林业

【概况】 2023年,全区绿化造林面积176.67公顷,其中新增造林3.33公顷、退化林修复和低效林改造53.34公顷、封山育林120公顷。完成森林抚育面积533.33公顷,建成省级绿美村庄3个。新建及完善农田林网控制面积1066.67公顷,四旁植树6万株,完成汤泉街道新金片区高标准农田景观提升建设工程,改造提升农田景观节点及周边林相,开展沿山体林缘景观提升工程。全区林木覆盖面积36820.71公顷,林木覆盖率42.75%,保持全省首位。建成老山珍七线森林步道6.2千米。强化林业资源保护,严格审批制度,上报审批项目37件,涉及林地面积79.58公顷。办理林木采伐审批事项18件,采伐蓄积量5971立方米。办理林业案件73件,其中毁坏林木案件7件、非法占用林地案件66件,涉案金额229.92万元。开展野生动物救助2次。（弓义）

【森林植物检疫】 区森林植物检疫站编写《浦口区苗木调运检疫先行告知书》《现场检疫打开土球告知书》,在检疫申请人报检时,要求如实填写森林植物检疫报检单,阅读2个告知书,将调运检疫操作流程和责任义务告知申请人。苗木产地检疫率100%,森林植物检疫证签发准确率100%,报检现场检疫率100%。开展森林植物检疫执法、监管17次,出动执法人员32人次,检查苗木花卉、苗圃基地8个,发放宣传材料600份。

【森林有害生物防治】 区林业站依托国家级林业有害生物中心测报点建设，开展松褐天牛、美国白蛾和杨树食叶害虫等重大林业有害生物监测预报，向国家林草局上报浦口区重大林业有害生物监测结果，在区内发布林业有害生物防治提示函6期。区森林植物检疫站获2023年度先进国家级林业有害生物中心测报点称号。清理受松材线虫病感染致死的病死树706株。开展美国白蛾和杨树食叶害虫防控工作，防治面积840公顷。 (郑爱春)

【绿美村庄建设】 区林业站投入150万元，对永宁街道侯冲社区杨家岗组、汤泉街道九龙社区上垅子组、桥林街道林蒲社区南云组进行绿美村庄建设。栽种、补植桂花、紫薇、樱花、榉树、鸡爪槭等乔木、灌木近2万株，建设公共绿地、休闲广场近2000平方米，实施庭院宅旁、道路农田水系周边、公共绿地等绿化，美化村庄环境，提升农村生态宜居水平。3个村组均建成省级绿美村庄。

(郑爱春 仲梦梅)

养殖业

【概况】 2023年，建设标准化生猪养殖场，稳定能繁母猪生产，实行养殖科学化、设施高效化，提高产品的商品率，满足市场需求。全区有生猪规模饲养场(户)7个，生猪出栏2.57万头，存栏1.91万头。有家禽规模饲养场(户)4个，家禽出栏7.55万羽，存栏3.6万羽。水产养殖面积2413公顷，水产品产量20102吨，实现渔业产值18.97亿元。免疫畜禽174.6万头(羽)，免疫犬狂犬病8214只，免疫率100%。完成非洲猪瘟、禽流感等重大动物疫病免疫抗体检测4580份、病原学检测2750份，检测结果均达省、市合格标准。完成水生动物疫病专项监测样品12个，检测结果均为阴性。开展水产品质量安全抽检343例，抽检合格率98.25%。

省级绿美村庄——桥林街道林蒲社区南云组 区农业农村局供图

【畜禽养殖】 开展"保险+期货"试点，扶持生猪规模养殖场标准化建设，稳定5个规模猪场存量，达到能繁母猪存栏0.21万头市定目标任务。推动畜禽粪污资源化利用，实现区域畜禽废弃物零排放、全消纳。实施畜禽养殖污染治理及粪污资源化利用整体推进项目，畜禽养殖实现规模化、标准化、生态化生产。投入822.95万元，实施标准化养殖场建设项目1个、畜禽粪污种养结合资源化利用与示范项目1个。完成畜禽粪污资源化综合利用监管平台建设和验收工作，实施畜禽粪污源头处理、运输、利用等远程监控，提高畜禽粪污综合治理水平，全区畜禽粪污综合利用率达97%以上。11个规模畜禽养殖场通过市级以上示范场复检，浦口区开平家庭农场获省级畜牧生态健康养殖示范点称号。

(周沁沁)

【水产养殖】 特色水产养殖面积2182公顷，占比90.43%。新建"太湖2号"青虾苗种繁育基地2个、"长江2号"河蟹苗种基地1个、克氏原螯虾新品种选育基地1个、罗氏沼虾保种基地1个、大口黑鲈保种基地1个，生产优质种苗51吨，产值800多万元。通过青虾、河蟹、克氏原螯虾3个省级产业技术体系示范基地，落地青虾专用配合饲料投喂、双龙虾轮养等科研成果12项，辐射带动面积1333公顷，设置生产试验点9个，试验面积7.33公顷。围绕"永宁青虾"国家农产品地理标志打通全产业链，实现养殖、冷链、加工、农文旅等全方位发展，开展永宁青虾直播带货活动4期，销售额101万元。完成规模连片养殖池塘生态化改造工程1813公顷,建设省级智慧渔业园区、数字渔场各1个,南京通威智慧渔业园获评全省农业领域数字化建设优秀案例。 (史先阳)

【畜禽免疫和监测】 免疫家禽禽流感171.2万羽、猪口蹄疫2.9万头、牛口蹄疫0.02万头、羊口蹄疫0.3万只、羊小反刍兽疫0.2万只,免疫率100%。免疫城市犬1698只、农村犬6516只。健全动物血吸虫病查治工作基础档案,监测牲畜100头次,"一粪三检"检测结果均为阴性,预防性服药50头。制订《2023年浦口区重大动物疫病监测方案》,完成各项免疫抗体检测4580份,其中禽流感2518份、鸡新城疫730份、猪瘟290份、高致病性猪蓝耳病250份、口蹄疫484份、小反刍兽疫308份。完成病原学检测2750份,检测结果均达到省、市合格标准。

(杜君 胡永玉)

【水生动物疫病监测】 开展水生动物重大疫病专项监测,监测样品12个,均为阴性。完成病害样品检测50个、药敏试验20批次,其中检测寄生虫样品4个、白斑综合征样品36个(阳性15个)、细菌性疾病样品10个,保存菌株10株,全部上交省水生动物疫病预防控制中心。举办技术培训班4期,培训411人次。开展规范用药科普宣传活动2场,发放水产养殖资料400份。

【水产品质量安全监管】 成立区水产品质量安全专项整治工作领导小组,印发《浦口区水产品质量安全专项整治行动方案》《浦口区水产品中地西泮药残专项治理实施方案》,出动执法人员98人次,检查水产养殖主体219家。开展水产品质量安全抽检343例,合格率98.25%。举办培训班5期,参加培训460人次。 (史先阳)

南京国家农创中心

【概况】 2023年,完成一般公共预算收入2298万元,实现营业收入6042.37万元,实际利用内资2.47亿元。签约亿元以上项目5个,总投资12.26亿元。发明专利授权量16件,有效发明专利拥有量52件,高维持年限(11年以上)发明专利7件,参与知识产权贯标企业10家,贯标合格企业3家。农芯(南京)智慧农业研究院有限公司、江苏思威博生物科技有限公司、南京小田网络科技有限公司等7家企业获农业产业化市级龙头企业称号。农芯(南京)智慧农业研究院有限公司、江苏思威博生物科技有限公司入选2023年江苏省专精特新中小企业名单。农芯(南京)智慧农业研究院有限公司获中国软件协会颁发的软件企业证书和软件产品证书。江苏思威博生物科技有限公司、南京思农生物有机肥研究有限公司入选江苏省知识产权局2023年度"正版正货"承诺企业名单。

【载体配套】 56万平方米科创载体投入使用。其中,总部企业区"北塔"首批入驻企业21家;完成农业科技研发区公共区域装修;人才服务配套区的人才公寓面向入驻企业团队提供安居服务,引入中高档酒店华住酒店集团;公共技术中心重点打造科研实验集群,建成农业农村部重点实验室4个,南京亥客技术有限公司、南京博睿迪生物技术有限公司、南京思农检测有限公司等企业预约入驻,拟建设科研实验室4354平方米。

【市场运营】 6个部级重点实验室纳入集团资产管理,以市场导向谋划运营工作。完成未米生物、迈泽裕丰、西鸽酒庄3个投资项目,推进设立10亿元浦信基金二期。承接省高素质农民培育项目、区农村集体"三资"管理培训班等培训活动6场。搭建科技成果转化线上平台"农创当康",对接淮安市淮安区博里镇、马鞍山市和县等地,集成推广入园企业创新技术产品。

【企业服务】 优化服务机制,建立企业服务专员、领导挂钩制度,定期开展走访,解决企业需求100余条。举办农创人分享派·知识产权宣讲暨银企对接会,助力企业融资纾困。利用知识产权质押融资、信用贷等形式,协助南京思威博环保科技有限公司、南京新创蔬菜分子育种研究院有限公司等企业融资贷款3800万元。协助12位入园企业员工申请"新农人"来宁就业创业学费奖补34.4万元。完善"一站式"服务中心、智慧园区管理系统等服务平台功能,创建南京国家农创中心质量创新联盟。建成南京国家农创中心科技成果展示馆,集中展示推广入园企业核心技术产品。争取各级项目资金5032万元。组织入园企业开展申报近60项,获得资金奖补2149.5万元。《打造"青春创客"空间,激发企业高质量发展活力》项目获评浦口区十佳创新项目。新增高新技术企业13家,认定省科技民营企业2家、科技型中小企业92家、创新型中小企业12家,认定省科技副总2人,思威博江苏省有机废弃物资源化处理工程技术研究中心通过省工程技术研究中心认定。实现技术合同成交额9475万元。

【农业服务】 落地农业高科技应用场景10多个。其中,农业微生物菌剂中试研发平台建设哈茨木霉菌自动化发酵生产线,降低生产成本30%以上,预计年产哈茨木霉菌剂1000吨,实现销售收入5000万元。兰花塘高标准农田使用哈茨木霉菌后水稻亩产801.9千克,每亩增产150千克。循环水鱼菜共生示范基地建设项目将高密度养鱼与蔬菜种植相结合,预计每年实现销售收入2000万元。"百名干部破百题"项目《探索全区现代农业项目招商一体化机制》获评区级优秀案例。实施2023年省级农业重大技术协同推广计划,以桥林街道兰花塘高标准农田为项目实施地点,促进新技术、新产品、新服务在全省推广。

【招商引智】 对接客商400余批次,签约南京亥客技术有限公司、百特生物研发销售总部、南京靶向农药研究院等项目60个,其中亿元以上项目5个,重点在谈项目36个。沈其荣院士工作站揭牌,引进"钟山学者计划"特聘教授、光华工程科技奖得主周明国教授团队。召开全员招商大会,实施全员招商行动,编制《促进南京国家农创中心高质量发展若干政策实施意见(试行)》。赴荷兰、法国招商推介,与荷兰温室三角洲签署战略合作协议,赴北京、山东、广东、新疆等30多个省、市开展外出招商50余批次,以"一日一城市"的速度对接重点项目。举办、参加2023南京金洽会南京国家农创中心创新发展大会、荷兰世界园艺中心招商推介会等招商活动20余场。

表16　2023年南京国家农创中心亿元以上项目签约情况一览表

单位:亿元

序号	签约时间	项目名称	项目内容	投资额	签约单位
1	2月6日	金南农科技集团项目	金南农科技集团调整运营战略及集团结构,在南京国家农创中心成立集团主公司,统筹集团内关联公司、分公司、子公司等,实施一体化运营管理	1.05	江苏南京农大动物药业有限公司
2	2月21日	题桥循环经济项目	整合下属20余家企业,以股权投资方式,打包投资江苏题桥循环经济科技有限公司作为总公司运营,后期拟作为主体上市。在病死动物高温消杀、粪污发酵处理等技术基础上升级产品,发展智慧农业、农业项目规划业务,借助园区上下游企业,打造循环农业产业闭环	1.20	江苏题桥环境工程有限公司
3	5月25日	瑞美福农药商贸流通项目	以巴斯夫(欧洲)、先正达(中国)、安道麦(北京)等进口农业生产资料流通企业为载体,服务种粮大户和家庭农场。加强生物农药制剂在植保应用方面的推广,完善各级分销渠道和物流仓储配送网络体系	1.45	安徽辉隆瑞美福农化集团有限公司
4	6月21日	南京靶向农药研究院项目	周明国教授带领科学家和管理运营团队,建设农药分子靶标挖掘与解析、靶向小分子农药创制、靶向核酸农药创制、靶向农药增效剂创制、靶向生物农药创制、基因编辑与种质创新、农药研发技术服务、抗药性风险评估与治理技术研发8个功能实验室及试验基地,开展靶向农药研发与产业化相关技术的研究与推广	1.00	周明国教授团队

（续表） 单位：亿元

序号	签约时间	项目名称	项目内容	投资额	签约单位
5	9月11日	佳格耕耘研发运营中心项目	建立华东农业农村大数据中心，作为佳格天地重点战略研发及业务中心，建设全国农业农村大数据集散中心，打造佳格天地全国业务的数据研发及交付中心，成为行业领先的产业链上下游综合数据解决方案提供商	1.95	南京佳格耕耘科技有限公司

【“科技赋能 引领联动”发展推介大会】 3月17日举办。中国工程院院士、南京农业大学教授沈其荣院士工作站签约揭牌。南京国家农创中心与滁州市南谯区、马鞍山市和县等4个涉农区县签订战略合作协议。农芯（南京）智慧农业研究院有限公司、南京思农生物有机肥研究院有限公司、南京新创蔬菜分子育种研究院有限公司等6家企业获颁“优秀应用场景奖”，主要技术涵盖数据平台服务、无人机植保、精细化养殖、土壤微生物调控等领域。与江苏南京市鸿惠源农业科技有限公司、江苏御地农业发展有限公司、南京思农生物有机肥研究院有限公司、江苏浦桥玉剑茶业有限公司等企业及相关街道签订辐射引领项目合作协议。星程未来农业智能科技项目、砾德农业科技项目、辰沣田园中草药菌肥项目等12个高科技项目签约。

【农创人分享派·知识产权宣讲暨银企对接会】 5月26日举行。区市场监管局、南京润业融资担保有限公司、交通银行、南京银行、紫金农商银行、靖发村镇银行、江苏银行、广州银行、徽商银行以及30家入园企业参加。灿烂知识产权代理有限公司介绍知识产权在企业发展中的重要作用以及如何获得知识产权。区市场监管局介绍知识产权质押融资相关政策。南京润业融资担保有限公司介绍业务范畴及流程。交通银行、南京银行、紫金农商银行、靖发村镇银行、江苏银行分别介绍优势产品，并与企业家面对面交流，达成多项合作意向。

【2023年南京市农村双创大赛总决赛】 8月11日在南京国家农创中心举办。比赛由市农业农村局、市人力资源社会保障局、市退役军人事务局、团市委、市妇联主办，南京国家农创中心、中国银行南京分行、南京报业传媒集团支持。20强项目参赛，《以“花”赋能 打造乡村振兴的“芬芳样板”！》《近在咫尺的田园梦——南京乐宁旅游都市农园》分获成长组、初创组一等奖。南京市农创客发展联盟揭牌成立，集聚业内专家、科研机构、创投机构、双创基地和其他社会组织，为农创客提供技术、资金、政策等支持。首个“农创客之家”入驻南京国家农创中心，为联盟日常活动、农创产品展销和农创客交流座谈提供场地等支持。

【加德华农业智能种植（江苏）研究院项目签约】 8月16日签约。项目以中草药种植产业为切入点，总投资不低于3500万美元。依托项目平台，邀请国内外“植物工厂”领域顶级专家，将植物气（雾）培技术运用于中

5月26日，农创人分享派·知识产权宣讲暨银企对接会举行

南京国家农创中心供图

药材等农作物种植，集绿色能源、生物化学、光生物学、大数据等技术于一体，建立控制植物生长的系统工程，促进农业工业化、标准化、集约化生产，为农作物高效率种植提供高技术解决方案。项目将吸引德国柏林洪堡大学瑞士贝克博士、绍尔博士，加拿大圭尔夫大学瑞克教授等国际专家，以及中国农业大学、中国科学技术大学、南京中医药大学等专家落户。

【南京国家现代农业产业科技创新中心质量创新联盟第一次理事会】 9月15日召开。联盟由区市场监管局牵头发起，南京市产品质量监督检验院、南京国家农创中心及部分企业协商成立。审议通过《南京国家现代农业产业科技创新中心质量创新联盟章程》。推选农芯（南京）智慧农业研究院有限公司为联盟第一届理事长单位，南京市产品质量监督检验院、江苏思威博生物科技有限公司为副理事长单位，江苏农环能源科技有限公司、江苏南京农大动物药业有限公司、南京博维特健康管理有限公司、南京新创蔬菜分子育种研究院有限公司为常务理事单位，南京国家农创中心担任联盟秘书处。联盟以推动南京国家农创中心重点企业及其生态圈伙伴质量创新事业发展为目标，集聚科技创新合力，建设农业产业创新高地，促进农业创新链、产业链、价值链“三链”融合，助力打造“农业硅谷”。

【2023南京金洽会南京国家农创中心创新发展大会】 9月22日举行。智慧农业技术集成与应用创新、绿色智能肥料创新、长三角地区叶菜类蔬菜遗传育种、家禽健康养殖数智化技术4个农业农村部重点实验室揭牌。浦信基金二期、食用菌生物技术总部（华绿生物）、海洋生物资源创新中心平台（省沿海集团）等项目签约，总金额超20亿元。首批进驻总部科研中心企业36家。

9月22日，2023南京金洽会南京国家农创中心创新发展大会举行　　南京国家农创中心供图

【首届南京农村集体资源资产招商推介会】 9月27日在南京国家农创中心举办。推介会以“共富共赢·宁‘集’未来”为主题，重点介绍南京市农村集体经济总体情况、独特优势、保障政策，深化与上海、天津、苏州、徐州等地交流合作，促成一批优质资产资源招商项目落地签约。桥林街道兰花塘社区高效设施农业、高淳区砖墙镇洪户粮库出租、六合区龙池街道四柳社区用房出租、溧水区和凤镇乌飞塘小朱村圩区养殖水面流转4个项目签约，流转面积3333公顷。江宁区共富产业园项目、雨花台区三鸿食品有限公司厂房建设改造项目、江北新区长城村“圩城篱上人家”文旅项目、栖霞区东三乡农产品专业合作社4个项目融资7.17亿元。南京农村产权交易中心与上海、天津、苏州、徐州农村产权交易机构签署合作协议。天津市农村产权交易所开展优质项目推介，江宁区、浦口区、六合区、溧水区、高淳区推介区域农村集体资源资产。市农业农村局解读全市农村集体闲置资产盘活三年行动专项方案。市规划和自然资源局解读农村集体经营性建设用地相关政策。公布南京市10家集体股份经济合作社入选2022年度江苏省“百强社”名单，以及全市农村闲置资源资产信息获取渠道。

【全省农业农村数字金融服务推进会议】 10月13日在南京国家农创中心召开。会议介绍“苏农云”整体建设应用和助推金融惠农服务情况。南京国家农创中心围绕区位优势、产业布局、服务体系、发展政策、科创成果等方面作招商推介。邮储银行、工商银行、交通银行、省农村信用联社以及南京市、宜兴市农业农村局等单位介绍应用场景和案例。会议要求,强化技术研究,深挖数据价值;强化产品创新,促进合作共赢;强化推广落地,释放数字红利。

【兽药动保产业图谱发布暨产业对接会】 10月27日举办。会议以"加速'农业硅谷'高质量发展"为主题,以专项课题报告、政企恳谈会、产业调研、企业走访等形式为抓手,链接兽药动保产业头部企业、创新企业、机构专家等,就行业最新成果、技术发展、市场应用、投融资、政策支持以及产业协作等议题展开交流协作。南京国家农创中心作招商推介和农业农村部重点实验室宣讲。农业资讯平台"35斗"发布《兽药动保产业创新图谱报告》及《兽药动保产业创新联合体行业倡议》。瀚辰光翼华东运营中心、南京动物健康研究中心、微藻循环利用双碳示范项目签约。

【农业产业数智融合发展论坛】 10月31日举办。论坛由南京国家农创中心、北京佳格天地科技有限公司联合主办,以"数字赋能三产融合,科技驱动乡村振兴"为主题,旨在探讨并推广数字技术赋能农业产业各环节、促进一二三产融合发展的智慧农业创新模式。南京国家农创中心围绕打造最优营商环境、建设最优科创载体、创建最优创新平台介绍中心建设情况。广州隆平高科特种玉米有限公司、江苏思威博生物科技有限公司、中国蔬菜流通协会、中国太平洋财产保险股份有限公司江苏分公司、北京佳格天地科技有限公司围绕种业创新、低碳农业、农产品销售流通、农险风险减量服务以及农业全产业链数字化赋能进行主题分享。

【2023中国农业农村科技发展论坛暨中国现代农业发展论坛】 12月6—7日在浦口举办。论坛由农业农村部科学技术司指导,中国农业科学院、中国农学会、农业农村部科技发展中心主办,中国农业科学院科技管理局、中国农业科学院农业信息研究所、南京国家农创中心、南京农业大学承办。"三农"领域科学家、企业家、投资家、政府代表等1000多人参加。设置成果发布、院士报告与高端对话、农业农村部共建高校交流和大豆育种青年报告等专题活动。发布《2023中国农业科学重大进展》《2023中国农业科技论文与专利全球竞争力分析》《2023中国农业农村重大新技术新产品新装备》《2023全球农业研究热点前沿》《2023中国涉农企业创新报告》5个专项报告,遴选10项具有重大突破性进展的农业基础科学研究成果,发布农业九大学科62个研究热点,展示31项有重大应用前景的新技术、新产品和新装备。

(叶长文)

现代农业园区

【桥林现代农业园区】 园区形成优质稻米与绿色蔬菜两大主导产业,主导产业全产业链产值4.8亿元。粮食作物种植面积2766.67公顷,其中水稻种植面积726.67公顷。高效蔬菜种植面积666.67公顷,以茄果类、叶菜类蔬菜为主,以工厂化栽培为主要模式。通过耕地地力提升、长江岸线整治复绿、沿江化肥减量使用、生态河道建设等项目,为园区农业绿色发展提供生态条件。加强绿色技术集成应用,示范推广病虫草害绿色防控、有机肥替代化肥、测土配方施肥、水稻长势遥感监测与精确施肥、稻田综合种养和轮作休耕等新技术、新模式。建成省绿色优质农产品基地1333.33公顷,"稻虾米""稻鳖米""浦林大米""乌江大米"等14个产品获绿色食品认证。绿色农产品基地认定面积比重为95.8%,绿色优质农产品占比96%。南京桥丰农业发展有限公司建设GAP示范基地,获中国良好农业规范认证,马涛合作社建设粮食生产稳产提质示范推广基地。坚持品牌化发展战略,注册"谷满满""兰花塘""水韵桥林"等农产品品牌,培育桥丰、京妙缘、乐水庄园、恒硕等农业经营主体,加快"垅上甜园""沁浦营坊""一盏高汤"等村集体领办的农业产业发展,完善园区农业产业体系。

【星甸现代农业园区】 园区发展精品虾蟹和绿色果蔬两大主导产业,实施农业重点项目3个。完成后圩东西片养殖池塘生态化改造建设项目666.67公顷,新建塑料薄膜温室12万平方米、玻璃育苗温室5000余平方米、分拣中心1884平方米。推进冷链仓储物流中心二期建设7065平方米,完善王村片瓜果生产基地产业链,提升后圩水产标准化健康养殖基础。新增绿色企业6家、品种19个。新增有机食品企业1家、品种2个。提高农产品有效注册商标拥有量、绿色优质农产品比重,优化农业结构。开展农业“四新”引进工作,江苏浦桥玉剑茶叶股份有限公司获评2023年南京市蔬菜园艺“四新”集成示范基地。强化品牌建设,浦口区胡守兴家庭农场、浦口区周其江家庭农场、浦口区滕之武家庭农场等新型经营主体选送的草莓、西甜瓜、番茄获省、市特金奖、金奖、特等奖10余项,江苏浦桥玉剑茶业股份有限公司茶叶入选2023年度江苏农业品牌精品培育名单。

【汤泉现代农业园区】 以党支部领办合作社模式,成立南京映泉红农业发展专业合作社、南京泉鑫农业发展专业合作社、南京市泉民富农民专业合作社,建设草花设施基地4公顷、元宝枫科研实验基地和育苗示范基地13.33公顷、小浆果标准化基地5.67公顷,推进“果树进村”5.33公顷,试点打造集科技研发、示范推广、标准化种植等功能于一体的现代精品苗木示范基地。实施高标准农田零散地整治项目,建成高标准农田88.73公顷,完成高效节能灌溉35.67公顷。发展林下经济,利用林下空间种植茶叶、豆类、蔬菜、食用菌及中草药等林下经济作物。新金社区与企业合作种植马齿苋1.3公顷,亩年效益1万余元。浦口区凤凰泉苗圃场培育新、优、特品种,种植高杆桂花、无患子、黄连木、朴树等乡土苗木品种40个近8万株,带动周边22户农户转型升级。浦口区山香红家庭农场采取种养结合模式,种植果树6.67公顷,建立“互联网+电商平台”,打造休闲农事一体特色农场。浦口区精致家庭农场、浦口区桃花渡家庭农场、瓦殿村蟠桃基地等大户推广种植新产品。建立“泉民富”资源推广直播基地,设置农文旅推广、“浦小店大直播”本地生活、新农菁英助农带货、直播带岗四大门类及“汤泉苗木资源推广”直播间,扩宽汤泉苗木和农产品市场,解决苗木和农产品积压问题。

【永宁现代农业园区】 园区在市级园区监测评价考核中被评为A类园区,创成南京市农业生产全程机械化智能化示范基地,获评江苏省现代设施农业创新引领主体、江苏省农业农村重大项目建设机制创新典型推荐单位。推进青虾交易市场项目建设,改造标准化养殖塘333.33公顷,新建高标准农田123.6公顷,改造提升高标准农田133.33公顷,引入“太湖三号”青虾良种,完成“四季永宁”优质农产品选品52种,在河西金鹰、江北虹悦城、新街口金鹰店、德基BHG超市开设专柜、门店。农特产品种类增长30%,推广种植小番茄、草莓、乌塌菜3个品种,推广智能化水肥一体机、自走式撒肥机等现代农业装备,与合作社、家庭农场、龙头企业等市场主体构建“联得紧、带得稳、收益久”长效机制,共享产业链发展增值收益。

(任莉敏)

农业资源开发

【概况】 2023年,投资7678.64万元,实施高标准农田建设项目8个,总面积918.17公顷。其中,国家级新建项目1个,面积86.67公顷;改造提升项目4个,面积635.86公顷;补建、自建项目3个,面积195.64公顷。根据全区耕地资源利用、上图入库高标准农田项目监管情况普查,全区“三区三线”划定耕地面积6360公顷,建成高标准农田4586.67公顷,占比72.12%。划定永久基本农田5286.67公顷,其中高标准农田4060公顷,占比76.8%。在永久基本农田新增高标准农田1318.67公顷。

【国家级高标准农田项目】 建设汤泉街道山北片高标准农田零散地治理项目,建设规模86.67公顷,投资972万元。新建一体化泵站2座、泵站基建工程2座、变压器2座、高效节水干管3.58千米、闸阀井27个,坑塘清淤5.2万立方米,沟塘填平0.51万立方米,新建渠道工程2.13千米、沟道工程10.88千米、渠系建筑物292座、衔接管0.06千米、肥水收集池塘2座、生态调蓄塘3座、生态拦截农沟0.2千米,田间平整22.97万立方米,表土剥离回填13.35万立方米,新建土路8.63千米、混凝土路面3.03千米,土壤改良88.73公顷,碎石清障44.71公顷,新增标识牌1个。项目通过市、区级验收。

【市级高标准农田改造提升项目】 建设2022年度汤泉农场、2022年度星甸街道王村村九华片、2022年度桥林街道周营片3个市级高标准农田改造提升项目,建设高标准农田488.73公顷,投资3141.07万元。新建、改建水利排灌泵站27座,新建灌溉管道29.87千米、灌溉渠道6.51千米、渠系建筑物1130座、智能化灌溉及控制系统2套、排水沟道19.98千米,生态农沟清淤21.93千米,新增高效节水面积240.73公顷、田间道路14.37千米,土地整治42.14公顷,土壤翻耕、改良9.95公顷。

立项批复2023年度永宁街道张圩片市级高标准农田改造提升项目,建设高标准农田147.13公顷,投资738万元。新建泵站4座、灌溉渠道4.52千米、排水沟道4.57千米、灌溉管道5.95千米、渠系建筑物528座、智能化灌溉控制系统设备1套、水泥路0.78千米,土地平整5.33万立方米,土壤培肥、土壤改良各36.93公顷。

【区级高标准农田补建项目】 建设2022年度永宁街道西埂莲乡高标准农田置换项目,补建高标准农田43.18公顷,投资876.54万元。新建灌溉站2座、U型防渗渠道2.52千米、土质农沟0.46千米、生态挡墙1.3千米、生态护坡0.61千米、过路涵7座、机耕路1.83千米,拆建渠道0.17千米,清淤沟0.47千米,田埂修筑0.52万立方米。

立项批复2023年度永宁街道城南圩高标准农田补建项目、2023年度五桥沿线高标准农田自建项目,建设高标准农田152.46公顷,投资1951.03万元。新建灌溉泵站6座、灌溉管道2.07千米、阀门井5座、渠道9.34千米、排水沟道9.11千米、渠系建筑物454座。(邢忠振)

农业机械化

【概况】 2023年,实施农业机械化项目11个,争取各级财政资金1424.59万元。12家农业生产单位获市级农业生产全程机械化智能化示范基地(园区)称号。农机总动力26.5万千瓦,新增拖拉机15台、耕整地机械16台、水稻插秧机3台、机动植保机械2台、谷物联合收割机7台、秸秆粉碎还田机5台、谷物干燥机7台、植保无人驾驶航空器8架。全区有大型联合收割机317台、大中型拖拉机685台、小型拖拉机1510台、水稻插秧机707台。农作物耕种收综合机械化率88.09%。

【农机购置补贴】 受理农机购置补贴申请57份,受益农户和农机服务组织13户,购置补贴农机具73台,补贴资金45.9万元。其中,植保无人机2台、插秧机3台、辅助驾驶系统17台、轮式拖拉机15台、旋耕机12台、旋耕播种机1台、精密播种机2台、喷雾机2台、谷物联合收割机7台、秸秆粉碎还田机5台、液压偏置重耙3台、开沟机2台、埋茬起浆机1台、筑埂机1台。

【农机社会化服务】 农机专业合作社作业服务面积25320公顷,农机跨区作业面积1450.43公顷。1个粮食生产无人化农场、2个蔬菜生产全程机械化示范基地、2个水产养殖全程机械化示范基地、2个畜禽养殖全程机械化示范场、2个果茶生产全程机械化示范园区、3个特粮特经作物生产全程机械化示范基地获市级农业生产全程机械化智能化示范基地(园区)称号。全区农作物耕种收综合机械化率88.09%,其中机耕机械化率100%,机播机械化率79.1%,机收机械化率81.2%。特色农业机械化水平80.3%,其中设施农业机械化水平83.5%,畜牧业机械化水平77.2%,渔业机械化水平81.4%,林果业机械化水平77.2%,农产品初加工机械化水平82.1%。

【秸秆机械化还田】 6个涉农街场完成主要农作物秸秆机械化还田面积4863.03公顷,其中,小麦、水稻秸秆机械化还田作业面积3571.37公顷,稻麦秸秆机械化还田率99%。(孟琴)

·文稿编辑 杨 友·

房地产业

土地收储与出让

【概况】 2023年,浦口区新增收储地块8幅,总面积53.4万平方米。其中,城南中心板块3幅,面积15.33万平方米;江浦老城板块1幅,面积0.87万平方米;汤泉旅游度假区板块2幅,面积28.27万平方米;桥林新城板块2幅,面积8.93万平方米。经营性用地(不含安置房用地)成交6幅,成交面积22.38万平方米,成交土地出让金49.74亿元。其中,住宅用地5幅,用地面积20.58万平方米。 (钱宁 王建炜)

【江浦老城区2幅居住用地底价出让】 4月11日,市规划和自然资源局挂牌出让11幅地块,其中浦口区1幅(NO.2023G18)。该地块位于江浦老城区,出让面积31206.24平方米,5月10日被南京帝业置业有限公司以9.6亿元底价拍得,成交楼面地价13983元/平方米。

9月27日,市规划和自然资源局公开出让12幅地块,其中浦口区3幅(NO.2023G57、NO.2023G58、NO.2023G59)。NO.2023G59地块位于江浦老城区,出让面积7402.32平方米,10月27日被南京长桥房地产开发有限公司以1.3亿元底价拍得,成交楼面地价12544元/平方米。

表17 2023年浦口区招拍挂土地成交情况一览表

序号	成交日期	地块编号	土地性质	出让面积(平方米)	建筑面积(平方米)	成交楼面地价(元/平方米)	成交总价(万元)	容积率	拿地房企	位置
1	5月10日	NO.2023G18	住宅	31206	68654	13983	96000	2.2	南京帝业置业有限公司	江浦街道
2	8月25日	NO.2023G40	商办	17929	37651	1023	3850	2.1	南京紫强通科技工程有限公司	江浦街道
3	10月27日	NO.2023G57	住宅	86098	172195	11208	193000	2.0	南京江北新城投资发展有限公司	江浦街道
4	10月27日	NO.2023G58	住宅	35797	53696	6053	32500	1.5	南京芯源房地产开发有限公司	桥林街道
5	10月27日	NO.2023G59	住宅	7402	10363	12544	13000	1.4	南京长桥房地产开发有限公司	江浦街道
6	12月14日	NO.2023G80	住宅	45346	113366	14025	159000	2.5	南京振浦房地产开发有限公司	江浦街道

表 18　NO. 2023G18 地块信息一览表

指标名称	地块基本情况及交易信息	指标名称	地块基本情况及交易信息
公告编号	2023 年宁出第 05 号	挂牌日期	2023 年 4 月 11 日
地块编号	NO. 2023G18	出让起始价	9.6 亿元
地块位置/名称	江浦街道公园北路以南、河滨路以东地块	起拍楼面地价	13983 元/平方米
四至	东至现状，南至文德东路，西至同心路，北至公园北路	最高限价	10.9 亿元
出让面积	31206.24 平方米	加价幅度	1000 万元或其整数倍
出让年限	70 年	竞买保证金	1.92 亿元
规划用地性质	R2 二类居住用地	成交日期	2023 年 5 月 10 日
容积率	1＜Far≤2.2	成交价格	9.6 亿元
建筑高度	≤60 米	成交楼面地价	13983 元/平方米
建筑密度	≤22%	摘牌单位	南京帝业置业有限公司
绿地率	≥35%		

表 19　NO. 2023G59 地块信息一览表

指标名称	地块基本情况及交易信息	指标名称	地块基本情况及交易信息
公告编号	2023 年宁出第 14 号	挂牌日期	2023 年 9 月 27 日
地块编号	NO. 2023G59	出让起始价	1.3 亿元
地块位置/名称	江浦街道凤凰台路以北、中圣南街以东地块	起拍楼面地价	12544 元/平方米
四至	东至现状，南至凤凰台路，西至中圣南街，北至现状	最高限价	1.46 亿元
出让面积	7402.32 平方米	加价幅度	200 万元或其整数倍
出让年限	70 年	竞买保证金	2600 万元
规划用地性质	R2 二类居住用地	成交日期	2023 年 10 月 27 日
容积率	1＜Far≤1.4	成交价格	1.3 亿元
建筑高度	≤24 米	成交楼面地价	12544 元/平方米
建筑密度	≤30%	摘牌单位	南京长桥房地产开发有限公司
绿地率	≥30%		

【城中北片 1 幅商办混合用地底价出让】 7 月 27 日，市规划和自然资源局挂牌出让 1 幅地块（NO. 2023G40）。该地块位于浦口区城中北片，出让面积 17929.18 平方米，8 月 25 日被南京紫强通科技工程有限公司以 3850 万元底价拍得，成交楼面地价 1023 元/平方米，规划建筑面积 37651 平方米。

【雨山路板块 1 幅居住用地底价出让】 9 月 27 日，市规划和自然资源局挂牌出让 12 幅地块，其中浦口区 3 幅（NO. 2023G57、NO. 2023G58、NO. 2023G59）。NO. 2023G57 地块位于雨山路板块，出让面积 86097.61 平方米，10 月 27 日经 1 轮竞拍，被南京江北新城投资发展有限公司以 19.3 亿元底价拍得，成交楼面地价 11208 元/平方米。

【桥林新城 1 幅居住用地底价出让】 9 月 27 日，市规划和自然资源局挂牌出让 12 幅地块，其中浦口区 3 幅（NO. 2023G57、NO. 2023G58、

NO. 2023G59)。NO. 2023G58 地块位于桥林新城,出让面积 35797.25 平方米,10 月 27 日被南京芯源房地产开发有限公司以 3.25 亿元拍得,成交楼面地价 6053 元/平方米。

【城南中心片区 1 幅居住用地底价出让】 11 月 15 日,市规划和自然资源局挂牌出让 18 幅地块,其中浦口区 1 幅(NO. 2023G80)。该地块位于城南中心片区,出让面积 45346.48 平方米,12 月 14 日被南京振浦房地产开发有限公司以 15.9 亿元底价拍得,成交楼面地价 14025 元/平方米。

表 20 NO. 2023G40 地块信息一览表

指标名称	地块基本情况及交易信息	指标名称	地块基本情况及交易信息
公告编号	2023 年宁出第 11 号	绿地率	≥20%
地块编号	NO. 2023G40	挂牌日期	2023 年 7 月 27 日
地块位置/名称	江浦街道白马路东侧、狮山路南侧地块	出让起始价	3850 万元
四至	东至揽月路,南至孝祥路,西至白马路,北至现状	起拍楼面地价	1023 元/平方米
出让面积	17929.18 平方米	加价幅度	200 万元或其整数倍
出让年限	40 年	竞买保证金	770 万元
规划用地性质	Bb 商办混合用地	成交日期	2023 年 8 月 25 日
容积率	2≤Far≤2.1	成交价格	3850 万元
建筑高度	≤70 米	成交楼面地价	1023 元/平方米
建筑密度	≤50%	摘牌单位	南京紫强通科技工程有限公司

表 21 NO. 2023G57 地块信息一览表

指标名称	地块基本情况及交易信息	指标名称	地块基本情况及交易信息
公告编号	2023 年宁出第 14 号	挂牌日期	2023 年 9 月 27 日
地块编号	NO. 2023G57	出让起始价	19.3 亿元
地块位置/名称	江浦街道台北路以南、兰源路以东 02 号地块	起拍楼面地价	11208 元/平方米
四至	东至现状,南至现状,西至兰源路,北至台北路	最高限价	22 亿元
出让面积	86097.61 平方米	加价幅度	1000 万元或其整数倍
出让年限	70 年	竞买保证金	3.86 亿元
规划用地性质	R2 二类居住用地	成交日期	2023 年 10 月 27 日
容积率	1＜Far≤2	成交价格	19.3 亿元
建筑高度	≤60 米	成交楼面地价	11208 元/平方米
建筑密度	≤20%	摘牌单位	南京江北新城投资发展有限公司
绿地率	≥30%		

表 22　NO. 2023G58 地块信息一览表

指标名称	地块基本情况及交易信息	指标名称	地块基本情况及交易信息
公告编号	2023 年宁出第 14 号	挂牌日期	2023 年 9 月 27 日
地块编号	NO. 2023G58	出让起始价	3.25 亿元
地块位置/名称	桥林街道秋韵路以东、兰花路以北 1 号地块	起拍楼面地价	6053 元/平方米
四至	东至现状，南至秋韵路，西至百合路，北至沧浪路	最高限价	3.65 亿元
出让面积	35797.25 平方米	加价幅度	500 万元或其整数倍
出让年限	70 年	竞买保证金	6500 万元
规划用地性质	R2 二类居住用地	成交日期	2023 年 10 月 27 日
容积率	1 < Far≤1.5	成交价格	3.25 亿元
建筑高度	≤35 米	成交楼面地价	6053 元/平方米
建筑密度	≤25%	摘牌单位	南京芯源房地产开发有限公司
绿地率	≥35%		

表 23　NO. 2023G80 地块信息一览表

指标名称	地块基本情况及交易信息	指标名称	地块基本情况及交易信息
公告编号	2023 年宁出第 18 号	绿地率	≥35%
地块编号	NO. 2023G80	挂牌日期	2023 年 11 月 15 日
地块位置/名称	江浦街道浦滨路以北、光明路以东地块	出让起始价	15.9 亿元
四至	东至团结西路，南至浦滨路，西至光明路，北至规划道路	起拍楼面地价	14025 元/平方米
出让面积	45346.48 平方米	加价幅度	1000 万元或其整数倍
出让年限	70 年	竞买保证金	3.18 亿元
规划用地性质	R2 二类居住用地	成交日期	2023 年 12 月 14 日
容积率	1.0 < Far≤2.5	成交价格	15.9 亿元
建筑高度	≤80 米	成交楼面地价	14025 元/平方米
建筑密度	≤22%	摘牌单位	南京振浦房地产开发有限公司

（徐源）

房地产开发

【天曜琅苑】　推广名“龙湖天曜城”，位于江浦街道台北路以南、兰源路以东 01 号地块。3 月 18 日首次开盘，推出 3 栋 324 套房源，其中人才房 98 套，户型面积为 89 平方米、100 平方米、120 平方米、135 平方米，销许均价 29335 元/平方米。

项目前身为 NO. 2022G58 地块，2022 年 7 月 12 日经 1 轮竞拍，被南京嘉旭置业有限公司以总价 21.4 亿元拍得，成交楼面地价 11482 元/平方米，最高毛坯销售限价 28280 元/平方米，拟建 13 栋 25～27 层高层住宅。

【瑧悦府】　位于江浦街道科新路以北、团结路以东。9 月 3 日首次开盘，推出 3 栋 216 套房源，其中人才房 65 套、无房户 65 套、普通户 86 套，户型面积为 89 平方米、99 平方米，装修销许均价 29693 元/平方米。

项目前身为 NO. 2022G12 地块，2022 年 4 月 22 日经 3 轮竞拍，被山东颐养健康集团置业(集团)有限公司、中垠地产有限公司以总价 6.8 亿元拍得，成交楼面地价 16599 元/平方米，最高毛坯销售限价 28188 元/平方米。项目位于城南中心板块，主打 6 栋 17～18 层住宅，现代简约风格。

【浦云慧园】 推广名“海信慧园”，位于浦云路以南、康安路以西。4 月 29 日首次开盘，推出 2 栋 132 套房源，其中人才房 40 套，户型面积为 89 平方米、107 平方米，精装修销许均价 32939 元/平方米。

项目前身为 NO. 2022G55 地块，2022 年 7 月 12 日经 1 轮竞拍，被青岛海信房地产股份有限公司以总价 5.2 亿元拍得，成交楼面地价 15964 元/平方米，最高毛坯销售限价 3.1 万元/平方米。项目为海信地产在南京首个独资开发，总建筑面积约 4.7 万平方米，其中地上建筑面积约 3.33 万平方米、地下建筑面积约 1.37 万平方米，规划建设 5 栋 17 层小高层，打造城南中心核心居住区精致住宅区。

【兰溪樾府】 位于江浦街道五华路以东、基隆路以南。7 月 3 日首次开盘，推出 1 栋 104 套房源，其中人才房 21 套，户型面积为 89 平方米、110 平方米，精装修销许均价约 2.52 万元/平方米。

项目前身为 NO. 2022G54 地块，2022 年 7 月 12 日经 1 轮竞拍，被南京地铁资源开发有限责任公司以总价 5.05 亿元拍得，成交楼面地价 7742 元/平方米，最高毛坯销售限价 2.3 万元/平方米。项目拟建 6 栋 27 层高层住宅及相关配套设施，总建筑面积约 9.57 万平方米，其中地上建筑面积约 6.71 万平方米、地下建筑面积约 2.86 万平方米。

【宜景公寓】 位于江浦街道团结路以东、浦滨路以北 02 地块。1 月 17 日领取销售许可证，推出 2 栋 130 套房源，户型面积为 76～126 平方米，销许均价 3.2 万元/平方米。

项目前身为 NO. 2020G78 地块，2020 年 10 月 30 日经 20 轮竞拍，被南京鼎业投资置业集团有限公司以总价 2.95 亿元拍得，成交楼面地价 5343 元/平方米。总建筑面积约 7.98 万平方米，其中地上建筑面积约 5.52 万平方米，主要功能为酒店式公寓、商业及配套用房；地下建筑面积约 2.46 万平方米，主要功能为车库。酒店式公寓主要分布在 1～3 号楼。

表 24　天曜琅苑基本情况一览表

指标名称	基本情况	指标名称	基本情况
项目地址	江浦街道台北路以南、兰源路以东	建筑类别	高层
总用地面积	66562.72 平方米	物业类别	住宅
建筑面积	247744.62 平方米	土地使用年限	2023 年 3 月 8 日至 2093 年 3 月 7 日
规划用地性质	Rb 商住混合用地	产权年限	70 年
容积率	1＜Far≤2.8	首次开盘时间	2023 年 3 月 18 日
建筑密度	≤35%	首批交付时间	2025 年 12 月 31 日
建筑高度	≤80 米	主力户型	89 平方米三房两厅一卫 100 平方米三房两厅两卫 120 平方米三房两厅两卫 135 平方米四房两厅两卫
绿地率	≥30%	交付标准	精装修
开发企业	南京名晔置业有限公司	总户数	1370 户
建筑设计单位	江苏浩森建筑设计有限公司	机动车位数	1802 个
施工单位	江苏成章建设集团有限公司	物业费	2.6 元/平方米·月
物业管理公司	江苏龙湖物业服务管理有限公司		

表 25　瑧悦府基本情况一览表

指标名称	基本情况	指标名称	基本情况
项目地址	江浦街道科新路以北、团结路以东	物业管理公司	兖矿东华物业管理有限公司
总用地面积	18621.31 平方米	建筑类别	小高层
建筑面积	6.2 万平方米	物业类别	住宅
规划用地性质	R2 二类居住用地	土地使用年限	2022 年 8 月 4 日至 2092 年 8 月 3 日
容积率	1＜Far≤2.2	产权年限	70 年
建筑密度	≤20%	首次开盘时间	2023 年 9 月 3 日
建筑高度	≤60 米	首批交付时间	2026 年 5 月
绿地率	≥30%	主力户型	82 平方米两房两厅一卫 89 平方米三房两厅一卫 99 平方米三房两厅两卫
开发企业	中垠地产(南京)有限责任公司	交付标准	精装修
建筑设计单位	上海德森建筑设计有限公司	总户数	428 户
环艺设计单位	笛东规划设计(北京)股份有限公司	机动车位数	479 个
施工单位	中国建筑第四工程局	物业费	2.6 元/平方米・月

表 26　浦云慧园基本情况一览表

指标名称	基本情况	指标名称	基本情况
项目地址	江浦街道浦云路以南、康安路以西	物业管理公司	青岛睿海物业管理有限公司
总用地面积	16286.75 平方米	建筑类别	小高层
建筑面积	4.7 万平方米	物业类别	住宅
规划用地性质	R2 二类居住用地	土地使用年限	2023 年 2 月 10 日至 2093 年 2 月 9 日
容积率	1＜Far≤2	产权年限	70 年
建筑密度	≤20%	首次开盘时间	2023 年 4 月 29 日
建筑高度	≤60 米	首批交付时间	2025 年 6 月 30 日
绿地率	≥35%	主力户型	89 平方米三房两厅两卫 107 平方米三房两厅两卫
开发企业	南京信宁置业有限公司	交付标准	精装修
建筑设计单位	南京兴华建筑设计研究院股份有限公司	总户数	332 户
环艺设计单位	上海水石景观环境设计有限公司	物业费	2.6 元/平方米・月
施工单位	青岛海元建设集团有限公司		

表 27　兰溪樾府基本情况一览表

指标名称	基本情况	指标名称	基本情况
项目地址	江浦街道五华路以东、基隆路以南地块	物业管理公司	南京金基物业管理服务有限公司
总用地面积	27178.85 平方米	建筑类别	高层

(续表)

指标名称	基本情况	指标名称	基本情况
建筑面积	9.57 万平方米	物业类别	住宅
规划用地性质	R2 二类居住用地	土地使用年限	2022 年 11 月 1 日至 2092 年 10 月 31 日
容积率	1 < Far≤2.4	产权年限	70 年
建筑密度	≤20%	首次开盘时间	2023 年 7 月 3 日
建筑高度	≤80 米	首批交付时间	2025 年 5 月 31 日
绿地率	≥35%	主力户型	89 平方米三房两厅一卫 110 平方米三房两厅两卫 128 平方米三房两厅两卫
开发企业	南京溪语通途置业有限公司	交付标准	精装修
建筑设计单位	南京长江都市建筑设计股份有限公司	总户数	624 户
环艺设计单位	南京长江都市建筑设计股份有限公司	机动车位数	713 个
施工单位	南京大地建设(集团)股份有限公司	物业费	2.6 元/平方米·月

表 28　宜景公寓基本情况一览表

指标名称	基本情况	指标名称	基本情况
项目地址	江浦街道团结路以东、浦滨路以北 02 地块	施工单位	南京照宇建筑工程有限公司
总用地面积	13802.57 平方米	物业管理公司	上海金地物业服务有限公司
建筑面积	7.98 万平方米	建筑类别	高层
规划用地性质	Bb 商办混合用地	物业类别	酒店式公寓
容积率	Far≤4	土地使用年限	2020 年 12 月 2 日至 2060 年 12 月 1 日
建筑密度	≤40%	产权年限	40 年
建筑高度	≤100 米	主力户型	76 平方米两房两厅一卫 100 平方米三房两厅一卫 111 平方米三房两厅一卫 126 平方米三房两厅一卫
绿地率	≥20%	交付标准	毛坯
开发企业	南京鼎业投资置业集团有限公司	机动车位数	446 个
建筑设计单位	杭州中宇建筑设计有限公司		

(徐源)

房地产经营

【商品房供应】 1—12 月,浦口区商品房上市面积 57.28 万平方米,同比下降 25.92%;上市 12777 套,同比下降 18.37%。其中,商品住宅上市面积 39.83 万平方米,同比下降 12.61%;上市 3604 套,同比下降 8.57%。商办物业上市面积 6.6 万平方米,同比下降 58.67%。其他物业上市面积 10.85 万平方米。商品住宅上市主要来自江浦老城区、城南中心片区,套数占比分别为 42%、35%;上市面积段主要集中在 90 平方米以下和 90 ~ 120 平方米,套数均占比 39%。

【商品房销售】 1—12月，商品房成交面积54.7万平方米，同比下降24.04%；成交6708套，同比下降18.53%；成交金额122.94亿元，同比下降28.17%。其中，商品住宅成交面积44.8万平方米，同比下降29.31%；成交3720套，同比下降23.43%；成交金额110.71亿元，同比下降30.96%；成交均价24710元/平方米，同比下降2.33%。商办物业成交面积7.16万平方米，同比增长32.95%；成交金额10.22亿元，同比增长28.51%；成交均价14261元/平方米，同比下降3.34%。其他物业成交面积2.74万平方米。商品住宅成交主要来自江浦老城区和城南中心片区，套数占比分别为42%、35.2%。商品住宅成交规模处于2019年以来最低水平。

【商品住宅成交均价】 1—12月，全区商品住宅成交均价24710元/平方米，同比下降2.33%，其中普通住宅24802元/平方米、别墅23692元/平方米。城南中心片区成交均价27011元/平方米，同比增长1.51%；三桥五桥、桥林、江浦老城区、度假区、老山汤泉5个片区成交均价分别为23143元/平方米、17786元/平方米、25831元/平方米、26133元/平方米、18344元/平方米，同比分别下降7.48%、7.07%、1.31%、2.41%、13.38%。

【商品住宅成交结构】 面积结构 1—12月，全区商品住宅成交套数排名前列的面积段分别为90～120平方米、90平方米以下，占比分别为34.49%、33.3%。120～144平方米、144平方米以上分别占比19.17%、13.04%。

单价结构 1—12月，成交套数占比前列单价段为2.5万～3万元/平方米，占全区的53.36%；2万元/平方米以下、2万～2.5万元/平方米、3万元/平方米以上分别占比22.74%、13.25%、10.65%。

片区分布 1—12月，成交套数集中于江浦老城区、城南中心片区，分别占比41.96%、35.24%；其次为桥林、三桥五桥、老山汤泉、度假区，分别占比17.17%、2.58%、2.23%、0.82%。

【商品住宅去化】 1—12月，全区商品住宅新上市房源面积和套数去化率分别为39%、41%，去化面积段主要集中于90平方米以下、90～120平方米、120～144平方米，去化套数占比分别为49%、35%、11%。城南中心片区、江浦老城区去化套数、去化率相对较高，去化套数占比分别为41%、44%，去化率分别为49%、43%。截至12月28日，41个在售商品住宅项目已上市未销售库存房源总量65.39万平方米、5283套，去化周期分别为17.5个月（按面积）、17个月（按套数）。

【商办、公寓类物业销售】 1—12月，全区商办物业上市6.6万平方米，同比下降58.67%。成交7.16万平方米，同比增长32.95%。办公主力成交项目为宝隆时代广场（1.94万平方米）、天曜商业中心（1.28万平方米），商业成交排名前三项目为天曜商业中心（0.91万平方米）、锦绣樾江府（0.68万平方米）、宝隆时代广场（0.67万平方米）。

【二手房交易】 1—12月，全区二手房交易面积56.94万平方米，交易5455套，交易金额70.43亿元。其中，二手住宅交易面积50.39万平方米，交易4888套，交易金额66.95亿元，交易均价13287元/平方米。剔除赠予、份额转让等非常交易后，二手住宅交易3910套，交易均价16344元/平方米。

【住房租赁】 据贝壳找房数据显示，12月浦口区挂牌租赁房源2761套，环比下降37.2%。其中，江浦街道819套，环比增长28.8%，占全区总挂牌房源量的29.7%。据监测数据显示，12月浦口区住房租赁挂牌均价29元/平方米·月，环比下降3.3%，套均租金2534元/月。

【商品房供销区域对比】 1—12月，浦口区商品房上市面积占全市份额的7.49%，上市面积占比位列全市第七位、新六区第三位。商品房成交面积占全市份额的6.84%，成交面积占比位列全市第八位、新六区第四位。（钱宁）

房地产管理

【房屋安全管理】 2023年，受理房屋安全管理投诉案件183件，结案率100%。受理房屋结构变动行政许可105件，合格率100%。开展房屋安全宣传5次，组织房屋安全培训3场。目标整治城镇隐患建筑85栋，彻底消险81栋，落实“人房分离”等阶段性消险措施4栋。全覆盖排查17595栋城镇既有建筑，排查面积3755.1万平方米。组织开展建筑幕墙信息统计及安全隐患排查,排查建筑幕墙141处,面积119.03万平方米,存在安全隐患1处、质量问题58处,全部纳入监管。至年底,完成建筑幕墙隐患消险工作。

【老旧小区改造管理】 实施老旧小区改造项目9个,总投资2.95亿元,涉及小区28个、居民1.12万户、建筑面积127.07万平方米,全部完工。其中,市目标任务1个(江浦街道二条巷9号等5个老旧小区改造项目),争取中央补贴资金164.5万元、省级补助资金41.08万元。根据老旧小区改造实施细则,加强质量和安全监管保障,开展项目竣工验收移交备案和财务决算审计等工作。

【维修资金管理】 收缴物业维修资金3.44万笔2.94亿元、物业保修金9笔0.54亿元,应收尽缴率100%。受理维修资金使用申请148件798.54万元,其中应急项目29件245.44万元、一般项目119件553.1万元。维修资金收缴、使用无有效投诉。

【白蚁防治工程规范施工】 完成新建房屋白蚁预防项目108个,施药量10335升,施药面积28.5万平方米。施工295次,其中基础部位施工147次、室内回填62次、室外回填及散水86次。接到前期勘查项目38个,勘查结果均为在建。竣工归档51份,竣工面积466万平方米。接受白蚁灭治咨询23户,推荐使用“房帮宁”系统实施灭治。回访2014年、2018年竣工项目139个,总面积710万平方米。 (钱宁)

物业管理

【概况】 2023年,全区住宅小区287个,总建筑面积2399.84万平方米。其中,成型小区173个(商品房小区81个、保障房小区76个、老旧小区16个),建筑面积2306.96万平方米;零散片区114个,建筑面积92.88万平方米,均实现市场化物业服务。发布红黑榜8次,完成10个小区黑榜差评物业企业退出。

【住宅示范小区创建】 白马澜山、兰桥雅居2个小区获评2022年度省级宜居示范居住区,九月森林、建熙花苑等7个小区获评2022年度南京市物业管理治安秩序优秀小区。培育5个小区申报市级示范物业管理项目,打造3个“睦宁里”便民服务点,将29个成型小区纳入“美好家园”区级建设目录。

【物业星级评比】 制发《浦口区住宅小区物业管理星级评比细则》,制订操作方案,联合浦口公安分局、区城市管理局、区应急管理局、区消防大队、区市场监管局、街场、园区,检查、评比287个小区,评定五星小区10个、四星小区20个、三星小区58个、二星小区178个、一星小区14个,发放奖励资金237.6万元。检查发现问题2600个,形成问题清单发至部门、街场、园区,要求督促物业服务企业落实整改。

【文明城市创建物业管理】 对照住宅小区文明典范城市建设36条标准,指导街场、园区、物业服务企业做好现场落实和问题整改。通过全覆盖检查、重点小区督查、包干查、第三方查相结合方式,检查小区287个,梳理问题清单861个,督促、指导物业企业整改。针对住宅小区飞线充电、堵塞消防通道等顽疾,结合物业管理星级评比、“四清、四拆、四整治”行动、安全生产检查等工作,督促属地街道和物业企业常态长效管理。 (钱宁)

·文稿编辑 徐 源·

旅　游　业

综　述

【概况】 2023年，全区以文旅体融合为目标，举办老山国际文化旅游节，带动旅游消费3.04亿元。举办“浦口约惠季 十城联动 千万人种草”主题推广月，中秋、国庆期间接待游客107.63万人次，实现旅游消费8.75亿元、人均消费813.34元。全年接待游客1914.59万人次，实现旅游消费134.53亿元，同比分别增长54.85%、42.36%。再次跻身全国旅游综合实力百强区，入选第二批江苏省文化和旅游产业融合发展示范区建设单位。

【旅游品牌创建】 南京环老山体育旅游景区获评2023中国体育旅游精品景区，黎家营、已居民宿创成全国丙级民宿，星甸街道九华村入选江苏省乡村旅游重点村，永宁街道获评长三角十佳慢生活旅游网红打卡特色小镇(村)，楚韵花香温泉民宿村、侘寂山居获评2022—2023年度江苏“精品民宿”，江浦街道华光社区响堂组创成市级夜间文旅消费集聚区，不老村、江北虹悦城入选市级首批艺术Mall(街区)，不老村蝶梦山丘自然之心民宿、侘寂山居、已居野奢民宿分别获评市五星级、四星级、三星级民宿，江北环保产业园创成市级工业旅游区，华飞户外滑翔伞营地、汤泉ORT卡丁车赛场等12个景点入选市体育消费新场景。

【老山IP矩阵品牌打造】 策划设计文旅公域品牌——“向往老山”，包括老山美宿、老山趣野、老山游记、“老山好集啦”、“老山起跑线”。其中，老山美宿集聚蜂巢酒店等5家高端酒店、响堂宿里民宿等25家精品民宿，年平均入住率42.8%，排名全市第一；老山趣野汇聚行者在野·汤泉九龙湖帐篷营地等17个露营基地、青山渔歌等4个特色田园新场景、奇迹花谷等8个文旅新业态；老山游记借助“莱斯乡村”平台宣发精品线路36条；“老山好集啦”涵盖栀咖啡等特色产品79款，首次推出即登上中央电视台；“老山起跑线”涵盖全程马拉松15项品牌赛事，形成集大众参与、大众休闲、大众运动于一体的赛事产品线。

【入选全国旅游综合实力百强区】 9月，华夏佰强旅游咨询中心学术委员会公布2023年全国旅游综合实力百强区名单，浦口区再次入选。浦口区把发展全域旅游作为经济转型的重要策略，整合全域空间资源，挖掘地域特色，推动旅游富民目标实现。丰富旅游产品供给，举办系列文化旅游活动，探索野外露营、滑翔伞飞行等新型旅游模式，打造老山音乐节等文化旅游IP。制定促进文旅健康产业高质量发展的政策措施，奖补符合条件的旅游项目。打造“都市圈最美花园”“老山有氧三项精品赛事”等旅游品牌和活动，提升浦口知名度和吸引力。加强城市精细化管理，完善旅游产业链，提升旅游服务质量，促进旅游业稳健发展。 (朱圆迪)

旅游资源

【概况】 至年末，浦口区有国家AAAA级旅游景区2个、国家AAA级旅游景区4个、省级旅游度假区2个、全国乡村旅游重点镇1个、全国乡村旅游重点村2个、省级乡村旅游重点村4个。

表 29　2023 年浦口区重点旅游资源一览表

序号	旅游资源	级别
1	南京珍珠泉风景区	国家 AAAA 级旅游景区
2	南京云幽谷生态旅游区	国家 AAAA 级旅游景区
3	求雨山文化名人纪念馆	国家 AAA 级旅游景区
4	南京老山国家森林公园	国家 AAA 级旅游景区
5	水墨大埝旅游区	国家 AAA 级旅游景区
6	草圣书乡旅游区	国家 AAA 级旅游景区
7	南京珍珠泉旅游度假区	省级旅游度假区
8	江苏省南京汤泉旅游度假区	省级旅游度假区
9	永宁街道	全国乡村旅游重点镇
10	江浦街道不老村	全国乡村旅游重点村
11	永宁街道大埝社区	全国乡村旅游重点村
12	永宁街道侯冲社区	省级乡村旅游重点村
13	星甸街道后圩村	省级乡村旅游重点村
14	永宁街道联合村	省级乡村旅游重点村
15	星甸街道九华村	省级乡村旅游重点村

（高铮）

【南京珍珠泉旅游度假区】 围绕度假区特色旅游资源、生物多样性和四季景观特色，实施春季踏青赏花、夏季避暑纳凉、秋季户外露营、冬季度假赏雪四季旅游主题宣传营销计划，组织开展“泉春天 珍好遇见你”春日游园会、第三届珍珠泉同学节、亲水徒步走、“FUN 四季 致艺术 向生活”佛手湖花园露营节、华昌龙之谷国际气球节等系列文旅节事活动。接待游客 306 万人次，实现营业收入 2.63 亿元。（赵益得）

【南京云幽谷生态旅游区】 景区分为快乐田园亲子乐园、绿丰源谷农业新区、云栖林舍民宿区三大功能区域。特色项目有鹊桥、龙马遗址文化公园、欢乐剧场、红色教育基地——地道战、农业科技体验馆、蒙古大营、四季花海等。接待游客 45 万人次，实现营业收入 4000 万元。（张湾湾）

【南京老山国家森林公园】 观光车、一南咖啡、亲子成长营、熊孩子冒险王国等项目投入运营。其中，亲子成长营项目完成升级改造，新建丛林穿越、森林越野拓展项目；在南门区域打造南京首个以山林生态为背景的亲子乐园——熊孩子冒险王国。举办 2023 老山森林音乐会、“Ki 老山 · 森林光影奇妙夜”等活动。接待游客 23.5 万人次，实现营业收入 1415.48 万元。（杨雨）

【水墨大埝旅游区】 景区以自行车文化和休闲运动为主题，打造集自行车文化体验、户外休闲运动、乡村休闲度假于一体的生态旅游区。举办森林动物王国 2023 兔年主题活动、亲子研学骑行活动、乡村旅居大埝之夜活动等。举办 2023 中国山地自行车公开赛暨大运河自行车系列赛、“拾伍体育杯”暨南工大骑迹车协老山公开赛等体育赛事。接待游客 55.7 万人次，实现旅游收入 1839 万元。（周子剑）

【江苏省南京汤泉旅游度假区】 汤泉度假区有国家 AAAA 级旅游景区南京云幽谷生态旅游区、江苏省四星级乡村旅游景区楚韵花香以及惠济寺、松鼠部落、行者在野 · 汤泉九龙湖帐篷营地等景区景点，设置游客服务中心、大吉温泉度假村、楚韵花香民宿村、滴水观堂等旅游接待设施。松鼠部落获批浦口区中小学研学基地、浦口区劳动教育基地；泉东村入选第三批全国乡村治理示范村、第五批江苏省生态文明建设示范村，获 2023“中国最美村镇”宜居宜业和美奖；泉东村吴林组规划设计获农业农村部第二届印迹乡村创意设计大赛一等奖；龙山社区孙垄子组入选第六批江苏省传统村落名录、第十一批次江苏省特色田园乡村。获中国温泉界奥斯卡第六届“金汤奖”——“十佳温泉”和“十佳亲子温泉”两大奖项。推进金泉、杨山头、龙泉等温泉浴室提档升级。建设茶壶店民宿体验村以及一壶炊烟、一院香泉、沐野一级等精品民宿，泉上居民宿主体框架基本建成。千亩田园、桃园采摘等配套设施建设运营，鼓励周边村民自办民宿和农家乐。行者在野·汤泉九龙湖帐篷营地投入运营，实现营业收入200万元。举行“山水间的家”——汤泉首届旅游生活节开幕式，推进“YEAH，汤泉”四季活动，摄制“醉美汤泉”系列视频，中央电视台国际频道《走遍中国》栏目组在汤泉街道拍摄取景，联合省广电总台摄制“漫游VLOG”12期。旅客接待量130.63万人次，实现旅游收入21325.69万元。（方龙凤）

行者在野·汤泉九龙湖帐篷营地　　汤泉街道办事处供图

【美丽乡村】 2023年，浦口区有全国乡村旅游重点镇1个、全国乡村旅游重点村2个、省级乡村旅游重点村4个。乡村旅游监测点增加到18个，接待游客565万人次。发展乡村民宿产业，拥有上线民宿26家，床位797张。据南京市智慧民宿平台数据显示，上线民宿入住率51.26%，实现营业额4397万元。楚韵花香温泉民宿村、侘寂山居获评2022—2023年度江苏“精品民宿”。（高铮）

旅游项目建设

【楚韵花香温泉民宿村、响堂宿里民宿开业】 3月21日，浦口文旅集团首家自营民宿楚韵花香温泉民宿村开业。民宿村占地约2600平方米，有民宿4栋、客房16间，可提供温泉疗养、棋牌简餐、咖啡茗茶、商务宴请、派对沙龙等服务，开展小型书法笔会、艺术鉴赏、商务座谈等活动。入围南京民宿客栈好评榜，被评为浦口区“老山美宿”、2022—2023年度江苏“精品民宿”。6月1日，响堂宿里民宿开业。位于响堂40～45号院，有客房22间，集住宿、美食、休闲娱乐于一体，是一家乡村度假酒店。（王荣　胡婷）

西埂莲乡　　滕宏飞摄

【西埂莲乡文化体验产品入选江苏省乡村旅游业态创新示范产品名单】 3月27日入选。西埂莲乡位于永宁街道联合村，规划面积600公顷，核心区占地面积133公顷，分为荷博园、生产研发基地、休闲渔业区、中央荷塘、房车营地五大功能区。景区以“莲”为平台，挖掘莲文化，打造集产业、文化、体育、旅游于一体的美丽乡村，开发莲藕汁、荷花冰糕、藕粉、荷叶茶等特色农产品，推出集莲荷文化、手工美育、农耕农趣于一体的蛙藕自然学堂品牌课程，举办五届莲文化节。（万健）

【4个景点入选文化和旅游部旅游精品线路】 3月,响堂桃源谷、老山国家森林公园、不老村民宿村、望月海棠园4个景点入选文化和旅游部“乡村四时好风光——大美春光在路上”乡村旅游精品线路。响堂桃源谷三面环山、一面抱水,规划总面积3.66平方千米,包含1个村庄、1个水库、4座山峰,融合森林、山谷、矿坑、水库等地理风貌。老山国家森林公园占地66.67平方千米,是江苏省最大的国家级森林公园,森林覆盖率达85%以上。不老村位于江浦街道白马社区,占地0.33平方千米,是全国乡村旅游重点村、“中国最美村镇”。望月海棠园占地面积0.67平方千米,集海棠苗木种植、新品种研发推广、海棠鲜果及果品加工、海棠科普示范、农业休闲观光旅游于一体。

【浦口区赏花之旅入选省文化和旅游厅春季精品线路】 4月10日,省文化和旅游厅发布“水韵江苏·乡村四时好风光”2023乡村旅游春季精品线路,浦口区“春风得意 花前月下”赏花之旅乡村旅游线路入选。线路串联响堂桃源谷、老山国家森林公园、不老村民宿村、张圩油菜花海、望月海棠园5个景点,成为全市唯一一条入选的乡村旅游线路。

(高铮)

旅游业态

【文化旅游】 举办浦口首届诗歌大会,邀请莫砺锋等3位教授,讲授宋词里的浦口、《红楼梦》里的浦口,举办古今诗词吟诵、黄梅戏新民乐主题秀、近千架无人机表演等,近8万名观众参加。授牌江北虹悦城、水墨大埝等首批浦口十大文化空间,开展乐队演出、器乐演奏、非遗展览等文化活动30场。 (区文化和旅游局)

【体育旅游】 全区建成多功能运动场和健身小绿园56个、健身步道200余千米、室外健身路径400余套。有水墨大埝、楚韵花香、九华茶坊等5个体育公园,形成以23千米青奥会公路自行车赛道为主轴的环老山体育旅游景区。以老山国际文化旅游节为契机,开展浦口永宁金陵风筝会、“律动之春”四分马健身跑等100余场体育活动。浦口马拉松串联青奥公园等22处地标、景点,3天带动旅游消费9800万元。中国山地自行车公开赛带动水墨大埝周边14家上线民宿综合入住率达90%。西埂莲乡、水墨大埝、楚韵花香3个景点入选市级乡村特色体育基地,水墨大埝等12个景点入选市体育消费新场景。九华茶坊华飞滑翔伞项目运营以来接待游客6000多人次,华昌龙之谷水上运动馆全年接待游客30万人次。 (周晨)

【生态旅游】 依托生态资源优势,彰显滨江特色风貌,护好老山“生态绿肺”,打造滁河“珍珠项链”。长江(浦口段)岸线全部复绿,打造工业遗址公园、特色江豚公园,形成长江精品旅游线路17千米。40千米滁河风光带串联西埂莲乡、河岸花海等乡村旅游区。滁河(浦口段)围绕水文化和乡村体验,建设集水利科普、观光游憩、休闲度假等功能于一体的水利风景区。 (朱圆迪)

【九华村入选江苏省乡村旅游重点村】 7月20日,省文化和旅游厅公布2023年度江苏省乡村旅游重点村名录,星甸街道九华村入选。九华村前临驷马山河,后拥赭洛山,千亩茶田环绕,水库点缀其间,自然景观与人文景观交相辉映。村内有文化遗产12个,其中物质文化遗产7个、非物质文化遗产5个。依托地方特色自然和文旅资源,以“旅游+”和乡村微度假为理念,打造一、二、三产业融合发展的乡村旅游目的地。形成以茶文化、户外运动为代表,融观光体验、研学旅行、康养运动、休闲度假、乡村美食、主题文创、特色节庆活动等功能于一体的旅游体系,建有村史馆、生命体验馆、九华图书室、茶文化体验馆、天剪工坊、现代农耕体验园、华飞航空飞行营地7处文化展示体验载体。 (高铮)

【南京环老山体育旅游景区获评2023中国体育旅游精品景区】 12月8日,国家体育总局体育文化发展中心公布2023中国体育旅游精品项目名单,南京环老山体育旅游景区连续八年获中国体育旅游精品景区称号。景区总面积112平方千米,以环老山23千米青奥会公路自行车赛道为主轴,打造青奥会公路自行车体验道、穿越老山徒步登山道、江苏最美跑步线路七珍线、不老村环象山湖健身圈、水墨大埝自行车主题公园、老山森林公园户外运动基地、象山湖户外运动基地等10余个体育旅游景点。

【永宁张圩油菜花海四分马环线获2项荣誉】 12月14日,“魅力江苏最美体育”2023年度颁奖仪式暨江苏省第四届网络全民健身运动会闭幕式在南京荔枝大剧院举行，浦口区永宁张圩油菜花海四分马环线被省体育总会授予2023年江苏省最美跑步线路、2023年江苏省最美跑步线路美丽乡村主题特色称号。张圩油菜花海四分马环线位于“中国最美村镇”永宁街道，沿线山环水绕、花海婆娑，自然禀赋优越，全长16千米，宽8米，路线设计科学合理，周边配套设施完善，适宜室外跑步和都市近郊游玩，连续两年举办以“奔跑江苏·四季永宁”为主题的四分马健身跑活动。

（周晨）

3月15日至4月15日，2023浦口永宁第八届金花节在永宁街道张圩景点举办。图为开幕式现场　　滕宏飞摄

【永宁街道获评长三角十佳慢生活旅游网红打卡特色小镇(村)】 11月25日，在2023长三角慢生活旅游发展大会上，永宁街道获评长三角十佳慢生活旅游网红打卡特色小镇(村)。全国乡村旅游重点镇(乡)永宁街道紧扣农文旅融合主线，深挖农耕、民俗等文化底蕴，立足滁河两岸生态资源优势，塑造农业色块和季节色带，形成35平方千米沿滁河风光带农业大地景观，建成水墨大埝、西埂莲乡、侯冲景区、张圩金色花海4个省四星级乡村旅游景区。

（高铮）

宣传促销

【概况】 2023年一季度，组织长三角地区第一场马拉松锦标赛浦口马拉松，1万人参赛。二季度，举办老山国际文化旅游节，全网累计话题4亿余次。三季度，围绕长三角都市圈，创新采用策展式营销手法，举办“浦口约惠季 十城联动 千万人种草”主题推广月活动，带动中秋、国庆旅游人次、旅游消费、人均消费三项指标位列南京郊区第二位。四季度，打造新品牌IP老山音乐节，带动全区星级酒店和25家上线民宿平均入住率95%以上。　（朱圆迪）

11月25日，永宁街道获评长三角十佳慢生活旅游网红打卡特色小镇(村)　　永宁街道办事处供图

【首届“只在老山”四方赏花节】 3月11—26日在南京四方艺术湖区举办。活动创下单月1.6万旅游人次、54万元门票收入记录。“南京四方酒店，傲途格精选”实现营业收入101.5万元。

（李亚金）

【2023浦口永宁第八届金花节】 3月15日至4月15日在永宁街道张圩景点举办。开展永宁花花露营大会、“你好，油(有)菜(才)花(华)——2023浦口永宁拓染研学”、浦口永宁金陵风筝会、“绿动之春”四分马健身跑等活动。　（高铮）

【2023老山森林音乐会】 4月8—9日、15—16日，首届老山森林音乐会在老山国家森林公园举办，接待游客1.08万人次。活动期间，江苏省数字文化和智慧旅游发展中心与浦口文旅集团签订战略合作协议，举行“我的旅行日记——随师采药去”研学线路首

发仪式,推出老山生物多样性、自然美学等研学课程,吸引中小学生研学游2.2万余人次。(杨雨)

【第四届南京老山国际文化旅游节】 5月20日在佛手湖郊野公园启动,持续至11月。开幕式上,为全国乡村旅游重点镇(乡)永宁街道、中国避暑旅游目的地珍珠泉度假区授牌,签约浦口文旅重点合作项目,发布长三角民宿互换计划、“境外万人游浦口”优惠活动、老山生物多样性普查报告及第四届南京老山国际文化旅游节系列活动,邀请国际旅游达人为浦口旅游代言,举行全国山地自行车公开赛前三名选手颁奖仪式。第四届老山国际文化旅游节以“追风拾野 向往老山”为主题,推出节庆假日游、亲子休闲游、康体休闲游、文旅融合游四大主题30项重点活动、100多场特色活动。(朱圆迪)

【2023响堂栀子花大会】 6月21日,“我们的节日”南京·端午系列文化活动暨2023响堂栀子花大会在江浦街道华光社区响堂组开幕。栀子花大会由1场仪式活动、3场山谷歌会、1次民艺创生、一系列论坛、沙龙和展演以及栀子花采销及系列营销活动组成,持续到8月份。(黄庆云)

【第五届莲文化节】 7月8日至8月6日在永宁街道西埂莲乡举办。莲文化节以“金陵荷夜 畅游西埂”为主题,总游客量11万人次,日打卡最高峰客流量约1万人。活动以荷莲观赏为主,打造特色打卡场景,开放夜间钓场,开展赏夏荷、竞垂钓、寻非遗、乐研学等系列活动。首次实现跨区域合作,创新融入传统非遗元素,开展铜梁龙舞、独竹漂、莲叶敦煌、钢花火龙等非遗表演。(万健)

【2023首届老山音乐节】 11月4—5日在琼花湖公园举办。音乐节以文旅融合为核心,打造老山IP,3.13万人参加。音乐节话题跻身微博热搜第二、抖音热搜第一,微博话题阅读量1200余万次,抖音点击量1.4亿余次。(黄庆云)

旅游公共服务与管理

【旅游市场监管】 落实《游客不文明行为记录管理暂行办法》,加强与外事、公安、交通、海关、铁路等部门沟通协调,配合做好游客不文明行为登记工作。在景区、景点设置文明旅游志愿者服务岗,为游客提供旅游信息咨询、文明引导服务。管控节事活动现场秩序,加强安全防范。通过官方微信平台、公益广告、视频、情景演示等形式,开展文明旅游宣传。对旅游从业人员开展职业规范教育,落实出游团队出行前说明会制度。协调解决游客诉求56次,满意率98%。

【旅行社管理】 全区有旅行社16家、分社2家、服务网点16个。2家星级旅游饭店场所被评为全域旅游示范点。举办“智慧旅游”App操作培训、行业法治专题培训、投诉处理专题培训、旅行社及景区导游(讲解员)培训、旅游安全知识宣讲会等。督促企业增缴质保金,开展旅行社信用等级评定活动。组织文明旅游检查120余家次、旅游质监检查50余次、节前检查30余次。

【旅游人才队伍建设】 至年末,全区旅行社有导游证人员32人,其中新领导游证人员14人,新增中级以上导游证持有人3人,新增研学旅游导师证书持有人1人,新建导游词15篇。培训全域旅游宣讲员12人、“智慧旅游”操作人员15人、全国旅游监管服务平台操作人员22人,推荐5名导游参加南京市金牌导游(讲解员)培训。

【安全生产】 联合应急、公安、市场监管、消防等部门,对文旅场所、旅游景点开展安全生产经营全覆盖检查、全过程监管。出动检查人员400余人次,检查企业180家次,排除安全隐患350个,整改率100%。接受市级及以上检查督察5次,完成整改60余处。制作普法教育系列宣传折页2万余份,制定文旅体行业各级各类应急预案6个,开展行业安全培训26场,组织各类场所开展应急演练13次,参加人员900余人次。实现旅游业安全生产零事故。(徐进)

·文稿编辑 袁 铭·

金　融　业

银　行　业

【概况】 12月末，浦口区金融机构人民币各项存款余额3696.47亿元，比年初增加587.32亿元。其中，非金融企业存款1453.29亿元，增加208.1亿元；住户存款1328.08亿元，增加201.25亿元。各项贷款余额4082.28亿元，比年初增加636.89亿元。其中，短期贷款638.35亿元，增加194.74亿元；中长期贷款3388.65亿元，增加423.91亿元；票据融资43.54亿元，增加9.43亿元。

（唐博）

【工行南京江北新区分行】 2023年，围绕10个方面开展工作：聚焦现代化产业体系，以科技创新驱动发展；促进农文旅产业融合，金融赋能绿色转型；当好服务实体主力军，提升普惠小微能力；提升养老金融服务质效，促进银发经济发展；搭建特色场景，构筑数字经济优势；构筑新区为宜居之城，实施城市更新行动；坚持“引进来”和“走出去”，打造自贸服务首选招牌；践行金融政治性人民性，开展公益宣教；提升风险防范能力，守护好百姓钱袋子；增强区域文化软实力，多渠道赋能新格局。为集成电路等科技型企业提供全周期、一体化金融服务，授信50亿元。支持珍珠泉度假区、汤泉度假区改造，服务四方当代艺术湖区等网红打卡点建设，投放近30亿元。协助江北新区投资促进和商务局，举办江北新区春季消费节活动，为江北图书馆开户及运营做好保障。获省分行“夏季攻势　拔旗行动”先进集体、南京分行第三届“合规标兵”集体等称号。截至年末，本外币存款762.67亿元，较年初净增325.68亿元。其中，储蓄存款193.33亿元，增加25.11亿元；公司存款386.53亿元，增加210.98亿元；机构存款、同业存款172.3亿元，增加95.44亿元；外币存款10.51亿元，减少5.85亿元。人民币各项贷款余额775.34亿元，较年初增加185.28亿元。其中，公司贷款657.13亿元，净增187.97亿元；个人贷款118.21亿元，减少2.69亿元。

（李晓璇）

【农行南京江北新区分行】 2023年，在全市农行经营目标责任制考核中排名第二位，在21个条线考核中有12个条线排列前三名。执行人民银行政策继续保持A类行等级，被中国农业银行评为首批合规标杆单位，获区金融监管局年度综合评价第二名。投放各项贷款261.66亿元，同比增投114.09亿元。获批项目18个126.81亿元，实施投放项目13个83.06亿元。银保监口径普惠贷款25.7亿元，较年初增加10.4亿元。新增“一项目一方案一授权”项目7个、法人普惠用信白名单客户80个，用信率超85%。不良贷款余额6455万元，不良率0.12%，贷款劣变率0.18%。未发生“三新”不良贷款，完成清收处置任务。截至年末，本外币各项存款余额429.19亿元，较年初增加148.07亿元。其中，个人存款145.82亿元，增加19.64亿元；对公存款283.37亿元，增加128.43亿元。本外币各项贷款余额537.63亿元，较年初增加123.79亿元。其中，对公贷款401.79亿元，增加124.7亿元；个人贷款135.84亿元，下降0.91亿元。实现营业收入12.19亿元、拨备后利润9.42亿元、中间业务净收入1.67亿元。

（葛忠明）

【中行南京江北新区分行】 2023年，围绕江苏省“产业强链”行动计划,结合浦口区和江北新区产业发展方向,聚焦集成电路、生物医药、高端交通装备、新材料等高附加值、高技术含量现代产业,提供优惠定价并保障投放规模充足。投放战略性新兴产业贷款48.87亿元,增速68.61%;战略性新兴产业贷款余额51.01亿元,较年初新增20.76亿元。贯彻中央经济工作会议精神,按照金融监管部门和中国银行江苏省分行具体部署,承担国有银行责任,落实金融重点工作,解决民营企业融资难问题。投放民营企业贷款92.1亿元,民营企业贷款余额102.24亿元,较年初新增26.72亿元。截至年末,本外币日均存款余额397.02亿元,较年初增加55.6亿元。其中,储蓄存款142.87亿元,增加23.37亿元;公司存款254.15亿元,增加32.23亿元。本外币贷款余额467.88亿元,较年初增加67.52亿元。其中,个人贷款183.37亿元,增加0.26亿元;公司贷款284.51亿元,增加67.26亿元。

（孙帆）

【建行南京江北新区分行】 2023年,坚持高质量发展目标,聚焦强基扩源、提能增效,发挥金融在住房领域的传统优势,加大保障性租赁住房支持力度,开立18户住房租赁资金监管专户,解决租房企业租金监管账户统一监管问题,保障承租人利益。落地住房租赁基金江畔都会上城项目,实现江北新区住房租赁基金新突破。对接小微企业金融需求,为市场主体纾困解忧,普惠余额突破60亿元,客户增至4722户。推出"善新贷""云知贷""交易快贷""跨境快贷"等具有普惠基础性和特色性的信贷产品。争取差异化政策,加速小微企业审批时效。用好用精"惠懂你"App,推广服务平台综合化生态优势,满足客户需求,新增普惠客户近3000户。发挥金融科技优势,为乡村客群提供金融服务,联合江北新区农业农村办、盘城街道开展系列活动,连续三年参与盘城葡萄节助农活动,帮助农业商户上线"建行生活""乡村大喇叭"平台,拓宽农户线上线下销售渠道,助力乡村振兴。截至年末,一般性存款余额656亿元,比上年增加185.4亿元,新增同业占比28.01%。其中,企业存款398.1亿元,增加143.9亿元;个人存款257.9亿元,增加41.5亿元。各项贷款余额597.7亿元,比上年增加112.5亿元,新增同业占比18.02%。其中,企业贷款393.6亿元,增加101.9亿元;个人贷款204.1亿元,增加10.6亿元。

（孔凯歌）

【交行浦口支行】 2023年,将数字化转型作为战略转型的关键突破口,以数据和技术双轮驱动,加快发展新质生产力,推动金融服务理念、产品供给、经营管理全方位转型,为高质量发展赋能增效。提升数字金融风险防范能力,保障网络安全、数据安全、系统安全,守牢金融安全底线。3月,交行江苏省分行电子亮证业务联网核查及身份证件影像系统在浦口支行投入使用,客户通过柜面、手持终端、智易通、现金循环机,以个人电子证件方式办理业务300余项。开展金融宣传活动,走访企业50余次,提供全方位金融服务。截至年末,本外币存款余额41亿元,其中对公存款23.6亿元、对私存款17.4亿元。本外币贷款余额38.4亿元,其中单位贷款34.7亿元、个人和小微贷款3.7亿元。

（余洋）

【农发行浦口支行】 2023年,贯彻中央金融、经济、农村工作会议

交通银行浦口支行　　交行浦口支行供图

精神，发挥政策性银行支持地方经济建设的作用。3人被农发行江苏省分行授予“十佳行长”“百佳员工”称号。按照粮油贷款规定和金融支农服务要求，投放各类贷款17.3亿元，其中地方储备粮贷款13281.62万元，完成10237.83吨小麦、29581.38吨稻谷储备轮换计划。投放农业科技贷款6.3亿元，加快国家级农业产业园建设。投放城乡一体化贷款1.4亿元，保障人民群众基本医疗卫生服务。投放改善农村人居环境贷款2.72亿元，支持响堂特色田园乡村项目。投放城乡一体化贷款4.5亿元，促进城乡融合发展。投放农业生产资料流动资金贷款1亿元，改善地区种植条件。截至年末，各项存款日均余额18.06亿元，较上年增加8.27亿元；各项贷款余额44.88亿元，减少0.31亿元。（朱顾玥）

12月，邮储银行浦口支行实现“15分钟医保服务圈”延伸服务

邮储银行浦口支行供图

【邮储银行浦口支行】 2023年，按照服务“三农”、城乡居民和中小企业的定位，依托“自营+代理”独特模式和资源禀赋，惠企助农为民，提升金融服务乡村振兴质效。代理城乡居民养老保险、城乡居民医疗保险、退休金和征地养老待遇发放、自由职业者养老保险代缴等项目，为17万人提供基础金融服务，发放资金约8亿元。拓展新型金融服务，借助网络金融服务设备，开发“极速贷”“产业贷”等产品，个人经营性贷款净增3.09亿元，其中“产业贷”净增1.38亿元、涉农信用贷款“邮农E贷”净增0.66亿元。对接区内平台，给予企业资金支持，投放贷款36.54亿元，其中为国资平台投放流动资金贷款及项目贷款22.75亿元，投债12.1亿元，投放实体企业贷款1.69亿元。截至年末，存款余额57.17亿元，增加2.74亿元。其中，个人存款23.5亿元，增加0.66亿元；公司存款33.67亿元，增加2.08亿元。贷款余额180.93亿元，增加45.1亿元。其中，个人贷款107.38亿元，增加8.85亿元；小企业贷款5.37亿元，增加1.36亿元；公司贷款68.18亿元，增加34.89亿元。

（何翠胜）

【华夏银行浦口支行】 2023年，开立对公结算账户37户，带动对公日均增加4800多万元。个人客户增加104户。应对机构存款持续下降形势，支行班子成员带头走访相关部门，加强沟通联系，参与区财政新一轮存款招投标工作，中标1.7亿元。坚持“商行+投行”做法，重点围绕浦口国资集团、浦口交通集团和南京江北新城投资发展有限公司，跟踪发债情况，新增投债业务2笔2.13亿元，实现监管资金进账2.4亿元，获批融资租赁1笔2亿元。运用金市投行产品方面有所突破，加强产品营销，实现国内信用证、国际信用证、银票和保函等表外业务落地，其中国内信用证开证量10077万元，带动非息收入122万元。截至年末，一般性存款余额9.49亿元，较上年增加1.39亿元。其中，对公存款5.94亿元，增加1.07亿元；个人存款3.55亿元，增加0.32亿元。各项贷款余额14.8亿元，较上年减少2.19亿元。其中，公司贷款9.74亿元，减少2亿元；个人贷款4.18亿元，减少0.09亿元；普惠贷款0.88亿元，减少0.1亿元。

（费雁）

【江苏银行南京江北新区支行】 2023年，围绕省、市、区重大项目建设，建立项目全流程跟踪机制，跟进项目进展情况，投放贷款

20.8亿元。围绕专精特新企业、高科技企业、科技型中小企业等科创企业金融需求，推出“科创人才贷”“创投贷”等系列快审快贷政策，加大对小微企业资源倾斜力度，推动普惠业务扩面增量，新增首贷户25户、专精特新高质量科创企业36家，新增普惠实贷31973万元，发放全省首笔中小微企业纾困增产增效专项资金贷款，办理浦口区首笔“浦惠保”业务。配合区市场监管局推进知识产权质押融资服务，办理贷款28笔1.35亿元，市场份额笔数占47%，金额占29%。抢抓园区转型升级和绿色低碳发展机遇，在清洁能源、节能减排、绿色交通、美丽乡村等重点领域，构建以“光伏贷”“园区绿色升级贷”“碳减排支持工具”等为主的“绿色+”融资产品体系，完成绿色金融投放32.5亿元。聚焦集成电路、高端交通装备等主导产业，向32家科创企业投放贷款2.1亿元。与政府、园区、创投机构等合作，参与20余场银企对接会，加入浦口区首批集成电路产业联盟，做好重点客户服务工作。聚焦“三农”金融服务需求，与街道、园区等合作打造线下“苏农通”普惠金融服务点和线上“掌上三农”服务平台。围绕老山蜂文化园、松鼠部落、浦口永宁金花节、“四季浦口”等乡村文旅项目和特色农产品，开办文创类企业贷款业务，开展数字人民币收款服务、消费支付满减活动等。落实创业扶持政策，根据“新农人”经营和消费需求，设计大学生村干部“创业贷”、新市民“创富贷”、“惠捷贷”等特色产品。新增全量客户4000余户，吸纳个人资金近7亿元，新增社保卡1600张。截至年末，各项存款余额112.34亿元。其中，个人存款26.46亿元，新增7.17亿元；对公存款85.88亿元。各项贷款余额167.6亿元，较年初新增12.25亿元。其中，对公贷款153.16亿元，新增11.66亿元；个人贷款14.44亿元，新增0.59亿元。 （潘菁）

【南京银行江北新区分行】 2023年，新浦路支行、桥北支行、新马路支行、新华路支行开业，营业网点增至16个，员工465人。围绕份额、规模、结构、客户、质量五类指标，突出转型推进，聚焦管理提升，扩大客群规模，新增非小实体授信客户78户、“鑫伙伴”基础客户218户、小微首贷客户140户、对公开户1471户、有价值客户771户、“鑫动能”客户14户、绿色金融实体客户119户。优化存款结构，活期存款余额(不含保证金、财政性存款)124亿元，占比33%，储蓄存款规模上升至42%。狠抓对公贷款规模拓展，绿色金融贷款余额78亿元，普惠贷款余额49亿元，较年初增加12亿元。投行直融业务发行笔数、市场占有率、客户覆盖率均居辖区内各金融机构首位。分行获评2023年度浦口区“双晒双亮”促发展先进集体，分行营业部获评2023年江苏银行业文明规范服务适老网点，新华西路支行、桥林支行获评2023年度全市内保系统先进集体，高新开发区支行、江浦支行被江苏省银行业协会分别授予2023年度“普惠之星”称号、江苏省第十三届“您身边的理财师”卓越投教团队奖，研创园支行入选南京市青年文明号入库培育集体(2023—2027年)名单。截至年末，各项存款余额370.84亿元，其中对公存款213.06亿元、个人存款157.78亿元。各项贷款余额344.92亿元，其中对公贷款310.56亿元、个人贷款34.36亿元。 （吴帅）

【紫金农商银行浦口支行】 2023年，坚持“服务三农、服务中小、服务城乡”市场定位，践行普惠金融理念，获评2023年度浦口区“双晒双亮”促发展先进集体，创成江苏省最美工会户外劳动者服务站点，金融知识进校园案例连续两年获江苏省金融教育案例大赛三等奖。发挥地方法人银行短平快、机制活优势，帮助资金周转较为困难的客户申请政府转贷基金300余笔，总额5亿余元，涉农及小微贷款占比69.4%。发放科技企业贷款、绿色环保产业贷款、制造业企业贷款、保障房建设及污水治理贷款等20余亿元。与区金融监管局联合开发“浦惠贷”产品，用信余额1.8亿元，全区排名第三。与区科技局联合开发针对科技型企业信贷融资的“高企积分贷”产品，落地全区首笔贷款。推出“科技文化贷”“民宿贷”等专项产品，办理知识产权质押贷款9200余万元。走访客户5万余次，为127户商户办理低利率、线上放贷、随用随还的信用贷款“通商E贷”3000余万元，为民营企业主、企事业单位员工批量上报年利率3.28的信用类消费贷白名单686户。完成68个村(社区)4万余户农民“金陵惠农小额贷”评议和无感授信，用信2883户1936万元。开展“网格化”金融服务，举办便民服务进社区活动70余场。办理近20个涉农补贴项目，月均代发近10万人次,6个农村网点代发业务量约57万笔。建设升级服务点50个,包含1个智能点、7个综合点、42个支付点,办理交易8.9万笔4596万元。履行普惠金融责任,运用行内直播活动、大美江苏行商城、内部员工展销会等平台,为浦口特色农产品“带货”,成交额10万余元。为农业龙头企业简诺合作社、乌江沁浦营坊农业生态园开展专场直播带货活动,举办文旅专场直播活动,销售松鼠部落、华昌龙之谷、汤泉温泉宾馆等旅游景点门票,以及星甸牛肉、后圩螃蟹、桥林茶干等特色小吃,2场直播成交800多件6万余元。截至年末,各项存款余额190亿元,其中公司存款96.5亿元、储蓄存款93.5亿元。各项贷款余额92.5亿元,其中公司贷款88亿元、零售贷款4.5亿元。纳税总额4193万元。 (余果)

【浦口靖发村镇银行】 2023年,秉持普惠金融理念,坚持支农支小服务方向,助推实体经济发展。开展普惠金融、假币识别、电信诈骗防范、远离非法集资等金融知识宣传活动,提高居民金融风险识别和防范能力,提升金融服务水平。根据金融监管部门关于重点对单户授信1000万元(含)以下小微企业实体经济的贷款投放要求,践行普惠金融及“两增两控”政策,支持小微企业、个体工商户和“三农”发展。涉农贷款余额5295.9万元,较年初增加931.45万元;小微企业贷款余额65261.78万元,较年初增加6339.82万元,占各项贷款比例的93.71%。贷款户数774户,较年初增加74户,其中小微企业

4月20日,浦口靖发村镇银行在桥林街道百合社区举办防范养老诈骗金融宣传活动 浦口靖发村镇银行供图

582家,增加84家。小微企业不良贷款余额730.6万元。截至年末,各项存款余额47507.05万元,比年初增加6998.5万元。其中,单位存款17625.77万元(保证金240.63万元,增加22.79万元;应解汇款6.24万元,减少94.18万元),减少5096.9万元;储蓄存款29881.28万元,增加12095.4万元。各项贷款余额69642.55万元,比年初增加6069.95万元。其中,个人贷款36691.85万元,增加6792.35万元;公司贷款32950.7万元,减少722.4万元。实现各项收入4330.07万元、利润510万元、净利润339万元。资本充足率22.32%,贷款拨备比2.78%,拨备覆盖率252.11%,流动性比44%。

(李玉娟)

证券业

【概况】 2023年,浦口区有华泰证券浦口大道营业部、中信证券浦口大道营业部、南京证券浦口大道营业部3家营业部。证券交易额累计2730.14亿元。有上市企业1家、拟上市企业(在会在辅)3家、新三板挂牌企业3家、江苏股权交易中心企业42家。

【华泰证券浦口大道营业部】 秉持“围绕客户需求,构建分层分级的一体化服务体系”思路,贯彻“专业化分工+体系化协同”的大投行运作模式,与总部各业务部门交流合作,在企业财富管理、投融资、并购等业务方面实现总分联动,构建金融一体化生态圈。至年末,有员工14人,实现证券交易额1516.72亿元、营业收入1552.59万元。

【中信证券浦口大道营业部】 弘扬“守正、创新、卓越、共享”企业文化,信守“以人为本、诚信立业、合规经营、创新发展”经营理念,坚持经纪业务和企业业务并重、个人业务和机构业务齐抓,做

好证券经纪、证券投资咨询、证券承销与保荐、证券资产管理、融资融券、证券投资基金代销,以及与证券交易和证券投资活动有关的财务顾问、金融产品与保险代销等业务。至年末,有员工22人,实现证券交易额1191.82亿元、营业收入881.72万元。

【南京证券浦口大道营业部】 落实"自信自强、真抓实干、守正创新、稳中求进"工作主基调,在做好经济业务的同时拓展机构业务,打造特色投资顾问业务模式,坚持走多元化发展道路,建设核心竞争力团队,提高客户服务水平,促进业务发展。至年末,有员工3人,实现证券交易额21.6亿元、营业收入116.81万元。

(吴亚楠)

保　险　业

【人保财险浦口支公司】 2023年,坚持风险减量管理理念,中标建邺国资集团总部园电梯保险服务项目。开办高标准农田建设工程质量潜在缺陷责任保险,将高标准农田质量和管护有机结合,发挥保险服务社会治理功能。为华天(南京)科技有限公司财产提供保险保障,助力科技自立自强。截至年末,实现保费收入56510万元,同比增长4.83%。其中,车险45157万元,增长2.7%;个人非车险3194万元,增长28.85%;商团非车险4705万元,增长63.14%;农险3454万元,下降24.53%。赔款总支出34892.91万元。

(徐维)

【人寿财险浦口支公司】 2023年,围绕"一增一优六加强"工作要求,以规模、效益双优为导向,加强互动渠道、车行渠道、重客渠道、银保渠道、农村农险业务部建设。互动渠道实现保费收入4997万元,同比增长12.08%。车行渠道实现保费收入3433万元,同比增长0.78%。加大重客渠道投入力度,为公安、交运、市场监管等部门及其所属企事业单位提供"一揽子"保险服务,承保车辆400余辆,保费规模300万元,承办17支部队及干休所车辆保险业务,实现保费收入1109万元。银保渠道实现保费收入196万元。农险渠道实现保费收入358万元,承保浦口区政策性"生猪+期货"保险,保费96.7万元。截至年末,实现保费收入10603万元,同比增长4.3%。其中,车险8229万元,增长0.04%;非车险2374万元,增长22.6%。理赔8953件,赔款4867万元。实现承保利润1823万元。

(杨洁)

【人寿保险浦口支公司】 2023年,应对政府政策调整、市场变化等挑战,坚持转型升级,完成年度各项核心指标。融入地方发展和建设,慰问大病困难户和失独家庭,建成"15分钟医保服务圈"延伸服务点,为社区群众提供服务。推进长期护理保险团队工作,开展政策健康险业务,做好浦口区及江北新区部分街道长护险日常监管和运营维护工作。签约13家评估机构、59家照护机构,累计2300余人享受失能保险待遇。与江北新区、浦口区社保中心合作,开展大病补充保险业务,对辖区内有大额医疗费用支出的参保居民给予二次补偿,参保约12万人。推进安康关爱行动,浦口区、江北新区承保约15.4万人。截至年末,持证人员589人,保费收入67606.64万元,其中寿险首年保费16958.23万元、续期保费45602.39万元、短期险保费5046.02万元。理赔32389件,理赔金额9392.53万元。

(陈萍)

【太平洋财险浦口支公司】 2023年,提供车险、企业财产险、人身意外保险、货运险、责任险、环境污染责任险、建筑意外伤害险、雇主责任险、精神病监护人责任保险、学生平安保险等服务。截至年末,实现保费收入22145万元,其中车险保费4244万元、非车险保费17901万元。

(雷恒)

·文稿编辑　杨宇金·

商贸服务业

综　　述

【概况】 2023年,浦口区实现社会消费品零售总额150.35亿元,同比增长1.2%。完成限额以上销售额(营业额)308.69亿元。外贸进出口总额274.3亿元。跨境电商企业7家,实现进出口交易额12.59亿元。出台《浦口区推动服务业高质量发展扶持政策》,推动内外贸易企业发展。举办浦口美食节等活动50余场,新增特色消费场景86个。新增限额以上企业48家,引进品牌首店6家。推进江浦街道烈士塔社区、人民桥社区"一刻钟便民生活圈"建设。南京老山药业股份有限公司被商务部认定为第三批"中华老字号",实现"中华老字号"零的突破。

表30　2023年浦口区社会消费品零售总额统计表

单位名称	2023年实现额(万元)	2022年实现额(万元)	同比增长(%)
江浦街道	848878	848349	0.1
桥林街道	217537	215898	0.8
星甸街道	121233	121185	0
汤泉街道	115660	110967	4.2
永宁街道	109851	106808	2.8
浦口开发区	27265	25222	8.1
浦口高新区	32359	29206	10.8
珍珠泉度假区	30728	28398	8.2
合　计	1503511	1486033	1.2

表31　2023年浦口区限额以上商贸企业销售(营业)额统计表

业别	2023年实现额(万元)	2022年实现额(万元)	同比增长(%)
一、批发业和零售业销售额	3025545.8	3076697.6	-1.7
1.批发业	2634340.4	2688014.6	-2.0
2.零售业	391205.4	388683.0	0.6
二、住宿业和餐饮业营业额	61389.3	50653.7	21.2
1.住宿业	28822.1	16231.6	77.6
2.餐饮业	32567.2	34422.1	-5.4
销售(营业)额合计	3086935.1	3127351.3	-1.3

【区域消费品质提升】 结合南京国际消费节,举办浦口消费节、浦口美食节等重点活动50余场,与虹悦城等大型商超联动,开展重点时段、热点商品系列促销活动。发放秋季消费节红包,叠加节日经济效应,释放消费潜能。开展特色消费新场景创建,新增特色消费场景86个,开展消费潮流打卡地推介,宣传浦口特色消费品牌。优化首店发展环境,探索"特色美食+文创IP",孵化"老字号+新业态"首店,依托虹悦城、白马生活广场等购物广场,引进"蟹食客""奈森良系""LEGO"等品牌首店6家,其中南京首店1家、地区首进品牌5家。

【夜间经济】 聚焦夜间经济消费场景,借助电商直播平台,在林公堤、白马生活广场等夜市开展直播促销活动,举办金陵春日"大事件"、2023星光烟火夜市玩偶节、"多大市啊"美食市集、白马啤酒音乐节等夜间经济活动,邀请当地达人、网红直播宣传浦口夜间消费场景,推广消费热点和亮点,打造特色夜间经济聚集区。

【"一刻钟便民生活圈"建设】 推进江浦街道人民桥社区"一刻钟便民生活圈"建设,制订2023年工作计划。人民桥社区联合辖区商超、金融机构等成立"一刻钟便民生活圈"党建联盟,签约项目6个。拓展沈卫球调解工作室功能,由居民纠纷调解向辖区居民、商户等纠纷调解功能延伸,搭建社区党员与居民法治宣传平台。推进东风巷小区改造,成立零散片区管委会,引入智能化监控设备。完成东风巷活动中心改造,建成集居民议事、为老为小活动等功能于一体的活动阵地。举办"一刻钟便民生活圈"推广活动,组织社区及周边28家休闲、健康、托育、购物网点进行集中展示推广。梳理42家小修小补点位和联系方式,发放"一刻钟便民生活圈"宣传材料2000余份,制作网点指示牌25块。拓展"货品到家"服务,指导苏果超市等商超由"到店消费"模式拓展"货品到家"方式,打通社区居民配送"最后一米"。

虹悦城商圈　　江浦街道办事处供图

【惠企助企】 出台《浦口区推动服务业高质量发展扶持政策》,内容涵盖奖励企业注册落户,培育企业入库纳统,支持规模以上服务业发展和限额以上贸易业壮大,鼓励开拓国际市场,引导产业融合发展。强化优质企业引育,建立限额以上贸易企业动态跟踪服务机制,定期更新限额以上企业培育入统情况,推进48家企业新增入库,年销售额约27亿元,其中年销售额3000万元以上企业26家。帮助南京绿野仙踪生物科技有限公司等3家企业申请2023年度中央外经贸发展专项资金约183万元,组织南京香山湖餐饮管理有限公司、南京浦口姐妹餐饮管理有限公司等企业申报市级专项资金6万元。组织南京凯鼎电子有限公司等20余家服贸、服务外包企业参加北京服贸大会、全球服贸大会,助力企业开拓国际市场。开展商贸企业"大走访",分行业制订走访服务工作方案,采取区领导、部门、街道、园区分层分级走访服务办法,走访调研企业600余家次,收集企业经营矛盾问题59个并阶段性办结。 (孔杰)

商业街区建设

【概况】 2023年,全区有大型商超6家,分别是白马生活广场、虹悦城江北店、大润发超市、金盛田广场永辉超市、苏果超市、悦购超市。围绕重大节庆消费需求,聚焦零售、餐饮、旅游、住宿等领域,通过年货展销、品牌优惠、新品推广等举措，扩大消费供给，提升消费层次。林公堤、白马生活广场等夜间经济消费氛围浓厚。29家零售额5000万元以上企业实现零售额约38亿元，同比增长2.7%，占全区社会消费品零售总额的25.3%。75家销售额5000万元以上企业实现销售额282亿元，同比增长2.5%，占全区限额以上销售额的91.4%。

【商业综合体建设】 龙湖雨山天街项目总投资32.1亿元，建筑面积31.1万平方米，完成主体封顶。大悦城商业综合体累计投资47.21亿元，建筑面积44万平方米，实施项目主体建设和办公楼负一层、购物中心二层施工。金陵星图商业综合体累计投资9.2亿元，建筑面积56.1万平方米，实施项目主体建设。 （孔杰）

住宿餐饮业

【概况】 2023年，限额以上住宿餐饮业实现营业额6.14亿元，其中住宿业2.88亿元、餐饮业3.26亿元。客房6654间，床位10466个。民宿酒店43家，客房879间，床位1590张。

【特色主题酒店】 全区有特色主题酒店45家，以隐居田园、乡村生活美学、亲子度假、温泉度假、传统文化为主题，其中以民宿酒店居多。在市文化和旅游局备案上线民宿酒店26家，房间449间，床位797张。其中，江浦街道12家，永宁街道10家，汤泉街道3家，星甸街道1家。上线民宿入住率51.26%，实现营业额4397万元。

（区统计局　浦口公安分局）

供销合作

【概况】 2023年，供销系统实现销售额26.98亿元，其中农产品电子商务销售额1.22亿元，同比增长136.68%。社有企业营业总收入429.4万元，利润总额15.3万元，所有者权益1333.1万元。

【基层供销社发展】 区供销社强化为农服务功能，完善体系建设，吸纳民营企业、农民专业合作社加入供销系统，新增各类开放办社单位11家，新建为农服务社1家，领办专业合作社1家，新增基层社社员211人，实现农业社会化服务面积0.35万公顷，配方施肥、统防统治、农机作业“三项环节”服务规模1.05万公顷次。与市供销合作总社、南京广播电视台联合开展“供销直播进百村”活动4场，组织企业参加农产品展示展销、美食节等活动11场，协助企业入选“鲜丰汇”平台“浦食浦味”销售专区。为南京简诺生态农业科技发展有限公司等4家单位申请市级财政专项资金33万元。与滁州市南谯区签订《关于建立南谯—浦口两地供销合作社交流工作机制的意见书》，推进两地农村经济发展，助力乡村振兴。

【农药零差率统一配供】 建立健全农药零差率统一配供体系，新增基层销售网点1个，累计建成基层销售网点7个，实现街道全覆盖，销售农药14.85吨，实现销售额172.74万元，服务面积0.24万公顷。利用系统内农资销售网点、种植大户等“两废”回收网点，参与回收农药废弃包装物51.74万件、废旧农膜3.94吨，形成可持续服务模式。 （孔杰）

电子商务

【概况】 2023年，全区注册资本100万元及以上电商企业30家，

江浦街道悠山民宿　　区文化和旅游局供图

跨境电商企业7家,实现跨境电商进出口交易额12.59亿元。开展市级电商示范基地和示范企业创建工作,举办“浦小店大直播”系列电商促消费活动。组织电商线上线下培训15场、跨境电商线上线下培训34场,培训1500余人次。农资与农产品网络零售额增长超10%。

【电商企业建设】 培育直播电商示范基地,打造市级电子商务示范企业,树立电子商务标杆企业,加强电商企业梯队建设,引导电商企业开展集内容制造、视频技术、直播场景等于一体的多功能、多业态的直播电商集聚区创建。以发展“直播+农产品基地”“直播+市场”“直播+旅游”“直播+文化”等形式,带动特色农副产品、特有文化旅游产品等布局直播电商市场。弘商圈青创直播基地、心聚缘短视频直播电商产业基地获评市级重点直播电商基地,南京映鱼文化传媒有限公司、南京海之韵网络科技有限公司获评市级重点直播电商机构,南京六小狐电子商务有限公司获评市级电子商务示范企业。

【电商赋能消费】 举办“浦小店大直播”启动仪式,区商务局和汤泉街道共建“浦小店大直播”直播空间,围绕42个特色小店开展常态化直播推介。打造弘商圈、泉东等当地生活直播产业空间,依托京东、抖音等直播平台拓展直播业务,推动生活直播产业集聚发展。邀请当地达人和网红,直播宣传浦口消费场景,吸引线上流量,助推产品销售。永宁、汤泉等街道与区电商协会联动,开展直播大赛、文旅项目直播探访、当地生活直播实训等,助力乡村振兴和文旅项目推介。邀请悦购超市、大润发超市等参加汤泉农场产品对接会,畅通销售渠道,拓展农产品销路。 (孔杰)

粮食流通

【概况】 2023年,区粮食和物资储备局推进涉粮问题巡视巡察整改,落实市、区两级地方粮食储备任务,储备原粮5.3万吨、成品粮600吨(6月20日调整为500吨),其中市级储备1万吨(小麦4000吨、稻谷6000吨),区级储备4.3万吨(小麦1.95万吨、稻谷2.35万吨)。落实粮食补贴政策,拨付地方储备粮保管费用、贷款利息和轮换补贴902.66万元,其中省、市补贴276.18万元,区级补贴626.48万元。

【粮食购销】 收购入库小麦1.02万吨、籼稻1.38万吨。会同区农业农村局、区统计局、南京市浦口区粮食购销有限公司,实地查看苗情,走访种粮大户,召开座谈会,掌握夏粮、秋粮生产状况、质量品质等情况。细化收购举措,邀请南京市产品质量监督检验院专家,对全区政策性粮食收储库点质检人员进行业务培训,统一检验方法。指导南京市浦口区粮食购销有限公司及时腾仓并仓、落实收购资金、维护机械设备,做到“仓等粮”“钱等粮”“机等粮”。

【粮食储备】 贯彻《南京市市级储备粮管理办法》,落实承储企业主体责任和部门行业监管责任。坚持每月必查与随机抽查相结合,重点检查南京市浦口区粮食购销有限公司3个库点,做到逢仓必进、有粮必查,确保检查到位、储粮安全。制订2023年度地方储备粮轮换计划,执行地方储备粮轮入、轮出报批制度,保持地方储备粮实物库存占规模总量的70%。批复区级储备粮轮出18批次、轮入14批次,其中轮出小麦1.02万吨、籼稻2.6万吨;轮入小麦1.02万吨、稻谷1.62万吨。市级储备粮轮入稻谷0.41万吨,轮出稻谷0.61万吨。

【物资储备】 修订《浦口区粮油应急保供实施方案》《浦口区2023年防汛抗旱物资保障预案》。与3家粮食加工企业签订应急保供协议,在街道设立粮食应急供应网点8个。按照“实用管用、快速响应”原则,做好应急物资储备日常管理,及时调整物资种类及数量,投入35万元,购置15类5300件应急救灾物资,购置钢管4000千克,储备防疫口罩、急救药箱、帐篷、行军床、救生衣等30余种,物资储备规模500余万元。

【粮食流通领域监管】 制订夏、秋两季粮食收购监督检查工作方案,明确检查对象、组织方式、检查内容、检查时间和相关工作要求。加强粮食收购监督检查,开展粮食流通季度巡查,重点检查国有企业粮食收购入库流程和业务管理、收购资金和利息费用补贴拨付结算、收购业务公平公正公开和留痕以及粮食入库验收等情况。加强粮食流通执法协作机制,与区市场监管局联合开展夏粮收购检查,邀请区纪委派驻组对执法检查过程进行现场督导。与六合区签订毗邻地区粮食流通监督检查区域联合执法协作协议，与滁州市南谯区签订跨区域粮食流通监督检查联合执法协作协议，并开展粮食收购联合执法检查。开展2023年粮食质量安全监督抽检。印发《关于做好2023年浦口区粮食质量安全风险监测有关工作的通知》，委托南京市产品质量监督检验院对浦口区粮食质量进行监督抽检，完成粮食质量安全抽检24批次，检测结果全部合格。开展粮食流通监督检查质量提升暨强监管严执法重处罚行动年活动，成立活动领导小组，联合区市场监管局印发《关于开展粮食流通"监督检查质量提升暨强监管严执法重处罚行动年"活动的实施方案》，结合涉粮整改开展发现问题清底式"回头看"，跟进抓好涉粮线索查办工作。

【粮食库存专项检查】 开展2023年政策性粮油库存检查，与区财政局、农发行浦口支行制订《关于开展2023年浦口区政策性粮油库存检查的实施方案》，成立以区发展改革委（区粮食和物资储备局）主要领导为组长的政策性粮油库存检查工作领导小组，负责组织领导全区政策性粮油库存检查。按照"有仓必到、有粮必查、有账必核"原则，对南京市浦口区粮食购销有限公司3个库点自查情况进行全覆盖检查。市粮食和物资储备局对浦口区政策性粮油库存检查企业自查情况进行督导检查，省内库存交叉检查镇江组对浦口区3个库点实施全覆盖交叉检查，检查组提出的3个问题全部完成整改。开展粮食购销季度巡查，制订《浦口区2023年粮食购销季度巡查工作方案》，在企业自查基础上组织区级普查。检查保管账、统计账、收购原始凭证、粮食质量档案、粮情监测、粮温记录等台账，对粮食数量、质量和政策执行等情况进行全面检查。浦口区库存粮食数量真实、质量良好、账实相符、储存安全。（何虹）

12月5日，区军粮供应站入选第十二批全国放心粮油示范销售店
区发展改革委供图

【区军粮供应站入选第十二批全国放心粮油示范销售店】 12月5日，中国粮食行业协会公布全国放心粮油示范工程第十二批示范企业名单，浦口国资集团下属区军粮供应站入选第十二批全国放心粮油示范销售店。区军粮供应站做好中小学大宗食材采购等市场化服务保障工作，为区内外40余家单位供应放心粮油。江浦街道、桥林街道、永宁街道3家军粮供应超市获评市级放心粮油星级店、省级放心粮油工程样板店、省级文明单位等称号。（区融媒体中心）

烟草专卖

【概况】 2023年，浦口区卷烟销售1.94万箱，单箱结构5.21万元/箱，同比增长4.3%，结构增幅位列全市第四名。获南京市高质量发展综合考评一等奖。

【营销网络建设】 浦口分公司围绕全市系统营销网建"提升年"目标，聚焦卷烟营销网络"四体系一转型"和农网建设重点领域，推进营销网络建设。聚焦零售客户主体，围绕小组成长、平台赋能、终端转型等重点，培养优质客户。评选市优秀小组8个、小组长8人，培养省级宣讲师12人、工业品牌宣讲师6人、农网品牌宣讲师5人，开展农网特色营销和赋能活动5场，建成农村便民服务点3个、社区文化阵地1

个。举办“让客户更满意,我们在行动”主题营销活动,开展风险排查、法律培训、全员驻店、规范服务等活动。

【烟草市场执法】 区烟草专卖局落实专卖专营职责,履行专卖专营体制主体责任,加大烟草执法力度,查处涉烟违法案件217起,查获违法卷烟345.66万支,其中真烟325.09万支、假烟18.98万支、走私烟1.59万支,总案值753.96万元。查获5万元以上案件35起。拘留9人,逮捕9人,判刑23人。打击公开摆卖或暗中销售假私卷烟行为,查处市场大案要案15起。“1·6”非法经营雪茄案被列为部督案件。落实行政执法三项制度,作出行政处罚案件142件,其中执行收购案件3件、执行没收案件16件。浦烟处〔2023〕第96号执法案卷被评为区级优秀案卷。 (耿季伟)

邮　　政

【概况】 2023年,区邮政分公司设部(室)7个,下辖支局21个、揽投部4个、农村投递部2个。投递段道122条,投递里程7387千米。其中,城市段道93条,投递里程4962千米;农村段道29条,投递里程2425千米。实现总收入3.19亿元,同比增长15.96%。处理“11185”工单943张(其中表扬工单11张)、“95580”工单479张(其中表扬工单5张)、“12345”政府热线工单266张,处理率均达100%。

快递包裹分段分拣　　区邮政局供图

【板块业务】 代理金融板块,新增存款21.71亿元,存款累计达130.43亿元;新增AUM(资产管理规模)24.6亿元,AUM累计达188亿元。寄递板块,进口邮件18334.04万件,较上年增长6.53%;出口邮件1441.03万件,较上年增长52.06%;服务区法院、浦口公安分局等单位,政务邮件27万件,较上年增长33%。邮务板块,联动开发“光与夜之恋四时邮政礼盒”游戏项目,为企业定制“一企一册”,联合街道策划实施“甜瓜季”“金花节”“葡萄节”等农文旅活动,为中车南京浦镇车辆有限公司定制企业集邮册,为南京审计大学浦口校区制作录取通知书等。

【助力乡村振兴】 通过走访农户和合作社,挖掘区域优质农产品资源,助农销售900余万元。“9·19”电商节期间,盘城葡萄文创雪糕成为全省首个邮乐优鲜万单拼团项目。通过线上营销策划、直播带货、线下客户重点营销推广相结合方式,助力销售星甸甜瓜20万元、盘城葡萄50万元。邮快合作有效自有自提点208个,乡镇转型网点覆盖率100%。重点打造区域级中邮惠农示范合作社——南京福联种植专业合作社,该合作社入选国家级生态农场示范社。为106家合作社(企业)提供“融资E贷款”3930万元。 (朱璐璐)

·文稿编辑　刘廷峰·

城 乡 建 设

城 乡 规 划

【概况】 2023年，实施国土空间总体规划编制，完成省、市、区各级审查工作，提交省级报批。完成中心城区城南中心、老城片区城市设计及控制性规划调整。完成浦口高新区、桥林新城、汤泉街道等重点片区城市设计及控制性规划调整的编制组织及报批工作。完成海绵城市、燃气和电力专项规划编制。全区62个涉农社区村庄规划编制完成并通过专家评审，其中53个规划通过市规划和自然资源局技术审查并取得区政府批复，通过专家评审率100%，批复率85%。服务重点企业、民生项目，完成台积电、华天、洗消中心等项目的用地规划调整优化工作。

【基础地理信息服务】 完成各类勘测定界493件，其中征地类104件、供地类250件、临时用地91件、设施农用地6件、违法用地40件、省级用地预审2件。为北沿江高铁、南京农业大学江北校区、地铁11号线、356省道等省、市、区重点项目办理用地手续。完成浦口区2022年国土变更调查和2023年日常变更调查，其中2022年更新图斑11032个，面积6744.87公顷，2023年日常变更图斑8263个，面积1988.24公顷，全部纳入2023年度变更调查数据，为规划和自然资源管理及经济社会发展提供依据。完成地形图免费供图项目230个，面积1310平方千米。管线免费供图项目325个，长度11373千米，其中现势性管线免费供图项目20个，长度178千米。

【桥林新城规划编制】 修改完善《桥林新城总体城市设计》，1月通过专家评审，3月通过区规委办会审，8月通过市规划和自然资源局规划编制专题会审。桥林新城地处苏皖交界区域，位于南京都市圈沪宁合科技创新带，是南京市国土空间总体规划确定的九大新城之一，也是未来浦口区产业和城镇功能发展的重要平台载体。《桥林新城总体城市设计》以开放、低碳、融合、柔美、活力为理念，以塑造“在山水林田间成长的低碳智慧新城”为总体目标，重点从区域关系、生态景观、产业发展、基础设施、人文生活5个方面塑造5个“最”。

（侯有乐）

新 城 建 设

【概况】 2023年，区城乡建设局实施A类建设类项目127个，当年计划投资75.49亿元，开工127个，完工86个，累计完成投资75.64亿元。市城建计划21个，全部开工，完工13个，当年计划投资12.59亿元，实际完成投资14.12亿元。市级精细化年度任务17个（含管理类3个），完工15个，当年完成投资4.89亿元。（陈欢）

【桥林新城建设】 推进新开、扫尾征收任务，新柳路以西项目签约42户，拆迁面积0.88万平方米。清除林溪路、秋江路等5条路段堵点。推进21个交通基础设施和公共服务设施建设，其中建成沿山大道西延、丁香路北延等8条21.5千米骨架路，建成云实路、双浦路等10条5.6千米支路，金穗路中学、桥林一小、琼花湖文化体育中心主体结构封顶。

（桥林新城建设指挥部）

【海绵城市建设】 区城乡建设局发挥区级海绵城市领导小组办公室牵头作用，增强领导小组成员间的联动协调，完成从海绵城市第三方指导服务向“图审+质监服务”模式转换,完善海绵城市建设管理信息系统平台,形成海绵城市建设“浦口模式2.0”。通过海绵城市建设系统平台,实现项目方案、设计、验收登记备案网络“一站式”服务。完成专项方案登记项目220个、专项施工图审查登记项目143个,通过海绵城市专项验收登记项目66个。试点由区内设计院推荐设计代表定期参与海绵城市专项图纸评审,提高海绵城市设计整体水平。在2023年江苏省海绵城市优秀工程案例评选中,浦口桥林自来水厂一期建设工程被评为一等奖,白马生活广场项目被评为三等奖。312国道龙华立交至张店枢纽段新建辅道二期工程被列为省海绵城市联盟年会暨海绵城市高质量发展论坛示范观摩项目。（陈欢）

【口袋公园建设】 针对建设路与团结河平交口东南方向荒废地块现状,区综合行政执法局在公园设计上以传统文化为主线,融入求雨山书韵文化精神,凸显草圣书乡底蕴,打造书香口袋公园。公园沿带状绿地建设书韵驿站、和悦广场、康体花园3个主要功能区块,设置文化长廊,柱间格栅融入名人书法作品及书法典故,6月建成开放。被评为南京市“群众最喜爱的口袋公园”,入选江苏省100项“乐享园林”活力空间项目名单。（方陈）

旧城改造

【概况】 2023年,浦口区完成征收居民1079户、企业35家,征收面积62.49万平方米。其中,新开项目完成征收居民1016户、企业16家,征收面积57.43万平方米;扫尾项目完成征收居民63户、企业19家,征收面积5.06万平方米,8个扫尾项目实现清零。

【重点项目征收】 4月28日,龙华路地铁站地块二期征收工作启动。项目位于江浦街道,东至龙华路地铁站,南至文德东路,西至白云巷,北至公园北路,涉征居民86户、企业7家,面积1.2万平方米。

【征收资金监管和结算审计】 区城市更新服务中心收到征收资金12.89亿元,拨出资金18.92亿元,通过科学合理调配征收资金使用,做到项目资金专款专用、科学高效。完成128个项目的资金预结算工作,释放资金13.4亿元,与年初存量资金对比,资金释放率达50%。完成2023年超期过渡费审核,审核认定征收项目73个,涉及居民17399户,拨付超期过渡费3.26亿元。（邵晓娟）

【城市更新工作】 区城乡建设局、区城市建设与更新指挥部委托市规划设计院编制《浦口区城市更新(十四五行动)规划研究》暨主城区城市建设与更新三年计划,从城市生态、市政基础、历史文化、城市韧性等方面实现建设品质和治理体系提升,编排项目49个,计划投资30.6亿元,其中2023年12个,计划投资12亿元。区招待所地块低效产业用地再开发项目被市城市更新领导小组确定为南京市第三批城市更新试点项目。（陈欢）

【老旧小区整治】 区住房保障和房产局牵头实施江浦街道文德片区、江浦街道中圣街—珠江路片区、江浦街道珠泉路片区、浦口康居集团滨江和园、桥林街道乌江片区、星甸街道星兴片区、汤泉街道老山片区、永宁街道侯冲片区、汤泉农场邻舍小区9个片区28个老旧小区整治,总投资2.95亿元,涉及居民1.12万户,建筑面积127.07万平方米。至11月16日,9个片区全部完工。（邵竟成）

整治后的桥林街道林山雅苑小区　　刘强摄

【背街小巷整治】 浦口区有背街小巷147条。2023年，完成江浦街道亚青路、文昌路、法院巷、区政府后门巷、海象路、蚕丝楼巷、珠泉东路、康浦路，桥林街道桥中巷，星甸街道王村老街10条背街小巷整治，其中文昌路、桥中巷、王村老街按精品街巷标准整治。截至年末，全区有14条背街小巷达到精品街巷标准。（方陈）

公共事业

·供　水·

【概况】 2023年，浦口城建集团下辖水源厂1座、水厂3座（江浦水厂、三岔水厂、桥林水厂，其中三岔水厂为应急备用水厂）、增压站7座。取水量8945.09万吨，供水量8493万吨，日均供水量23.3万吨，单日最高供水量27万吨。按照国家标准，对水源水、出厂水、工艺过程水、管网水、二次供水等进行全过程跟踪检测，检测结果达到国家《生活饮用水卫生标准》规定。（杨旻）

【供水安全保障】 区水务局配合江北新区做好江北地区应急水源系统常态化管理、运行、调度、应急等工作，提升供水安全保障体系，新建、改造供水管网16千米。常态化开展水质检测，督促南京浦口自来水有限公司配合开展供水爆管场景建设工作，完成供水系统智慧化建设，实现远程在线监测与操控，提高应对爆管事故及管网问题的预警能力。加强供水漏损率控制，漏损率9.27%。构建全域再生水布局，推进再生水在河道补水、工业用水、市政用水等方面应用，城镇污水处理厂再生水利用率60%。（罗涛）

【供水服务“微实事”】 南京浦口自来水有限公司服务大厅推出“一口清”导办服务、“一窗式受理”业务，实现水费查询、缴纳、过户、报装接水、首次开通用水等综合业务一个窗口全覆盖。在区政务服务大厅和供水服务大厅开设“水、电、气、通信”公用事业企业联办窗口，推行“一窗受理，高效办结”服务模式，为企业提供服务。在商品房集中交房期间，青年文明示范岗入驻小区，现场为用户提供首次开通用水“一条龙”服务。增设数字人民币支付“绿色通道”，为用户提供多元化服务。（杨旻）

·供　电·

【概况】 2023年，浦口区有变电站20座，其中500千伏1座、220千伏3座、110千伏6座、35千伏10座。有10千伏线路264条，总长2693千米，其中架空线路982千米、电缆线路1711千米。电力客户31.1万户，全社会用电量34.31亿千瓦时，同比增长13.95%，其中全行业用电29.31亿千瓦时、城乡居民生活用电50036.8万千瓦时。夏季负荷最高47.65万千瓦，较上年夏季高峰增长14.51%。用电负荷在冬季达到峰值，最高50.59万千瓦，较上年冬季高峰增长21.62%。

【电网建设】 投资10.3亿元，建设220千伏山江变电站和高旺变电站增容等9个强网工程。高旺220千伏主变增容工程、桥林—高旺T接虎桥变电站110千伏线路工程2个迎峰度夏工程投入运营。投资5600余万元，建设用户电力外线，建成农网巩固提升工程56个，筹划实施电力杆线迁改下地项目近20个。

【电力网格化服务】 出台《关于推进“网格＋电力”智联服务融合共建工作的通知》，建立健全政企联席服务机制，零距离响应办电诉求。组织电力网格员85人，招募社区微网格员850人，打造电力服务网格。畅通电力信息互动渠道，建成全省首个政企网格融合服务平台“浦e通”，通过“小浦机器人”发布电力信息16.7万户次。深化政企联动，接入“浦口大联勤”服务平台，获取涉电诉求，实现“用户一个诉求，问题一次派单，网格联动解决”。依托村级新时代文明实践站，与村（居）委会合作共建电力便民服务点7个。

【保交楼电力服务】 聚焦保交楼工程建设，实行“一项目，一团队”工作机制，组织工程项目经理、客户服务经理等成立项目服务保障团队，对接政府和开发商，实施项目全过程管控。加强现场技术指导，实施相关业务环节“串改并”，推行多方交叉作业，采用“边施工、边验收、边整改”验收模式，提高项目施工及验收效率。雅居乐滨江绿湾家园、望江悦府等12个保交楼12272套住宅如期送电。（黄红蓝）

·供　气·

【概况】 2023年，浦口区有燃气经营企业4家，其中管道天然气企业1家、瓶装液化石油气企业3家,有燃气场站14处。管道天然气工商服务业用户719户,居民在册户数14.33万户,点火户数12.77万户,管道天然气用量7300万立方米,天然气设施有调压柜392座、调峰站1座、中低压管线550.03千米。瓶装液化石油气用户43191户,其中实名制用户41746户(含非居民用户1455户)。

【城镇燃气及地下管线安全整治】 加强燃气行业隐患排查治理,重点检查及抽查非居民燃气用户1508户(含餐饮商户)、养老院9家、学校42所、宗教场所22个。发出责令整改通知书7份、执法检查通报1份,督促企业完成整改3577处。联合浦口公安分局、区市场监管局、区交通运输局打击“黑气”2次,暂扣钢瓶116只,移交刑事案件1起,9人被采取刑事强制措施。开展燃气场站安全检查58家次,发现并整改隐患62处。委托第三方安检机构对全区14处燃气场站进行安全检查,督促整改隐患45处,关闭液化气供应站点3家。立案查处违规操作导致燃气管线破坏事件3起,收缴罚金14万元。发生瓶装液化气泄漏事故7起,均因使用人操作不当引起,无亡人事故。

【城镇居民燃气“瓶改管”】 采取“群团组织+”方法,由局工会、妇联、团支部组成志愿服务团队,与社区、中燃公司组成“三人小组”,走访居民981户,收集信息建议851条,宣传燃气安全知识,提出合理性意见建议。841户小餐饮用户、2231户老旧小区居民用户完成“瓶改管”。 (陈欢)

·排　水·

【概况】 2023年,浦口区有污水处理厂7座,污水处理量4887万吨,日均处理13.4万吨。新建、改造污水管网2千米,完成污水管网清疏养护94千米。推进2023年度管网排查检测及修复工程、珠江污水厂提标改造工程。珠江污水厂生化需氧量183毫克/升,5座街道污水厂平均进水化学需氧量100毫克/升。7座城镇污水厂污泥无害化处置率100%。对建成达标区开展旱天污水直排问题排查整改,巩固8个达标区创建成效。落实市政排水管线安全生产及监管举措,强化各类排水设施管理养护,开展排水窨井设施专项整治行动,推进排水许可“应办尽办”,办理排水许可401件。 (罗涛)

【排水行为监管】 区综合行政执法局通过全面普法、联合执法、隐患排查等方式规范排水行为,提升水务领域执法效能。对全区在建工地排水情况进行隐患排查和普法宣传,开展排水法律法规宣传进工地、进商铺活动,发放排水普法宣传单1000余份。召开在建工地规范排水服务保障会议,通报违规排水案件查处情况,梳理在建工地排水作业中可能存在的问题,从源头上杜绝违规排水行为。与区水务局建立联合监管机制,开展排水领域问题督查监管,重点工地每日检查不少于1次,一般工地每周检查不少于1次。实行“一工地一档”管理制度,落实建档管理项目工地14个,规范项目工地排水35个。开展违规排水专项整治,强化各类违规排水行为执法查处力度,办理排水类案件98件,其中违法排水案件26件、其他违规处置生活污水及污水漫溢类案件72件。 (方陈)

【排水管网检测及修复工程开工】 3月开工。投资4500万元,实施市政排水管网排查检测35.5千米,修复圣源巷、珠源巷等10条背街小巷管网,修复台北路、珠苗路等14条市政道路管网,完成康健路、雨山西路等过河问题管道修复10处,问题排口溯源整治6处。

【珠江污水处理厂提标改造工程开工】 8月开工。投资1.2亿元,对原厂址内现状污水处理系统进行提标改造,将6万吨/日出水水质提标至地表准Ⅳ类,实施厂区道路、景观、照明等环境提档升级工程。 (罗涛)

·城市公共交通·

【概况】 2023年,南京扬子浦口公交客运有限公司有车队8个。运营线路71条,其中进城线路11条(夜班线路1条)、城乡公交线路24条、镇村公交线路31条、省际线路3条、假日公交线路2条。新辟509路公交线路,优化调整线路51条。运营车辆686辆,其中可用车辆591辆、校车49辆、停驶待报废车辆46辆。运营线路长1256.7千米,公交场站20个。实际运营里程3050.82万千米,营业收入3530.85万元,客运量2908.22万人次。浦口区公共自行车投运站点133个,累计售卡61545张,其中实体卡28606张,扫码租车32939次,骑行总量 2600 万人次。

（徐思奕　张萍）

【重大节日及大型活动公交保供】　南京扬子浦口公交客运有限公司做好春运、五一等重大节假日及浦口马拉松、老山音乐节、江心洲音乐节等大型活动公交保供工作。组织车队开展消防、突发事件应急演练、公交场站保洁消毒等工作，强化驾驶员安全意识，确保运营车辆安全。春运期间，运送乘客 289.81 万人次，收入 329.82 万元。中秋、国庆期间，发车 27163 次，运送旅客 55.24 万人次。（徐思奕）

【公共自行车及站点设备保养】　3—5 月、10—12 月，南京绿航智慧交通有限公司对全区运营车辆开展春季、秋季大保养工作。全年完成自行车大保养 4464 辆次，维修更换自行车配件 888 辆次。定期巡检保养全区运营站点设施设备，完成锁桩巡检保养 3627 个，维修更换电子配件 1244 个，站点电力维修 66 次，站点 POS 机修复50 次。（张萍）

【实现国家 AAA 级以上旅游景区公交线路全覆盖】　4 月 8 日，镇村公交 407 路走向延伸至草圣书乡景区，浦口区国家 AAA 级以上旅游景区公交通达率 100%。近年来，区交通运输局推动城乡公交一体化达标县创建，服务保障全域旅游需求，牵头公交企业和相关部门，科学谋划运行线路，优化站点设置，合理配置运营车辆，新辟 G50 路、G51 路旅游观光公交专线，调整 G40 路、G41 路、G42 路、G59 路等公交线路，实现珍珠泉度假区、老山国家森林公园、水墨大埝、西埂莲乡、云幽谷旅游区等旅游景点全覆盖。

（徐思奕）

【获评省级城乡公交一体化达标县（市、区）】　8 月 15 日，省交通运输厅公布第二批城乡公交一体化达标县（市、区），浦口区入选。区交通运输局建立城乡公交一体化发展协调联动机制，围绕城乡公交线路配置和运营调度“一张图”、信息查询“一张网”、居民出行“一张卡”、服务质量“一个标准体系”要求，促进交通运输事业发展提质增效。编制完成《南京市浦口区“十四五”城乡公交一体化发展规划》，在公交线网、公交场站、车辆、信息化等方面进行科学规划。优化城乡公交线网结构，新辟、调整公交线路，实现全区行政村和 AAA 级以上旅游景点公交全覆盖，基本形成“快线、干线、支线、微循环”以及旅游公交、区间公交、夜间公交、定制公交等城乡公交网络。加快城乡公交基础设施建设，创建期间，农村公路提档升级和“白改黑”182 条，危桥改造 21 座，实现行政村双车道四级公路覆盖率 100%，建成大型客运综合体城西路客运换乘枢纽，新建公交站台 46 座，实现主城区信息化站台全覆盖。建成城乡公交智能调度管理系统，将全区所有公交线路纳入系统管理，实现城乡公交线路信息全平台在线实时查询。根据客流跟踪监测情况，灵活设置城乡公交发车班次和频率，开通交邮融合公交线路，探索城乡公交发展新模式。（区交通运输局）

城市管理

【概况】　2023 年，区城市管理局推动“四清、四拆、四整治”环境三年整治行动，由“点状整治”向“多维施治”转变。洗扫道路 160 余条，管养主次干道机扫率 100%，尘量检测合格率 90%。开展铁路沿线、老山板块等重点

9 月，浦口区开展环境卫生大扫除志愿服务活动　　许龙春摄

区域环境整治,加大农村环境治理力度,围绕“一部”(城乡接合部)、“四沿”(铁路沿线、高速公路沿线、国省干道沿线、农村县乡道路沿线)、“五旁”(宅旁、村旁、田旁、路旁、水旁),开展全域农村垃圾清理整治,治理顽疾痼症1000余处。完成全区1227处小型经营场所和商场市场违法建设“拉网式”过筛,打通临街商户店招遮挡逃生通道,治理新增违建745处,治理存量违建219处3.4万平方米,创成“无违建小区”20个。建成201个小区481个收集点位,实现1523家单位餐厨垃圾“公交式”收运,建设浦口区再生资源利用中心,首创分类志愿服务免处罚机制,获评省级垃圾分类达标小区59个,小区优良率97%。常态化开展“桶边指导”“争优除差”系列活动,桶边指导比例79.2%。新建临时停车场29个,增加停车泊位3181个,辐射服务老旧小区60余个,挖掘共享车位100处、泊位3204个。建成智慧停车一期平台,完成全区82个公共停车场、49条停车收费道路、100家机关企事业单位停车泊位信息接入和动态管理。获南京市城市治理工作考核新(郊)区组第一名。

【市容管理】 推进背街小巷综合治理,针对基础设施较好的亚青路、海象路等街巷,依托市政设施病害处理、口袋公园打造等微更新、微改造项目,促进街巷环境提升。依托小区外立面出新、道路改造和传统村落保护等项目,挖掘街巷历史人文内涵,建立标志指引,高标准改造背街小巷基础设施。开展铁路沿线环境整治,排查整治在区内京沪铁路、永全铁路、京沪高铁、沪蓉高铁偷倒建筑垃圾、乱堆乱放等问题,出动人员7900余人次,车辆、船只1750余辆(艘)次,整改问题2100余个。规范广告店招管理,拆除违规户外广告104处,面积2198平方米,拆除违规店招标牌50处,面积1254平方米,督促自拆公园北路客运站楼顶LED大屏和广告牌500平方米,拆除中圣街和文德路交叉口建行楼顶大屏、广告牌以及墙体陈旧户外广告牌400平方米。创建城市治理标准化示范单元,滴水观堂、南京国家农创中心展示中心、南京市浦口区实验幼儿园第一分园、青山村河北组(青山渔村)、书香口袋公园、响堂特色田园6个示范单元通过市城治办检查验收。

【环境卫生治理】 推进精细保洁,严格道路尘量检测。采用冲、洗、洒、扫、喷高效作业模式对主次干道、人行道、背街小巷进行深度水洗,主次干道机械化清扫率100%,道路整洁优良率90%以上,核心片区水扫率80%以上,背街小巷周清洗率80%以上。对核心片区、团结片区、白马片区,以及国、省监控点位周边道路进行高标准洗扫、洒水、冲洗与喷雾作业。每周对17条道路、5个工地进行尘量检测,尘量检测合格率94%。新建、改建公厕10座,推进10家单位厕所加入“厕所开放联盟”。开展农村人居环境重点问题排查整改,出动巡查人员350余人次,整改暴露垃圾、乱堆乱放、枯枝败叶、收集点周边脏乱差等问题600余个。

【市政设施管理维护】 完成城南新中心片区及浦口马拉松赛事保障线路整治,实施城区道路整治、上河街小游园亮化等8个大中修项目,整治路名牌316块、公厕17座、廊亭3座,完成151套景观庭院灯、19套太阳能灯具安装。井盖消险145个,解决污水漫溢问题17个,拆除废弃杆件、箱体、线缆98处。完成61座桥梁、23条道路检测。完成新增500个共享泊位、浦口区智慧停车一期建设、建设路绿地环境综合整治、10条背街小巷整治提升等民生实事。完成书香口袋公园、浦口人民医院小游园建设,4891平方米城市边角地块焕然一新。完成珠泉菜场周边道路失管照明设施升级改造和公厕改造。完成大马山路创建优质养护示范路验收及主城区7条道路平整度专项整治工作。依托“每月一办”“百名干部破百题”机制,健全“建成即移交”全过程介入、“门前至路牙”统一化接管机制,完成主城区41个项目“建成即移交”工作。完成文昌路井盖整治试点,推行主城区16条道路3580处井盖设施“一码共治”。

【城市绿化亮化美化】 做好浦口马拉松赛道沿线绿化景观提升工作,更换退化草坪3120平方米,栽植时令草花280平方米,补植灌木和地被8250平方米,对建设路、雨山西路边侧等无主区域进行覆绿,栽植绿篱1100平方米,铺植草坪340平方米。完成白马路、建设路、八里路等处无主绿地微改造项目,改造零星废弃地块3700平方米。打造节日花境,在金浦广场、亚青广场及龙华路地铁站等重要位置,通过绑扎仿真花和布置时令花卉、园林景观小品等方式,营造节日氛围。

在312国道辅道、大中修工程中增加单灯控制器等智能设备，扩大路灯设施智能管理路网，完成89条道路和13处亮化智能升级。实施主城区路灯设施节能改造及箱变设施安全消险项目、龙湖天街配套道路建设工程、312国道辅道路灯项目等9个工程，打造城市夜景亮点。

【网格化城市管理】 实施“条块结合、网格划分、责任到人”的网格化管理模式，强化城市管理服务。新建浦口区城市管理网格化信息系统，形成区、街道、村（社区）互联互通的城市管理网格化体系。以社区边界划分网格区域，覆盖72个综合网格、9个专属网格，配备网格长35人、网格员60人，履行采集城市管理问题、服务群众、排查隐患职责。加强网格化工作管理考核，利用系统的网格员智能巡查管理功能，实现人员巡查管理、巡逻路线、工作过程自动化监督，实现网格员常态工作精细化管理。创新联勤联动工作方法，配备执法、环卫、园林、市政、路灯等专业城市管理力量，发动社区工作者、物业、公众委员、志愿者等共治力量组成“5+N”兼职网格员队伍，开展便民服务、政策宣传、诉求调查等工作。网格员累计在岗时长7.58万余小时，巡查里程38.1万余千米，采集问题1.4万余个，整改率100%。

【渣土运输监管】 强化渣土“两点一线”管控，强化源头治理，对渣土运输进行全过程监管，打击违规渣土运输行为。召开规范渣土运输暨安全生产会，规范企业运输行为。依托渣土运输企业、车辆准入条件和退出机制，落实季度复检，打击未审验、无资质的渣土车辆参与渣土运输行为。严格项目工地出土前置验收，强化工地道路硬化、冲洗平台、视频监控等设施建设，确保车辆净车出场。联合浦口公安分局、属地街场（园区），以浦乌路及其他板块过境通道为重点，采用“设置固定检查点+流动巡逻抽查”方式，打击过境车辆违规运输行为。对易发生过境车辆违规运输的区域、路段，新增监控视频探头，浦口“智慧渣土系统”在主要道路卡口自建AR监控设备60路，接入公安部门治安和道路违章监控1700余路。与市、区工地源头及和县、南谯等弃土点对接，实时掌握源头及末端处置信息，严防未按规定时间、路线随意处置等情况发生。对交警大队抄告通报的重点车辆及驾驶员违规运输行为实施联合惩戒，约谈运输单位或暂停办理准运手续。8月，开展打击无资质违规运输渣土行为行动，办理涉嫌无资质违规运输车辆案件120件、无资质违规运输车辆偷倒乱倒案件9件、溯源案件5件。

【停车资源共享】 挖掘机关企事业单位停车资源，对外开放机关企事业单位共享停车资源100处，其中78处全天共享开放。打造医院、学校、商圈、景点等重点区域共享停车资源8处。备案兰溪公园、台南路等15座公共停车场，增加公共泊位8711个。联合区市场监管局检查公共停车场和道路停车泊位，整改问题30余个。每月对5个街道开展道路停车秩序考核。

【垃圾分类】 推进垃圾分类科学化、规范化、常态化，构建“分类投放、分类收集、分类运输、分类处置”全链条分类体系，实现生活垃圾减量化、资源化、无害化目标。完善居民小区垃圾分类设施，将分类设施缺失、失管问题纳入区委书记“每月一办”专题议题。老旧小区补建垃圾亭（房）33个，其中一类25个、二类8个，34个新小区新建垃圾亭（房）74个。对垃圾乱丢弃、不分类的业主加强宣传教育，对物业公司不履行小区垃圾分类投放管理的违法行为立案查处，对收运车辆混收混运、抛洒滴漏、乱排乱倒等违法行为加大处罚力度，查办垃圾分类案件1497件，罚款23.59万元。创建“浦小净”垃圾分类彩虹志愿服务品牌，组织7577名志愿者定期进社区、校园、企业、景点，开展垃圾分类志愿宣传353次、培训45场。浦口区首个垃圾分类宣教馆建成开放。

【城南版块环境品质提升行动】 8月开展，重点整治停车管理、环境卫生、市政设施、市容秩序、围墙围挡。按照“区域划分、分步实施、集中整治、分散清理”原则，定制环卫保洁作业菜单，清理天悦路、河滨路等生活垃圾、废弃物4吨、绿地杂物10.6吨。修剪行道树300余株，修剪（补植）草坪、栽种草花1.95万平方米，整治沥青路面病害问题186平方米，维修破损人行道722平方米，消除路灯隐患5处。新增天悦路（河滨路—康安路）停车泊位192个，设置临时疏导点3处，增设垃圾分类岗亭5个、垃圾收集桶18个。

【浦口区城市治理志愿者协会成立】 8月成立。浦口区城市治理志愿者协会完善区、街道、村

(社区)三级志愿服务体系,招募城市治理志愿者开展城市治理志愿活动,开展服务进社区、城管开放日、“浦口是我家,管理靠大家”“四清、四拆、四整治”环境整治行动等志愿活动,打造“大手拉小手、城管进校园”“雏鹰假日环保小队行”“中高考护考”“跟着垃圾趣旅行”“有口皆‘杯’,分就对‘赖’”等志愿服务品牌。协会在南京市“志愿智家”平台发布志愿活动884场,活动时长2327小时。“志愿智家”平台浦口区注册志愿者7806人,增加个人会员2672人、单位会员12家,参与活动4621人次。　(方陈)

建筑管理

【概况】 2023年,新增规模以上企业8家,浦口区有建筑企业683家,其中总承包企业219家(特级1家、一级7家、二级24家、三级187家),专业承包企业269家(一级28家、二级154家、三级87家),劳务企业195家。新申办企业33家,劳务备案企业53家,资质增项企业20家,注册地迁入企业36家,注册地迁出企业9家,企业全资子公司间重组、分立吸收合并8家。职称人员录入审核68家146人,技术工人录入审核126家240人,调动、解聘人员118家180人。新办理施工企业信用手册22家147人,施工企业信息变更14家117人。信用手册在册建筑施工企业267家、监理企业5家。实现产值增长10.7%。代征税收入1.72亿元。制订招商引资工作方案,与企业、街道、园区招商洽谈36次,提供有效招商引资信息24条,落户企业11家,引进亿元以上项目2个,投资额2.1亿元。

【惠企政策落实】 开展社保费集中结算工作,清理积年旧账,服务企业500余次,完成结算项目87个,结算金额4539.66万元。

【建筑市场管理】 检查建筑市场及工地483个次,下发整改通知书139份、停工通知书4份。通报表扬施工单位14家,通报批评施工单位54家,行政处罚立案2件,处罚金额95081元,简易处罚13件,处罚金额1.3万元。推进实名制管理,办理清欠类“12345”投诉工单846件,涉及金额8811.44万元,涉及民工2778人,均已办结。

【建筑工程招投标监管】 印发《浦口区政府投资项目工程变更管理暂行办法》,强化主体责任,规范工程变更行为,办理工程未变更审核48个,受理一般变更备案35个。开展招投标领域专项整治,重点整治房屋建筑和市政基础设施工程招投标领域围标串标、规避招标、评标不公、招标人内部程序控制和决策机制不健全等问题。检查15家主体单位30个项目招投标情况,查处未依法订立书面合同、评委私下接触投标人等违规行为2起。开展评标专家突出问题专项整治,检查重点项目80个,查处评委违规行为2起。对不合理限制行为等12项内容开展抽查,抽查项目35个,查处评委违规行为1起。对全区200个工程开展抽查,整治违法违规行为7起。举办建设工程招标投标业务知识培训会,建设单位、街道、平台、园区等单位60余人参加。完成招投标监管标段85个,交易金额40.73亿元。

【农村自建房隐患排查】 完成农村自建房安全隐患专项整治工作,排查房屋94972栋,其中经营性自建房704栋。存在安全隐患房屋342栋,面积3.86万平方米,整治销号335栋,对剩余7栋采取停用、封房、人员撤离等阶段性管控措施,确保不发生安全事故。完成2户危房改造,实现农村低收入群体危房改造动态清零。向农村低收入危房农户拨付危房改造补助资金11.8万元。

【房屋质量监管】 登记新建单位工程243栋,建筑面积230.8万平方米。竣工单位工程369栋,建筑面积391.58万平方米。竣工备案单位工程384栋,建筑面积462.38万平方米。发出整改通知书215份、停工通知书14份、复工通知书25份。获“扬子杯”项目4个、“金陵杯”项目31个、“优质结构工程”项目51个。　(陈欢)

·文稿编辑　刘廷峰·

乡村振兴

综　　述

【概况】 2023年,出台《浦口区关于做好2023年全面推进乡村振兴重点工作的实施意见》《高水平建设都市现代农业强区行动方案》等文件,明确年度乡村振兴重点工作32项。制定贯彻2023年中央和省委一号文件重点举措项目化清单40项99条。区级土地出让收入用于农业农村支出4.48亿元,比例达7.54%。“金陵惠农贷”合作银行增至20家,新增资金2亿元,优化贷款贴息政策,贴息受益主体100多户。足额预留不低于5%的专项用地指标,支持农村产业融合发展,保障农村一、二、三产业项目5个,用地指标2.7公顷。推进全国农业科技现代化先行县、省级“互联网+”农产品出村进城工程等试点工作,国家数字乡村试点终期评估位列全国第四、全省第一。创成江苏省特色田园乡村4个,总数15个。建成市级宜居村34个、四级美丽庭院1230户,打造美丽庭院示范片(带)5个,选树“四和四美”现代化和美乡村5个。汤泉街道泉东村、江浦街道响堂村获2023“中国最美村镇”称号。

【农业农村现代化建设】 落地沈其荣院士工作站,引进“钟山学者计划”周明国教授团队,新增高新技术企业13家、发明专利16件,承办2023中国农业农村科技发展论坛。推广南京国家农创中心各类应用场景10余个,促进农业创新成果转化落地。以农业园区建设为主线,引领全区农业产业向高价值、高品质攀升。永宁街道、桥林街道创成市级都市现代农业产业园区,入选国家级农业现代化示范区创建名单。坚持品种优质化、基地规模化、加工精深化、产品品牌化,壮大主导产业,补齐精深加工短板,布局打造兰花塘稻米体验中心,整合扩容南京丽铭农业生态发展有限公司、南京简诺生态农业科技发展有限公司等企业加工生产能力,加速农产品加工集聚区建设。完善农业产业供应体系,建设永宁青虾物流园、星甸果蔬物流园,农业产业向后端延伸。发展“都市农业+”,首推云园·梧桐语农业客厅,打造简诺田园、不老村市级都市农园。《以永宁青虾为试点农产品探索数字化透明供应体系建设》项目入选2023年全国数字乡村优秀案例。

（孙雪桐　张颖）

【农村高质量发展评价】 开展2023年浦口区街道推进乡村振兴战略实绩评价工作,建立区、街道两级工作网络,完成各街道数据报送与区级部门审核上报工作。在2023年南京市涉农街镇推进乡村振兴战略实绩评价中,永宁街道、桥林街道获综合奖,汤泉街道获发展奖。（陈瑛瑛）

【农村产权交易】 全区通过农村产权交易平台发布标段450个,成交标段416个,成交金额1.25亿元,溢价金额57.19万元,溢价率0.5%。交易品种8个,涉及土地经营权、集体资产、水面经营权、涉农项目、林权、“四荒”使用权、设施设备及其他。其中,土地经营权流转面积541.47公顷,成交金额1352.08万元;集体资产成交金额8114.05万元;水面经营权成交金额1054.73万元;涉农项目成交金额162.6万元;林权成交金额27.9万元;“四荒”使用权成交金额6.8万元;设施设备成交金额33.4万元;其他成交金额1755.94万元。

（李璐）

【高素质农民培育】 以农民需求为导向,聚集农业科教资源,落实各项农民培育工作。举办市级高素质农民培训 2 期 292 人次,完成率 104.29%;举办省级高素质农民培训 7 期 410 人次,完成率 102.5%。（蒋莉）

【区委农村工作会议】 2 月 17 日召开。会议指出,要深入贯彻党的二十大精神和习近平总书记在中央农村工作会议上的重要讲话精神,落实省委、市委农村工作会议部署,推进乡村振兴战略实施,推动农业农村现代化。会议强调,要贯彻“农业强国”战略部署,抓住“乡村振兴”关键所在,打造“和美乡村”浦口样板。会议要求,加强“三农”工作组织领导,以更高标准、更大力度、更实举措推进乡村振兴,推动浦口在农业农村现代化道路上争当示范、走在前列。（区融媒体中心）

脱贫攻坚成果巩固

【概况】 2023 年,落实“四个不摘”要求,动态跟踪原建档立卡低收入农户“三保障”情况,完成原帮促对象动态核查与帮促工作。按月动态监测、更新信息,录入阳光惠民监管系统。建档立卡低收入农户脱贫巩固率 100%。在星甸、永宁、桥林、汤泉街道开展乡村医疗互助工作,参与 96718 人,筹集资金 773.74 万元,申请报销 6041 人次,报销金额 603.29 万元,平均减负 32.31%。落实防止返贫长效机制,推进市级衔接补助资金项目建设,探索建立联农带农机制,总投资 2304.81 万元,重点支持星甸街道王村片区瓜果产业、永宁街道青虾产业链,以及永宁街道联合村和永宁社区、桥林街道周营村、星甸街道王村村 4 个乡村振兴重点村特色农业产业发展,带动辖区低收入人口就业增收。在星甸、永宁、江浦街道实施庭院经济项目,利用农户家前屋后零散地块,分别种植多肉、无花果、栀子花等,实现经济效益与生态效益平衡发展。（程赵洁）

【农村金融扶持服务】 管好用足“金陵惠农贷”,建立年度贷款贴息兑现机制,惠及农业经营主体 74 户,涉及资金 151.68 万元。10 月 27 日,区农业农村局、区金融监管局举办浦口区第三届农银企“直通车”暨农业科技创新金融服务活动,推动农业与金融、科技融合,现场签约授信贷款 5000 万元。（邵晨）

【省级“互联网+”农产品出村进城】 以龙头企业南京丽铭农业生态发展有限公司农产品永宁青虾为试点,搭建水产管理系统,数字化管控示范区青虾“产加储运销”全过程,实现农情实时监测、自动预警、智能调控与信息采集汇总,打造“智能生产、透明供应、信任消费”的数字化透明供应体系。针对永宁青虾“产加储运销”各环节制定企业标准 6 项、团体标准 1 项,形成青虾全产业链数字化养殖标准体系。构建“N+1+N”(聚集高校、科研院所、互联网销售平台等“N”方资源,依托“1”家龙头企业的组织优势,赋能区域内合作社、种养大户、散小农户等“N”个用户)新型市场化运营机制,在青虾、稻米、鲈鱼产业先行示范。全区各类农产品网上营销主体 208 个,实现农业电商销售额 13.7 亿元。（王婷）

【“十强村”培育行动】 制订《浦口区农村集体经济“十强村”培育行动工作方案》。帮助村(社区)定思路、定目标、定措施、定项目,指导完善“一村一策”发展计划,探索新产业新业态新经济,为村级厘清发展思路。把村级集体经济发展成效纳入区级考核范畴、写入现代农业强区发展规划,促进强村行动。截至年末,全区 68 个涉农村(社区)集体经营性收入 2.62 亿元,村均 385 万元。其中,重点培育江浦街道西江口社区,永宁街道侯冲社区、友联村、联合村,星甸街道九华村、后圩村,汤泉街道龙井社区、新金社区,桥林街道林蒲社区、周营村,10 个村(社区)集体经营性收入 6245 万元,村均 625 万元。江浦街道同心社区、白马社区及永宁街道侯冲社区经营性收入超 1000 万元,实现千万元村零的突破。（董晓宇）

农村综合改革

【农村产权制度改革】 做好农村产权制度改革后续管理工作,完成 8 个社区集体经济组织法人变更。10 月、11 月,完成全国农村集体资产监督管理平台数据校核,排查 68 个涉农村(社区)的行政区划名称重复、集体经济组织与行政区划未关联、集体经济组织与清查单位未匹配等情况,完成系统内重复股民身份筛查与确认 213 人次。（张夏）

【乡村医疗互助项目缴费工作完成】 推进乡村医疗互助项目缴费工作,试点街道增加至星甸、永宁、桥林、汤泉4个街道。截至6月29日,浦口区在南京市率先完成乡村医疗互助试点项目缴费工作,参与人数96718人,募集资金773.74万元,参与率49.99%,超过市定40%目标任务。 (姜万梅)

【国家数字乡村试点终期评估排名全国第四】 按照《关于开展国家数字乡村试点终期评估工作的通知》要求,中央网信办、农业农村部、国家发展改革委等部门对首批116个国家数字乡村试点完成情况开展终期评估,浦口区终期评估得分83分,排名全国第四。其中,乡村数字基础设施发展排名全国第三,实现光纤到户、广播电视网络100%覆盖,农村地区移动网络信号基本覆盖,推进电网、交通、水利等传统基础设施数字化改造,建成浦口国家数字乡村大数据中心,推动涉农数据资源整合共享。智慧农业发展排名全国第六,打造汤泉数字大田、绿丰源谷数字温室、永宁青虾数字渔场、星甸万邦数字猪场等10个典型应用场景;依托南京国家农创中心推进农业科技创新,培育一批高科技企业,涌现出一批新技术、新产品和新模式。乡村新业态发展排名全国第四,培育简诺龙虾、名文大米、浦桥玉剑茶叶等优质农产品电商品牌,“永宁青虾”获全国农产品地理标志登记保护认证;依托“文旅浦口云”“智慧旅游大数据中心”,实现区域旅游全流程数字化管理。乡村数字惠民服务发展排名全国第十四,搭建“我的浦口”一站式服务平台,实现政务、“三农”、疫情防控在线服务;“互联网+教育”“互联网+医疗健康”取得进展,利用“e起学”“金陵微校”等平台,实现“三个课堂”全部应用落地,乡镇医疗机构远程医疗覆盖率100%;依托区融媒体中心,加强乡村网络文化阵地建设。乡村治理数字化发展排名全国第六,打造“浦口红云”智慧党建系统,实现党务工作实时留痕、推动基层比学赶超,精准分析工作成效;探索形成联勤巡防、联动指挥、联合执法的乡村大数据治理模式,提升乡村治理能力;搭建智慧应急管理平台,以“技防”代替“人防”,实现地震、大风、森林火灾等自然灾害实时动态监测预警。

(区融媒体中心)

【入选省第三批农村物流达标县】 8月10日,省交通运输厅印发《关于发布第三批农村物流达标县名单的通知》,浦口区入选省第三批农村物流达标县。区交通运输局坚持资源共享、客货兼顾、运邮结合、融合发展原则,交通、公交与邮政、快递之间签订合作协议,组建第三方共配主体,整合邮政、中通、申通、圆通、韵达、极兔等品牌快递,开展农村物流末端配送,打通快递进村“最后一千米”。建设城区、镇街、村组三级物流服务体系,按照“区级中转、街道分拨、村级配送”体系架构,依托邮政分拨中心、镇街公交场站、村委会、党群服务中心及村邮站、快递驿站等资源,新建和改造区级农村物流中心1个、街道寄递公共配送中心5个、村级综合物流服务站67个,开通利用公交车辆捎带邮快件包裹的交邮融合线路3条,实现农村物流服务覆盖率和主流快递品牌建制村直投率100%。邮政包裹日均揽收处理能力2.4万件以上,进口特快、快递包裹处理、投递能力4.8万件,同城邮件处理投递0.3万件以上,快递进村年派件量180万件以上。快递物流服务受益群众40余万人。 (毛汝龙)

美丽乡村建设

【农村人居环境改善】 2023年,浦口区以省级生态宜居示范镇村创建工作为着眼点,以农村人居环境“红黑榜”评价办法为抓手,以农村厕所革命、生活污水和垃圾治理、村容村貌提升为重点,提升农村人居环境质量。完成区级联合检查2次、季度检查4次、月度检查12次,出动检查人员160余人次、车辆60余车次,发现问题140个并完成整改。永宁街道大埝社区、青山村、联合村,桥林街道林蒲社区,星甸街道后圩村、九华村,汤泉街道陈庄村、泉东村,江浦街道华光社区9个村(社区)被命名为江苏省第一批宜居宜业和美乡村。 (朱玉清)

【汤泉街道龙山社区孙垄子组被认定为第六批江苏省传统村落】 2月20日,省住房和城乡建设厅等五部门认定公布第六批江苏省传统村落,汤泉街道龙山社区孙垄子组上榜。汤泉街道龙山社区孙垄子组紧邻沿山大道西延线及浦口开发区,区级河道孙垄河穿村而过。近年来,孙垄子组以“万企联万村”行动为契机,盘活闲置地块50公顷,发展设施农业,争创区级农机项目示范点,引导农户种植水稻、小麦等农产品,打造集农作物种植、销售、加工、休闲娱乐于一体的千亩田园项目区。拥有市级文物保护单位茶壶店古遗址,依托“陶”历史和“垄”耕文化,挖掘乡土民居、民间工艺、乡村饮食、民间休闲娱乐等特色,打造集会议休闲、民俗体验于一体的旅游景区。(吴非可)

【星甸街道王村村被列入第六批中国传统村落名录】 3月19日,住房和城乡建设部等部门下发《关于公布第六批列入中国传统村落名录村落名单的通知》,浦口区星甸街道王村村被列入第六批中国传统村落名录。王村村东与桥林街道接壤,西与驷马山河毗邻,南接苏皖重镇乌江,北与高庙社区交界,下辖自然村19个。该村历史文化底蕴深厚,村落形成于元代以前,已有近千年历史。保留有王村老街、王村供销社、下冲杨遗址等历史遗迹,拥有星甸挂面、石桥门笺等非物质文化遗产,以及手工榨油、豆腐、茶点制作等传统手艺。在传统千亩连片水稻种植基础上,发展设施果蔬种植产业等特色产业,打造王村西甜瓜、草莓、蔬菜等特色地标品牌,建成全国农业科技现代化先行县技术示范核心基地和江苏省现代农业产业技术体系——浦口(西甜瓜)推广示范基地。(星甸街道办事处)

【4个村入选江苏省特色田园乡村】 7月17日,省住房和城乡建设厅公布第十一批次江苏省特色田园乡村名单,浦口区永宁街道青山村河北组、星甸街道王村村王村组、汤泉街道龙山社区孙垄子组被命名为江苏省特色田园乡村。12月6日,第十二批次江苏省特色田园乡村名单公布,汤泉街道陈庄村茆家洼组入选。

永宁街道青山村河北组地处苏皖两省、宁滁两市交界,是浦口区北部水岸门户。村庄以优质水稻种植、鲈鱼养殖、青虾养殖为主导产业,建成高标准农田68公顷、精品渔业园区171公顷,在全区率先探索建设鲈鱼养殖示范基地,打造河北油坊、张记豆腐坊、渔村茶馆、乡村铺子、渔村驿站、渔火人家餐厅、渔歌咖啡、露营基地等农文旅融合项目,体现沿滁栖居的地域特色。

汤泉街道陈庄村茆家洼组地处苏皖两省、宁滁两市交界,是浦口区西北门户,距南京中心城区直线距离约30千米,距离浦口城南中心14千米。村庄坐落于汤泉十里温泉带,紧邻大吉温泉度假区,汤盘公路、宁西铁路穿村而过。拥有温泉泉眼4处,泉温28℃~35℃,流量约480吨/日,富含化学物质30余种,温泉养鱼和特色民宿产业因泉而兴。以林田花果为底蕴、以品牌民宿为特色、以民俗文化为核心,打造集温泉康养、特色民宿、亲子研学于一体的“泉心”特色田园乡村。

(区融媒体中心)

7月17日,浦口区3个村被命名为第十一批次江苏省特色田园乡村。图为永宁街道青山村　滕宏飞摄

【浦口区环老山休闲农业精品区入选首批省级休闲农业精品区】 8月15日,省农业农村厅公布首批10家省级休闲农业精品区名单,浦口区环老山休闲农业精品区入选。浦口区环老山休闲农业精品区将规模化农业腹地和乡村休闲农文旅发展的重点区域划定为精品区核心区,涉及永宁街道全域、汤泉街道全域、星甸街道北部(驷马山河及江星桥线以北)、江浦街道西部(沿山大道以西)和桥林街道北部(刘公村、高汤村),核心区面积417平方千米,外围辐射区面积281平方千米。精品区以粮油种植、水产养殖、林果苗木、水果蔬菜为主导产业,形成永宁稻米、永宁水产、

汤泉苗木、星甸西甜瓜、星甸茶叶等规模化产业园区，创建“浦食浦味”区域公用品牌，打造晓桥大米、永宁青虾、岘河蟹、浦泉青峰茶叶、浦桥玉剑茶叶、守兴西瓜等农业品牌。做精“苏韵乡情”中“乡宿”子品牌产品，发展乡村民宿业态，打造“老山美宿”民宿品牌。建成老山线、长江线、滁河线、苗园线、岘里线5条精品线路，推出“共赴山野”清肺康养之旅、“小院围炉”暖冬休闲之旅、“艺泉润墨”人文艺术之旅3条“乡游”精品线路。2023年，浦口区返“浦”归真生态田园之旅被推荐为江苏省乡村田园主题休闲农业春季精品线路。（钟倩）

【“金陵味稻”稻米文化节】 11月8日，由省农业农村厅、市农业农村局指导，区政府主办的“农情浦口 · 乐享丰彩”2023年中国农民丰收节浦口庆祝活动暨“金陵味稻”稻米文化节启动仪式在桥林街道兰花塘“田园客厅”举行。活动采用“1个主场活动 + N个重点活动”组织形式，举办第九届永宁河岸花海农旅嘉年华七彩葵花节、第三届农银企“直通车”暨农业科创金融服务、乡村振兴涉农社区乒乓球比赛、浓情浦口—福稻了艺术征集、新农人直播大赛等活动，近1万人参与。（檀家伦）

12月6日，浦口区2个村获2023“中国最美村镇”称号。图为江浦街道响堂村 张兴荣摄

【2个村获2023“中国最美村镇”称号】 12月6日，在乡村振兴 · 2023产业发展论坛暨最美村镇颁奖典礼上，江浦街道响堂村、汤泉街道泉东村分获2023“中国最美村镇”乡村治理成就奖、宜居宜业和美奖。

江浦街道响堂村三面环山、一面抱水，交通便利，距离市区30分钟车程。响堂特色物产栀子花、艾草有40多年种植传统，村内70%以上村民种植栀子花。在基层党组织引领下，一批设计、艺术等领域人才入驻响堂，成为这里的“新村民”并参与村庄改造。响堂以栀子花产业为切入点，打造响堂“栀”品牌，举办栀子花大会等文艺活动，发展栀子花经济，开发栀子花相关文创产品，并开拓村企互助、共建、共享的发展模式，通过栀子花品牌建设提高村民经济收入。

汤泉街道泉东村隐于山水之间，是全国雪松种植的发源地，有“雪松第一村”美誉。村庄交通便捷，江星桥线纵贯东西，天泉路横穿南北，宁淮高速、汤盘公路依村而过。泉东村以苗圃种植为特色，以雪松为主题，建成特色主题环境景观。整合资源，发挥大户、能人的带动作用，引领群众扩大规模，带动辖区配套产业完善，提高农民就业率和收入水平。

（区融媒体中心）

· 文稿编辑　杨　友 ·

基础设施

交　通

·综　述·

【概况】　截至年末,浦口区公路总里程957.19千米,公路网密度133.87千米/百平方千米(以国土面积计算)。其中,国道89.57千米(国家高速公路16.86千米),省道16.96千米,县道229.28千米,乡道360.31千米,村道261.07千米。高速公路20.91千米,一级公路97.95千米,二级公路116.62千米,三级公路187.29千米,四级公路534.42千米。一级客运站1个,农村客运站6个,公交首末站6个,公交站台445个。桥梁253座23242.5延米,其中小桥177座2940.96延米、中桥41座1855.76延米、大桥31座10232.86延米、特大桥4座8212.92延米。铁路里程约79.82千米,其中京沪铁路浦口段14.28千米、京沪高铁浦口段22.68千米、永全铁路浦口段17.84千米、沪蓉高铁浦口段25.02千米。地铁线路2条,分别为10号线和S3号线,区内里程15.3千米。航道总里程58.67千米。

【重点项目建设】　2023年,区交通运输局牵头交通基础设施类项目(含列入省、市城建计划)22个,其中区级城建项目14个(续建8个、新建6个)、市级干线公路项目5个、市级铁路项目3个,总投资85.12亿元。14个区级项目计划投资11.39亿元,当年投资10.95亿元。宁合高速后圩匝道以及312国道上河街、五里桥、绿水湾3处互通8条匝道开放交通。茅塘桥隐患改造工程、县道大中修及隐患整治养护工程、“四好农村路”提档升级及重点乡村道路“白改黑”养护工程主体、312国道新建辅道工程等14个项目完工。推进建宁西路、仙新路、江南连接线3个过江通道工程,完成356省道工程区级用地组卷的上报,推进312国道新增一期工程整体用地报批。

浦口交通集团3个重点A类新建项目全部完工,分别为2023年“四好农村路”提档升级及重点乡村道路“白改黑”养护工程、312国道龙华立交至张店枢纽段增补声屏障工程(悦江府段)、2023年交通桥梁安全隐患改造工程。重点A类续建项目中,312国道龙华立交至张店枢纽段新建辅道二期工程通车,茅塘桥隐患改造工程、防汛交通桥(晓复桥、斩龙桥、内河桥)消险翻建工程、312国道环境综合整治提升工程等完工。

(徐思奕　张萍)

·公路建设与运输·

【概况】　2023年,投资4000万元,完成城乡道路大中修工程17.38千米,涉及县道江星桥线、星石线、花慈线、汤滁线、岔茅线、石乌线。投资950万元,完成农村公路交通桥梁安全隐患改造工程,改造、加固桥梁31座,其中拆除重建3座、维修加固28座。投资560万元,实施永宁街道、星甸街道、桥林街道、汤泉街道等99条道路安全生命防护工程,增设护栏、标志、标线、道口标注等设施,长153.7千米。有运营线路71条,运营线路长1256.7千米,客运量2908.22万人次。农村公路完工项目质量排名全省第一。

【农村道路提档升级】　截至年末,全区农村公路总里程850.66千米。实现县道达三级及以上标准,通行政村道路全部达双车道四级及以上标准。农村公路安全隐患治理率100%,经常性养护率100%。投资8000万元，实施“四好农村路”提档升级及重点乡村道路“白改黑”工程37.09千米，其中汤泉街道1.04千米、永宁街道9.49千米、桥林街道7.15千米、星甸街道14.13千米、老山林场5.28千米。（徐思奕）

【茅塘桥隐患改造工程完工】 6月完工。茅塘桥是南京市文物保护单位，位于永宁街道，长74.6米，宽16米，为5孔拱桥，最大拱圈拱跨8.92米，最大矢高4.2米，最厚拱圈厚度0.6米。项目于2022年11月开工，投资3229.66万元，实施桥面系（桥面铺装、栏杆等）、主拱圈、侧墙、基础以及堤防加固（支护）、交通安全设施等工程。

【2023年交通桥梁安全隐患改造工程完工】 11月完工。项目4月开工，总投资944.83万元，包含32座桥梁改造，其中江浦街道1座、星甸街道13座、汤泉街道12座、永宁街道4座、汤泉农场2座。实施桥涵改造及其连接线、交叉、交通安全设施等工程，其中渡口桥、中心沟四号桥、泉水苏桥3座桥梁拆除重建，车湾中心桥、新坝桥、墩子交通桥等28座桥梁维修利用。（张萍）

【浦云路（康华路—浦口大道）建设工程通车】 6月21日通车。浦云路（康华路—浦口大道）建设工程由浦口城建集团代建，起于康华路，止于浦口大道，长约550米，道路等级为城市次干路，设计车速40千米/小时，红线宽35米。投资5932万元，实施道路、排水、路灯、景观绿化、交通等工程。项目获江苏省建筑施工标准化星级工地称号。

【卓溪路“断头路”打通工程通车】 7月1日通车。卓溪路“断头路”打通工程由浦口城建集团建设，长167米，红线宽度24米，道路等级为城市支路。投资989万元，实施道路、人行道、排水、交通、路灯、绿化及综合管网等工程。

【龙湖天街配套道路通车】 8月1日通车。龙湖天街配套道路建设工程由浦口城建集团建设，位于江浦街道，道路等级为城市支路。其中，郑所路北起台北路，南至昌海路，长288米，宽24米；昌海路西起郑所路，东至珠苗路，长171米，宽16米。投资3800万元，实施道路、人行道、排水、交通、路灯、绿化及综合管网等工程。

（杨旻）

【312国道龙华立交至张店枢纽段新建辅道二期工程通车】 9月1日通车。312国道龙华立交至张店枢纽段新建辅道二期工程起于龙华立交浦口大道，止于五华路东侧，长5.58千米。采用城市主干道标准兼公路功能，其中浦口大道至康华路段采用双向四车道，其余路段采用双向六车道，两侧分别设置非机动车道和人行道，设计车速40千米/小时。投资11.62亿元，实施道路、排水、交通、照明、绿化、新建电力和高架桥梁亮化等工程。

【重要道路路域环境整治工程开工】 11月开工。项目位于江浦、永宁、汤泉、星甸4个街道，投资15458.68万元。实施新陈线、高绰线、浦虹路、国道、省道及主要县道等重要道路维修、绿化提升、标志标线出新、平交口安全设施、监控系统附属设施及环境综合整治等工程。其中，新陈线4.5千米，涉及汤泉街道龙井、龙华、新金3个社区；高绰线17.4千米；浦虹路1.3千米；国道、省道及主要县道平交口29个。

（张萍）

·轨道交通建设·

【概况】 至年末，途经浦口区建成铁路4条，分别为京沪铁路、京沪高铁、永全铁路、沪蓉高铁。其中，京沪铁路途经永宁街道

6月21日，浦云路（康华路—浦口大道）通车　浦口城建集团供图

(k1116+666~k1130+941),区内里程14.28千米;京沪高铁途经江浦街道(k997+783~k1004+552)、汤泉街道(k988+258~k997+783)和汤泉农场(k981+874~k988+000,含老山林场,此处为安徽铁路站段管辖,行政单位间里程未分劈),区内里程22.68千米;永全铁路途经永宁街道(k325+526~k329+682)、汤泉街道(k329+682~k341+200)和星甸街道(k341+200~k343+363),区内里程17.84千米;沪蓉高铁途经江浦街道(k323+920~k330+293)、桥林街道(k323+558~k323+920、k330+293~k330+750)、汤泉街道(k330+750~k342+320)和星甸街道(k342+320~k348+600),区内里程25.02千米。建成地铁线路2条。其中,地铁10号线设雨山路、文德路、龙华路、南京工业大学(一半权属)、浦口万汇城(一半权属)5个站点,区内里程5.3千米;地铁S3号线设马骡圩、兰花塘、双垅、石碛河、桥林新城、林山、高家冲7个站点,区内里程10千米。在建铁路线路3条。其中,北沿江高铁途经浦口区里程12.14千米,位于永宁街道,涉及9个社区,用地规模295.66公顷,项目取得征地批复;宁淮城际铁路途经浦口区里程6.8千米,位于永宁街道大桥社区,用地规模14.02公顷,项目取得征地批复;南京上元门铁路过江通道途经浦口区里程4.07千米,位于永宁街道,用地规模10.81公顷,项目开展土地征收组卷工作。

【南京地铁11号线建设】 一期工程线路全长26.7千米,跨江北新区和浦口区,设车站20个,总投资229.64亿元。其中浦口区设西江口、马骡圩2个站点及石塘南车辆段,区内里程4.9千米,涉及拆迁总占地面积约40公顷。西江口站附属1号出入口、3号出入口主体结构和7号出入口基坑开挖进入施工阶段。马骡圩站—西江口站盾构区间左右线进行盾构始发前施工准备。起点—马骡圩站高架区间进行桩基施工。 (徐思奕)

·航道建设与运输·

【概况】 2023年,境内航道总里程58.67千米。其中,城南河航道(入江口—浦滨路桥)5.6千米,航道等级从四级降为六级、七级控制,由货运航道转为旅游航道;滁河浦口段(王家渡—陈浅)38.14千米,航道规划等级五级,现状等级六级;驷马山干渠(建设村—切岭山)9.43千米,规划等级三级;石碛河(七坝—桥林)5.5千米,规划等级七级,基本断航。

【水运执法】 加强航政巡航,对内河航道、港口岸线开展非法码头和"三无"船舶执法巡查100余次,参加区禁渔联合巡查36次,未发生因管理不善造成的航道24小时以上堵航事故,未发生侵占交通港口岸线行为。完成4家水运企业年度资质核查,开展水运企业日常检查,推广邀约式安全生产检查20家次。

【航标维护数字化】 驷马山干渠连接安徽和江苏两省,是驷马山引江工程灌溉和分洪的重要载体,也是浦口区唯一规划三级的航段。区交通运输局落实省航标信息化管理要求,实地踏勘驷马山干渠,12个航标灯更换成遥控遥测LED航标灯。该航标灯相较浮降式航标,可以实时将航标灯电流、电压、航标偏移等数据发送到航标遥控遥测系统,航标管理人员可通过手机客户端及时发现航标出现的不良状况,尽快开展维护,保障航标充导助航功能,引导船舶安全通行。 (徐思奕)

·行业监管·

【公路执法】 2023年,浦口区开展农村公路安全隐患排查整治、夏季高温道路安全执法专项整治、南京市道路执法领域"天网""保秩序迎国庆"净化道路客运市场联合整治、百日货车超限超载治理、"蓝盾2023"等系列专项执法行动。印发《南京市浦口区货物装载源头超限超载管理办法》,为南京市首个规范源头治超工作规范性文件。路警联合执法,治理超限超载,采取固定治超与流动治超有机结合,源头治超、科技治超、信用治超有机衔接方式,联合查处超限超载车辆1500余辆,卸驳载1.1万余吨,查处"百吨王"5辆。加强公路通行环境治理,巡查里程11万余千米,路域环境问题清单整改销号199个,监管施工路段13个。推动江苏省交通运输综合行政执法管理系统(守护2.0)全面应用,实现道路、水上、交通工程行政检查业务全应用。道路执法1385件,水上执法107件,交通工程执法38件。办结行政处罚案件182件,罚款30.43万元。17号、27号、40号处罚案卷被市交通运输局评为全市交通运输优秀执法案卷,25号行政处罚案卷被区司法局评为优秀执法案卷。

【运输行业管理】 强化道路运输秩序管理,在重点时段、重点路段,加强对“两客一危”及网约车、出租车营运行为监管,查处违法行为20余起,核查疑似非法营运车辆20辆,全部纳入白名单,加入高速稽核名单3辆,解除高速稽核名单2辆。完成重点营运车辆“三个清单”问题整改3起,落实危险品运输车辆动态监管周报制度,开展危险品运输企业重点检查4家次。

【运输市场管理】 办理道路普通货运许可154件,新增货运车辆197辆,新增驾驶员从业资格证43个。年审经营业户779户、车辆1843辆。机动车维修经营备案48件。无一起行政复议、行政诉讼案件。

【机动车维修及驾培管理】 新增备案机动车维修企业47家,累计有工商登记机动车维修企业108家,其中一类维修企业1家、二类维修企业10家、三类维修企业97家。实际从事维修经营企业202家。加强维修行业管理,开展安全生产检查、备案宣传1000余家次,联合浦口生态环境局检查M站3家,对正国农庄、浦泗路市场内维修企业进行专项检查。全区有驾培机构3家,加强对驾培机构日常监督,检查13家次,及时处理驾培投诉,对驾培机构开展警示约谈,化解矛盾纠纷。

【机动车检测监管】 加强机动车检测企业监管,检查32家次,要求机动车检测企业严格按照相关规定规范开展检测,确保检测结果客观、公正、准确。联合区市场监管局、浦口公安分局、浦口生态环境局等部门,对辖区机动车检测机构开展联合监督检查,维护公平、公正、规范的机动车检测市场环境。

【交通工程监管】 开展工程质量监督检查150个次,发出质量抽查意见书33份,全部完成整改。对28个项目(标段)开展交工质量核验,对18个项目开展竣工质量鉴定。开展季度综合检查和各类安全活动专项检查164个次,发现问题570个,发出《交通工程安全监管抽查意见书》34份,全部完成整改。办结安全行政处罚案件1起。检查在建交通工程“十达标”措施落实情况132个次,发现问题86个,发出抽查意见书13份,全部整改到位。加强在建项目民工工资治欠保支督查,检查22次,发出《“蓝盾2023”建设市场专项行动抽查意见书》6份,督促建设单位按月足额发放民工工资。

【公路管理】 深化公路养护精细化管理,围绕“四清、四拆、四整治”环境综合整治工作,开展公路“四沿”专项整治,出动巡查车1.2万辆次、清扫车1.6万辆次、水车1.8万辆次,修整路肩、边坡5.6万平方米,清理边沟9.9万米,割除高草348万平方米,维修路面4.1万平方米,清洗维修护栏403万米,绿化修剪补栽6.7万株。开展清除路肩种植物、交通沿线环境综合整治,发出整改清单3批次,涉及36项227个问题,全部整改到位。运用“数字农路”巡查App巡查道路300千米。制订《浦口区农村公路养护管理综合考核工作方案》,采用自动化快速检测设备检测农路869千米,做到农路日常养护、检查考核全覆盖。7个街场全部实现乡村道路养护市场化。干线MQI值94.5,支线MQI值93.68。在全省86个区县农村公路养护质量检查中排名第二,在全市排名第一。

【运输安全专项整治】 强化过境“两客一危”车辆和人员检查,出动检查人员6800余人次,检查车辆2300余辆次。整治超限超载,打击“百吨王”。开展交通工程质量隐患排查整治,出动检查人员510余人次,检查项目187个,发现安全隐患443处,全部完成整改。加强临水、高路堤、急弯、陡坡等危险路段安防设施设置排查,维修、出新公路、桥梁、航道,清理边沟4.69万余米,维修路面病害4.04万余平方米,更换里程碑及百米桩881个、警示桩214根,路面灌缝6.51万延米,疏通泄水孔1716个,清理桥梁伸缩缝2300余米,维修护栏1870米。加强客运场站和客运线路安全检查,严堵细查各类危险品、违禁品上车。

【路域环境整治】 完成路面灌缝13.9万延米,沥青摊铺98481平方米,整修路肩、边坡5.4万平方米,割除高草332万平方米,清理边沟11.8万米,安装标志标牌280个,维修、安装护栏4274米,补栽护栏、更换立柱623根,机械清洗护栏388.24万米,补植绿化1218株,铺设草坪940平方米,乔木修枝3866株,灌木球修剪17967

株,灌木绿篱修剪15345平方米,清理枯死绿化9727株,清洗公交站台1241座,维修公交站台6座,更换公交站台橱窗玻璃25块,更新站台画面1250张。(徐思奕)

水利建设

【概况】 2023年,区水务局牵头实施水务建设项目19个,总投资15.34亿元,当年投资7.01亿元。完成防汛消险工程14个,实施3座水库清淤、4座农村重点泵站、3座重点塘坝和3条小型翻水线更新改造等农村水利设施建设。完成沿滁中型灌区续建配套与节水改造年度建设任务,完成小流域建设项目1个。治理水土流失面积5平方千米。完成石碛河—高旺河水系连通工程。建成农村生态河道6条20.97千米,其中省政府民生实事河道2条8.3千米。实施山丘区灌溉水源重点塘坝综合治理工程,开展汤泉街道小段塘坝、大塘湖塘坝、星甸街道中心塘坝3座山丘区灌溉水源重点塘坝综合治理,提升塘坝蓄水能力及防洪能力。实施2023年农村生态河道建设,对永宁街道、桥林街道范围内6条农村河道进行岸坡加固、河道清淤及绿化整治。实施2023年度国家水土保持重点工程顾坝冲小流域一期综合治理项目。更新改造永宁街道祁圩翻水线、星甸街道王村翻水线、桥林街道七联翻水线,更新改造汤泉农场赵湾泵站、永宁街道知青泵站、桥林街道渔村泵站、双云一级站4座农村泵站。推进沿滁灌区续建配套与节水改造项目,改造渠首工程2座,清淤整治干支渠14条,改造渠系建筑物99座。

【象山湖水利风景区创成国家水利风景区】 2月1日,水利部公布第二十批国家水利风景区名单,象山湖水利风景区名列其中。象山湖水利风景区位于江浦街道,地处老山景区东南隅,南临沿山大道,东临佛手湖郊野公园和珍珠泉风景区,西接黄山岭路,北沿珍七路,总规划面积3.27平方千米,其中水域面积0.35平方千米。景区依托象山湖自然资源和区位条件,打造人与自然和谐共生的浅山近水型水利生态康养区,着力打造"1335"整体布局,即围绕"以水文化为灵魂,以水科普为核心,以郊野体验为特色,融生态保护、郊野旅游、健身康养于一体的水利风景区"的一个建设目标;突出"以水为灵魂,突出生态""以山为媒介,提升品牌""以养为特色,吸引客源"三大主题;通过近期重点突破、中期全面提升、远期优化完善三个发展阶段,逐步完善象山湖水利风景区基础设施;将象山湖水利风景区划分为水美乡村游憩区、森林康体涵养区、活力运动休闲区、生态商务办公区、象山文化展示区五个功能区开展建设。景区依托老山体育康养特色,建有漫山步道、环湖约4.4千米的休闲健身步道、环园自行车赛道、老山运动驿站,培育体育康养旅游,打造省级有氧运动小镇和象山湖有氧运动示范基地。

【2023年度翻水线更新改造工程完工】 6月完工。工程位于永宁街道、桥林街道、星甸街道,批复总投资1524.27万元,3月开工,对永宁街道祁圩翻水线、星甸街道王村翻水线、桥林街道七联翻水线进行渠道、河塘整治。

【浦口区入选水利部现代化运行管理矩阵建设先行区域】 11月20日,水利部公布现代化水库运行管理矩阵建设先行先试名单,浦口区入选水利部现代化运行管理矩阵建设先行区域,象山水库入选试点水库。浦口区有在册水库23座,全部完成达标建设,浦口区于2021年创成水利部小型水库管理体制改革样板县。2022年,试点实施"社会化+专业化"水库管理养护一体化模式并在全域推广。水库全部除险加固,完成新一轮安全鉴定,及时修订调度预案和应急预案,整体运行状况良好。开发运行"浦口防汛"App,推进智慧水务建设,在13座高坝水库使用水库无动力虹吸输水装置,开发小水库智慧管理平台,提高信息化水平。象山水库位于江浦街道白马社区,为小(1)型水库,建于1976年,大坝为均质土坝,主要功能为防洪调蓄和景观,属通江小流域城南河的上游。2013年创成省规范化小水库,2022年创成省精细化管理二级工程。2023年,以水库为核心创成国家水利风景区。

【2023年度国家水土保持重点工程顾坝冲小流域一期综合治理项目完工】 12月完工。工程位于星甸街道,批复总投资533.67万元,5月开工,综合治理面积5.07平方千米,治理措施面积1.52平方千米,建设内容为清淤整治顾坝河750米、更新改造滚水坝3座及河道护岸绿化等。

【芝麻河东段一期综合整治工程完工】 12月完工。工程位于江浦街道，投资9430.27万元，2022年9月开工，实施南门泵站至五桥连接线2.6千米河道清淤，实施南门泵站至团结路1千米河道拓宽、排口整治、生态排口改造、智能监控系统建设、补水口建设、景观提升等工程。

【沿滁灌区续建配套与节水改造项目完工】 12月完工。工程位于汤泉街道、汤泉农场，批复总投资5076.56万元，5月开工，改造渠首工程2座，整治干支渠15.8千米，新建、改建渠系建筑物99座，实施用水量测、管理设施及灌区信息化等工程。 （罗涛）

12月，芝麻河东段一期综合整治工程完工　　浦口城建集团供图

信息化建设

【概况】 2023年，成立区数字治理中心。制定《浦口区加强街道数字治理中心建设实施意见》，在江浦街道、汤泉街道开展街道数字治理工作运行试点。完善“一网统管”平台功能顶层设计，启动综合指挥调度平台建设，完成融合通信平台建设。累计归集52个部门、57个应用系统、1025项数据资源，共计20.5亿余条政务数据。对中心主链路进行双链路升级，对试点数字治理中心运行的街道带宽升级至万兆，对市级电子政务外网用户进行认证入网调整，完成129家492个用户的实名认证。启动电子政务外网IP地址改造，为市、区两级“一网统管”平台无缝对接创造条件。开发既有建筑管理系统，录入楼栋数据10.2万条。开发综合行政执法全流程管理系统、“大走访”驾驶舱系统、公共服务能力平台。开发政务办公移动门户App，将智慧林长制等6个政务软件整合到政务办公移动门户App平台，解决基层办公移动应用多、登录系统多、重复录入多等问题。

【“一网统管”赋能建筑管理】 浦口区建立覆盖区、街道、村（社区）的三级架构体系，以房屋安全管理为主线，实现数字赋能行政执法、建筑管理，助力基层治理。区数字治理中心会同区城乡建设局、区住房保障和房产局，搭建浦口建筑管理系统，统一采集录入房屋建筑分布、数量、建设年代、抗灾能力、修缮情况、存在隐患等信息，形成多方参与、隐患发现、协作管理、记录跟踪、归档备案的闭环工作机制。系统通过API接口实现与区城市运行管理中心“一网统管”平台实时数据交互，出现重大应急及突发事件时，可统一指挥、统一调度、协同处置。

【浦口网上政府建设工作获评全国优秀】 12月7日，人民网发布《2023年网上政府创新发展报告》，区政府办主办、区数字治理中心承办的区政府网站在全国直辖市和副省级城市所辖区县中排名第八位，在政府网站的梯度分布评价结果中获评优秀。2023年，浦口区围绕群众关注的热点难点，通过区政府门户网站在线访谈栏目预告页面向社会征集在线访谈内容，邀请相关部门走进直播间，参与在线访谈，解答市民问询。完成“金融助力中小微企业纾困发展”“文化赋能旅游”“建设健康浦口，共享健康生活”“第五次全国经济普查”等在线访谈11期。发布政策文字解读12篇、图片解读1篇、动漫解读1篇、数字人解读2篇，增进社会公众对政策措施的理解。借助人工智能、大数据分析等技术，优化网站功能，建设应用共享、丰富多元“问答知识库”，提升“智能问答”准确性、引导性，打造24小时实时在线、智能答疑的政务公开新载体。 （肖子傲）

【中国电信浦口区分公司】 2023年,中国电信浦口区分公司获江苏分公司管理标杆单位、城市治理先进单位称号,被评为南京市放心消费示范单位。

优化服务体系 简化套餐数量,将套餐资费海报张贴上墙,促进用户放心消费。设立爱心台席,优先服务老年人、残疾人、孕妇、军人、退役军人、消防救援人员,推出助老专属优惠资费方案,推进互联网应用适老化及无障碍改造。打造"爱心翼站",成立6人服务团队,为户外工作者及老年人、残疾人提供休憩补给、智能技术科普等服务,累计建成"爱心翼站"63家。优化门店服务,推进营业厅现场服务优化、无障碍改造工作,用户即时测评满意度99.49%。

提升专业技能 从网络建设、网络维护、网络优化三个角度摸排重点小区、高校、商场等5G网络,开展网络排查和站点优化工作。移动网聚焦重点场景精准建设,开通5G站点151个,重点覆盖京沪高铁、宁合高铁沿线,推进新建居民区5G信号覆盖。开通室分107套,完成重点办公楼宇、校园5G室分覆盖,提升用户在室分场景的信号感知。光网聚焦区域发展提质升级,加快光缆和10GEPON建设,实现区域内千兆光网全覆盖。

保障重大活动 成立重大活动保障专项工作组,保障各类文体赛事、政务会议、招生考试等。完成中考高考、老山音乐节、浦口马拉松等通信保障39次,保障天数68天,出动人员286人次。

(耿久亮)

【中国移动浦口分公司】 2023年,中国移动浦口分公司获江苏移动公司省级先进分工会、南京市2023年度城市治理标准化示范单位称号,张长弘获江苏移动公司省级工会积极分子称号。

落实网络强国建设,聚焦客户需求,提供"智慧停车""智慧旅游"等服务。为浦口人民医院三期双活数据中心、南京工业大学光网络建设、江苏卫生健康职业学院宿舍区网络改造、浦口区宗教场所安全监管服务信息化等集成信息化项目提供服务。为360多名困难独居老人提供居家日常监测服务,为各类大型赛事、活动通信提供网络保障。在文明城市创建工作中,完成小区缆线杂乱整改565处。 (周慧兰)

【中国联通浦口区分公司】 2023年,中国联通浦口区分公司有手机用户8.7万户、家庭宽带用户2.1万户、千兆宽带用户0.6万户。新建各类小区、乡村、市场110个,新增覆盖用户5.91万户。5G精品网络新增5G宏站26站、室分390套,5G MR覆盖率96%,低频900M站点75站,改善偏远地区网络信号覆盖。

保障紫金山峰会网络 制订《南京联通2023两岸企业家紫金山峰会保障方案》,成立保障小组,明确保障范围,划分保障等级,保证网络容量和用户感知。完成对扬子江国际会议中心会场、长江之舟酒店等周边、沿途主干道场景信号评估,现场测试确认覆盖和感知,后台实时关注负荷、通报业务指标,保障峰会期间各会场信号覆盖、后台各项指标正常。

助力乡村振兴 开通数字乡村宽带5个,实现5G网络街道以上场景连续覆盖。在永宁街道联合村、青山村等建设数字乡村平台,实现乡村治理"数治合一"。成立乡镇办1个、服务站1个,新建自有营业厅2家,完善乡村网络覆盖。 (雷洁)

·文稿编辑 刘廷峰·

科学技术

综　　述

【概况】　2023年,科技型中小企业评价入库1085家。净增高新技术企业112家,有效期内高新技术企业总数413家。技术合同成交额26.3亿元,增长率和完成率均居全市第一。向上争取资金3000余万元,获批市级以上科技计划项目17个。兑现“科创16条”等政策资金7500余万元。审核推荐“宁科贷”825笔,贷款授信25.84亿元,惠及企业195家。

【科技体制综合改革】　2023年,浦口区围绕科创版“一三五六”总体布局,实施科创载体提档升级、高水平新研建设、科技招商攻坚、科技服务网格化管理、农业科技人才改革“五大计划”,推进创新政策直达快享、创新主体培育、产学研深度融合、科技金融赋能、企业研发引导、科技服务品牌提升“六大专项行动”。参与全省首个科技成果评价地方标准制定工作。制订《浦口区关于推动落实南京打造具有全球影响力的产业科技创新中心主承载区行动方案》。《新发展格局背景下江苏高水平推进“科技创新智库”建设路径研究》获得2023年度江苏省社科应用研究精品工程课题立项。探索高新技术企业积分制管理,相关举措获科技部微信公众号“锐科技”报道,《南京市浦口区高新技术企业创新积分制改革战略研究》获2023年度江苏省科技咨询协会科学技术奖(咨询创新奖)。一系列科技服务成果在《新华日报》《科技日报》《高管信息·江苏》《经济分析报告》等平台刊载报道,《南京浦口:突出“三个意识”强化企业科技创新主体地位》获省政协领导批示。

高新技术企业南京依维柯汽车有限公司　　　浦口开发区供图

【高新技术企业突破400家】2023年,浦口区申报高新技术企业248家,其中173家通过备案认定,净增高新技术企业112家,有效期内高新技术企业总数413家,同比增长37.2%,当年申报数、通过数、高新技术企业总数均创历史新高,高新技术企业增幅连续两年获市政府督查激励。高新技术产业产值286.56亿元,占规模以上工业产值的63.29%,较上年同期增长2.5个百分点。

(王心晔)

科技创新平台

【概况】 2023年,全区累计建成工程技术研究中心53家、工程研究中心37家、企业技术中心26家、市级以上双创载体25家、院士工作站4个、农业农村部重点实验室6个、新型研发机构20家。雨润国家重点实验室完成重组。新增市级以上科技企业孵化器及众创空间2家,高芯科谷电子信息孵化器获省级科技企业孵化器认定。组织华天科技(南京)有限公司、南京依维柯汽车有限公司2家单位,牵头围绕高端存储芯片先进封测研发、新型智能高性能动力系统研发组建创新联合体。17家市级新型研发机构及孵化引进企业实现营业收入58.65亿元。南京润楠医疗电子研究院获第六届中国医疗器械创新创业大赛体外诊断(IVD)产品类别赛一等奖。推动与南京大学签订创建南京原子制造创新研究中心战略合作协议,共同支持原子极限制造重大基础设施在宁布局建设,完成省发展改革委可行性研究报告现场答辩工作。支持南京浦蓝大气环境与绿色发展研究院参与地球大气垂直原位探测系统建设,完成监测平台搭建。

【双创载体】 新增市级科技企业孵化器1家(南京全赢科技企业孵化器)、市级众创空间1家(莫纳空间),全区有市级以上双创载体25家,其中科技企业孵化器11家、众创空间14家。建成国家级载体2家、省级载体10家、市级载体13家,面积16万余平方米。拥有专业型科技创新载体7家,涉及电子信息、现代农业、新能源与节能领域。高芯科谷电子信息孵化器获省级科技企业孵化器认定,是全区首家省级专业科技企业孵化器。

【新型研发机构】 全区累计建成新型研发机构20家,其中市级17家、区级3家。按照行业领域分类,软件信息服务和人工智能类5家、节能环保类3家、高端智能装备类3家、新材料类3家、新型电子信息类3家、现代农业类2家、生物医药类1家。17家市级新型研发机构累计孵化及引进科技型企业333家,其中孵化企业177家、引进企业156家,新型研发机构及孵化引进企业中21家为高新技术企业,88家为科技型中小企业。6人入选创新型企业家,4人入选科技顶尖专家,4人入选市级高层次创新创业人才,4人入选外国专家项目。累计申请专利899件,其中发明专利388件。新增研发投入8450.5万元。2家新型研发机构获得市场化融资,累计到账0.84亿元。8月25日,第四届江苏企业(研发机构)创新大赛新型研发机构专场选拔赛在浦口举办,3家企业获奖,其中南京浦蓝大气环境与绿色发展研究院获一等奖,清研华科新能源研究院获二等奖。

【工程技术研究中心】 新增市级以上工程技术研究中心10家,其中省级3家、市级7家。累计建成工程技术研究中心53家,其中省级16家、市级37家。企业工程技术研究中心以促进江苏省产业科技创新为目标,加强工程化研发平台建设,开展工程技术研究、试验和成套技术服务,开发产业发展中的共性、关键技术,提供成熟配套的技术、工艺、装备和产品,促进成果转化和技术辐射。

(王心晔)

科技人才

【概况】 2023年,区科技局做好科技项目申报和科技人才服务,组织各类人才项目申报和海外人才引进工作,打造科技人才企业训练营为最具口碑的科创服务品牌。推进科技人才评价改革,会同区委组织部、南京国家农创中心、省科学技术情报研究所推进农业科技人才分类评价改革试点工作,在浦口区高层次创新创业项目中单划赛道开展探索实践。

【科技人才计划】 组织各类人才项目申报,入选2023年度省级“双创”人才1人,入选2022—2023年度市级紫金山英才计划19人,其中高峰项目3人、高层次创新创业人才8人、创新型企业家8人。帮助6家企业引进高校教师6人,入选省科技副总项目,其中金陵科技学院4人、南京邮电大学1人、江苏科技大学1人,分别为南京黎创智能装备有限公司王倩倩、南京刘姐菜篮子网络科技有限公司张晓蕾、江苏金瑞金融设备有限公司吴祥柏、南京瑷卡测控技术有限公司赵宁、南京丙辰表面技术有限公司李谊、江苏南京农大动物药业有限公司钱刚。

【海外人才引进】 获2023年度紫金山英才先锋计划外国人才项目立项7个,数量排名全市第三、郊区第一。江苏深农智能科技有限公司的江苏—捷克双边研发资助计划第六轮合作项目立项，浦口区连续两年获得省国际合作项目。获市国际合作项目3个，数量排名全市第三。南京中孚信息技术有限公司罗圣美获评第十五届南京市“十大科技之星”。

（王心晔）

科技成果

【概况】 2023年，浦口区推动落实南京市打造具有全球影响力的产业科技创新中心主承载区，夯实企业科技创新主体地位，做好科技项目申报服务，推动校企科技成果转移转化。获省、市科技项目立项17个，向上争取资金3000余万元。江苏中路工程技术研究院有限公司、江苏思威博生物科技有限公司参与研发的项目分获2022年度江苏省科学技术奖一、二等奖。南京宏泰半导体科技股份有限公司自主研发的MS8000型超大规模集成电路混合信号测试系统获中国生产力促进（创新发展）三等奖。

【产业关键核心技术】 浦口区聚焦集成电路、高端交通装备、人工智能和数字经济、现代农业等主导产业，推进技术攻关、成果转化、重大专项项目申报，争取上级资金支持。江苏久朗高科技股份有限公司的“基于减污降碳的SiC陶瓷膜制备及应用关键技术研发”、江苏中路信息科技有限公司的“复杂车路环境毫米波感知关键技术研发”获省重点研发计划（产业前瞻与关键核心技术）项目，中路交科科技股份有限公司的“特种路桥隧低碳高阻尼树脂复合铺装材料研发及产业化”项目获2023年省碳达峰碳中和科技创新（科技成果转化）专项资金，江苏润邦新材料集团有限公司的“轻量化高耐蚀高强韧先进复合材料真空蠕压等关键技术研发及应用”获2023年南京市重大科技专项（综合类）项目立项。

【民生科技成果】 实施创新驱动战略，推进制造业高端化、智能化、绿色化发展，用农业重大科技创新成果策源农业农村现代化。南京麦浦园林景观建设工程有限公司获2023年度省创新支撑计划（乡村产业振兴）立项支持。江苏集萃精密制造研究院有限公司的“航空发动机闭式叶盘与叶片生产线建设”获2023年省级军民融合重点示范项目立项。南京畅远信息科技有限公司的“面向智能制造产业的产学研合作活动”获2023年度长三角（南京都市圈）科技合作项目资金。南京博维特健康管理有限公司的“循环农业模式下的农业废弃物资源化利用研究与产业化”、江苏思威博生物科技有限公司的“规模化猪场重大传染病（PRRSV、ASFV、PEDV）感染状态监控及其净化/防控关键技术研发及集成应用”获南京市“一区一中心”联动专项项目立项。南京浦蓝大气环境研究院有限公司、南京澳博工业智能科技研究院有限公司、南京思农生物有机肥研究院有限公司获得2023年度省新型研发机构奖补。南京苏试广博环境可靠性实验室有限公司凭借环境可靠性试验技术入库2023年南京市科技服务骨干机构培育库。

（王心晔）

【“L波段高效率、高线性度空间行波管”专利入选中国专利奖】 4月17日，国家知识产权局发布第二十四届中国专利奖授奖决定，浦口开发区企业南京三乐集团有限公司的“L波段高效率、高线性度空间行波管”专利（ZL201510490825.0）入选第二十四届中国专利奖。“L波段高效率、高线性度空间行波管”优化电子枪结构，采用聚焦极控制双阳极电子枪和波纹瓷结构，耐压更高，工作更加稳定；采用螺旋线慢波电路，优化选取螺旋线内径，从而获得较高的耦合阻抗并采用相速渐变，得到高效率、高线性度的慢波系统；采用非对称、尖锥状四级降压收集极，抑制收集极返流，提高收集极效率，是北斗导航、通信等卫星中的核心器件。

（浦口开发区）

【沙库巴曲缬沙坦钠片获得国家药品监管局批准】 8月24日，由浦口开发区企业南京方生和医药科技有限公司控股子公司——南京一心和医药科技有限公司申报的沙库巴曲缬沙坦钠片获得国家药品监管局颁发的药品注册证。该药品是具有知识产权创新晶型药品，打破跨国药企巨头技术垄断，是国内首个申报的该品种仿制药，也是全球法规市场首个通过自主创新突破专利壁垒获批上市的沙库巴曲缬沙坦钠片仿制药。

【节水型智能多层垂直育苗技术入选水利部农艺栽培节水技术推广目录】 11月9日，江苏青云农业高科技有限公司的节水型智能多层垂直育苗技术入选水利部《国家成熟适用节水技术推广目录(2023年)》,是全市唯一入选的技术。该技术主要通过集约化七大系统实现节水规模性育苗,包括库房结构系统、多层育苗系统、二氧化碳浓度管理系统、营养液输送和循环系统、冷凝水回收系统、环境控制系统,以及降温、除湿和循环空气系统。通过设备内环境控制,育苗所需的光、温度、湿度、二氧化碳、水、肥、风等条件可以得到精准控制,实现快速健康育苗。

(区融媒体中心)

【MS8000型超大规模集成电路混合信号测试系统获中国生产力促进(创新发展)三等奖】 2023年,南京宏泰半导体科技股份有限公司产品MS8000型超大规模集成电路混合信号测试系统入围江苏省重点推广应用新技术(新产品)名录(第三十批),获中国生产力促进(创新发展)三等奖,入选“中国好技术”项目库(B类)。MS8000是一款自主研发的高性能国产测试系统和设备,适用于绝大部分市场主流混合信号SoC产品的测试应用,具备兼容性、开放性、可延展性强、整机和单板集成度高、系统并发测试能力强、向量空间使用率和可读性高等优势,可极大程度帮助客户提高测试能力和测试效率,减少空间占有率,节省测试成本。

(浦口开发区)

科技服务

【概况】 2023年,区科技局聚焦企业在创新过程中的急难愁盼问题,依托科技镇长团、浦口科技创新服务联盟资源,重点挖掘企业技术、人才、政策等方面需求,提升科技服务质效。举办科技型企业创新能力提升培训班,首次开展科技服务业宣传月活动,组织科技大讲堂、科技人才企业训练营、科技兴区下午茶等特色科技服务活动20余场、各类科技科普活动145场。结合“集中走访日(周)”工作机制,围绕高新技术企业申报辅导、产学研供需对接等工作开展常态化走访,线上线下相结合加强惠企政策宣传,发放政策宣传册1000余册,面对面回应企业诉求。开展科技创新“双向发力”专题调研,对全区企业研发状况进行摸底,为潜在创新主体和平台挖掘培育找准靶向。江苏久吾高科技股份有限公司入围2023江苏民营企业创新100强,与华天科技(南京)有限公司共同获得省委、省政府授予的江苏省优秀企业称号。华天科技(南京)有限公司国产高端存储芯片先进封装技术入选南京市企业科技成果十大典型案例。

【高新技术企业培育】 区科技局摸排高新技术企业253家,组织面上辅导4场、“一对一”专家走访辅导17场,形成“面上集中培训—点上个性化诊断—专家预评审—跟踪反馈问效”的高新技术企业申报辅导闭环链条。强化高新技术企业预审机制,举办高新技术企业申报材料预评审会,邀请技术专家、财务专家与企业交流,为申报企业答疑解惑。实际申报高新技术企业248家,通过高新技术企业认定173家,通过率69.8%。

【技术合同登记】 围绕技术合同认定登记政策法规,宣讲相关税收优惠政策、技术转移奖补政策,围绕合同认定流程进行辅导,聚焦重点企业“一对一”辅导,跟进登记动态,做好跟踪服务。结合专题调研、“大走访”等活动,挖掘登记企业增量。结合各类科技项目申报、高新技术企业申报等,关注企业大额合同类型,挖掘技术合同增量,把控技术合同登记质量。全区技术市场交易活跃,技术合同成交额26亿余元,同比增长31.8%,增长率和完成率均居全市第一。

【创新创业资金扶持】 兑现“科创16条”等政策资金7500余万元。加大对科技创新的金融扶持力度,审核推荐“宁科贷”825笔,贷款授信25.84亿元,惠及企业195家。

【科技人才企业训练营】 科技人才企业训练营通过专题培训、企业走访、下午茶沙龙、专家“一对一”辅导、企业标杆学习、项目路演、资源对接等服务活动,搭建集资源辅助、决策指导和需求达成于一身的平台。毕业企业近100家,实现上市公司、高新技术企业、科技型中小企业等全链条覆盖,相关活动在中国江苏网、“学习强国”学习平台、中国金融信息网等平台宣传报道,入选人民网2023优化营商环境市场化优秀案例。举办科技人才企业训练营特色活动7场,走访人才企业30家次,帮助入营企业服务对接18家。与滁州市南谯区科技系统联学共建,助推科技创新。会同江苏省生产力促进中心,带领入营企业走访南京市江宁区、合肥市等地标杆企业,体验标杆企业先进产品和技术,推进企业间交流合作,搭建政企交流平台,提升长三角创新创业服务能力。

【首批 14 名科技飞行特派员派驻服务启动】 6 月 13 日,浦口区启动首批“飞来浦口”科技飞行特派员派驻服务,引导各类科技创新创业人才和单位整合科技、信息、资金、管理等现代生产要素,为浦口产业高质量发展注入科技活力和内生动力,着力打造“浦科派”科技服务品牌。南京大学、东南大学、华东师范大学、南京航空航天大学、南京师范大学、南京邮电大学、南京农业大学、扬州大学 14 位专家学者被聘为浦口区首批科技飞行特派员,将深入企业生产一线柔性任职,为企业科技创新送辅导、送政策、送技术、送平台,引导企业提升自主创新能力。 (王心晔)

科技交流与合作

【科技招商】 2023 年,区科技局树立全员招商思维,建立“领导带头、科室协同、全员参与”的联动工作机制,采取平台招商、载体招商、技术招商和以赛招商等路径招商引资。签约项目 4 个,总投资 11.72 亿元。联合江苏省第十五批科技镇长团举办首届“就来浦口”创新创业大赛。

【校企合作】 区科技局主要领导带领区内企业走访国内高校 10 所,集聚行业专家 40 余人,协助企业开展技术对接 10 项,发布高校最新科研成果 18 期 248 项,促成南京审计大学与江苏鑫合易家信息技术有限责任公司、南京邮电大学与江苏芯德半导体科技有限公司签订产学研合作协议。召开浦口区科技创新服务联盟 2023 年工作会议,区内企业与市内高校就科技成果转化、知识产权保护、项目合作申报、科技人才引进等方面探讨交流。

(王心晔)

【南京邮电大学集成电路科学与工程学院(产教融合学院)签约揭牌】 3 月 21 日,南京市浦口区人民政府—南京邮电大学共建集成电路科学与工程学院(产教融合学院)签约仪式在浦口高新区举行,射频集成与微组装技术国家地方联合工程实验室浦口分实验室、南京邮电大学集成电路校友会同时揭牌。南京邮电大学与华天科技(南京)有限公司、南京宏泰半导体科技股份有限公司、南京凯鼎电子科技有限公司、南京华瑞微集成电路有限公司签订集成电路校企战略合作协议。

【浦口区第二届“浦芯精英”奖学金颁奖典礼】 3 月 30 日,以“宁聚芯浦口 一起向未来”为主题的浦口区第二届“浦芯精英”奖学金颁奖典礼在南京信息工程大学举办。省教育厅、省工业和信息化厅、区政府、南京大学、东南大学、南京航空航天大学、南京理工大学、南京邮电大学、南京信息工程大学、南京工业大学有关领导出席。“浦芯精英”奖学金于 2021 年设立,是全国首个由地方政府出资为集成电路产业设立的专项奖学金。颁奖典礼上,140 名学生获奖学金。启动第三届“浦芯精英”奖学金评选。

【江苏省产业技术研究院绿色智慧化工技术与装备研究所签约揭牌】 4 月 28 日,浦口区人民政府·南京工业大学战略合作暨江苏省产业技术研究院绿色智慧化工技术与装备研究所签约仪式在浦口高新区举行,南京工业大学学生社会实践基地同时揭牌。绿色智慧化工技术与装备研究所是江苏省产业技术研究院布局的全国首个聚焦化工行业高质量发展的创新平台,按照“技术研发 + 技术转移 + 产业孵化 + 人才培养”建设思路,以产业应用技术研究开发为重点,以引领产业发展和服务企业创新为根本,致力于开发“卡脖子”关键共性技术,形成自主可控成套工艺与智能装备,提升服务产业能力,创新研究所支撑产业、孵化企业新模式,力争建成国内一流、国际知名的绿色智慧化工技术与装备创新中心。

(区融媒体中心)

【浦口数字经济与人工智能产业发展交流会】 9 月 14 日举办。活动由浦口高新区主办,北京中关村信息谷资产管理有限责任公司承办,国家信息中心信息化和产业发展部主任,区工业和信息化局、浦口高新区、北京中关村信息谷相关负责人,以及 40 余家企业代表参加。会议旨在围绕数字经济发展,集聚更多创新要素,将浦口高新区打造成创新氛围浓厚、产业服务完善、创业环境优良的科技创新高地、产业发展高地、人才聚集高地。国家信息中心信息化和产业发展部作《数字经济与人工智能,促进产业高质量发展》主题演讲。区工业和信息化局、浦口高新区分别介绍浦口区产业发展现状及投资环境。4家企业与北京中关村信息谷分别签署落地园区战略合作协议。

10月19日,2023南京国际科技合作交流大会澳大利亚新能源新材料专场活动举办　　浦口高新区供图

【2023南京国际科技合作交流大会澳大利亚新能源新材料专场】 10月19日举办。活动由市科技局指导,浦口高新区、南京墨尔本城市卓越中心主办。作为2023南京国际科技合作交流大会分会场,活动围绕新能源细分产业领域——绿色科技领域,旨在推动新能源领域国际技术交流,聚焦新能源领域未来合作与发展。近50名中澳双方项目代表、国内意向合作企业代表参加活动。浦口高新区从交通优势、教育配套、产业生态、载体配套、科创氛围、国际合作成果等方面介绍园区基本情况,围绕园区科技创新政策进行专题推介。项目代表通过“线上+线下”方式,从项目产品情况、项目优势、人才团队等方面展示科研项目,对接投融资需求。

(何洪玲)

【南京市集成电路校地融合发展大会】 11月18日在浦口高新区举办。中国科学院院士郑有炓,中国工程院院士罗毅,工业和信息化部人才交流中心、省市区相关领导,有关高校和协会领导,以及各地集成电路企业代表等参加。浦口区被授予紫金山产才融合(集成电路)示范基地、浦口区校地联合人才培育中心称号。中国半导体行业协会集成电路分会人才储备基地、江苏省集成电路学会封测专委会、南京市集成电路封测人才培养共同体揭牌。南京邮电大学与南京鼎华智能系统有限公司等8家企业签署产学研合作协议。全国首家针对集成电路领域成果交易的专业平台——“芯成果”集成电路成果交易平台上线,提供“成果交易+”芯片服务、人才服务、法律服务、金融服务,为企业和院校、科研院所搭建高度信息化的桥梁。南京集成电路校地融合联盟由清华大学、南京大学、东南大学、南京邮电大学、国家芯火平台(南京)、国家芯火平台(合肥)、国家芯火平台(杭州)、江苏省产业技术研究院、浦口区政府等联合发起成立,旨在为开展有组织的科学研究、定制化人才培养、多元化集成电路公共服务提供载体。

(区融媒体中心)

·文稿编辑　袁　铭·

教　　育

综　　述

【概况】 2023年,开办南京市中华中学浦口雨山小学、南京市中华中学浦口雨山中学、南京晓庄学院新浦实验幼儿园、南京市浦口区新城实验幼儿园。浦口区有各级各类学校87所,其中幼儿园43所(另有办园点3个)、小学21所、初中11所、九年一贯制学校6所(南京市浦口区实验学校、南京市浦口区永宁学校、南京市浦口区乌江学校、南京市金陵中学浦口分校、南京审计大学实验学校、南京苏杰学校)、12年一贯制学校2所(南京汉开书院学校、南京书人实验学校)、普通高中1所、中职类学校2所、特殊教育学校1所。教师发展中心1个,街道成人教育中心校5所。幼儿教育集团3个,小学教育集团7个,初中教育集团6个,综合教育集团1个。

全区各级各类学校有教职工5924人,其中全国教书育人楷模1人、全国"五一劳动奖章"获得者1人、全国优秀教师3人、省特级教师11人、省优秀教育工作者6人、省教学名师5人、市"陶行知奖"6人、市"斯霞奖"10人、市学科带头人65人、市优秀青年教师87人、区学科带头人283人、区优秀青年教师211人。在校学生53462人,其中幼儿园12125人、小学24807人、初中8402人、高中4697人、中职3321人、特殊教育学校110人。

浦口区被认定为江苏省义务教育优质均衡发展县(市、区)、江苏省2022年度职业教育改革发展成效明显的地区。产教融合工作获省政府督查激励。区教育局被市委、市政府授予"争当表率、争做示范、走在前列"三大光荣使命先进集体称号。

【教育设施设备建设】 全区实施学校类重点工程A类项目12个,包括新建高中1所、中等职业学校1所、中小学4所、幼儿园5所,改扩建项目1个,计划总投资32.62亿元。南京浦口中等专业学校综合体、城南九年一贯制学校开工建设,完成北花园中小学、汤泉幼儿园、立新路幼儿园、狮山路小学建设,推进园特路幼儿园等6个项目建设。实施各类小型维修改造项目41个,维修改造面积5万余平方米,总投资约5000万元。南京市浦口区实验学校、南京市浦口区龙山小学、南京市浦口区永宁学校实施运动场地标准化改造出新,南京市浦口区永宁小学等3所学校实施食堂改造,南京市浦口区新世纪小学等3所学校实施外墙出新,南京市浦口区特殊教育学校等5所学校实施电路改造,南京市浦口区第三中学等4所学校完成消险改造,完成南京市浦口区高旺小学厕所提升工程以及部分学校零星维修工程。南京市浦口区石桥中学获2023年南京市园林式校园称号。

【教师队伍建设】 新增教师228人。其中,公开招聘备案制教师160人(小学教师109人、教办园备案教师19人、街道幼儿园备案教师32人),公开招聘编制内教师42人(中小学20人、高中12人、中职10人),招聘乡村定向师范生16人,公开招聘高层次教师9人,公开招聘名园长1人。以集团化办学为载体,探索城乡教师交流机制,义务教育学校中小学教师(校长)流动255人,流动比例27.57%。在交流的中小学教师(校长)中骨干教师68人,占比26.67%。其中,城市学校之间交流114人,城乡学校之间交流103人,乡村学校之间交流38人。刘晓宁获省级教师培训先进个人称号,孙龙周、葛东升获江苏省教学名师称号,杨瑞清被评为“最美南京教师”,余晓燕获评南京市教学创新团队领衔人,赵瑞生获评第八批南京市名师工作室主持人,郑艾春被推选为南京市优秀青年教师培育计划第二批培育对象。获评南京市优秀教育工作者6人、第十一届南京市优秀青年教师12人、第四届南京市德育工作带头人9人。评选表彰第四届浦口区德育优秀青年教师20人、浦口区优秀教育工作者120人。南京市浦口区江浦实验小学在第三批省级教师发展示范基地校终期考核中获优秀学校称号,浦口区乡村骨干班主任培育站被市教育局评为市级优秀培育站,浦口区教师发展中心被评为市教师培训工作先进单位、市职初教师培训与考核优秀组织单位。

【教育教学质量提升】 完成市对区政府2022年度履行教育职责考评工作,反馈问题得到有效整改。浦口区被认定为江苏省义务教育优质均衡发展县(市、区),2023年省级义务教育优质均衡监测达标率96.9%。出台《南京市浦口区创建全国义务教育优质均衡发展区实施方案》,成立创建工作领导小组,启动2024年全国义务教育优质均衡发展区创建工作。南京市浦口区实验幼儿园第一分园创成市级课程游戏化项目园,普惠性幼儿园就读幼儿占比92.78%。义务教育巩固率100%。江苏省江浦高级中学获2023年度南京市普通高中教育发展性评估8个奖项,36人被211以上高校录取。南京浦口中等专业学校202名学生被江苏省全日制本科院校录取,该校被立项为省优秀中等职业学校建设单位,产教融合工作获省政府督查激励。依托省教研室、江苏第二师范学院、南京晓庄学院教育资源,优化教师队伍建设,加快实施“学有优教”行动。在研省级课题38项、市区级课题378项、市级前瞻性教学改革实验项目9项,省市规划课题公办中小学覆盖率100%。4项省规划(教研)课题、30项市规划(教研)课题结题,54项南京市第十二期个人课题通过结题鉴定。3项基础教育前瞻性教学改革实验项目市级立项。6项成果获市第三届教育科研成果创新奖。在2023年度南京市优秀教育案例叙事和论文评比活动中,361篇文章获奖。浦口区行知小学《大情怀育人:扎根乡村40年的行知教育实验》项目获教育部第三届国家级教学成果奖特等奖,成立江苏省行知教育实验研究所,召开首届浦口行知教育高质量发展大会,发挥行知教育实验成果的示范引领作用。

【特色教育】 打造花样跳绳、武术、乒乓球等特色项目,推进书法、绘画、合唱、小器乐等艺术项目发展,开展体育、艺术、科技、国防等竞赛项目和特色活动。江苏省江浦高级中学获全国花样跳绳比赛团体一等奖,南京市浦口区桥林小学获省级花样跳绳比赛团体一等奖。在江苏省第七届艺术体操比赛中获金牌1枚、银牌3枚。在南京市青少年阳光体育节篮球、田径、乒乓球、武术比赛中获一等奖9个。校园足球获“省长杯”冠军、“市长杯”冠军,9所学校申报全国足球特色学校。在2023年金钥匙竞赛中,3所学校被评为省青少年科技教育先进学校,2所学校获市优秀组织奖,191名学生获奖。在南京市纸飞机比赛中,10所学校获18个单项一等奖,6所学校被评为南京市“星光基地”特色学校。南京市浦口区第三中学挂牌全国国防

8月24日,召开首届浦口行知教育高质量发展大会

区教育局供图

教育示范学校，南京市浦口区江浦实验小学、南京审计大学实验学校申报全国国防教育示范学校。

【师德建设】 坚持师德师风第一标准，落实师德档案制度，将教师师德表现作为教师考核、聘用和评价的首要内容，实行师德失范“一票否决”。建立教职员工入职查询制度，对全系统各类在职员工进行准入审查。表彰第九届浦口区最美教师30人。江苏省江浦高级中学教师马莉获“南京教育好故事”征文比赛特等奖。在南京市第十六届师德先进评选中，江苏省江浦高级中学邹大博等7位教师获南京市师德先进个人称号，南京市浦口区凤凰幼儿园获南京市师德先进集体称号，区教育局在全市师德推进会上作经验交流。

【教育公共服务】 加大教育公共服务保障力度，构建优质均衡的基本公共服务体系，提升公共教育服务水平。完成各级各类学生资助工作，受益学生3044人，资助金额551万元。建立预算绩效管理体系，加强内部审计监管，做好资产管理和财务管理工作。全区学校全面开展课后服务，拨付专项经费2720.19万元。保障农村偏远地区学生上下学交通安全，区财政支出650余万元，维护47辆校车正常运行，惠及学生2000余人。

【教育对口支援与协作】 完成与滁州南谯、陕西镇安、新疆伊宁的教育对口帮扶工作和各项支教任务。派出支教教师9人，其中赴陕西支教4人、赴新疆支教5人。接待镇安跟岗教师9人、教育访问团50人。组织开展各类教育教学研讨活动20余场。

（刘超）

【被认定为江苏省义务教育优质均衡发展县（市、区）】 7月5日，浦口区被认定为江苏省义务教育优质均衡发展县（市、区）。近年来，浦口区成立教育资源保障领导小组，统筹协调全区教育资源保障工作，从体制机制上确保教育资源规划落实到位。加大经费投入力度，实现小学、初中生均一般公共预算教育支出“只增不减”。优化学校规划布局，加强教育公共资源配置。以“名校＋普校”“城市＋乡村”“总校＋分校”等模式组建小学教育集团7个、初中教育集团6个，实现义务教育集团化办学区域全覆盖。引进金陵中学、游府西街小学、南京一中、中华中学等名校，与南京师范大学、江苏第二师范学院、南京晓庄学院合作共建。区政府与市教育局、省教研室签订三方协议，实施《基于证据的区域义务教育质量提升工程》《基于证据的教学指导》省前瞻性教学改革试验项目。实施中小学“十百千”计划和名校、名师、名校长“三名”引培工程。

（区融媒体中心）

学前教育

【概况】 2023年，与南京晓庄学院联合创办南京晓庄学院浦口幼教集团，开办南京晓庄学院新浦实验幼儿园、南京市浦口区新城实验幼儿园。全区有幼儿园43所，其中公办园22所、民办园21所，有办园点3个。全区在园幼儿12125人，其中公办园就读幼儿6318人、民办惠民园就读幼儿4932人、民办非惠民园就读幼儿875人。南京市浦口区凤凰幼儿园第一分园创成江苏省优质园，南京市浦口区新城实验幼儿园、南京市育才东方幼儿园、南京市浦口区实验金穗幼儿园、南京市浦口区珠泉幼儿园创成南京市优质园。6所幼儿园通过江苏省优质园复审。全区累计有省、市优质园39所，省、市优质园在园幼儿就读占比95.64%。

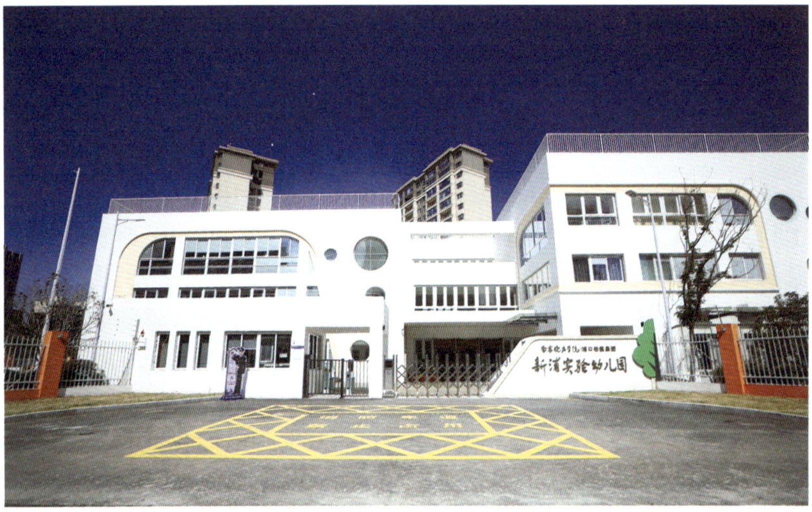

9月1日，南京晓庄学院新浦实验幼儿园开园　　郭悦摄

【浦口区实验幼儿园教育集团】2023年,南京市浦口区实验幼儿园获南京市劳动教育特色学校建设单位、浦口区行知教育实验示范学校、浦口区陶行知教育思想幼教联盟首批联盟单位成员、浦口区“大情怀”家庭教育教学体系首批试点学校称号。南京市浦口区实验幼儿园第一分园创成南京市标准化示范单元。南京市浦口区实验金穗幼儿园创成南京市优质园。南京市浦口区实验幼儿园集团获南京市幼儿基本体操暨少儿快乐体操比赛大、中、小班规定成套金奖,浦口区教育新闻宣传工作先进集体一等奖,浦口区优秀教师培训项目评选一等奖,浦口区第二届绘本阅读节儿童绘本剧展演一等奖。4名教师获南京市幼儿园教师基本功(优质教育活动)和浦口区幼儿园教师基本功一等奖,1名教师获“南京教育好故事”二等奖,2名教师获南京市信息素养提升实践活动二等奖,3名教师获浦口区信息化教学优质课比赛一、二等奖,2名教师获中华诵读写讲技能竞赛一、二等奖,多名教师在南京市及浦口区教研活动中汇报、展示、交流。集团17项集体课题在省、市、区级教科所立项,其中1项课题获得江苏省规划课题立项,2项课题获得南京市规划课题立项,1项江苏省教研课题结题,162篇论文在省、市、区级评比中获一、二、三等奖,6篇论文在国家级、省级刊物发表。集团承办南京市区域推进幼儿园课程游戏化项目观摩研讨现场会、南京市三区连片教研活动、浦口区课程游戏化第一共同体等教研观摩活动40余场。

【浦口区凤凰幼儿园教育集团】2023年,南京市浦口区凤凰幼儿园通过江苏省优质园复审,被评为江苏省第一批家校(园)共育数字化示范校(园)、南京市师德先进集体、南京市幼儿园卫生工作先进集体、浦口区推动“一三五六”总体发展布局先进集体、浦口区“大情怀育人”家庭教育教学体系首批试点学校、浦口区学科基地学校、浦口区校本研修工作先进单位。获2023年江苏省首届幼儿体育嘉年华(南京站)一、三等奖及优秀组织单位奖,获第八届南京市幼儿足球嘉年华活动三人四节制足球赛、足球技能赛、趣味团体赛等项目一、二等奖。南京市浦口区凤凰幼儿园第一分园创成江苏省优质园,获2023江苏省青少年阳光体育运动联赛暨江苏省第七届青少年体操节2项金奖和优秀组织单位奖。南京市浦口区凤凰幼儿园第二分园获“庆六一·童真里的色彩”2023年浦口区儿童画创作大赛优秀组织奖。南京市浦口区凤凰幼儿园集团获南京市幼儿基本体操暨少儿快乐体操比赛大、中、小班金奖4个、银奖2个。集团在研江苏省规划课题1项、江苏省陶行知教育学会课题1项、南京市规划课题3项、南京市党建规划课题1项、南京市前瞻性教学改革实验项目1项、浦口区规划课题7项、浦口区前瞻性项目2项。216人次在各类评比、竞赛中获奖,43项市、区级个人课题立项或结题,承担市、区级公开课、讲座58人次。1人被评为第四届南京市德育工作带头人,3人被评为浦口区优秀教育工作者,1人被评为第四届浦口区德育优秀青年教师,1人被评为浦口区最美教师。

【南京晓庄学院浦口幼教集团】2023年,浦口区与南京晓庄学院签订《深化学前教育专项合作协议》,联合创办南京晓庄学院浦口幼教集团,包含南京晓庄学院新浦实验幼儿园、南京市浦口区珠泉幼儿园、南京市浦口区汤泉街道中心幼儿园。南京市浦口区珠泉幼儿园以“润心养真”为核心理念,践行陶行知教育思想,坚持“大情怀育人”主张,创成南京市优质幼儿园、南京市节水型学校,被评为浦口区校本研修工作先进单位,获浦口区第二届绘本阅读节儿童绘本剧展演一等奖。2人在浦口区幼儿园教师基本功比赛中获一、二等奖,9人在市、区论文案例评选中获一、二、三等奖,1人获浦口区最美教师称号。1项市级规划课题在研,4项区级个人课题在研,1项市级个人课题结题,1项区级规划课题结题。南京市浦口区汤泉街道中心幼儿园遵循陶行知“生活即教育”教育理念,坚持“大情怀育人”主张,通过江苏省优质园复审,获浦口区校园足球特色学校(园)年度考核二等奖、浦口区第二届绘本阅读节儿童绘本剧展演二等奖。2人在第八届南京市幼儿园足球嘉年华吉尼斯个人挑战赛中获一等奖,2人在浦口区幼儿园教师基本功比赛中获一、二等奖,55人次在区论文案例评比中获一、二、三等奖,16人在浦口区校园足球教育教学、教育叙事等评比中获一、二等奖,8人在浦口区第十期个人课题中结题,2项浦口区教育科学“十四五”规划课题结题,2人被评为浦口区最美教师、浦口区优秀教育工作者。

【南京晓庄学院新浦实验幼儿园开园】 9月1日开园。总投资约4300万元，占地面积6783平方米，建筑面积7828平方米，设5轨15个班，招收幼儿75人。幼儿园以“大爱、奉献、求真、创造”为精神底色，以“生活即教育”为办园理念，以“教学做合一”为园训，以培养“健康、智慧、创造的儿童”为目标。（郭悦）

小学教育

【概况】 2023年，南京市中华中学浦口雨山小学开办。全区有小学21所、九年一贯制学校6所、12年一贯制学校2所。班级659个，学生24807人，专任教师1749人。依法保障入学权利，符合政策条件的外来务工随迁子女入学率100%，具有学习能力的残疾儿童少年义务教育入学率100%，义务教育巩固率100%。推进优质均衡发展，深化全域集团化办学，实现优质教育资源覆盖率100%。做好教育惠民实事，为2.4万余名小学生提供课后服务，社会满意度100%。

【浦口区实验学校教育集团】 浦口区实验学校教育集团以“理念共识、资源共享、优势互补、品牌共建”为办学宗旨。南京市浦口区实验学校（小学部）探索国学传承新路径，创新优秀传统文化与学科融合思路，达到学习国学、传承优秀文化、培育品德的育人目标。南京市浦口区实验学校海院路分校针对一、二年级学生特点，以“一个核心、两大策略、三种渠道、四个转变、五个结合”理念构建习惯养成的教育体系和运行机制。浦口区实验学校教育集团获江苏省青少年科技教育先进集体、南京市“金陵好课堂”首批实验学校、南京市中小学创新教育实验基地学校、南京市优秀少先大队集体、南京市艺术教育先进集体等称号，获全国中小学生金钥匙科技竞赛一等奖、江苏省中小学生实验操作大赛优秀组织奖、南京市青少年男子篮球比赛优胜奖、南京市德育课程评比二等奖。2人获南京市德育工作带头人称号，7人获浦口区学科带头人称号。在研省、市规划课题10项，立项个人课题40余项，发表论文30余篇。南京市浦口区乌江学校（小学部）获南京市学校卫生工作先进集体、南京市“双减”示范创建学校称号，获南京市红领巾集体争章三星章。

【江浦实验小学教育集团】 江浦实验小学教育集团市级课题结题8项，立项省级课题1项、市级课题4项。论文获奖207人次。教师竞赛获奖354人次。南京市浦口区江浦实验小学被评为2023年南京市劳动教育特色学校、南京市“双减”示范创建学校，获南京市第三届教育科研成果创新奖评选一等奖、2023年南京市中小学生机器人竞赛学校团体奖，在南京市首批“四有”好教师重点培育团队建设项目终期考核中获优秀。南京市浦口区江浦实验小学滨江分校入选2023年全国青少年校园足球特色学校，获第三十届江苏省青少年科技模型大赛团体一等奖、南京市“金陵好课堂”创新行动优秀实践经验一等奖、第六届南京市学校德育工作创新奖。南京市浦口区永宁小学获南京市阳光运动校园乒乓联赛团体一等奖，被评为南京市中小学科技创新“星光基地”特色学校、南京市中小学创新教育实验基地学校。南京市浦口区永宁小学车站分校获浦口区阳光体育田径比赛团体一等奖、浦口区学生书法比赛团体一等奖。南京市浦口区永宁学校（小学部）在浦口区第五届汉字文化节比赛中获一等奖。

【南京市浦口区行知小学】 2023年，《大情怀育人：扎根乡村40年的行知教育实验》项目获教育部第三届国家级教学成果奖特等奖。学校入选江苏省教科院首批“致敬教育家 践行新使命”教科研党建联盟单位，获南京市陶研工作先进集体称号。1项课题在2023南京市基础教育前瞻性教学改革实验项目中立项。行知陶娃足球队获江苏省青少年精英足球联赛U9组冠军、南京市2023年“市长杯”校园足球联赛男子乙组冠军。

【南京市中华中学浦口雨山小学开办】 9月开办。学校位于台北路北侧、北花园路西侧、卓溪路南侧，总建筑面积2.3万余平方米。年级3个，教学班26个，学生1100人，教师62人，其中市、区学科带头人、优秀青年教师、优秀班主任9人。营造智仁教育主题文化氛围，开设足球、昆曲、管乐、机器人、扎染等29个社团。

（张朝骞）

中学教育

【概况】 2023年，开办南京市中华中学浦口雨山中学，全区有初中11所、普通高中1所(含江苏省江浦高级中学文昌校区)、九年一贯制学校6所、12年一贯制学校2所。班级328个,学生13099人,专任教师1432人。南京市浦口区实验学校、南京市金陵中学浦口分校立项南京市第十一批推进素质教育示范初中,南京市浦口区第四中学和南京市浦口区永宁学校、南京市第五十中学和南京市浦口区行知中学立项南京市挂钩结对帮扶学校。南京市浦口区星甸中学、江苏省江浦高级中学申报市级大数据背景下的精准教学保障项目。在南京城乡初中一体化发展联盟和薄弱初中教研联盟项目中,南京市浦口区星甸中学、南京市浦口区石桥中学分别和南京市第九初级中学、南京市科利华中学结对,提升两校整体办学水平。南京市金陵中学浦口分校《人工智能 嵌入式科技+课程》科技创新发展项目、南京市浦口区乌江学校《基于实践的新时代劳动教育课程建设》特色课程创设项目、南京市浦口区大桥中学《指向红色品格塑造的“三真”育人文化建设》特色文化建设项目、南京市浦口区实验学校《红色基因涵育青少年学生成长的校本文化实践研究》前瞻性教学改革实验项目立项。初中学校落实《浦口区关于深入推进义务教育集团化办学的实施方案》,以“名校+普校”“城市+乡村”“总校+分校”等模式统筹城乡教育发展,推进9项行动计划,提升育人质量,以传承陶行知教育思想、推行“大情怀育人”主张推动浦口教育高质量发展。

【江苏省江浦高级中学】 2023年,学校开展南京市普通高中新课程新教材实施示范校建设,申报实施高品质示范高中市级创建培育学校项目,申报高品质特色高中,通过四星级高中复审。高考参加考试630人,特殊类(一本)达线294人,达线率46.67%,市指标完成率459.4%;纯文化本科达线547人,市指标完成率148.2%;600分以上36人,640分以上3人。学校获2023年度南京市普通高中教育发展性评估规范办学奖、素质教育奖、内涵发展奖、质量优秀奖、突出贡献奖、推进发展奖、民族教育奖、教学管理奖。徐爱勇入选2023年南京市教学名师,徐幼晴获第十一届南京市优秀青年教师称号,颜祯、杨梅、张翠、朱静获2022—2023学年度南京市普通高中教育先进个人称号,李淑娟、朱会芳、韩红、陈霞、胡秋菊获2022—2023学年度南京市普通高中教学先进个人称号。

【南京中华中学浦口雨山中学开办】 9月开办。学校位于台北路北侧、北花园路西侧、卓溪路南侧,总建筑面积约3万平方米。设8轨24班,学生243人,教师22人。依托南京市中华中学江苏省批判性思维课程基地、江苏省生命·生活·生态·生物课程基地、江苏省哲学践行课程基地、江苏省儒雅少年教育课程基地4个省级课程基地资源,与南京市博物院开展“观文物展览 与时空对话”馆校合作社团课程、古诗词吟诵课程、初中生生涯规则课程、家校共育课程、劳动教育课程基地建设(药用植物园),打造现代化精品课程,构建以学生全面成长为核心的特色文化体系。

(张朝骞)

特殊教育

【概况】 2023年,完善区域普通学校融合教育资源中心布局,形成以融合教育学校为主体、以特殊教育学校为骨干、以送教上门为补充的融合发展新格局。建设普通学校融合教育资源中心20个,完成在每个街道布点1所幼儿园、小学、中学融合教育资源中心建设任务,培育江苏省融合教育示范学校培育对象4所、南京市融合教育示范学校3所、南京市随班就读实验学校8所,培养兼职巡回指导教师16人、持双证的特教专职资源教师30人。健全送教上门工作制度,南京市浦口区特殊教育学校“小水滴”志愿服务队为10名极重度不能到校上学的残疾儿童提供送教(康)上门服务,保障各类残疾学生公平接受教育的权利。浦口区适龄残疾儿童入学率100%。

【南京市浦口区特殊教育学校】 2023年,在编教职工35人,其中专任教师27人。全国“特教园丁奖”获得者1人,市“斯霞奖”获得者1人,区德育及学科带头人、区优秀青年教师14人。设学前教育、义务教育、职业教育3个学段12个班级,招收智力残疾、精神残疾、多重残疾等类别适龄儿童、少年,在校及送教上门学生110人。学校与南京特殊教育师范学院合作,开展脑瘫学生康复训练、培智学校课堂教学改革实践、融合教育巡回指导,形成“3L”课堂教学创新模式。张琳、芮代琴、赵敏3名巡回指导教师连续四年作为市教研室特教学科中心组核心成员，参加《普通学校特殊需要学生课程评估工具》研制工作，该项工作打破江苏省在融合教育课程评估上的空白。张琳、芮代琴为市内各区以及苏州、无锡、张家港、佛山、长沙、成都等地特教、普教教师开展融合教育课程评估专题培训。张琳被市教育局确定为新时代特殊教育名师培养对象，郭玲玲获市融合教育最美教师称号，施冠宇在市特殊教育优质课比赛中获一等奖，施冠宇、王莹在市特殊教育基本功大赛中获一、二等奖。1个"金陵好课堂"创新行动专项课题立项。承办南京市第一届融合教育运动会和"汇聚多方力量，共绘美好未来"助残关爱主题活动。 （张朝骞）

职业教育

【概况】 2023年，南京浦口中等专业学校占地面积21.94万平方米。全日制大中专在籍生3544人，在编教职工289人，备案制教师10人，专任教师276人，其中硕士以上学历106人，高级职称126人。省苏教名家培育对象1人，省特级教师2人，省职业教育领军人才4人，省"333"高层次人才培养工程1人，省教学名师2人，正高级讲师5人。省级创新教学团队和名师工作室4个，南京市名师工作室5个。承办南京职业教育高质量发展论坛暨年度工作会议、"中国银行杯"全国职业院校技能大赛江苏省遴选赛中职文化艺术类美术造型项目。完成江苏省五年制高等职业教育办学单位人才培养工作水平评估现场考察。

【教学科研】 落实《国家职业教育改革实施方案》，推进多层次办学，实施现代职教体系贯通培养。职教高考本科达线率80.3%，位居南京市第一位；五年一贯制专转本本科达线57人，转本率72.2%；22人通过"3+4"转段升入南京晓庄学院就读，转段率100%。实施"123"人才培养工程，加强"双师型"队伍建设。机电教学团队获批省职教教学创新团队，江苏省职业教育吕桃电气控制技术名师工作室、南京市职业学校余晓燕旅游管理名师工作室通过市级考核验收。获江苏联院第九届教学成果奖二等奖2个、南京市职业院校课程思政教学案例比赛评比二等奖1个。教师获全国职业院校技能大赛教学能力比赛二等奖1个，获江苏省职业院校技能大赛教学能力比赛二等奖2个、三等奖5个。获全国职业院校技能大赛中等职业学校班主任能力比赛二等奖1个、江苏省职业院校技能大赛中等职业学校班主任能力比赛一等奖1个、南京市职业院校技能大赛中等职业学校班主任能力比赛一等奖1个。获省文明风采大赛最佳作品2个。党建作品《立德树人"三融入"，匠心致远铸优品》入选第四届"我们的声音上太空"航天科普公益活动。学校在2023年度江苏省职业院校技能大赛中获金牌6枚、银牌3枚、铜牌7枚，获江苏省职业学校"省长杯"校园足球联赛冠军、江苏省职业院校创新创业大赛三等奖、南京市高中生劳动技能竞赛团体一等奖、南京市中小学无线电测向与定向比赛高中组团体一等奖。立项省教育科学规划课题1项、市教育科学规划课题2项、高职课程思政示范课程1项，在研区级以上集体课题30多项，省职教学会课题结题，参与教材编写16人次。

【学科建设】 实施全产业链跨专业融合优质工程，将专业建在区域经济发展核心产业链上，数控技术应用专业被认定为江苏省中等职业学校第二批优质专业。对接区域需求建设专业，五年制高职增加展示艺术专业，集成电路技术专业群创成江苏联合职业技术学院第二批五年制高职高水平专业群立项建设单位，智能制造学院获批第四批南京市公共职业体验中心。

【合作共建】 学校以教促产、产教融合，深化校企合作，新增南京大吉集团等8家合作企业，与南京依维柯汽车有限公司开展现代学徒制试点，全市毕业生就业质量电话调查样本有效率100%。响应宁滁一体化建设、东西部"组团式"帮扶工作，与陕西镇安、新疆伊犁职业院校建立帮扶关系，推进浦口—南谯跨界一体化发展示范区建设，发挥余晓燕跨业融合名师工作室镇安分站辐射功能，助力帮扶学校在技能大赛、教学大赛中斩获荣誉。推广"生利主义"行知教育思想，接待四川、江西、湖北、河南、内蒙古等省（自治区）学校调研学习。

（戎家贵）

普通高等教育

【南京审计大学】 2023年，学校有浦口、莫愁2个校区，占地面积120万平方米，中共审计署党校、审计署审计干部教育学院位于浦口校区。全日制在校本科生、研究生、留学生1.8万余人。专任教师1200余人,其中正高职称200余人,博士学位760余人。

学校构建以审计为品牌、经管法工文理等学科相互支撑、协同发展的学科专业体系。统计学博士后科研流动站获批,是学校办学40年来获批的第一个博士后科研流动站。有博士学位授权一级学科1个(统计学)、硕士学位授权一级学科8个(工商管理学、理论经济学、应用经济学、法学、统计学、计算机科学与技术、管理科学与工程、公共管理学)、硕士专业学位类别13个(审计、会计、金融、工商管理、国际商务、法律、应用统计、电子信息、税务、保险、国际中文教育、公共管理、工程管理)。拥有江苏高校优势学科3个(工商管理学、应用经济学、统计学)、江苏省重点学科6个(统计学、理论经济学、法学、计算机科学与技术、公共管理学、马克思主义理论)。连续三年在省研究生教育工作综合评价中获评A等。

设政府审计学院、会计学院等20个学院(教学部),有中内审学院、中审学院、经济与金融研究院等5个特色研究院,设立润园、泽园、澄园、沁园4个书院,实行书院和学院"双院制"育人模式。金融审计专业获批,是全国首个获批的金融审计专业,软件工程专业获批省级卓越工程师教育培养计划2.0专业建设点,会计学、财政学、宏观经济学等7门课程入选第二批国家级一流本科课程,会计学、信用管理2个专业获批省级产教融合型品牌专业建设点,7门学科上榜2023软科中国最好学科。有本科专业38个,其中国家级一流本科专业建设点18个、省级一流专业建设点11个、教育部特色专业建设点3个、教育部专业综合改革试点项目2个、江苏省"十二五"重点专业(类)5个、江苏高校品牌专业3个、江苏省特色专业5个。建有国家级一流本科课程14门、国家级课程思政示范课程1门、国家级虚拟教研室1个。有国家级教学团队1个、国家级课程思政教学名师8人、国家级课程思政教学团队1个、江苏省高校"青蓝工程"优秀教学团队5个。

南京审计大学　　南京审计大学供图

建有江苏省高校哲学社会科学研究基地6个、省级重点实验室4个、江苏省工程研究中心2个。建有北海审计研究院、淮安研究院、粤港澳大湾区审计研究院等校地联合研究院。主办的《审计与经济研究》为CSSCI来源期刊、全国高校社科名刊,《南京审计大学学报》为CSSCI来源期刊(扩展版)、全国高校社科精品期刊。获国家杰出青年科学基金项目、国家社科基金重大项目、国家自然科学基金专项项目各1个,获江苏省第十七届哲学社会科学优秀成果奖18个。教师邱月获第三届全国高校教师教学创新大赛基础课程副高组一等奖。冯彩团队主讲的课程《国际金融学》、王艳丽团队主讲的课程《经济法概论》分获第五届全国高校混合式教学设计创新大赛二等奖、三等奖以及"设计之星"称号,李曼团队主讲的课程《内部审计学》获优胜奖。在第七届高校社科学术期刊质量检查与评估活动中,《审计与经济研究》获评全国高校权威社科期刊,《南京审计大学学报》获评全国高校优秀社科期刊,《南京审计大学学报》"会计与审计"栏目获"特色栏目奖",《南京审计大学学报》首次入选AMI核心期刊。举办首届中国审计学术年会、粤港澳大湾区审计高质量发展研讨会、2023年国际内部审计研讨会暨崇实大讲堂（第七期）、第十一届中国投资学年会暨投资学科建设研讨会、全国工程审计2023年年会暨第六届工程审计理论与实务研讨会等会议。参与编制国家标准GB/T42584—2023《信息化项目综合绩效评估规范》，这是信息化综合绩效评估领域的首项国家标准，学校获中国软件行业协会"标准研制杰出贡献奖"。

学生获第六届"攻守道"全国大学生企业模拟经营挑战赛全国总决赛冠军。获2023年全国高校商业精英挑战赛品牌策划竞赛全国总决赛暨（新加坡）全球品牌策划大赛中国地区选拔赛一等奖4个、二等奖7个、三等奖1个。获2023"高教社杯"全国大学生数学建模竞赛全国一等奖1个，江苏省一等奖3个、二等奖6个、三等奖6个。3支队伍获第六届"福思特杯"全国大学生审计精英挑战赛决赛全国特等奖。

江苏省现代智能审计产教融合基地入选省级产教融合重点基地建设点。与江北新区、浦口区、扬子国投签订校地企共建合作协议。与省审计厅签署战略合作协议。举行浦口区社会心理服务体系建设合作项目签约暨"健康心理 健康生活"社会心理服务系列活动启动仪式、南京市—南京审计大学校地合作座谈会。智利共和国审计长豪尔赫·贝穆德斯到访并受聘为荣誉教授，老挝审计署审计长万塔维松·特帕占到访并发表演讲，坦桑尼亚联合共和国审计署审计长查尔斯·基歇尔一行6人到访并发表演讲。中法国际联合审计学院硕士项目获教育部批准并招生。南京审计大学国际组织后备经济/金融审计人才硕士培养项目获批立项。选派7人次参加联合国审计任务，3人获审计署通报表扬。推荐学生参加团中央中国青年志愿者海外服务计划——服务联合国机构项目。（袁珍）

【江苏卫生健康职业学院】
2023年，学校有专兼职教师700余人。全日制在校学生1.1万余人，成人教育学生2000余人。设有马克思主义学院、公共卫生管理学院、护理学院、临床医学院、药学院、中西医结合学院（康复学院）、公共基础部（综合素质部、国际合作与交流办公室）、体育部8个教学单位，开设临床医学、中医学、预防医学、针灸推拿、护理、助产、药学等20多个专业。其中，护理、药学专业与徐州医科大学开展"3+2"高职本科分段培养项目；临床医学、中医学、针灸推拿、预防医学、医学影像技术5个专业定向医学生免费培养计划达420人；新增婴幼儿托育服务与管理专业，招生40人；康复治疗技术专业为全国职业院校养老服务类示范专业、江苏省高校品牌专业；助产、护理、药学、卫生信息管理专业为江苏省高水平高等职业教育骨干专业；康复治疗技术、药学、护理、卫生信息管理（医院病案管理）为省级示范性高职院校重点建设专业；医学影像技术、医学检验技术、医学美容技术、医学营养、中药学为校级特色专业；中医学、康复治疗技术专业群为江苏省高水平专业群。入选"十四五"职业教育国家规划教材4部，获全国职业技能大赛二等奖1个，3个案例入选教育部数字化赋能教育信息化建设与应用典型案例、"双师型"教师队伍建设典型工作案例、全国卫生健康思想政治工作特色品牌优秀案例，《中国肿瘤外科杂志》第六次入选中国科技核心期刊目录。获省职业技能大赛一等奖2个。药学专业教学资源库获批省级立项。获评首批全国健康学校建设单位、江苏省工程研究中心、江苏省知识产权信息公共服务平台、江苏省"大思政课"实践教学基地、江苏教育新闻宣传工作优秀单位、江苏省教育信息工作表扬单位等，获批省

江苏卫生健康职业学院　　江苏卫生健康职业学院供图

级产教融合实践中心,牵头成立医疗器械行业产教融合共同体。

(武家磊　华娟)

社会教育

【概况】　2023年,全区职业技能培训8.36万人次,市农科教讲师团专题培训1517人次,城乡居民参与社区教育活动33.2万人。雨山讲堂、龙华学堂、贤爱堂、清泉课堂、诗歌大讲堂等市级社区教育品牌项目开讲。投入资金10万元,实施社区教育内涵建设。社区学院做精做优市级老年开放大学特色课程《茶道与茶艺》。江浦街道实施"共享学堂"老年教育系列课程,摄制微课《跟着熊老师学做手工》,获南京市社区教育品牌课程评选二等奖。《"永宁虾学堂"助力乡村振兴》获评2023年度南京市成人(社区)教育创新案例一等奖。永宁街道社区教育中心编写《文化人　中华经典国学知识学堂》,通过网络平台宣传国学知识。永宁虾学堂项目被评为2023年南京市社区教育品牌项目、江苏省终身学习品牌项目,巧育西甜瓜项目获评2023年南京市教育服务乡村振兴战略实施优秀项目,茶山会项目被认定为南京老年开放大学特色课程。浦口社区学院龙华学堂、江浦成教中心共享学堂开展老年人运用智能技术培训及舞蹈、书画、烘焙、健康养生等教育活动。建立市级老年教育社区教学点服务联系站3个,老年教育活动参与人数1.89万人次。

【浦口开放大学】　3月,南京市广播电视大学浦口分校更名为浦口开放大学。2023年,有南京城市职业学院全日制五年大专班12个,在籍学生373人;国家开放大学成人本科、专科在籍学员580人;奥鹏远程教育本科、专科在籍学员38人。教职工35人。全日制学生获中职助学金32人、国家助学金33人、励志奖学金5人;开放成人学员获国家开放大学奖学金5人、南京开放大学网上教学"学习标兵"3人。就业率、协议率均为100%,在南京城市职业学院系统排名第一。获系统内招生工作先进单位、教学管理先进单位称号。获南京市青少年阳光体育节排球比赛女子组一等奖、男子组二等奖,2023上海虹桥站暑运志愿者活动最佳组织奖,"唱响校园　逐梦未来"浦口区中学生合唱比赛一等奖。

(戎家贵)

【浦口区老年大学】　2023年,浦口区老年大学挂牌成立金陵老年大学浦口分校,通过江苏省老年大学协会复审,获江苏省示范老年大学称号。江浦新校区基本建成。开设课程23门,教学班级44个。在校学员春季学期903人、1298人次,秋季学期1000人、1422人次。完成课堂教学1295课时。成立临时党支部,深化思想政治教育,开设"课前五分钟"宣讲,组织学习宣传党的二十大精神,开展文明校园教育。举办"快乐运动、展示风采"首届校园运动展示会,400多名学员参加。举办学员书画校园展,展出作品109幅。《大力发展校园文化,努力构建文化校园》获全省优秀论文奖。　(叶维娜)

·文稿编辑　袁　铭·

文 化

公共文化

【概况】 2023年，浦口区建有图书馆、文化馆2个国家一级馆，街道文体站5个，村（社区）综合文化服务中心76个，江苏省最美公共文化空间6个，24小时自助图书馆8个，馆外流通服务点28个，无界阅读点位104个，少儿图书室5个。提档升级星甸街道高庙村和永宁街道友联村、大埝社区3家综合文化服务中心。举办各类惠民演出、展览展示、艺术培训近1000场。举办“阅见浦口”“艺悦浦口”“文化赋能·乡村振兴”等文化惠民活动。送图书7000册。浦口区入选江苏省第四批书香城市建设示范市（县、城区）。区文化馆、南京青花瓷陶艺活动中心入选2023年江苏省最美公共文化空间。 （梅秋实）

【文化馆】 推进公共文化服务均等化、群众文艺精品创作、文化活动品牌打造和数字文化服务。打造“艺悦浦口”惠民演出主题品牌，开展“剧梦仲夏”“汇梦梨园”“音你而乐”“乐享文旅”四大子系列演出活动200余场，服务60万人次。组织“文化赋能 乡村振兴”系列品牌活动，开展惠民演出进社区100场，服务群众30万人次。开展“送戏下乡”“月半剧场”活动40余场，服务群众6万人次。参与老山国际文化旅游节、浦口马拉松、浦口诗歌大会、首届老山音乐节，打造全市首个以文化馆为载体的沉浸式体验非遗馆。在第二届南京市公共文化“星辰奖”评比中，舞台艺术类8件作品获奖，其中舞蹈作品《风骨墨缘》获全市第一；美术摄影类及公共文化服务理论调研成果7件作品获奖。提升综合文化建设水平，改造非遗馆及非遗研习社，新增市级非遗项目4个、省级非遗项目1个。 （夏天）

【图书馆】 区图书馆新增分馆2个、24小时自助图书馆1个、无界阅读点5个，提档升级村（社区）综合文化服务中心3个。举办读者活动307场，其中线下活动124场，服务读者79万人次，接待读者咨询1.35万余条，新发展读者3009人，网借发展读者3.8万人，持证读者19.46万人次。书刊外借17万册次11.33万人次，网借9664册次。送书下乡7000册，涵盖23个村（社区）。微信公众号推文245篇，新增订阅6111人，累计订阅2.3万人，浏览量14.8万余次，回复读者网络咨询802条，发布抖音短视频54个，点击量2.16万次。 （区图书馆）

【求雨山文化名人纪念馆】 举办线下展览7场，开展“雨山研学”公教研学活动26场、馆际间文化交流活动3场。林散之书画作品常设展入选第四届“见微知著——24+城市微展”，浦口文旅生活小店获“南京特色文旅商店”授牌。策划出版《沙公临古》《高二适书法作品集》。征集书法作品171件，其中胡小石作品1件。接待游客45万余人次、团体100余批。被市委宣传部授予南京市科学普及基地铜牌。 （滕秋菊）

【十大文化空间打造】 扩大文化供给覆盖面，打造首批浦口十大文化空间，分别是不老居民俗文化体验馆、江北虹悦城、南京浦口开发区丝兰湖服务中心、青花瓷陶艺活动中心、求雨山文化名人纪念馆、水墨大埝旅游区、星甸街道洛庄湿地公园、行者在野汤泉露营基地、“一家墨店”、永宁青山渔村。开展文化活动50场，优化城乡公共文化服务体系。

（夏天）

【“春风伴读 阅见浦口”——浦口区首届读者节】 4月8—9日在凤凰山公园举办。活动由区文化和旅游局、浦口文旅集团主办，区图书馆承办，以“阅见”品牌为纽带，分为“阅·好看”“阅·好玩”“阅·好逛”“阅·好吃”4个部分，展示浦口“阅读+旅游”文化魅力。开幕式上，表彰优秀读者代表10人，为“阅见”系列活动之浦口区风筝绘制大赛表现突出的4家优秀组织者颁奖。读者节涵盖10个环节、14项活动、60家市集，开展风筝展览、手工绘画、书香市集、好书荐读、捐书抽奖、精致露营等活动。（王岩）

4月8—9日，“春风伴读 阅见浦口”——浦口区首届读者节在凤凰山公园举办　　滕宏飞摄

【石窑社区“农家书屋”入选全国最美“农家书屋”】 4月23日，在第二届全民阅读大会阅读与乡村振兴论坛暨2023“新时代乡村阅读季”启动仪式上，星甸街道石窑社区“农家书屋”（夏桥书房）入选全国最美“农家书屋”。夏桥书房于2017年建成，面积300平方米，有图书1万册。书房建成综合性服务平台，推出“七彩课堂”项目，打造党员服务站、联勤服务站、志愿服务基地、电商服务站、邻里服务站、居民学堂、村史馆、乡贤议事会“八位一体”志愿服务模式，满足居民文化需求。为留守儿童开展活动250余场，受益儿童4000余人次。为空巢老人提供免费检测血压和血糖、理疗、健康咨询等服务500余场，受益群众1万余人次。为近200名社区居民提供金融知识普及讲座、疫苗接种宣传、预防春季流行病知识宣传、推拿等志愿服务。举办线上学习交流活动，定期向居民推荐阅读及志愿服务活动信息，提供书画班、兴趣班、看电影等综合服务。链接高校资源，推动“圆梦课堂”建设，服务留守儿童、农民工子女等青少年群体。（区融媒体中心）

文学艺术

【概况】 2023年，区文联坚持“引领、联络、服务”工作导向，打造新时代浦口文艺高地，“艺术点亮乡村”文化品牌被市文联评为优秀创新奖。打造“书法之乡”品牌，联合《江南时报》、区书法家协会开展“我们的中国梦 文化进万家”活动。深化市、区文联“墨韵浦口”共建项目，联合举办南京市书法高级研修班2期，培训书法爱好者150人。扩大对外文化交流，区文联和北京市通州区文联联合举办“时尚经典·书画名家邀请展”。邀请省、市著名作家、诗人，举办“诗人走进浦口·诗歌赋能乡村”主题创作采风活动。在市级以上报纸、期刊发表作品220件。声乐《看见》《青山不老》、舞蹈《风骨墨缘》、曲艺《你快乐吗》、戏剧《断情》《超越 穿越》、合唱《这世界那么多人》、广场舞《散书墨韵》、美术《都市建设者的身影》《老山绿旅途》《大壑云起》、摄影《五桥彩虹》《送秧苗》《雪染珍珠泉》、公共文化服务理论调研成果《聚焦文化高质量发展打造书法文化新高地》获第二届南京市公共文化“星辰奖”，其中舞蹈作品《风骨墨缘》获全市第一。

（陈思　夏天）

【“雨山问道——张志耀书法展”】 2月24日至3月2日在求雨山文化名人纪念馆举办。展览由浦口文旅集团主办，求雨山文化名人纪念馆承办，南京浦口林散之艺术研究会协办，展出张志耀近年创作的书法、篆刻作品

85件，涵盖立轴、中堂、横幅、扇面、手卷等。

（求雨山文化名人纪念馆）

【“诗人走进浦口·诗歌赋能乡村”主题创作采风活动】 3月22日举办。省作协副主席、《扬子江诗刊》主编胡弦，南京大学文学院教授傅元峰，诗人、小说家黄梵，《雨花》杂志副主编育邦等出席，浦口区诗人和作家代表20多人参加活动。采风团一行到响堂村、四方当代艺术湖区、不老村、老山国家森林公园和水墨大埝等地采风走访，创作诗词、散文120篇，在《青春》杂志创作特刊刊发。（陈思）

【“爱如母——纪念萧娴先生诞辰120周年弟子书法展”】 4月1—8日在求雨山文化名人纪念馆举办。展览由区文联、区文化和旅游局、浦口文旅集团主办，求雨山文化名人纪念馆承办，南京浦口林散之艺术研究会协办，展出萧娴弟子等书法作品109件。

【“高山仰止——纪念高二适诞辰120周年书法展”】 6月3—24日在江苏省美术馆举办。展览由中国美术馆、中国书法家协会、省委宣传部、省文化和旅游厅、省文联、市委宣传部主办，区委、区政府、江苏省美术馆承办，求雨山文化名人纪念馆执行承办，展出高二适古帖临作、手札批注、交游书信等代表性作品近160件。设“适吾所适”“入古出新”“文人风骨”3个篇章，展示高二适在艺术研究、文学造化、文士交游方面的发展脉络，呈现他精湛的书道技艺和高尚的德艺精神。

（求雨山文化名人纪念馆）

【“浦口有诗意”首届诗歌大会】 9月23日在凤凰山公园举办。省作协、市文化和旅游局、区四套班子主要领导以及专家学者、驻区高校代表、文学爱好者等参加。诗歌大会以“凤凰台上望明月”为主题，开展诗歌文化讲座、诗歌晚会和国风表演三大沉浸式文化体验。发布“浦口自有诗意”视频，授牌“一家墨店”等浦口十大文化空间，启动全国“散之杯”青少年书法大赛。14位国风达人带领游客进入游园模式，演出新民乐、黄梅戏等节目，近千架无人机现场表演，满足市民文化需求。

（王岩）

【“翰墨冬韵绘浦口”全国篆书书法作品展】 12月7日至2024年1月4日在凤凰山公园凤凰阁举办。展览由南京财经大学中国书画艺术研究所、区文联、区文化和旅游局、浦口文旅集团主办，区图书馆、凤凰山公园、南京承晋书院承办，入展作者代表、区书协和区青书协代表、书法爱好者100多人参加启动仪式。展出全国篆书名家、中国书法家协会理事、省书法家协会副主席仇高驰以及九省一市77位书法家作品106幅，集中呈现浦口冬韵之美主题。

（朱聚敏）

文化遗产

【概况】 2023年，开展各类文物场所及文博场馆专项检查、巡查近90次，排查整治安全隐患14处。参与专班专项检查4次。开展联合打击文物犯罪专项行动等专项检查、督查5次。核查、调整文物属地管理单位文保员和文物管理责任人156人。基本完成文物电子巡查系统试点工作，举办线上线下业务培训7场。启动第四次全国文物普查准备资料填报工作，开展全区文物使用情况调查。完成红色文物、革命文物、抗战文物专项核查。申报第三批省级革命文物、第九批省级文物保护单位。开展桥林街道、永宁街道文物标志碑牌损毁情况摸排补充工作。全区有文物127处，其中省级1处、市级21处、区级15处。有非物质文化遗产项目65个，其中省级4个、市级10个、区级51个。

【文化遗产保护】 完成市级文保单位茅塘桥等4个文保方案编制及文物修缮工作。调查老山片区文化遗产。联合桥林街道、汤泉街道和浦口开发区，开展浦口开发区文物安全现状摸底清查。召开全区建设单位考古项目工作协调会2场，15个考古勘探项目、5个考古发掘项目竣工验收。开展考古专题调研8次。完成《试点文物资源区域评估，服务园区经济建设》资料片制作。搜集、保存全区考古发掘工地零星古砖石约2000块。

【非物质文化遗产传承】 新增省级非遗项目1个（葫芦画）、市级非遗项目4个、省级乡村旅游带头人1人。新增区级非遗传承人9人、区级传承保护基地8个。完成省、市非遗传承人年度考核。申请2023年度市级非遗专项资金15万元。开展非遗进课堂80节，举办非遗传承体验公开课5期。联合区人力资源社会保障局、区农业农村局，公布区级非遗工坊，涉及5家企业、13个点位，申报省级非遗工坊1个。浦口区非物质文化遗产中心展厅开馆。

【文化和自然遗产主题活动】 6月,开展浦口区“可持续发展·非遗同行”2023年文化和自然遗产日系列活动。8月,举办浦口区“浪漫七夕体验非遗+中式插花”活动。10月,开展“艺悦浦口汇梦梨园”第二届戏曲文化季系列活动。组织开展暑期文博夏令营活动22场、“双节”主题展演及公教活动50余场。举办浦口区第四届江浦手狮舞暨龙狮精英赛,组织江浦手狮舞参加南京市2023年国际古迹遗址日主题宣传展演、浦口马拉松赛事等活动。指导糖画等非遗项目参加老山国际旅游节、文旅招商大会及传统节日等活动60场。举办第四期“让世界了解浦口、让浦口走向世界”国际友人及浦口高校留学生看浦口系列活动。

【博物馆建设】 完成求雨山文化名人纪念馆博物馆评估定级验收。申请市级文博场馆免费开放资金20万元。完成文博活动备案审核近70项。完成《求雨山文化名人纪念馆展厅预防性保护方案》编制和资金申报。完成第一次全国可移动文物普查珍贵文物核查。开展博物馆馆藏文物盘库建档及平台填报工作。获全市文博场馆讲解员大赛优秀组织奖,徐仕莲获专业组“十佳讲解员”称号。 (张闽)

社科研究

【概况】 2023年,区社科联牵头全区重点调研课题,在产业集群、文旅融合、教育民生等重点领域形成调研成果70余篇。《江北新区与浦口区加速城乡建设一体化路径探析》成为省社科应用研究精品工程市县专项课题并结题。《打造响堂乡村公共文化空间 以文化赋能乡村振兴》获省社科系统2023年度工作创新案例。求雨山文化名人纪念馆创成南京市第十一批社科普及基地。召开区社科联二届三次理事会议。

【社科普及】 组织参加省、市第二十届社科普及宣传周,省、市、区三级联动推动社科普及服务覆盖面拓展。加强与区图书馆、区文化馆、“农家书屋”等机构交流合作,打造更多社科普及进基层的工作平台。深化与各板块互动,强化街道联系员机制运用,开展“元宵喜乐会”“文明礼仪伴我行”、反诈宣传进校园等活动192场。推动科普进社区,在汤泉街道泉东村、永宁街道大埝社区组织主题授课。依托新时代文明实践中心(所、站)开展教育服务、卫生健康、社科宣传等文明实践活动7000余场。联合区文化和旅游局开展“文化浸润乡村”结对行动。 (黄文杰)

档案 史志

【档案法治建设和业务指导】 利用“6·9”国际档案日、全国法制宣传日等节点,开展《中华人民共和国档案法》学习宣传。完成“互联网+监管”系统平台事项填报和维护。开展工伤认定、鉴定、土地拆迁、重大活动等档案工作规范化建设业务指导。举办全区专兼职档案员业务培训。对部分机关部门开展专项复查评价,规范全区档案管理工作。

【档案接收保管和开发利用】 加大专业档案接收力度,接收6家单位6种民生档案76581卷3.18万件,新增工伤认定、劳动能力鉴定、诉讼3种专业档案。对馆藏江浦县期满25年档案进行开放审核,开放第十一批档案1103卷8711件。落实档案实体安全管理工作,加强档案数据安全管理与维护,定期开展档案数据备份。严格查档审批手续,执行首问负责制,规范窗口服务守则,借助全国、长三角、省、市、区五级民生档案共享平台,提供查档利用服务,接待查档4700余人,取证复印2万余页,接待电话咨询1500余次,其中政务中心档案窗口实现远程查档利用出证1600份,利用全国、长三角、江苏省等平台在线出证100余份。“浦口档案史志”微信公众号排名全国档案类微信公众号前50名。举办“奋进新征程 兰台谱新篇”浦口区档案史志成就展。举行“书信家园 尺牍情深——弘扬伟大建党精神长三角档案联展”全省巡展开展仪式。

【档案信息化建设】 《基于区块链技术的电子档案长期保存研究》通过国家档案局专家组验收,电子档案长期保存应用场景建设完成并投入运行,项目被列入浦口区年度智慧城市项目。在全市首家推行电子公文全流程在线归档与移交,开展全区电子文件在线归档工作业务培训与指导,完成13家试点立档单位电子档案接收进馆工作,接收进馆电子档案6000余件。

【党史征编研宣】 在江浦街道6个社区挂牌浦口区首批社区党史讲习所，打造互动性学习和宣传平台。三浦战役史料陈列室入选首批南京史志馆联盟、第六批市级党史教育基地、浦口区“红浦地标”、浦口区优秀青少年教育基地，接待参观260批次1.25万人次。联合团区委、区教育局举办庆祝三浦战役胜利74周年祭扫烈士活动，联合南京工业大学海外教育学院举办“共读南京党史·庆祝渡江战役胜利暨南京解放74周年”分场阅读活动。开展浦口区革命历史档案核查上报工作，核查浦口区党史档案70余卷，报送档案3份。出版《中共南京市浦口区委执政纪事2021》《浦口文史——江和全抗日烽火》。

【地方志工作】 《浦口年鉴(2022)》获评中国精品年鉴、第九届全国地方志优秀成果(年鉴类)特等奖，市志办、区政府联合召开南京市争创中国精品年鉴区域推进会暨中国精品年鉴《浦口年鉴(2022)》发行仪式。出版《浦口年鉴(2023)》，记载2022年现代化新浦口建设的生动实践。举办《浦口年鉴》撰稿工作交流会、镇村志编纂文化工程培训会议。拍摄江苏省情影像志·乡土江苏第九集《永宁 悠然山水间》，在“学习强国”学习平台、方志江苏、南京发布、江苏综艺频道等播出。

【《基于区块链技术的电子档案长期保存研究》通过国家档案局验收】 4月20日，区档案馆承担的科技项目《基于区块链技术的电子档案长期保存研究》通过国家档案局专家组验收。该项目列入2022年浦口区重大改革试点项目和创新项目，分析电子档案长期保存面临的困难、需求和技术难点，研究区块链技术在电子档案长期保存领域的适用性，探索在不同环境下区块链的部署类型、节点架构、区块数据结构、共识机制等，搭建部署电子档案长期保管系统，建立电子档案长期安全保存机制和管理模式，为电子档案长期安全保存探索提供新的路径。 （李彦）

【中国精品年鉴《浦口年鉴(2022)》发行仪式】 7月7日，南京市争创中国精品年鉴区域推进会暨中国精品年鉴《浦口年鉴(2022)》发行仪式在浦口区举行。《浦口年鉴(2022)》以35个类目、174幅图片、93万字的厚重体量，记载“十四五”开局之年、开启全面建设社会主义现代化国家新征程关键之年，现代化新浦口建设取得的成就。专题图片设置“年度视点”“党史学习教育”“回望百年路”“守护绿水青山”4个栏目，正文设置“都市农业”“乡村振兴”“休闲旅游”“生态环境”等特色类目，突出建党100周年的年度特色，彰显浦口区全国农业科技现代化先行县、全国休闲农业和乡村旅游示范区、国家生态文明建设示范区的资源优势，反映该区全面崛起“地标性产业高地”、全面呈现“都市圈最美花园”的使命担当。活动举行“中国精品年鉴”授牌和首发仪式，向江苏省社科院、南京审计大学、金陵图书馆、求雨山文化名人纪念馆等单位赠送年鉴，宣读成立中国精品年鉴区域试点单位(南京)指导专家组的决定和首批指导专家名单，并向首批指导专家发放特聘证书。 （徐源）

文化传媒

【主题宣传】 围绕区委、区政府中心工作，策划推出主题报道40余个，在《浦口新闻》开设《聚力发展 奋进新途》《百名干部破百

7月7日，南京市争创中国精品年鉴区域推进会暨中国精品年鉴《浦口年鉴(2022)》发行仪式在浦口区举行 区档案馆供图

题》《“四清、四拆、四整治”共建美好家园》《我为群众办实事》《每月一办》等专题专栏。电视、“浦口发布”App、微博、微信公众号、视频号、抖音号等多媒体平台累计播发融媒产品4000余条。

【精品传播】 向《人民日报》、新华社、央视新闻客户端、“学习强国”学习平台、《新华日报》以及省、市政府网站供稿,10余件作品被“学习强国”全国平台首页推送,20多条新闻在中央广播电视总台多频道(频率)栏目播出。星甸九华滑翔伞飞行营地、浦口联动共治苏皖乌江站等被《新闻联播》报道。《我看这十年:打卡侯冲》入选2022—2023年度全国县级融媒体中心融合报道典型事例。《“金领”回乡种田记》获全国县级融媒体中心优秀作品奖、省农业农村厅“新时代鱼米之乡江苏新图景”短视频大赛一等奖。《新农人爱上玩机器,夫妻档携手“上天入地”》获2022—2023年度全国县级融媒体中心优秀作品奖、2023年江苏省一季度创新创优作品、第五届江苏女性融媒体大赛一等奖,入选央视号每日优质稿件前十名。主播体验式报道《小郃的稻苗》获2023长三角白鳖豚原创网络视频大赛主单元白鳖豚铜奖。

【传媒产业经营】 南京道生一广告传媒有限公司保障区两会、重大产业项目集中开工仪式等活动34场,保障南京国家农创中心活动29场,合同金额600余万元。南京帧美妙影视传媒有限公司承接影视制作业务48部,完成区纪委监委《任性的权力》、区委组织部《善治有浦》等专题片拍摄。南京轻快文化传媒有限公司引进“开心麻花”话剧演出、《白雪公主》儿童剧演出等60余场。南京浦口广电网络有限公司巩固有线电视、配套和代建工程业务,做好全区视频会议系统常态化运维,实现营业收入1亿元、利润2000余万元。

【《我看这十年:打卡侯冲》入选2022—2023年度全国县级融媒体中心融合报道典型事例】 7月23日,第三届市县融媒体中心建设发展论坛在鄂尔多斯市举行。区融媒体中心系列报道《我看这十年:打卡侯冲》入选2022—2023年度全国县级融媒体中心融合报道典型事例。该系列作品用主持人VLOG的形式,走访基层一线,通过不同视角、多景别切换方式带领受众了解浦口因地制宜、精准施策,以农旅融合、产业振兴等方式落实乡村振兴战略的实践。 (李媛)

【获评全省广播电视系统先进集体】 12月21日,省人力资源社会保障厅、省广播电视局发布《关于表彰全省广播电视系统先进集体、先进工作者和劳动模范的决定》,区融媒体中心被授予全省广播电视系统先进集体称号。该中心是全省首批28个建设试点之一,于2019年6月6日挂牌,8月28日,融媒体指挥中心上线暨浦口区传媒集团成立。中心围绕打造“主流舆论阵地、综合服务平台、社区信息枢纽”目标定位,从重大项目建设、专精特新企业发展、优化营商环境等角度推出系列报道,在“浦口发布”政务微信号、视频号开设《“企”飞》《企业微访谈》等专栏,新闻《南京浦口:打造集成电路产业集群 助力经济高质量发展》登上《经济日报》、《新华日报》、新华网英语及日语频道。开设《“四清、四拆、四整治”共建美好家园》专栏,拍摄《“改”出执法新活力》《善治有浦》等专题片,保障全省首届“江苏好人榜”发布仪式、全区党建引领基层治理暨学“仙林经验”重点任务推进会等。围绕浦口加快建设都市现代农业强区工作实践,年均采制、播发涉农报道150余条。推出《三农时空》《新时代新农人》等栏目,《麦收时节:我在粮仓等你》《数字化灌溉畅通农田水利“最后一公里”》等50余件优秀作品亮相中央电视台、中国之声等平台。星甸街道九华村滑翔伞项目报道《飞行营地 让乡村旅游“乘风起飞”》登上《新闻联播》。跟进“百名干部破百题”“集中走访日(周)”“每月一办”等工作,发布电视新闻、微博、微信、短视频等融媒产品1000余条。在“浦口发布”App开设“浦口社保”等便民服务版块,上线“停车场”查找定位功能,为用户提供交通路况信息。办好电视问政栏目《12345时间》《打好污染防治攻坚战》,新增《细说这些事》《融媒主播说》述评专栏。向新华社、央视新闻客户端、“学习强国”学习平台、《人民日报》、《新华日报》以及省、市政府网站供稿,年均对外用稿300余条。 (区融媒体中心)

文化产业

【概况】 2023年,实现文化产业增加值25.41亿元。规模以上文化企业59家，实现规模以上文化产业增加值17.03亿元。不老村、响堂文化产业园获评2023年度南京市文化产业园区，影视剧《大考》、《请君》、动画片《金牌快递员》获江苏省优秀文艺成果奖励。围绕文化传承创造性转化和创新性发展，重点打造文化赋能乡村振兴响堂项目，提档升级栀子花大会等品牌活动。联合文化名家工作室，完成《老山灵奇志》设计、艺术公教、主题展览等项目，申报市“五个一批”文化人才1人、中青年文化人才1人。

【文化赋能乡村振兴响堂项目】 2023年，响堂村接待游客32万余人次，实现经济收入2000万元、村民人均可支配收入5.5万元。以文化新场景打造为切入点，重塑具有乡土标识的空间场所。建设向山文化空间、“回忆”非遗空间，展示非遗创意、工艺美术和文化故事。以文化新村民合作为着力点，扩大互助共赢覆盖面。联动南京艺术学院，通过人才工作室等形式，强化与艺术家、设计室、品牌主理人合作，深挖文化赋能乡村振兴的路径渠道。以文化新体验拓展为落脚点，增强乡村影响力。提档升级栀子花大会等品牌特色活动，通过村民合唱团等文化活动和组织形式传承传统文化。

【向山文化空间开放】 6月21日开放。向山文化空间建筑面积480平方米，组织乡村创新创业人才参与文化建设，聚焦人才培养和艺术交流两大方向。推出《老山灵奇志》手稿展，展出由南京艺术学院传媒学院院长薛峰领衔设计的中国风特色灵兽IP 6款和“昆虫音乐时光”艺术装置。联合南京艺术学院美术馆，打造乡建基地，定期举办艺术展览展示，组织特色亲子艺术活动。

（高翔　周彦彤）

文化市场管理

【文化市场执法】 2023年，区文化和旅游局出动执法人员2800余人次，检查场所1200余个次。受理行政处罚案件36件，其中重大行政处罚案件1件。按照“谁执法、谁普法”工作要求，开展普法活动6场，印制宣传册3000余册、海报600余份。

【文化市场整治】 加大对文化、旅游、体育和广电等领域检查监管力度，结合“双随机、一公开”工作和日常检查，统一部署各类文旅体场所扫黄打非、安全生产、综合治理、法治宣传、“12345”热线、“大走访”等工作。对符合市文化和旅游局“三张清单”条件的轻微违法行为，依法进行不予处罚或从轻、减轻处罚。依据《中华人民共和国未成年人保护法》相关规定，对校园周边经营主体进行合规指导。

【安全生产监管】 区文化和旅游局组织文旅行业从业人员安全生产专项培训8场，部署重点时段文旅行业特种设备、安全生产、燃气安全、食品安全、汛期安全、应急演练以及文旅经营单位消防安全工作。开展文旅行业隐患整治，出动人员388人次，督导检查单位410家次，发现隐患380处，全部完成整改。

（区文化和旅游局）

·文稿编辑　袁　铭·

卫生健康

综述

【概况】 2023年,浦口区有各级各类医疗卫生机构152个,其中公立三级医疗机构1个,公立二级医疗机构1个,社区卫生服务中心7个,社区卫生服务站55个,专业公共卫生机构4个,民营医院4个,护理院4个,门诊部、诊所、医务室66个,护理站8个,检验机构2个。床位2635张,其中医院床位2275张、社区卫生机构床位360张。卫生技术人员3475人,其中执业(助理)医师1399人、注册护士1559人。平均每千人口拥有床位6.01张、执业(助理)医师3.4人、注册护士3.79人。5月27日,区疾病预防控制局成立。

【综合医改】 以"医疗服务提升年"为主线,推动医政管理和基层卫生工作。3月,区卫生健康委下发作风建设提升年实施方案、医疗服务提升年实施方案等文件,重点以学科建设、医共体建设、运营能力建设、医防融合建设、"五大中心"(区级创伤中心、卒中中心、胸痛中心、高危孕产妇中心、新生儿救治中心)建设、医疗安全体系建设为推手,促进各医疗机构在医疗服务、管理能力、医防协同、医防融合上再提升。其中,学科建设方面,浦口人民医院签约东南大学附属中大医院集团医院,建立五大医学中心,与江苏省肿瘤医院、南京脑科医院等名院专家打造名医工作室。区中医院与上海市第十人民医院合作,成立专家工作室,建立专科联盟;与江苏省中医院合作,选派业务骨干跟师学习;中医儿科建设、"两专科一中心"(每家医院建设2个中医特色优势专科,建成1个中医适宜技术推广中心)等专项工作分别在全国、省级中医会议上进行经验交流。汤泉街道社区卫生服务中心新增市级特色科室消化内科,星甸、永宁、汤泉等街道社区卫生服务中心开展新技术服务。医共体建设方面,制定区级共享中药房运行标准和规范,实现统一目录、统一采购、统一价格、统一配送、统一点评,提高饮片的质量管理和供应保障。将南京康颐养老服务有限公司浦口护理院等13家护理院纳入区级医联体共建体系,予以医疗技术支持、质量控制管理,畅通上下转诊通道。通过职称晋升前下基层服务、核心医院业务骨干挂职锻炼、专家工作室、联合病房等形式促进优质资源下沉。星甸口腔樊勤专家工作室、汤泉中医骨伤经典联合病房在市级考核中名列前茅。运营能力建设方面,围绕医疗机构运营管理重点指标,从医疗服务能力、医院运行能力、医疗质量3个方面26个指标入手,制定医疗机构运营重点指标监测制度,建立季度分析调度机制,督促各医疗机构加强精细化管理,提升运行效率。医防融合建设方面,建立区级糖尿病、高血压、慢阻肺三大慢病中医诊疗管理规范和区级慢病管理模式,逐步打造三大区域慢病管理中心,组织专题培训、学习和参观,深化基本卫生服务内涵,实现基本公共卫生服务与基本医疗服务间相互转换和升华。"五大中心"建设方面,以2家医院为龙头、基层医疗卫生机构为网底、信息化手段为支撑,建立急救"五大中心"区域协同救治平台,打造分级负责、上下联动、运转高效的危急重症救治"快速通道"。医疗安全体系建设方面,发挥区级质控管理委员会及其专业质控组专家作用,针对机构的基础工作、关键环节、薄弱环节每月开展一次专项质控,每季度开展一次全面质控,每半年开展一次质控督查并召开点评会,形成长效工作机制。

【区域中医药能力建设】 完善区域中医药服务体系,加强区中医院学科建设,加大对外合作力度,开展院内制剂研发,发挥"两专科一中心"区域协同作用。深化区域中医医共体建设,建立区级共享中药房,扩大五级中医馆覆盖面,打造中医类专家工作室和联合病房。开展"互联网+中医"智慧服务,实现诊断、配送、治疗等全流程网络服务。深化中医药文化建设,开展"中医药就在你身边""岐黄进校园"和中医药进社区、进家庭、进养老院等系列活动。将中医药文化与旅游、教育、体育相结合,在老山景区推出"随师采药去"等研学体验旅游项目。将中医药与居家养老服务相结合,在江浦街道烈士塔社区建立以中医药服务为特色的智慧养老点,促进中医药服务进社区。

【基本公共卫生】 落实基本公共卫生人均补助经费标准100元。常住人口电子建档37.7万人,电子建档率92.98%。居民健康档案覆盖率78.93%,动态使用率65.36%。60岁及以上老年人体检5.2万人,健康管理率63.34%。0~6岁儿童2.49万人,健康管理率99.19%。卫生监督协管实地巡查1293次。

开设在基层机构外的家庭医生工作室5个,组建家庭医生团队66个,总人数527人,其中二级以上医院50名专家进驻。常住人口家庭医生签约16.28万人,常住人口签约率40.16%。重点人群签约11.23万人次,重点人群签约率71.65%。基层首诊签约6.76万人,首诊签约率41.51%。建有8个专家工作室,诊疗1660余人次,7个联合病房开放床位141张,可提供家庭病床服务6家,上门服务336人次。离休干部家庭医生签约服务绩效评价位于全市前列。桥林街道社区卫生服务中心联合病房手术5台,永宁街道社区卫生服务中心基层慢病运动健康干预1000人次。江浦街道社区卫生服务中心周青青等3人、江浦街道社区卫生服务中心烈士塔社区家庭医生团队等2个团队分获南京市优秀家庭医生团队长和团队称号。

【智慧医疗】 完成全区公立医疗机构省影像云对接,做到影像数据实时上传,医生工作站实现全省影像数据调阅。开展智慧医院信息化建设,区属医院开展基于"三位一体"的信息化建设,完成电子病例测评、医保脱卡支付、数字人民币对接等工作。浦口人民医院依托三期工程建设,完成双活数据中心的方案设计及招标工作,开展医院信息系统建设论证。区中医院实施基于病历测评的系统建设升级项目,完成方案设计及招标,推进电子病历、医院集成平台升级建设工作,完成四级甲等测评申报工作。推进基层信息系统提档升级,完成基层门诊电子病历升级,使用全省统一的村卫生室门诊结构化电子病历模板进行建设。升级完成住院医疗服务系统,完善以患者为中心的全医疗过程数据集成的住院电子病历,建设病历模板42份,完成新版电子病历书写7233份。升级改造基层体检系统,部署自助体检设备14台,实现基层体检及"两癌"筛查的自助服务,完成区域体检系统数据与区域平台对接,完善公共卫生体检服务记录表。建设家庭病床服务管理系统,实现家庭病床管理与住院系统有效融合。统筹做好区域信息化系统部署,建设区域双向转诊平台,开展基层上转、区级下转管理,实现门诊住院、检验检查记录等信息共享和转诊信息共享、统计分析。建设区域消毒供应追溯系统,实现供应中心生产管理、手术室使用管理、临床科室使用管理、库房管理、追溯查询、区域化配送管理、数据接口及档案维护等功能,通过系统完成2000余份物品申领试用。建设公卫督导系统,开展健康档案、慢病管理、随访管理等公卫模块的有效质控,实时监管下属基层医疗单位基本公共卫生服务项目存在的问题,完成38万份档案质控工作。完成区域DRG(疾病诊断相关分组)医疗综合管理平台建设,通过DRG分组器,对住院病例进行分组管理,实现对医疗环节和终末质量、效率进行评价,以及对医疗费用进行预测和适时控制,完成3000余人住院数据分析。

【医疗卫生监管】 深化综合执法改革,在公共场所、医疗卫生、职业卫生等领域开展联合执法59次。移交街道综合执法办违法线索101条,开展全过程跟踪闭环管理。推广非现场执法技术应用,增补医疗机构在线监测视频监控3个。在线监督监测二次供水、学校卫生直饮水、消毒卫生、公共场所空气、游泳场所水质、放射诊疗卫生6类卫生领域,布点34个,根据反馈数据,及时精准开展执法检查。加强信息化执法能力建设,落实执法全过程记录制度。推进移动执法信息系统使用,提升移动执法终端App使用率,完善与其他业务、政务信息的数据对接机制。完善信用监管体系,实施医师依法执业信用承诺制度,落实医疗机构不良行为记分制度,开展信用评价147户次。加强医疗机构及人员依法执业监管,完善医疗机构传染病管理分类监督综合评价工作,督促开展医疗机构依法执业系统自查810户次。坚持规范文明执法,行政处罚立案并结案81件,罚款3.15万元。强化权力监督,加大案件合议力度,杜绝随意使用自由裁量权。落实行政执法公示制度,完善全过程执法记录制度,推进重大行政执法决定法制审核制度。深化法治建设,开展以案释法,加强普法宣传,引导监督对象规范经营。 (刘颖奇)

疾病预防与控制

【公共卫生监测】 制订《学生常见病和健康影响因素监测与干预工作方案》,开展学生常见病筛查工作。完成饮用水、学校教学环境、食品安全风险等监测任务,开展医疗机构食堂食品安全专项整治,推进营养健康食堂、营养科普小屋、老年人营养新型食堂示范点建设,落实营养健康宣教和营养指导员培训任务。2家公立医院挂牌儿童青少年近视防控基地,举办近视防控百场讲座进校园2场。成立区级口腔卫生指导中心,完成1000名儿童涂氟和1000颗牙窝沟封闭项目任务。

【传染病监测预警】 规范基层医疗机构法定传染病报病自动拦截功能,打通与大疫情网自动对接渠道,严防漏报、迟报、瞒报。编制新冠病毒感染监测月报,完成国家既往感染/再感染调查项目,印发“两个预案”等系列文件。印发《浦口区应对近期新冠病毒感染疫情疫苗接种工作方案》,推动针对XBB变异株疫苗的接种工作。与公安部门联合成立传染病流调溯源工作专班。登记传染病74例,传染病疫情报告率、及时率100%。

【传染病防治】 完成老年人艾滋病抗体筛查35587人,肺结核患者管理率100%,完成查螺灭螺和各项监测任务。完成浦口人民医院丙肝定点医院资质审核,提高丙肝防治能力。将21名麻风治愈存活者纳入家庭医生签约服务。规范运营腹泻门诊,腹泻病人1555例,O2检索(腹泻病例霍乱检索)456例,检索率29.32%。建立支原体肺炎周报告制度,开展登革热、猴痘等重点传染病培训。全区报告甲乙类传染病病例668例(不包括新型冠状病毒感染),发病率163.26/10万。

【血吸虫病防控】 查螺2800万平方米,灭螺400万平方米。血清学和病原学查病6002人,均为阴性。通过省级血吸虫病消除评估达标考核。在桥林街道兰花塘社区联合开展“消除血吸虫病,共享健康浦口”南京市暨浦口区第33个血防宣传周现场活动。

【结核病防治】 处置结核病散发疫情4起,登记治疗结核病人143例,筛查家庭密接潜伏感染55人。3000余名高中、寄宿制初中学生、新入职教师接受结核病筛查。

【职业病防治】 开展《中华人民共和国职业病防治法》宣传周系列活动,进企业开展职业健康普法宣传,发放宣传资料8000余份。开展职业病危害专项治理监督检查42户次,开展浦泗路市场专项整治执法检查及“回头看”复查98户次,指导职业病危害因素检测的用人单位检测申报87户次,举办职业健康在线培训。实施健康企业和职业健康达人建设,指导台积电(南京)有限公司完成省级健康企业评估,华天科技(南京)有限公司被确定为省级优秀健康企业,完成省、市对浦口区80多家小微企业免费职业健康帮扶。

【慢性病防控】 印发《浦口区2023年慢性病防制工作要点》,盘活政府主导、多部门参与的慢性病防控工作机制。做好慢性病监测工作,确保死因、伤害、肿瘤、心脑血管等审核率100%,推动2家公立医院做好慢性病数据系统切换。完成国家级慢阻肺高危人群早期筛查和综合干预项目、脑卒中高危人群筛查项目等专项工作。

高血压和Ⅱ型糖尿病患者健康管理　高血压患者健康管理34906人,规范管理率77.5%。Ⅱ型糖尿病患者健康管理1.13万人,规范管理率75.76%。

严重精神障碍患者管理　登记在册1573人,报告患病率3.88‰,规范管理率97.77%,规律服药率72.09%,面访率92.24%,体检率 66.82%，累计新建及纳入管理 69 人。

肿瘤登记随访和心脑血管病报告　上报肿瘤病例 2320 例，审核率 100%，随访肿瘤病例 3128 例。上报心脑血管事件 2247 例，审核率 100%。

慢阻肺高危人群早期筛查和综合干预项目　筛查 35～75 岁常住居民 10654 人，发现高危人群 1830 人，高危检出率 17.18%。

【免疫规划】　实现标准化预防接种门诊全覆盖，江浦街道社区卫生服务中心通过省级示范化预防接种门诊建设市级验收。坚持多病共防，通过浦口电视台和丰巢快递柜公益广告加强宣传，推动秋冬季新冠、流感、肺炎等重点传染病疫苗接种工作，增设周末门诊，提高接种服务可及性。接种新冠疫苗 1006 剂次、流感疫苗 11610 剂次、肺炎疫苗 8378 剂次。建立民营预防接种门诊定期督查机制，督促问题整改并开展“回头看”，完成 1 家成人预防接种门诊、1 家狂犬病暴露二级门诊备案。　（刘颖奇）

医疗服务

【概况】　2023 年，加强药事管理，督促进入国家基本用药目录的药品和集采药品配备使用，强化麻精药品使用管理，推进医共体内统一药品目录工作。开展全区医疗质控检查、通报及督促整改等工作，做好医疗机构纠纷调解工作。举行“5·12”护士节系列表彰活动，开展浦口区第四届“最美护士”评选，表彰年度优质护理示范病区、优秀护士长和优秀护士，举办“筑梦健康守初心　奋楫前行向未来”护士节活动。做好机关公务员健康体检、无偿献血工作，以及与镇安、南谯、慈利等地对口协作工作。做好医师资格考试报名审核、全区确有专长中医人员报名资料审核上报和医师定期考核工作。　（刘颖奇）

【“15 分钟医保服务圈”建设】　建成省级示范点 3 个、市级示范点 2 个。完成 76 个村（社区）医保公共服务点建设。完成 2 家二级及以上医院、7 个街道社区卫生服务中心延伸服务点建设，推进涉农银行、商业保险公司延伸服务点建设。

【“智慧医保”建设】　推进二级及以下定点医疗机构上线医保“智捷付”平台，区中医院、浦口人民医院成为全市首批医保“智捷付”试点医院。依托“医保高铁”，加强对全区定点医药机构医药服务行为的全流程闭环监管与监测。

【长护险待遇保障成果巩固】　强化长期护理保险承办机构、评估机构和照护机构日常监督、培训和考核，组织开展宣传月活动和照护技能竞赛。全区有长护险定点评估机构 7 家，评估人员 259 人；定点照护机构 21 家，护理人员 435 人；失能等级评估办结 2479 人，其中重度失能 2023 人、中度失能 366 人、轻度失能 77 人、未失能 13 人；1098 名重度失能人员享受长护险待遇。长护险基金支出 1837.71 万元（不含评估费用）。　（王学付）

基层卫生

【概况】　2023 年，桥林街道社区卫生服务中心、桥林街道施周社区卫生服务站通过省标准化建设验收，永宁街道高丽社区卫生服务站通过甲级村卫生室验收。推进桥林街道乌江社区卫生服务中心异地新建和区域性医疗卫生中心十大功能中心建设，抓好区域临检中心、血透中心建设。桥林街道乌江社区卫生服务中心通过国家“优质服务基层行”推荐标准，推荐标准通过率 100%。汤泉街道社区卫生服务中心创成区内首家国家级基层医疗卫生机构糖尿病规范化管理中心二星门诊，消化内科建成市级基层医疗卫生机构特色科室。桥林、汤泉 2 个街道社区卫生服务中心被确定为江苏省基层医疗卫生机构五级中医馆建设单位。加大财政资金投入、人才引培投入、合作发展投入和信息互联投入力度，《浦口基层卫生体系建设》获得南京市首届深化医改优秀案例。完善基层机构绩效考核细则和目标责任清单，通过基本医疗服务、基本公共卫生服务、签约服务等指标评价基层功能定位。制订区域巡回医疗和派驻服务工作方案，建立健康管理服务团队 54 个，派驻二级以上医院医疗骨干 51 人，巡诊覆盖 76 个村（社区），累计服务 7000 人次。每日监测基层机构发热诊室和呼吸道疾病，落实对全区 5.93 万名老年人健康监测及管理，对上报的阳性人员进行救治及随访。举办第一批 10 项适宜技术培训，累计培训 3000 人次。考核周期内基层卫生骨干人才55人,落实国培(基层卫生人才能力提升培训)14人、省培(适宜卫生技术师资培训)7人。组织基层医疗机构参加高血压、糖尿病人群救治技能竞赛等竞赛和培训,汤泉街道社区卫生服务中心获南京市高血压、糖尿病人群医防融合和健康管理技能竞赛团队优胜奖。

【2个街道社区卫生服务中心被确定为江苏省基层医疗卫生机构五级中医馆建设单位】 1月18日,桥林街道社区卫生服务中心被确定为第二批江苏省基层医疗卫生机构五级中医馆建设单位。中医馆设有中医诊室5间、中医综合治疗室2间,以及中药房、康复综合治疗区、中医文化展示区,建筑面积620平方米。中医科有医护人员16人。开展针刺、艾灸、推拿、按摩、正骨牵引、火罐、理疗、中药熏洗、穴位贴敷等中医适宜技术10类25种,在桡骨远端骨折、颈椎病、骨关节炎、中风病、锁骨骨折5种病种方面取得较好临床效果。

11月23日,汤泉街道社区卫生服务中心被确定为第三批江苏省基层医疗卫生机构五级中医馆建设单位。中医馆中医诊疗区面积489平方米,治疗室面积160平方米。设有中医骨伤科、针灸推拿科及中医妇科,独立设置中药房、中药房调剂室,有中药饮片302种、中成药122种,与医联体上级单位区中医院签订中药代煎配送协议,配备中医医疗设备27种。有医护人员11人,其中中医执业类别医师7人,含主任中医师1人、主治中医师2人、中医师4人,2人被遴选为市级基层卫生骨干人才。可开展中医适宜技术10类24种服务。 (刘颖奇)

妇幼保健

【妇女保健】 做好“两癌”筛查工作,宫颈癌筛查11281人,乳腺癌筛查11458人。会同区教育局完成在校初一女生HPV疫苗接种工作,首针接种894人,首针接种率67.12%。全区产妇2716人,孕产妇死亡率39.88/10万,孕产妇保健管理率98.58%,早孕建卡率94.06%,产后访视率97.27%,系统管理率95.49%,住院分娩率100%。新增发放叶酸618人,服用依从率100%,叶酸知识知晓率100%。婚检1313人。2家医院接产1311人。乙肝表面抗原阳性12人,全部规范转诊和处置。

【幼儿保健】 活产儿2751人。新生儿疾病筛查率99.77%,新生儿听力筛查率100%,新生儿访视率98.33%。7岁以下儿童健康管理率98.88%,5岁以下儿童死亡率2.91‰。开展六一体检、入园体检,完成1.3万名在园幼儿健康体检、5000人次入园入托体检。连续两年开展氟保护漆治疗后,龋病发生率有所降低。12月,对8家幼儿园全程参加涂氟的1000名4~5岁儿童进行口腔龋病调查,发现患龋儿童239人,患龋率23.9%,低于第四次全国口腔健康流行病学调查4岁组63.6%、5岁组71.9%水平。

(刘颖奇)

爱国卫生与健康促进

【概况】 2023年,下发《关于贯彻落实习近平总书记重要指示精神 深入开展爱国卫生运动的通知》《关于开展夏秋季爱国卫生运动 进一步巩固卫生城市创建成果的通知》,印发区级爱国卫生工作要点和方案,联合开展“宜居靓家园 健康新生活”爱国卫生月主题宣传活动,开展“迎端午”爱国卫生专项行动、健康生活方式倡导活动、环境卫生整治行动。加大健康体系建设力度,申报健康社区、健康单位、健康步道、健康主题公园等“健康细胞”工程,打造市级健康主题公园1个、健康步道4条、健康驿站3个、健康餐厅4个,打造省级健康社区7个。指导汤泉街道社区卫生服务中心接受省级健康促进医院验收。

【控烟工作】 对无烟单位及公共场所开展禁烟控烟专项督导,巩固无烟党政机关、无烟医疗卫生机构、无烟学校等建设成果。在“爱国卫生月”“世界无烟日”“世界卫生日”等主题卫生日期间,组织举办各类控烟宣传活动。与区教育局联合举办全区中小学生“绘少年力量,画无烟未来”主题绘画征集和评选活动。联合区疾控中心在南京浦口中等专业学校开展以“无烟为成长护航”为主题的控烟宣传活动。

【病媒生物防制】 印发《2023年浦口区“四害”防制工作方案》,建立健全病媒生物防制运行机制,定期开展病媒生物孳生地清理和消杀活动，消杀范围覆盖76个村（社区）。组织开展病媒生物防制专项督查，推动全区病媒生物密度达到国家控制水平要求。参加南京市2023年有害生物防制技能竞赛。

【健康促进教育】 举办健康科普大讲堂暨健康生活方式指导员区级培训，开展"五进"健康教育宣讲，组织开展2023年健康素养调查，提升健康素养水平。在"浦口发布"App增设健康促进专栏，定期更新健康科普知识。在南京市健康促进（爱国卫生）优秀实践案例评选及病媒防制竞赛中，获团体二等奖和优秀组织奖。5月23日，区疾控中心联合区教育局到南京市浦口区江浦实验小学开展心理健康知识科普讲座。

【社会心理服务体系构建】 印发社会心理服务体系建设试点实施方案，召开试点启动会议，成立由教育、司法等部门组成的专家组。搭建基层社会心理服务平台，在76个村（社区）建成心理咨询室。全区中小学实现心理辅导室建设全覆盖，南京审计大学、江苏卫生健康职业学院均配备心理健康师资队伍。医院开设心理门诊，街道社区卫生服务中心专业人员参加转岗精神科医生培训。建立危机心理干预队伍，开通24小时心理援助热线，完成老年人认知功能障碍和抑郁症筛查600人。以"世界精神卫生日"为契机，开展心理健康知识科普宣传，举办心理健康知识讲座。

（刘颖奇）

8月25日，"浦口区社会心理服务体系建设合作项目"签约暨"健康心理 健康生活"社会心理服务系列活动启动仪式在南京审计大学举行　　区卫生健康委供图

重点医疗机构

·南京市浦口人民医院·

【概况】 4月26日，南京市浦口区中心医院更名为南京市浦口人民医院。2023年，门急诊79.02万人次，出院31670人，手术16043人次。

【三级医院转设工作】 开放呼吸与危重学科二病区，核定床位20张。开放急诊病区，核定床位13张。华东地区规模最大、最先进的高压氧舱通过验收。开展新技术、新项目36项。完成区卫生健康委指令性、政治性卫生应急保障33场。引入介入科、关节科、急诊科等专家。建立胸痛、卒中、创伤、高危孕产妇、新生儿救治"五大中心"，建设高血压、糖尿病、慢阻肺规范化管理中心，建立MDT多学科诊疗中心，完善诊治绿色通道及筛查监测。优化"互联网＋医疗""互联网＋护理"服务，互联网医院接诊743人次，完成上门护理服务171例。

【医学教学与科研】 获得省、市、区级立项16项，其中省卫生健康委面上项目1项。发表科研论文81篇，其中SCI论文22篇，影响因子近100分，核心期刊31篇，申请专利5个，获批市级继续教育培训项目6项。开展教学相关培训20余场，参加培训1000余人次。完成临床教师专项培训3期，参加培训200余人次。与南京审计大学公共管理学院签约成为研究生实践教学基地，2人受聘为行业导师。新增具备高校教师资格人员6人，全院具备高校教师资格人员66人。马腾成为江苏省康复医学会第一届高压氧医学专业委员会首任主任委员，庆俊成为江苏省药学会医药教育与健康促进专业委员会副主任委员，余玉清当选为江苏省肿瘤消融专委会副主任委员，孙一丹受聘为SCI期刊《*Frontiers in Cardiovascular Medicine*》《*Frontier in Endocrinology*》和核心期刊《中国动脉粥样硬化》杂志审稿人,陆志斌受聘为《巴楚医学》和中文核心期刊《现代肿瘤医学》杂志审稿人。

【医联体共建】 6月,与江苏省肿瘤医院、东南大学附属中大医院、南京脑科医院签约合作,坐诊专科9个,坐诊专家19人,坐诊次数164人次,专家接诊量1478人次,三四级手术452例,会诊47人次,查房16次。下半年,与上海市第六人民医院、复旦大学附属妇产科医院、复旦大学附属肿瘤医院合作。12月29日,与江苏省人民医院签约,揭牌"医联体单位"。

【医共体建设】 结合健康促进工作、中医药示范区建设等工作,推进"1+5"医共体建设。医共体内双向转诊68513人次,帮扶医共体单位完成手术70余例,举办义诊、培训、健康科普宣讲等70余场,免费测血糖4300余人次,发放健康教育手册、处方等5400多份,举办急救技能演练培训32场,为群众办实事6300余人次。

【江北地区首台手术机器人开机使用】 3月1日开机使用,为一名85岁胸椎腰椎压缩性骨折患者完成首例机器人导航定位下经皮椎体球囊扩张成形术。手术机器人的引入和发展,为骨科高难度复杂手术的开展提供技术保障,将推动骨科诊疗理念、手术技术向现代化、智能化方向发展。

【5个名医工作室入驻】 6月2日,"医联共建 造福百姓"名医工作室集中入驻浦口人民医院签约揭牌仪式举行。浦口人民医院与东南大学附属中大医院、江苏省肿瘤医院、南京脑科医院签约,泌尿外科陈明教授工作室、胸外科张勤教授工作室、神经外科刘宏毅教授工作室、头颈外科张园教授工作室、耳鼻咽喉—头颈外科黄志纯教授工作室5个名医工作室揭牌。

【东南大学附属中大医院集团医院暨五大医学中心揭牌】 6月8日揭牌。五大医学中心分别为微创诊疗中心浦口分中心、重症医学中心浦口分中心、消化疾病诊疗中心浦口分中心、泌尿外科诊疗中心浦口分中心、耳鼻咽喉—头颈外科中心浦口分中心。浦口人民医院与东南大学附属中大医院将在医疗、护理、教学、科研等方面开展合作,在"十四五"期间打造1~2个省级重点专科,结合即将投用的三期工程,打造一批临床研究基地、实习见习基地和科研成果转化基地。 (刘颖奇)

·浦口区中医院·

【概况】 2023年,门急诊79.49万人次,住院3.12万人次,手术14110人次。12月31日,区中医院通过三级中医院评审,成为三级乙等中医医院。骨伤科、肛肠科创成省级中医重点专科。开展复杂股骨头坏死关节置换术、巨大肩袖损伤关节镜下修补术、V形双通道脊柱内镜手术等50余项新技术。参加全国县级中医医院建设推进会,分享中医药发展传承经验。

【科研教学】 7月26日,区中医院成为安徽中医药大学教学医院。立项省级重点课题1项、市级课题8项、区级课题11项、高校课题22项。发表核心期刊论文18篇、SCI论文8篇。

【2个名医工作室成立】 4月7日,成立上海长征医院甲状腺外科仇明教授专家工作室,重点开展甲状腺疾病、食管裂孔癌及胃食管反流病、肥胖症和Ⅱ型糖尿病的腔镜微创外科治疗工作。5月19日,成立上海市第十人民医院脊柱微创贺石生教授专家工作室,开展各种脊柱微创手术,推动区中医院脊柱外科快速提升学科实力。

【成为上海市第十人民医院协作单位】 5月27日,区中医院与上海市第十人民医院举行合作签约仪式,协作单位、眼科专科联盟、胃肠道专科联盟揭牌成立。以管理指导、临床带教、业务培训、教学查房、科研和项目协作等为手段,通过互联网诊疗以及疑难重症转诊会诊等方式开展医疗、教学、科研等方面合作。

(刘颖奇)

·文稿编辑 王孜孜·

体　育

综　述

【概况】 2023年,区体育局围绕“健康浦口 体育强区”发展目标,统筹推进群众体育、竞技体育、体育产业等工作高质量发展。有大型体育场馆2个、体育公园5个、社会足球场地17片、多功能运动场和健身小绿园56个、健身步道200余千米、健身路径400余套、群众健身晨晚练点300多个。新增社会体育指导员409人,总数4202人,每千人拥有社会体育指导员10.2人,人均拥有体育场地面积7平方米。开展健身活动102场,举办赛事活动19场。区体育局获评2022年度江苏省县级体育工作先进单位。

【体育产业】 体育产业总规模41.14亿元,实现增加值11.84亿元。人均体育消费2702.5元/年。销售体育彩票1.4亿元,筹集体彩公益金1000万元。全区体育类市场主体1021家,新增规模以上体育企业1家——南京飞能橡塑制品有限公司。2023南京浦口马拉松暨全国女子半程马拉松锦标赛、华飞户外滑翔伞飞行运动休闲体验配套设施设备、飞能橡塑预制跑道研发及产业化3个项目通过省级产业引导资金评审。引进南京澳伯特赛车服务有限公司,打造ORT卡丁车赛场。全区形成以健身休闲、竞赛表演、场馆服务、装备制造、体育旅游、体育培训、体彩销售为主的体育产业体系。2023南京浦口马拉松被省体育局遴选为全省100个体育消费场景典型案例之一。南京飞能橡塑制品有限公司创成省级体育产业基地(综合类),环老山体育旅游景区、不老村体育旅游景区创成省级体育服务综合体,西埂莲乡钓鱼运动基地、水墨大埝自行车运动基地、楚韵花香定向运动基地创成市级乡村特色体育基地,创成市级体育消费新场景12个。 (周晨)

全民健身

【南京市《国家体育锻炼标准》达标赛】 4月27日在区体育场举办。活动由市体育局主办,区体育局、区体育总会承办,全市300余名选手参加。根据《国家体育锻炼标准》要求,达标赛涵盖30秒跳绳、25米×4往返跑、十字象限跳、坐位体前屈等10余个项目。参赛者年龄覆盖25~59岁,分为壮年一组(25~39岁)、壮年二组(40~59岁),并各设男、女小组。通过项目测验,参赛者可直观了解自身的速度、力量、耐力等身体素质,为选择健身项目提供参考。

【2023生态桥林长三角户外运动节】 4月29—30日在桥林街道东龙山郊野公园举办。活动由省体育总会、市体育总会支持,区政府主办,区体育局、桥林街道办事处承办。户外运动节是一项集户外体育赛事、群众户外运动展演和体验、户外文旅探访为主要内容的大型综合性户外休闲嘉年华,设车辆模型、柔力球、街舞、定向越野、风筝、露营、扁带、飞盘等10余个户外运动项目,活动规模700人。开幕式上,江浙沪皖登山运动协会授予桥林街道“长三角户外运动基地”称号。

【浦口区社区运动会】 6—12月举办。活动由区体育局、区体育总会主办,区社会体育指导员协会承办,16支社区代表队参加,设陆地冰壶、空竹、广场舞、掼蛋等12个项目。开展活动129场,28590人次参与。

【浦口区第六届运动会】 6—12月举办。全区5个街道、44个村(社区)、38个机关企事业单位、58所中小学近4000名运动员参加街道部、机关企事业部及学生部比赛。运动会设3V3篮球、乒乓球、羽毛球、象棋、自行车慢骑、登山、跆拳道等16个项目。江浦街道等获团体总分一等奖,江浦街道华光社区、江苏省江浦高级中学等获团体总分第一名,区教育局等41家单位获体育道德风尚奖,区城乡建设局等40家单位获优秀组织奖。

【2023年"全民健身日"广场舞大赛】 8月8日在区体育场举办。比赛由区体育局、区体育总会主办,区广场舞运动协会承办,分为街道预赛和区级决赛2个环节,26支队伍参赛,12支队伍进入决赛,设规定曲目和自选曲目2个环节。江浦街道康华灵动舞蹈队获一等奖,江浦街道民间艺术团、永宁街道夕阳红舞蹈队获二等奖,江浦街道惊鸿舞蹈队、永宁街道中国美舞蹈队、江浦街道青青枫桥舞蹈队获三等奖。

【2023—2024赛季浦口区"区长杯"校园足球联赛】 10月24—29日举办。活动由区体育局、区教育局主办,区青少年业余体育学校承办,20余所中小学60余支队伍1200余名运动员参加。比赛分为小学男子甲组、小学男子乙组、小学女子甲组、小学女子乙组、初中男子、初中女子、高中男子、高中女子8个组别,采用单循环积分制,开展比赛149场。

(周晨)

竞技体育

【概况】 2023年,浦口籍运动员洪可新获杭州第19届亚运会女子自由式摔跤57公斤级季军、2023年第一届全国学生(青年)运动会女子自由式摔跤57公斤级冠军。浦口区获江苏省青少年县组锦标赛举重项目金牌2枚、银牌7枚、铜牌4枚,奖牌总数全省第一名,团体总分全省第一名,并获体育道德风尚奖;获跆拳道项目金牌3枚、银牌1枚、铜牌5枚,团体总分全省第二名;获篮球项目(13～14岁组)全省第四名。参加南京市少年儿童阳光体育运动联赛摔跤比赛,获甲组级别金牌3枚、银牌4枚、铜牌1枚,位列团体第三名;获网球比赛金牌8枚、银牌5枚、铜牌9枚,位列团体第二名;获跆拳道比赛金牌1枚、银牌2枚、铜牌6枚;获田径比赛金牌5枚、银牌5枚、铜牌3枚;获空手道比赛金牌5枚、银牌1枚、铜牌2枚。获南京市"市长杯"校园足球联赛男子甲、乙组冠亚军。区体校向市运动队输送优秀运动员42人。打造"律动之春"体育休闲季赛事品牌,举办2023南京浦口马拉松暨全国女子半程马拉松锦标赛、2023中国山地自行车公开赛、全民健身赛车嘉年华、2023南京老山越野挑战赛等大型赛事活动19场。

【南京银行·2023南京浦口马拉松暨全国女子半程马拉松锦标赛(南京站)】 3月19日在兰溪公园举办。比赛由中国田径协会、省体育局主办,市体育局、区政府承办,区体育局、区体育总会协办。赛事在女子半程马拉松基础上升级,首次叠加全马、半马和mini马3个项目,这是浦口区首次举办全程马拉松赛事,女子半程马拉松锦标赛(南京站)是2023年全国首场女子半程马拉松锦标赛。赛事以"返'浦'归真·跑进山水"为主题,途经珍珠泉风景区、青奥体育公园、华昌龙之谷等22个地标建筑、景区景点。温敏以1小时11分18秒获半程马拉松项目男子第一名,宋金婷以1小时14分59秒获女子半程马拉松锦标赛第一名、半程马拉松项目女子第一名,廖顺虎以2小时21分53秒获马拉松项目男子第一名,赵亚丽以2小时52分54秒获马拉松项目女子第一名。

【奔跑江苏·四季永宁|绿动之春2023乡村旅游季四分马健身跑】 4月2日举办。比赛由省体育局、省体育总会、永宁街道办事处主办,省田径运动协会承办,区体育局、区体育总会协办,1000多人参加,设四分马(10.55千米)和欢乐跑(6.6千米)2个项目。谷阳旭以34分39秒获四分马男子组第一名,王田以40分36秒获四分马女子组第一名。

【2023中国山地自行车公开赛暨大运河自行车系列赛南京·浦口站】 5月20—21日在永宁街道水墨大埝景区举办。比赛由中国自行车运动协会、省委宣传部、省体育局主办,市体育局、区政府、省体育竞赛管理中心、省自行车运动协会承办,市体育竞赛和社会体育指导中心、区体育局、区体育总会、永宁街道办事处、浦口文旅集团协办,全国近800名运动员参赛。比赛设男子公开组山地越野赛、女子公开组山地越野赛、

男子青年组山地越野赛、山地积分计时淘汰赛、山地越野计时淘汰赛、男子健身组山地越野淘汰赛6个组别。封宽杰、王胜、郭鑫伟获男子公开组山地越野赛前三名，文友凤、付桂花、宫思英获女子公开组山地越野赛前三名，王胜、解礼鹏、解道超获男子青年组山地越野赛前三名，陈星、姚浩、刘永鑫获山地积分计时淘汰赛前三名。

5月20—21日，2023中国山地自行车公开赛暨大运河自行车系列赛南京·浦口站在永宁街道水墨大埝景区举办　　滕宏飞摄

【2023年南马会“跑遍南京”系列赛（浦口站）】 5月23日，2023年南马会“跑遍南京”系列赛事活动——“青春如歌”10千米竞速赛在永宁街道水墨大埝景区举办。比赛由南京马拉松组委会牵头指导，市体育竞赛和社会体育指导中心主办，全市17个跑团近100名选手参赛。环太平洋跑团邹强忠、花夕跑团王晴、520奔跑吧跑团张乾坤分获前三名。

【全民健身赛车嘉年华】 9月23日在汤泉ORT卡丁车赛场举办。活动由国家体育总局汽车摩托车运动管理中心、省体育总会主办，省汽车摩托车运动联合会承办，区体育局、区体育总会协办，100名汽车、摩托车爱好者参加。邀请11位专业赛车手表演汽车、摩托车（250cc型卡丁车）漂移。选手们听取赛车科普讲解，体验数字赛车，并到赛车场试驾体验。

9月24日，2023南京老山越野挑战赛在老山国家森林公园举办
区文化和旅游局供图

【2023南京老山越野挑战赛】 9月24日在老山国家森林公园举办。活动由区体育局、老山林场、浦口文旅集团主办，500多名运动员参加，分40千米（累计攀升1906米）、20千米（累计攀升880米）2个组别，选手途经大横山、鹰咀山、狮平线、龙洞、大慈塔、大马山等地段，终点为老山国家森林公园停车场。宣勇、徐美玲分获男女40千米组别冠军，黄汉东、周红霞分获男女20千米组别冠军。

【洪可新获杭州第19届亚运会女子自由式摔跤57公斤级季军】 10月5日，在杭州第19届亚运会摔跤女子57公斤级铜牌赛中，浦口籍运动员洪可新战胜蒙古选手达瓦奇梅格，赢得铜牌。洪可新曾获2022年国际式摔跤全国锦标赛女子自由式摔跤57公斤级冠军、2023年亚洲U23摔跤锦标赛女子57公斤级金牌、2023年世界摔联国际积分赛匈牙利布达佩斯站女子57公斤级银牌。　　（周晨）

公共体育服务

【概况】 2023 年,全区建成健身步道 15 千米、百姓健身房 2 个、灯光球场 3 片,更新室外健身路径 22 套,提档升级篮球场 3 片。加强健身指导,免费为 3032 名市民监测体质,合格率 97.1%。举办全民健身培训 42 场,每千人拥有社会体育指导员 10.2 人。社会经营性体育场馆节庆日免费、低收费开放,惠及 10 万人次。

【体育市场监管】 区体育局做好规范体育类校外培训机构监管工作。摸清机构底数,了解每家机构信息,做到“一机构一档案”。全区有体育类校外培训机构 40 家,其中获审批的机构 24 家。摸清从业人员底数、机构名称、法人、管理人、安全负责人、工作人员、教练员等信息,统计相关从业人员近 200 人。摸清学员底数,结合预购卡管理工作,了解学员人数、充值情况,结合机构经营状况,分析研判风险点并做出提醒,确保学员利益。经审批的机构均开通资金监管专户。

【体育场馆安全】 实施重大安全隐患排查整治、重点行业领域安全生产风险专项整治巩固提升年行动等 4 项专项活动,开展体育场馆安全生产隐患大排查大整治。每季度全方位检查全区体育场馆,形成问题清单,通报检查情况,做好督促整改。全年出动 900 余人次,检查各类单位 400 余家,发现问题隐患 380 处,整改率 100%。

【体育技能培训】 6 月 3—4 日,经市跆拳道协会批准,区体育局在区青少年业余体育学校举办南京市跆拳道裁判员培训班。全市 30 余名学员参加培训,学习最新裁判规则、判罚手势和规则基础理论。

11 月 11 日,浦口区田径三级裁判员培训班在区青少年业余体育学校举办。全区 40 余名学员参加培训,培训内容为径赛中各裁判组的裁判规则、田赛各项目的裁判规则方法和田径比赛中各种记录符号标识。

11 月 29 日至 12 月 3 日,青少年体能职业技能培训班在区青少年业余体育学校举办。培训由国家体育总局人力资源开发中心、职业技能鉴定指导中心举办,区体育局承办,全区大中小学教师、体校教练和优秀健身教练等 20 名学员参加,学习 8 个专题 40 课时系列实操内容。考核设置专业理论和实操技能 2 个模块,重点考核学员专业知识、专业技能、教学指导和训练组织能力。

(徐坤)

体育协会

【概述】 2023 年,成立街舞运动协会和飞翔路跑运动俱乐部、田野乒乓球俱乐部、星航足球俱乐部、拓风体育俱乐部。全区有体育单项协会 31 个(AAA 级 10 个、AA 级 12 个)、体育俱乐部56 个。

【2023 年“西埂莲乡杯”垂钓大赛】 2 月 25—26 日举办。赛事由省钓鱼协会指导,浦口文旅集团、区体育总会承办。设 3.6 米手竿钓混合鱼重量赛 2 场、4.5 米手竿钓混合鱼重量赛 4 场,每场比赛 90 分钟。通过抽签确定钓位,分区积分竞赛取胜,按 6 场比赛总积分排定最终名次。郑时广、钟平、翁道丰获前三名。

【浦口区第十五届篮球联赛】 4 月 8—15 日举办。比赛由区体育局、区级机关工委、区体育总会主办,区体育彩票管理中心、区篮球运动协会承办,20 支队伍 300 多名球员参加。区教育局、南京市浦口区第三中学、区级机关工委获前三名,区政府办、区级机关工委分获最佳组织奖和体育道德风尚奖。

【2023 年浦口区老年人体育节】 4 月 9 日至 10 月 26 日举办。区老年人体育协会根据市老年人体育协会“银宁健身 · 快乐前行”活动主题,组织开展活动 26 场,其中大型活动 8 场,涵盖广场舞、柔力球、空竹、健身气功等项目。

【2023 年浦口区“足协杯”足球联赛】 6 月 9 日至 7 月 29 日举办。活动由区体育局、区体育总会主办,区青少年业余体育学校承办,区足球运动协会协办,大学生、机关企事业单位员工、社会各界足球爱好者参加。汤泉足球队、红星足球队、御林军足球队获前三名。 (李锐)

· 文稿编辑 袁 铭 ·

社会生活

人口 家庭

【概况】 2023年,出生人口2504人,其中二孩及以上占26.4%。重点关注“一老一小”,完成老年人健康体检41725人次,体检率65.2%。“安康关爱行动”老年人意外伤害保险承保覆盖率100%。区级托育机构43家,其中社会办托育机构13家、开设托班的幼儿园29家、社区托育点1家。完成托育机构备案40家,备案率93%,全区可提供托位数1737个,每千人口托位数4.3个,3岁以下婴幼儿入托375人,入托率22%。新增母婴室4个。

(刘颖奇)

【婚姻登记】 全区办理婚姻登记7494件,其中结婚登记3128件、离婚登记1299件、补办结婚登记631件、补办离婚登记187件、申请离婚登记2247件、出具无婚姻登记证明2件。有效实施婚姻辅导826人次。 (汪敏)

【普惠托育服务体系建设】 区卫生健康委联合区财政局印发《浦口区3岁以下婴幼儿照护服务工作专项资金管理办法》。建成区级托育综合服务中心,室内面积3407平方米,主要功能包括全区托育服务师资培训、产品研发、托育服务、亲子活动等。落实“一街一普惠”项目,5个街道均申报普惠托育机构。浦口区获得省、市普惠评估命名的托育机构2家(南京米宝保育服务有限公司、南京市浦口区抚育安保育服务中心)。组织全区幼儿园开展浦口区托育服务保育师专场培训,全员通过初级保育师职业技能等级认定。组织参加婴幼儿养育照护技能大赛,提升3岁以下婴幼儿家长的养育照护水平。

【计生协会作用发挥】 建成1个省级项目(江浦街道白马社区向日葵亲子小屋)和5个市级项目(江浦街道白马社区向日葵亲子小屋、桥林街道乌江社区青春健康俱乐部、星甸街道汤集村青春健康俱乐部、永宁街道东葛社区向日葵亲子小屋、汤泉街道九龙社区健康促进项目)。开展健康家庭、健康市民培育活动10场。联合区疾控中心、各医疗卫生机构开展健康教育活动。春节前夕,开展“情暖计生家庭 喜迎新春佳节”活动,对计生困难家庭开展针对性帮扶,组织孤寡老人关爱、留守儿童暖冬等活动12场。投资20余万元,为全区521个享受特扶的失独家庭成员办理“同享大爱”计生扶助保险和特扶保险,为14名计生并发症人员办理计生扶助保险,提高失独家庭抵抗疾病风险的能力。人寿浦口支公司向区计划生育协会赠送关爱女性“两癌”保险1.1万份,保额3300万元,2023年参加“两癌”筛查的城乡妇女免费享受该保险。

【计生特殊家庭帮扶】 出台《浦口区全方位帮扶实施方案》,向计划生育公益金补助对象发放公益金。为44130名老年人开展家庭医生签约服务,为70岁以上老年人购买“安康关爱”保险。基层医疗机构中可提供康复、护理、安宁疗护床位占比46.85%。定期开展人口监测信息核查比对,做好计生协会幸福家庭保险宣传和赔付保障工作。 (刘颖奇)

【殡葬工作】 深化“活人墓”等突出问题整治。3月,亭子山万寿园殡葬园区投入使用,包含殡仪馆、骨灰纪念堂、回民公墓等。6月,浦口区被纳入2022年市殡葬综合改革真抓实干成效明显激励支持地方。12 月,被纳入第二批江苏省丧葬礼俗改革试点地区。

(王敏)

就业创业

【概况】 2023 年,新增城镇就业 8033 人,城镇失业人员就业 4552 人,支持成功自主创业 1128 人,开发公益性岗位 252 个,用于兜底安置,开展补贴性技能培训 10122 人,开发就业见习岗位 1292 个,新增取得高级工以上职业资格证书或职业技能等级证书 1695 人,建成"家门口"就业服务站 3 个。开办南京市首届装配焊接一体化项目制培训班,25 人获得技能证书。南京依维柯汽车有限公司胡晓明入选"江苏工匠",雍宁、胡晓明、陈冲获评省特级技师。推进 109 家企业开展自主认定备案培训、学徒制培训、岗位技能提升培训等,指导企业开展岗前培训、岗位技能提升培训,5409 人参加培训。开展金陵盐水鸭制作、民宿管理、时尚美甲、茶艺师、咖啡师、居家养老照护等"一街一品"乡村特色职业技能培训,734 人获得技能提升,永宁街道建设就业富民乡村振兴基地。获得留学人员科技创新项目择优资助 2 人,入选最具成长潜力留学人员创业企业 1 家,申报留学人员回国创业启动支持计划 1 人,评选最具影响力留学人员 1 人。申报博士后工作站 2 个、"双创博士"4 人,申报南京市有突出贡献中青年专家 14 人、专家评审委员会评委库 2 人、企业专家工作室 3 个。获评省级乡土人才大师工作室 2 个、市级乡土人才传承示范基地 1 个、市级乡土人才大师工作室 1 个。

【重点人群就业】 举办 2023 年度"创响江苏"春风行动专项活动联合招聘会,区街联动开展招聘活动 226 场,提供就业岗位 18714 个。实施就业援助,开发养老服务、残疾人之家等基层公益性岗位,兜底安置 252 人。赴湖南省慈利县、陕西省镇安县开展劳动协作交流,对接推进合作项目,促进劳动力转移就业。审核发放富民创业担保贷款 1390 万元。打造"就近就业 幸福浦口"人社服务品牌,推出"就"在"业"市特色服务项目。举办"就在'业'市 一起圆梦"仲夏系列招聘会,建立一周一街一"业"市机制,将夜市经济与就业服务有机融合,举办夜市招聘 15 场,144 家企业参加,提供就业岗位 1307 个,达成意向 241 人。

【就业扶持】 审核发放各类补贴 7190 万元,其中社保补贴 4505 万元、就业创业补贴奖励及贷款贴息等 485.5 万元、培训补贴 811.5 万元、住房租赁补贴 1388 万元,惠及 720 家企业 32438 人。审核发放富民创业担保贷款 1390 万元。审核人才安居、人才购房证明、紫金山英才卡等 704 人。

【大学生就业创业】 升级打造"就在浦口 共筑未来"校园招聘系列活动。实施政校企合作,探索产教融合"就业实习班""订单班"模式。组织重点企业赴 18 所高校,开展校园招聘、推介系列活动 40 场。举办首届高校浦口行暨高质量充分就业合作论坛。举办第六届"浦创杯"创新创业大赛,10 个青年大学生创业项目获奖,晋级"赢在南京"大赛决赛,获二等奖 1 个、三等奖 1 个、优秀奖 1 个、优胜奖 3 个。打造"浦创学院"品牌,开展创业活动 9 期,652 人获得创业能力提升。

【和谐劳动关系创建】 组织"和谐劳动关系"送法进企业活动 8 场,培训 260 余人。对 147 家劳务派遣单位进行年度核验,合格 107 家,合格率 72.8%。对劳务派遣企业进行信用等级评价,评定 A 级 8 家、B 级 89 家、C 级 50 家。完成 81 家样本企业薪酬调查。举办首届企业人力资源管理能力与业务素质双提升培训。1 家企业获评 2023 年度江苏省人力资源服务骨干企业,1 家企业人力资源代表参加"长三角 HR"邀请赛并获优秀奖,2 家企业获南京市"十佳 HR"称号。办结欠薪线索 2203 件,涉及农民工 1045 人,追讨欠薪 1092 万元。劳动保障书面审查 2958 户,劳动保障拖欠农民工工资举报投诉立案 222 件,按期结案率 100%。代表南京市接受国务院根治拖欠农民工工资工作领导小组对浦口区实地考核。强化裁审衔接,推进多元化调解,实施一案"四调"方式,提升案件调解成功率,区矛盾纠纷调处服务中心劳资纠纷调解工作室获评市级金牌调解组织。受理劳动仲裁案件 818 件,结案 818 件,涉案金额 1953.4 万元。案前调解 168 件,调解成功 140 件。成立农民工工资争议速裁庭,开辟涉及农民工工资支付的快立、快调、快审、快裁"绿色通道"。

【“就在浦口 共筑未来”首届高校浦口行暨高质量充分就业合作论坛】 5月25—27日举办。论坛由区人力资源社会保障局、江苏省第十五批科技镇长团浦口团主办，浦口开发区、浦口高新区、南京国家农创中心、珍珠泉度假区协办，省内外24所高校及区内32家企业参加。宣介南京“紫金山英才宁聚计划”政策，13对校企签署合作协议，5对校企就业实习基地揭牌。江苏省社会科学院社会政策所、南京航空航天大学、南京信息工程大学、南京三乐集团有限公司、南京依维柯汽车有限公司嘉宾围绕推动高校毕业生高质量充分就业、服务浦口区地标性产业重点企业各层次用工需求进行探讨。

【“迎四海创业人才 促浦口创新发展”浦口区2023海内外人才创新创业交流会】 6月29日在南京国家农创中心举行。活动是第十五届南京留交会浦口分会场，旨在紧抓宁苏国家级高水平人才聚集平台建设的重大机遇，围绕浦口区产业发展、科技创新、人才引进等方面需求，搭建平台聚集海内外创新资源，推进科技产业创新和国际人才交流合作，打造一流创新创业生态和人才发展高地。32名海内外高层次留学回国人员、26家浦口区优秀企业代表参加。2名海外创业人才作项目路演，5位专家进行点评。

（陈姗姗）

6月29日，“迎四海创业人才 促浦口创新发展”浦口区2023海内外人才创新创业交流会在南京国家农创中心举行 区委统战部供图

社会保险

【概况】 2023年，区社保中心推进全民参保计划，完成各项扩面征缴指标任务。完成汤泉街道“15分钟医保服务圈”省级示范点创建和基层医保公共服务延伸点建设。开展汤泉街道、星甸街道“暖心居保”服务品牌省级试点建设。打造社保经办“网办便民样板间”，高频事项网办率位列全市前列。浦口人民医院、区中医院上线医保“智捷付”平台，参保群众可以在手机端完成挂号、缴费等，实现医保直接结算。区社保中心获全市人社系统练兵比武团体奖二等奖、优秀组织奖，宋倩获江苏省人社岗位练兵明星称号，宋倩、秦小妹获“南京市人社知识通”称号，宋倩获市医保局通报表扬。社保基金收入5915.53万元，支出32323.13万元，年度结余-26407.6万元，期末滚存结余35100.81万元。

【养老保险】 全区城镇职工基本养老保险净增4339人，新增参保单位1702家，中断缴费人员续保2295人。企业离退休人员38318人，供养人员60人，累计发放养老金10.1亿元。城乡居民基本养老保险参保缴费24512人，城乡居民养老保险待遇领取37272人，累计发放养老金3.36亿元，基础养老金由每人每月535元上调至570元。

【医疗保险】 全区城镇职工基本医疗保险参保17.84万人，门诊就诊272.86万人次，基金支付27684万元，住院3.83万人次，基金支付33763万元。城乡居民基本医疗保险参保15.3万人，基金收入2.5亿元，统筹基金支出2.94亿元，民政救助支出997.27万元，大病保险支出1760.54万元。

【工伤保险】 全区工伤保险各项待遇申报1531人次，其中医疗待遇申领663人次、一次性伤残补助金申领528人次、一次性医疗补助金申领325人次、工亡待遇申领15人次，工伤保险基金支付6087万元。发放工伤保险供养待遇912人次，金额160万元。发放1～4级伤残津贴及护理费408人次，金额204万元。发放

表 32　2023 年浦口区社保基金收支情况统计表

单位:万元

类别	险种名称	2022 年结余	2023 年收入	其中		2023 年支出	2023 年结余	期末滚存结余
				保险费收入	财政补贴收入			
养老保险	1. 机关事业养老保险	1185.57	58.28	57.49	—	900.14	-841.86	343.71
	2. 老农保	8490.58	165.14	—	—	756.52	-591.38	7899.20
	3. 基本生活保障	23952.63	6.60	—	—	21655.24	-21648.64	2303.99
	4. 老年困难补助	302.79	1847.81	—	1847.24	1574.18	273.63	576.42
	小　计	33931.57	2077.83	57.49	1847.24	24886.08	-22808.25	11123.32
医疗保险	5. 特殊人员医保	185.05	622.73	36.00	—	478.02	144.71	329.76
	6. 农民工大病医保	27391.79	3214.97	2646.15	—	6959.03	-3744.06	23647.73
	小　计	27576.84	3837.70	2682.15	—	7437.05	-3599.35	23977.49
各项基金合计		61508.41	5915.53	2739.64	1847.24	32323.13	-26407.60	35100.81

新就业形态职业伤害待遇 60 人次,金额 132.8 万元。

【失业保险】 全区办理失业金新增申领 3801 人次,发放失业保险金 7010.59 万元。失业补助金新增申请 471 人次,发放失业补助金 1051.49 万元。技能提升补贴 3126 人次,发放技能补贴 434.02 万元。为 309 名失业人员发放困难家庭慰问金 22.33 万元。

【生育保险】 全区生育保险参保 10.43 万人,零星报销 690 人次,发放生育保险待遇 758 万元,其中生育津贴 637 万元、营养费 50 万元、医疗费 71 万元。

【社会保障范围扩大】 推进年度社会保险扩面征缴工作,开展社会保险企业参保登记调查和社会保险参保情况摸底,摸底企业信息 31721 条,抽样 6 个村(社区)28049 名户籍人口。全区 202 个工程建设项目工伤保险参保,新增 14 个征地项目进保人员 834 人。城乡居民基本养老保险政府代缴 1931 人,代缴资金 324.41 万元。城乡居民基本医疗保险免缴参保 9348 人。

【基金风控加强】 建立"五个一"基金监管工作机制,完善《基金风险防控内部控制工作方案》《稽核文书管理规定》等制度规定,组织开展全区社会保险基金和专项资金安全警示教育月活动,对各险种业务经办、基金使用开展自查和交叉检查,排查疑点数据 742 条,追回基金 34.07 万元,核查医保违规数据 829 条,不予支付医保基金 968.9 万元。

【"15 分钟医保服务圈"省级示范点建设】 2023 年,汤泉街道被确定为"15 分钟医保服务圈"省级示范点建设单位。区社保中心按照示范点创建要求,指导汤泉街道配置不少于 150 平方米的服务场所,设置引导咨询区、自助服务区、柜台受理区等 7 类功能区域,配备 2 名以上医保经办人员。医保经办服务网点延伸至村(社区)、涉农银行、商业保险公司、定点医疗机构等单位,下放医保公共服务事项 24 个、经办服务及帮办代办权限 15 个,"即时办"医保事项平均办理时长压缩至 10 分钟以内,实现基层医保公共服务延伸点全覆盖。

【江苏省“暖心居保”服务品牌试点建设】 2023年，汤泉街道便民服务中心、星甸街道便民服务中心被纳入江苏省“暖心居保”服务品牌试点单位。区社保中心按照试点建设要求，在省级城乡居保标准化试点工作基础上，结合区内实际，指导试点单位围绕全面优化线下服务、拓展应用线上服务、实现同类服务共建共享、创新特色服务4个方面先行先试，打造城乡居民基本养老保险“暖心”服务平台。

【社保高频事项网办率位列全市前列】 区社保中心打造社保经办“网办便民样板间”，将社会保险登记、用工参保登记、停保登记、人员变更、工伤一次性待遇、异地就医备案等11个高频事项进行“网办”推广，在服务大厅设置网办专区，梳理展示涉企高频事项网办流程，配备专人开展现场引导，指导参保对象网上办理，推动社保经办从“窗口”到“云端”服务转型。全年受理业务4.4万件，社保高频事项网办率近98%，在全市14个区（含经济开发区）中排名前列。 （谭丹丹）

社会救助

【概况】 2023年，全区在册低保对象1384户1880人、特困对象726人、低保边缘对象92户172人、支出型困难家庭4户7人，领取困难残疾人生活补贴3046人，领取重度残疾人护理补贴3858人，享受助残服务132人，困境儿童187人，实施临时救助1216人次，累计发放各类基本生活保障金7565.4万元。 （黄施韬）

【慈善募集】 2023年，全区慈善募集总额2461万元，慈善救助支出2012万元。“慈善一日捐”募集善款229.38万元，定向用于春节济困送温暖活动。拓展冠名捐助、项目化捐助、定向捐助等募捐渠道，开展慈善网络募捐江苏慈善专场、“9·9”公益日活动，网上募捐246万元。区慈善总会获2023南京市慈善网络募捐优秀组织奖，“校校助学金”“一元捐”获2023南京市慈善网络募捐优秀项目奖。

【红十字“三救三献”】 完成CPR+AED培训10399人，完成救护员培训249人、初级救护员培训1090人、普及培训12993人。造血干细胞捐献志愿者入库登记102人。开展器官遗体捐献宣传活动22场，新登记器官遗体捐献志愿者39人，4人实现捐献。区红十字会获中国红十字总会2023年红十字生命教育应急救护知识竞赛活动单位组织一等奖。 （高雅）

【残疾人保障与救助】 春节期间，走访慰问困难残疾人3375人，发放慰问金280余万元。实现残疾人社会保险全覆盖，投入经费107万元，为2049名三四级残疾人购买医疗保险；投入经费137万元，为818名三四级残疾人办理城乡居民基本养老保险；投入经费120万元，为535名灵活就业残疾人发放补贴；投入经费10.4万元，为10396名残疾人办理意外伤害保险。为67名残疾人机动轮椅车主发放燃油补贴1.76万元。投入资金3795元，在全市率先为残疾人机动轮椅车主缴纳非机动车辆第三方责任保险。联合区慈善总会开展“情暖浦口·助残康复行动”，对符合条件的229名浦口区户籍在训残疾儿童家庭在国家救助资金基础上给予资金补助。投入资金7.4万元，为280户贫困残疾人家庭提供生活小家电。 （王振兴）

【“情暖浦口”慈善项目】 助困项目 区慈善总会开展“慈善一日捐 济困送温暖”春节慰问活动。下拨慰问资金672.4万元、慰问物资价值45万元，慰问名单以外的临时救助对象、留守儿童及其他基本生活困难家庭3171户。开展困难党员慰问，发放慰问金119.6万元。开展定向困难救助活动，其中雨发建设集团有限公司定向慰问汤泉街道大黄村、龙井社区26万元，江苏信宁水泥有限公司定向慰问星甸街道石窑社区36万元。

助学项目 连续五年资助孤儿、低保、低保边缘户等六类困难家庭学生，大学新生救助1万元/人·学年，大专以上在校生救助5000元/人·学年，高中生、职校生救助3000元/人·学年，发放救助金79万元。在19所乡村学校实施“校校助学金”项目，拨付资金40余万元。

助老项目 开展重阳助老慈善慰问活动，对全区735名“五保”及特困供养老人，每人按照500元标准开展节日慰问。联合市慈善总会，在永宁“乡邻苑”和桥林敬老院开展系列慰问演出活动。联合市文联、凤凰剧社开展“春联进万家 戏曲赠乡邻”活动。

助医项目　建立浦口区补充医疗困难救助专项基金,与“苏慈助医”低保对象补充救助衔接,救助531人,发放医疗救助金140万元。实施乡村公益医疗互助项目,对5205名农村低收入人口按照每人40元标准,给予慈善资金补助20.82万元。为2786名低保户、低保边缘家庭、特困供养人员购买商业医疗补充保险“宁惠保”三期,保费27.58万元。对86名低保、低保边缘家庭及支出型困难家庭,按4000元/年标准给予交通、生活等补助,发放补助34.4万元。

助残项目　为南京市浦口区特殊教育学校98名残疾学生提供免费营养午餐,每人每年4000元。对0~17岁残疾儿童开展康复救助行动,资助210名残障儿童40.65万元。实施“皂”就梦想残疾人辅助性就业项目。

助孤项目　与市慈善总会在桥林街道联合开展六一“大手拉小手”慈善关爱慰问活动,发放慰问金21.06万元。与团区委开展“梦想小屋”计划,为8名困境儿童改造房屋,拨付资金16万元。与区妇联、区关工委等部门联合开展“点亮心途、向阳花开”项目、五彩公益项目等青少年关爱基金系列活动10余场,发放救助金65.03万元。与区综合行政执法局、区教育局等部门开展职工爱心互助项目、慈善文化进校园项目。　（高雅）

【低保等社会救助提质扩围增效】　对1000余户在册低保、特困等对象和暂未纳入保障但存在经济困难、重病重残等问题的群众开展调查评估,摸排特殊困难群体1.2万余人次,下发救助信息线索104条,推动社会救助政策研判下沉一线。8—12月,通过刚性支出抵扣、就业成本抵扣、成年无业重残等扩围政策,新保障低保对象177人。

【浦口区补充医疗困难救助基金运行】　组织巡访摸排,归集低保户、低保边缘户、支出型困难家庭、临时救助对象、困境儿童、重度残疾人、重点优抚对象、特困职工家庭等群体6711人,整理比对医保、慈善、普惠性保险、政策性救助等信息400余万条。认定实际医疗支出1万元以上的因病致困群众200人,发放救助金122万元。结合“苏慈助医”补充医疗救助项目,认定医疗支出1000元以上的低保对象321人,发放救助金18万元。

（黄施韬）

残疾人事业

【概况】　截至年末,浦口区有登记持证残疾人10503人。做好残疾人“两项补贴”审核发放工作,惠及残疾人83203人次,其中享受生活补贴37357人次、享受护理补贴45846人次。发放“两项补贴”3643.5万元,其中生活补贴3001.7万元、护理补贴641.8万元。

【残疾人康复服务】　了解持证残疾人基本信息、基本医疗与康复服务等方面的状况与服务需求,找准残疾人康复服务“需求点”。新增0~17岁在训残疾儿童38人,累计有229名残疾儿童在全市27家康复机构、8家外市康复机构中得到及时有效康复,康复服务覆盖率100%,投入资金257万元。为残疾人提供“一对一”评估、个性化适配康复服务,为16名残疾人安装假肢,为200名肢体残疾人适配轮椅,为40名低视力残疾人适配低视力辅具,为250户困难残疾人家庭实施“四进家庭”服务及家庭无障碍改造,投入资金35万元。做好残疾人辅具适配工作,基本辅具适配服务率100%,代表省、市残联接受中国残联辅具中心服务机构规范化检查并获好评。将康复服务延伸至村(社区),建设残疾人社区康复示范点和康复之家,为470名残疾人提供家庭医生签约、康复需求调查、康复训练、辅具租赁和转介服务。为375名精神病患者提供免费服药。探索康复服务的特色化和新成效,指导区残疾人康复中心引入FMT(肠道菌群移植)治疗方法,对孤独症谱系障碍进行探索治疗,为4名儿童提供免费服药。

【残疾人就业培训】　结合“大走访”活动,开展“走访拓岗促就业”行动,深入园区、企业开展促进残疾人就业惠残政策宣传,开发适合残疾人的就业岗位,做好用工后跟踪服务。组织参加残疾人专场招聘会15场,新增残疾人就业132人,对接区人力资源社会保障局开发公益性岗位,安置19名残疾人就业。举办盲人按摩、电商、羽毛球加工、烘焙、非遗、种植养殖等残疾人职业技能培训15场,新增残疾人实名制培训135人。培育“一街一品”辅助性就业项目,完善辅助性就业项目扶持政策。支持桥林街道残疾人之家运营“菜鸟驿站”，推广到其他街道、社区；做优江浦街道残疾人之家“不简单烘焙”项目，促进残疾人“培训＋就业”；推进星甸街道残疾人之家青创农产品销售网络直播平台建设，参加全省残疾人就业产品“双百”推介会；培育汤泉街道残疾人之家“手工精油皂”制作项目；拓展永宁街道残疾人之家创意农疗“小菜园”就业项目。开展按比例安排残疾人就业年审工作，年审用人企业122家，审核在岗用工残疾人540人。对达比例和超比例安置残疾人就业的14家用人单位给予补助奖励27万元。

（王振兴）

养老服务

【概况】 2023年，建成区级养老服务指导中心，创新打造银龄康养生活馆，实现政策研究、智慧监管、产品展销等“一站式”服务。新增三级及以上社区居家养老服务中心15个，站点覆盖率100%。打造标准化示范性助餐点3个，推进社区银发助餐点提档升级。为358名政府养老扶助对象及1.1万名高龄老人提供免费照护服务，促进专业服务向家庭延伸。试点建设认知症照护中心1个，推动社区筛查评估及早期康复训练工作，加快构建居家社区机构相协调、医养康养相结合的养老服务体系，打造浦口养老服务品牌。

（江海萍）

【机构养老】 全区在运营养老机构9个，养老床位2407张。白马广场区级养老服务指导中心启用，同步建成智慧养老监管平台，以高龄、空巢独居、经济困难的失能、失智老人兜底服务保障为重点，推动全区养老服务向信息化、智慧化、现代化转型升级。建设市级失智照护专区，试点建设认知症照护中心1个，通过药物及非药物治疗方法延缓认知功能衰退，为失智老人提供集医疗、养老、康复于一体的综合性服务。打造区级特色服务站点，8家综合养老护理中心与街道社区卫生服务中心等医疗机构合作，开展高龄老人健康管理、慢病管理、康复服务、用药指导等基础医养服务。江浦街道获评全国智慧健康养老应用试点示范街道。深化医养服务联合，推动养老服务机构与医疗机构建立合作机制，纳入失能人员照护保险定点照护服务机构，为居家失能老人提供家庭病床、巡诊等上门医疗服务。

【居家养老】 新增三级及以上社区居家养老服务中心15个，实现76个村（社区）居家养老服务站点建设全覆盖。实施居家适老化改造145户，培训失能老人家庭成员60人，完成家庭养老床位等养老服务项目65户，建成省级标准家庭养老床位5张。全区10474名80岁及以上老人享有专业养老组织每月不少于2小时免费居家上门服务，362名低保对象和特困供养对象中的中度、重度失能老人享有每月36～48小时免费生活照料服务。80岁及以上高龄老人、低保特困失能老人服务保障覆盖率100%。针对空巢独居等特殊老年群体，每周至少探访1次。

（郑荣祥）

【江浦街道获评全国智慧健康养老应用试点示范街道（乡镇）】 12月28日，工业和信息化部、民政部、国家卫生健康委公布2023年智慧健康养老应用试点示范名单，江浦街道入选示范街道（乡镇）。街道以老年人服务需求为导向，构建“1＋3＋15＋N”智慧健康养老服务体系，即1个街道智慧中心，智慧、养老、医疗3项融合，15个社区分中心，N个智慧健康养老服务，打造以“健康感知、呼叫救助、档案管理、闭环监管”为核心的智能养老服务体系。打造智慧养老服务运营平台，为辖区老年人提供专业服务，实现“系统＋服务＋老人＋终端”一体化模式。其中，依托智慧养老平台、智能化呼叫救助服务平台，建立老年人信息数据库，提供紧急援助、生活照料、家政服务等；依托社区，整合社会服务资源，打造“没有围墙的养老院”；依托街道级养老平台，针对22项居家上门服务建立工单式管理流程。在老年人居家家庭、养老服务机构和医养结合型卫生服务机构使用智能腕表、智慧医药盒等智慧健康产品，提供智慧健康养老系统服务、居家养老中医康养服务、智慧适老家庭改造等专业服务。

（江浦街道办事处）

住房保障

【概况】 2023年，区住房保障和房产局推进16个城建A类保障房重点工程建设，面积309万平方米，新开工68万平方米，竣工38万平方米。新开工保障性租赁住房3311套（间），基本建成2739套（间）。完成回购目标任务6348套。开具房票36份,使用率100%。浦口康居集团保障房项目22个,其中竣工12个、在建和开工10个,约428万平方米,房源约2.8万套。南京住房公积金管理中心浦口分中心归集住房公积金14.61亿元,提取住房公积金9.79亿元,发放住房公积金贷款13.22亿元,支持2248户家庭使用住房公积金贷款购房。

(钱宁　沈江涛　董登峰)

【租赁补贴】　完成67户公租房(租赁补贴)保障家庭年审工作。40户家庭因收入超标、放弃补贴、调整保障方式等原因退出保障。新增公租房(租赁补贴)13户。租赁补贴保障发放79户,发放补贴59.66万元。历年累计保障1177户,累计发放补贴2129.69万元。

【保障性住房】　上市收益金"应收尽收",完成经济适用房上市12户,收缴上市收益金602.3万元。完成156户公租房(实物配租)保障家庭年审工作。7户家庭退出保障,新增公租房(实物配租)36户,实际在保192户,历年累计保障427户。分配共有产权保障房1户。

【房改后续工作】　受理复核房改补贴材料256人,审核资金1316.1万元。累计审批房改补贴资金4.63亿元,涉及210余家机关企事业单位,保障覆盖约1万余人。

【人才安居保障】　人才安居租赁补贴实际在保4617人次,发放补贴1158.74万元。人才安居购房补贴在保95人次,发放补贴680.88万元。

(邵竞成)

基层治理

【基层社区治理】　2023年,投入资金210万元,建成区社工站总站及5个街道社工站,实现街道级社工站全覆盖。城乡和谐社区合格率100%。拥有持证社工696人。

【社会组织管理】　2023年,新增社会组织16个,其中民办非企业单位(组织)13个、社会团体3个。登记在管各类社会组织440个,其中民办非企业单位(组织)341个、社会团体99个。投入资金120万元,支持16个公益创投项目,推进区街级社工站、社区治理和服务创新实验区建设,完善未保、救助等综合社区公益服务体系。

(韦思阳)

民族宗教事务

【概况】　2023年,制订推进民族工作高质量发展、做好新时代党的宗教工作2个实施意见的责任分工方案,压紧压实各方管理责任。开展安全隐患排查整治和非法宗教活动治理工作,完成安全隐患整改260处,取缔擅自设立宗教活动场所4处,处置非法传教活动2起3人。

【民族团结进步创建】　在江浦街道响堂村朴育小院建成"红石榴家园"主题活动展馆,打造对口支援协作合作项目品牌。开展民族团结进步宣传月活动,依托"红石榴家园",常态化开展联谊会、读书会、志愿服务节等活动。借助街道、社区"弘商圈"等青创直播平台,为各族群众和小微商户提供互联网营销技能培训和创业扶持。完成亭子山回民公墓一期建设。

【宗教事务管理】　完善宗教工作协调机制,建立区、街道、社区、民警、网格以及宗教活动场所等多方人员联络表,实现对宗教事务的全域、实时、动态管理。指导宗教界开展崇俭戒奢教育活动,排查整治宗教领域商业化、贪大求奢、借教敛财、铺张浪费等问题,落实人员、财务、安全等管理制度,提升规范化管理水平。开展"攻坚化解年"行动,推动解决涉及场所拆迁整合、异地重建等方面11个重点难点问题。开展消防安全专项行动、燃气安全专项整治等工作,通过区级抽查督查、街道日常检查、社区网格巡查、场所自查等方式,组织开展全覆盖安全检查4次、跨部门联合检查3次、单部门抽查6次,下发隐患整改清单4期,整改率100%。

(周业山)

精神文明建设

【文明城市创建】　加强文明城市创建与"四清、四拆、四整治""每月一办""集中走访日(周)"等重点工作统筹调度,发挥"一网统管"技术平台优势,聚焦机制完善、难点整治、品牌创建,强化督查—整改—回头看闭环流程。桥林街道百合社区"百老园"板凳文化文明实践项目、汤泉街道"泉民富"宣讲直播间文明实践项目获南京市优秀文明实践项目称号。江浦街道响堂村、汤泉街道泉东村分别获评2023“中国最美村镇”乡村治理成就奖、宜居宜业和美奖。2023年市对区社会文明程度指数测评成绩排名全市第一。

【文明实践培育】 开展浦口区学雷锋集中活动暨“志愿新浦口 共创文明城”志愿服务行动、浦口区移风易俗宣传月展示交流活动、温暖秋冬等文明实践活动。新时代文明实践中心(所、站)开展教育服务、卫生健康、科普宣传等文明实践活动7872场,覆盖62万人次。在全国文明村汤泉街道瓦殿村开展“商讨红白喜事消费标准 破除农村陈规陋俗”移风易俗主题示范活动。星甸新时代文明实践小镇省级标准化试点以优秀等次通过省级验收。

【先进典型选树】 承办2023年第一季度“江苏好人榜”发布仪式暨道德模范与身边好人现场交流活动。获评“江苏好人”2人、“南京好人”7人、“南京好市民”5人、“南京市新时代好少年”6人,评选“浦口区新时代好少年”80人。 (高倩)

退役军人事务

【概况】 2023年,浦口区退役军人工作落实服务保障、思想政治引领、安置就业创业、双拥共建、抚恤优待、褒扬纪念等重点任务,做好常态化联系退役军人工作,健全困难人员“一本账”制度,实现退役军人低保户家庭100%帮扶。规范服务平台,加强“一中心两站”(区级退役军人服务中心、街道和社区退役军人服务站)服务保障体系建设,推动区、街道、村(社区)三级联动。重视安置质量,完成接收、安置、培训等任务。加强双拥组织领导,建立健全“双清单”制度,促进军地互办实事,完善拥军支前体系和工作队伍建设。紧抓优抚政策落实,各类待遇及时足额发放。丰富教育宣传形式,组织各街道常态化开展《中华人民共和国退役军人保障法》宣传贯彻活动,开展“最美退役军人”“最美拥军人物”等先进典型学习宣传活动。《建设老兵人力资源超市 助力退役军人就业创业》案例获评全国退役军人服务中心(站)服务保障工作典型案例。桥林街道百合社区退役军人服务站站长陆欣获评省级优秀站长。区退役军人事务局赵孝园获评2023年全省退役军人就业创业工作先进个人。

【双拥共建】 发布《南京市浦口区军人军属、退役军人和其他优抚对象优待目录清单(第一批)》,全国范围内的军人军属、退役军人和其他优抚对象凭有效证件,可享受优待目录清单范围内的相应优惠优待措施。开展纪念延安双拥运动80周年暨“喜迎新春·情暖老兵”双拥共建活动、“情系边海防官兵”拥军优属活动,为2名二等功、16名三等功家庭送喜报。参加首届“江苏最美军嫂”评选,获提名奖。南京市浦口区第三中学被评为全国国防教育示范学校。联合驻区部队开展“共沐书香、感恩有你”主题活动、“致敬海军·逐梦成长”海军节活动。

【就业服务保障】 依托老兵人力资源超市,举办招聘会14场,参加企业217家,提供岗位646个、就业机会3709个,通过网络为退役军人推荐就业信息83条,促成近50名退役军人就业。开展创业帮扶,组织区内企业参加退役军人创业集市、创业创新大赛。

【帮扶援助】 健全困难人员“一本账”制度,通过保险接续、扶持就业、大病救助、临时救助、社会力量帮扶、节日走访慰问等途径开展“一对一”精准帮困,实现退役军人低保户家庭100%帮扶。走访困难人员320余人次,发放补助金21万余元。

【省、市“戎耀之家”创建】 在全区开展优秀“戎耀之家”建设活动,增强退役军人的光荣感、归属感和责任感。雨发建设集团有限公司被授予市级“戎耀之家”称号。

(章贝)

·文稿编辑 王孜孜·

生态环境

环境质量

【概况】 2023年,全区细颗粒物年均浓度28.2微克/立方米,空气质量优良天数294天,优良比率80.5%。省考、市考断面及重要水功能区水质均达标,地表水环境质量排名全市第一位、全省第五位。完成挥发性有机物治理等治气项目130个,完成氮氧化物、挥发性有机物、化学需氧量等年度减排任务。28件第二轮中央生态环保督察交办信访件全部整改销号。区污染防治综合监管平台接到各类环境问题线索1589条,同比下降26.48%,治理"怪兽夜市"餐饮油烟被省攻坚办列为正面典型案例。土壤环境质量保持稳定,重点建设用地安全利用率100%,未发生等级以上原发性突发环境事件。

【大气环境质量】 细颗粒物年均浓度28.2微克/立方米,可吸入颗粒物年均浓度54微克/立方米,臭氧年均浓度175微克/立方米,二氧化硫年均浓度6微克/立方米,二氧化氮年均浓度26微克/立方米,一氧化碳年均浓度0.9毫克/立方米。

【声环境质量】 全区城市区域环境噪声、道路交通噪声和功能区噪声平均声级均控制在国家标准以内,城市声环境质量总体稳定。区域环境噪声下降0.8分贝(A),道路交通噪声上升0.2分贝(A),功能区居民居住区噪声上升0.5分贝(A),功能区交通区噪声上升1.3分贝(A)。

(葛剑)

【水环境质量】 坚持省考、市考断面多点位日测、周测制度,完善水质监测网络,加强街道级、社区级河湖及小微水体水质管控,健全水质月报、季报统计分析机制。开展清水系列专项行动,强化水体巡查及清理,完善长效管护机制,巩固消劣成效,确保已整治黑臭水体"长制久清"。定期根据城南河、石碛河等重点断面关联泵站水质调度情况,及时溯源排查,应对水质波动问题,稳固辖区省考、市考断面逐月达标水平。龙王庙、天桥等4个省考断面水质优良,达标率100%。城南河等省控入江支流断面水质优Ⅲ比例100%,单月监测无劣Ⅴ类,市控入江支流水质全面达标。

(罗涛　葛剑)

资源保护

【水资源保护】 2023年,浦口区万元国内生产总值用水量34.67立方米,万元工业增加值用水量10.08立方米。严格用水管理,坚持总量控制和定额管理相结合,逐级分解下达全区用水总量及用水效率控制指标,严控用水总量在1.9亿立方米以内。实施6个一般中型和1个典型小型灌区渠首监测体系建设,在全市率先实现农业灌区取水计量在线传输全覆盖。落实节水行动实施方案,推进节水型社会建设,挖掘重点用水单位节水潜力,创建省、市级节水型载体19个。开展取水许可管理和取水口规范化建设,落实生态流量(水位)管控工作,完成2条重要河湖(库)生态状况评估任务,推进县域水资源管理规范化建设。常态化做好水源地长效管护,在全市率先引进社会化专业化队伍,开展水源地定期巡查、专项巡查和重点巡查。完善水源地基础档案资料,确保"一源一档",实现水源地专业化管理。开展水源地安全保障规划、水源地长效管护评估,水质在线监测站新增总有机碳在线分析仪，水源地水质在线监测数据和视频数据接入南京智慧水务系统。编制《江苏省水域保护试点——浦口区实施方案》《浦口区水域保护规划》，通过省水利厅审查并获区政府批复。完成清流河、高旺河、石碛河3条河道保护规划编制。（罗涛）

【耕地资源保护】 区政府和各街场签订耕地保护责任书，分解下达耕地和永久基本农田保护责任。划定"三区三线"永久基本农田，将永久基本农田范围以外37.33公顷集中连片、优质耕地划为永久基本农田储备区划，实施动态管理。开展耕地和永久基本农田核实处置工作，完成278公顷永久基本农田整改工作。梳理全区耕地进出平衡需求，完成2023年浦口区耕地进出平衡方案编制，控制一般耕地转为其他农用地。

【矿产资源保护】 加强露天矿山采矿监管，通过制订开采计划、监理核实、智能化监管等方式，确保及时恢复环境、落实安全生产以及矿产资源利用"三率"达标。通过工程修复、简易处置和自然恢复等措施修复矿山9个，修复面积20.36公顷，投入资金738.87万元。（侯有乐）

【森林资源保护】 强化建设项目使用林地事中事后监管，执行审核批准制度，对项目选址、用地规模实行事前论证、事中监督，出台《浦口区林地资源使用管理指导意见（试行）》，落实"占一补一"规定，确保林地面积"只增不减"。完成建设项目征占用林地审核审批44件，涉及林地面积97.03公顷。执行限额采伐管理制度，结合森林资源总量、森林资源生长量、森林抚育任务及历年消耗情况，合理分配采伐限额，控制主伐，鼓励开展抚育、更新采伐，提高林分质量和森林健康度。完成采伐审批18件，采伐蓄积5974.88立方米。开展打击毁林专项行动，成立专项行动领导小组，结合森林督查图斑，排查线索700余条。查处林业案件73件，其中毁坏林木案件7件、非法占用林地案件66件，涉案金额229.92万元。（蒋益杰）

【湿地资源保护】 开展全区重要湿地安全保护工作巡查，做好第27个世界湿地日宣传工作。9月，区林业站采取垃圾清运、基底修复、打通水系、坑塘治理、宣传警示牌制作安装等措施，对长江岸线（桥林段）36公顷重要湿地实施生态修复工程建设。10月，工程通过核查验收。编制《浦口区万寿河（汤泉段）湿地保护小区建设方案》并报区政府批准实施。（郑爱春）

【动植物资源保护】 区林业站与南京林业大学、浦口区虎凤蝶保护协会合作，开展秤锤树培育研究和中华虎凤蝶保护科普宣教工作。开展"2023清风行动"，对辖区野生动物及其产品经营场所进行拉网式排查，收缴捕兽夹7套，拆除电网500米，转移救助受伤野生动物12只，其中国家二级保护动物3只。发布《浦口区关于划定陆生野生动物禁猎区以及规定禁猎期和禁猎工具方法的通告》。开展野猪种群调控试点，监测老山林场、杜仲林场等重点区域的野猪种群，设置野猪诱捕笼5个、诱捕围栏1个，捕获野猪18头。（郑爱春　吴飞飞）

【河湖长制】 制定年度河湖长制工作考核细则，完成河湖长名单调整。强化河长示范推动作用，解决长江岸线天鼎、亚豪船厂遗留问题，通过长江水利委员会河湖管理局现场检查。区级河长巡河84次，街道级河湖长巡河1019次，社区级河湖长巡河11341次，通过"南京河长"App上报处理问题4004起，巡河总效率32.18%，较上年同期提高16.8%。推进跨界河湖联防共治，与滁州市南谯区、马鞍山市和县建立联合河长制，建立水务一体化发展联席会议制度，与区综合行政执法局联合执法共建，增强河湖管理保护力量。编制基层河湖长巡河典型案例《"河"我一起守护浦水》。在全市率先将段格化管理模式推广运用于全区骨干河道，制定管养考核办法，实行日常考核与定期考核相结合，做到日检查、周点评、月考核。完成佛手湖、金穗河等22条幸福河湖创建工作，全区累计创建幸福河湖58条，其中省级示范6条、市级示范29条。

【象山湖获评2023年度国家水土保持科技示范园】 12月28日，水利部公布2023年度国家水土保持示范名单，浦口区象山湖获评2023年度国家水土保持科技示范园。全区累计创成水土保持科技示范园（工程）2个，其中国家水土保持科技示范园1个、国家水土保持示范工程1个。象山湖国家水土保持科技示范园地处浦口中部老山南麓，以象山湖、象山和不老村为核心向外扩展，东至黎村路，南至沿山大道，西至森林大道，北至珍七路，总规划面积3.27平方千米。以科普、宣传、示范、休闲为特色主题，展现“一山一水一村落”(老山、象山水库、不老村)、“三轴五区”(活力水景观轴、魅力水文化轴、动力水经济轴，科普宣传教育区、运动休闲体验区、治理技术示范区、生态研学实验区、水美乡村示范区)面貌。打造象水廊、节水教育馆、老山运动驿站、生态运动广场等设施，示范展示不同生态护岸、水土保持林、水土保持坡面治理、护岸工程、生态排(截)水沟、生态湿地、生态自然修复、水土保持农业技术、生态清洁小流域建设技术、水源涵养林、生态缓冲带水保措施等。 (罗涛)

长江大保护

【长江岸线整治】 落实《中华人民共和国长江保护法》，让“共抓大保护，不搞大开发”落地生效。巩固长江岸线整治成效，累计完成整治项目47个，拆除龙门吊、破碎机、盾构机等设备300余套，拆除建筑物13万平方米，清除水泥地坪、砂石地坪等150万平方米，复绿面积约170万平方米，恢复生态岸线约11千米。推行堤防岸线段格化巡查管理，将区域内长江段划分为巡查段格14个，落实街道段格长2人、社区段格员9人，出动段格巡查员1428人次，巡查岸线3004千米。编制《浦口区长江入河排污口分类整治工作方案》，推进长江入河排污口分类整治，完成水务类排污口整治233个，整治完成率100%。完成滁河沿线21个沟渠、河港(涌)、排干等排污口“一口一策”编制，落实泵站排污口水质监测。 (罗涛)

【长江禁捕】 开展辖区内长江水生生物保护区、长江湿地公园、入江河口等重点水域集中整治专项执法行动，多频次不定期开展长江巡航执法，实施“商船清网打非”专项行动，严查违规携带网具等违法行为，打击电鱼、毒鱼、炸鱼和使用禁用渔具非法捕捞违法行为。发挥综合执法、联动执法优势，区农业农村局和区市场监管局、浦口公安分局签订联合执法协议，派驻人员参与禁捕日常工作。加强部门联动，与长航公安分局、浦口公安分局签署三方协作共管协议，与滁州市南谯区签署苏皖交界滁河禁捕水域联合共管协议，与江北新区建立绿水湾湿地公园联动协作机制。开展联合执法18次，检查过往商船37艘。查办涉渔违法案件179件，其中接受公安移送案件7件、使用禁用渔具案件11件、电鱼案2件、毒鱼案1件、销售禁用渔具案1件。配合浦口公安分局、长航公安分局认定案件证据材料15件，配合区检察院出具长江生态资源修复证明6件，参与涉刑适用公益性志愿服务1人。优化禁捕网格化管理，定期对网格员开展长江禁捕与长江大保护业务培训，发放宣传资料近600份。 (封暴)

【长江渔业资源增殖放流】 3月20日、6月28日，在南京大胜关长江大桥江豚观测点分别开展长江渔业资源增殖放流活动。活动由区农业农村局主办，以“增殖水生生物、促进绿色发展”为主题，增殖放流青鱼、草鱼、鲢鱼、鳙鱼等鱼苗1052.07万尾。

(滕西)

节能减排

【概况】 2023年，实施《浦口区碳达峰碳中和工作联席会议

长江七坝港片区　　区水务局供图

制度》，落实“与减污降碳成效挂钩财政政策”。优化《迎峰度夏电力负荷管理方案》，推进7家非工业企业空调用户柔性改造。实施老旧小区节能改造9个，完成既有居住建筑节能改造5万平方米以上目标任务。淘汰高能耗高排放老旧车辆38辆，新能源公交车更新占比79.7%。推广港口码头岸电使用，完成2个码头区域7组船舶岸电使用箱建设。推动生态保护修复，提升生态固碳能力，完成各类造林176.67公顷，完成区级层面生态保护修复规划设计方案专家评审。开展“无废城市”建设主题宣传，举办“节能降碳 你我同行”主题系列宣传培训。推动废旧塑料污染治理、废弃汽车处置以及废铅蓄电池、废弃电路板等危险废物集中收集体系建设。挥发性有机物削减量28.21吨，氮氧化合物削减量137.8吨。规模以上企业305家，综合能源消耗51.22万吨标准煤，同比增长2.3%。万元工业产值能耗强度0.11吨标准煤/万元。规模以上工业单位增加值能耗同比下降6.6%。完成19个省、市级节水型载体创建，其中浦口开发区获评江苏省节水型工业园区，华天科技（南京）有限公司、光大水务（南京）有限公司、南京环境集团有限公司星甸分公司获评江苏省节水型企业，南京市金陵中学浦口分校、南京汉开书院学校入选江苏省节水型学校，南京审计大学（浦口校区）入选江苏省节水型高校。江苏信宁新型建材有限公司等5家单位通过省级节水型载体复核。 （李长军 葛剑）

【工业节能减排降耗】 出台《浦口区推进制造业智能化改造和数字化转型高质量发展若干措施》，支持企业信息化、智能化、绿色低碳化发展，加快工业绿色转型。开展清洁生产审核，推进5家重点企业实施清洁生产技术改造。推动重点企业碳达峰，江苏信宁新型建材有限公司完成“双碳”行动计划编制。核查重点行业企业减污降碳和碳排放，开展“两高”项目排查整治，严查违规上马、未批先建“两高”项目，26个项目通过节能审查，合计用能17.29万吨标准煤，其中主导产业项目8个、民生项目10个，用能11.89万吨标准煤，占年度用能总量的68.77%。推动落后产能淘汰和节能减排目标落实，组织企业申报国家、省级绿色工厂和绿色设计示范企业。实施珠江污水处理厂提标改造工程。利用中水余热资源，开展能源热泵合作试点，提升节能降耗水平。

（李长军）

【再生水循环利用】 实施珠江污水厂中水厂配套管网建设工程，累计建成再生水配套管网33千米，实现城南河流域再生水设施全覆盖。建设再生水增压泵站，规模5.2万吨/日，满足高区用水需求。与南京广鑫能源服务有限公司合作，试点实施再生水冷热源交换，为研创园220万平方米工业企业提供集中供冷、供热配套服务，可节约标准煤约0.9万吨，减排二氧化碳2.4万吨、二氧化硫77吨、一氧化氮68吨。分区域布设加水机6处，供市政绿化浇洒、道路冲洗等使用。结合市政公厕改造，新增公厕再生水利用2处。创新“污水处理—再生水循环—河道补水”循环模式，改善水资源分布。城南河流域上游河道建成补水点16处，根据丰水期、枯水期时间段，合理调度河道再生水补水量。

（罗涛）

环境治理

【概况】 2023年，排查国控点周边各类污染源，属地街道每周开展全覆盖巡查，巡查重点管控区域餐饮店2900家次，区污染防治领导小组办公室、区餐饮业环保专项整治领导小组办公室不定期组织督查，动态更新各类清单，整治餐饮服务单位114家。利用主次干道积尘走航监测、大气激光雷达风场探测等科技手段，锁定扬尘污染热点区域，采用机扫冲洗、雾炮喷淋等措施压尘降污。分类整治长江排污口267个，整治率100%。加强土壤环境保护，对重点监管企业进行环境监测。

【大气污染防控】 加密指挥调度，强化区、街道、企业三级联动，加大涉气污染源检查力度，督促重点企业友好减排，优化道路保洁、雾炮抑尘作业。完成大气污染治理重点项目130个，完成率100%，其中挥发性有机物治理项目92个，完成率131%。淘汰国三及以下柴油货车41辆。完成生物质锅炉清退及清洁化改造10台，完成率100%。规范整治餐饮服务单位114家，完成率100%。新（换）装高效油烟净化器85家，创成餐饮油烟污染防治典范单位3家。

【扬尘治理】 各责任单位核查在建工地项目9000余个。区污染防治领导小组办公室检查项目1887个,现场发现立查立改问题334个,向属地单位和职能部门派发问题菜单825份,问题均得到整改。按照《浦口区工地扬尘管理挂牌考核实施办法(试行)》考核评分细则,考核挂牌9期,考核挂牌工地62个,其中绿牌19个、蓝牌27个、黄牌16个。与城建、城管部门推进在建项目差别化进程,现场联合验收差别化管理工地15个,其中通过市建委验收11个,浦口区累计通过市建委验收合格的差别化管理工地76个。根据联合检查及日常巡查情况,对存在问题的点位制作扬尘专项曝光视频21期,通报扬尘问题点位96个。 (葛剑)

【河道水环境整治】 完成233个水务类排污口整治,加快石碛河至高旺河水系连通,实施芝麻河、珠北河、镇北河等建成区河道整治。完成象山湖、水墨大埝、珍珠泉、滁河生态补偿项目年度建设任务。落实段格长(员)巡查责任,桥林街道、江浦街道利用“江苏水利巡查”App开展常态化巡查,累计出动巡查人员1428人次,巡查岸线3004千米。实施水系“四清、四拆、四整治”专项行动,开展水环境综合整治提升月行动、铁路沿线水环境专项整治行动等,累计出动管养人员4.25万人次,出动车辆、机械5063次,清理水面垃圾、漂浮物及周边杂物1440余吨。(罗涛)

【土壤保护与环境安全】 实施《浦口区2023年土壤和地下水污染防治工作方案》,公示10家土壤环境重点监管企业名单。完成浦口区吉林路以东、纵五路以西地块修复,推进科工园海桥路、台南路、五华路围合地块以及浦口区嘉义路以北、浦乌路以西地块治理。将155家涉废单位纳入固废管理系统信息化监管,在街道、园区全覆盖开展“以案释法”警示教育培训及《南京市固体废物污染环境防治条例》宣讲,强化危废规范化管理意识。严格核与辐射行政审批和许可,推进49家涉核单位辐射安全标准化建设。 (葛剑)

【农业面源污染治理】 设立农膜经销商和农业新型经营主体集中回收点,组建废旧农膜回收网络。坚持“谁使用谁交回、谁销售谁收集”,建立“政府主导、企业主体、农户协同”回收运行机制,源头控制地膜流向及回收,实行集中托运和无害化处理,全区废旧农膜回收处置率90%。投资441万元,3家规模种植基地建成畜禽粪污种养结合资源化利用与示范项目,新建施肥一体化智能泵站、储肥池、肥水输送管道等设施设备,利用第三方畜禽粪污装运服务组织,将畜禽场(户)产生的粪污托运至田间暂存消纳,托运粪污5163立方米,全区畜禽粪污综合利用率达97%以上。 (朱巨云 滕西)

环境宣传

【概况】 2023年,开展第31届“世界水日”和第36届“中国水周”宣传、“5·22”生物多样性保护日、“6·5”世界环境日、“8·15”首个全国生态环境日宣传活动。举办“建设人与自然和谐共生的现代化”主题摄影大赛。完成攻坚勇士、攻坚故事及治污攻坚微电影拍摄。发布象山行、滁河行、农业行、企业行、水源行5条节水护水线路,结合科普节日,组织科普活动10余场。浦口生态环境监测监控中心杨蓓蓓获评南京市第三届“最美生态环保人”。 (葛剑)

【滁河水利展示馆VR展馆上线】 3月上线。滁河水利展示馆位于永宁街道滁河河道管理所内,是江苏省水情教育基地和浦口区爱国主义教育基地,通过视频、图片等展示滁河悠久的历史文化和恢宏的水利工程,讲述滁河抗战史和抗洪史。网上云展厅以实景方式,360度呈现馆内8个章节的场景,并配合语音讲解。VR展馆以“浦邑滁水”线下展馆为基础,整合沿滁水情教育资源,可以在多终端、多平台通过二维码或链接网址打开,实现远程带看、场景解说、背景音效等功能。

【第31届“世界水日”和第36届“中国水周”宣传】 制作水务特色电子海报,在社区、市民广场、单位等大屏幕滚动播放。在“学习强国”学习平台、交汇点、《南京晨报》、“浦口发布”微信公众号等平台发布宣传作品,宣传节水知识。3月21日,2023年江苏“节水中国 你我同行”联合行动暨第三届节水少年行启动仪式在浦口象山湖节水教育基地举行,南京汉开书院学校学生游览象水廊、环湖栈道、雨水利用研学园和“浦小清”节水教育馆,学生代表宣读节水倡议书。在河道巡查过程中,分发水法宣传册,普及水法律知识。开展《中华人民共和国长江保护法》普法宣传进工地、进社区活动，增强市民水保护理念。3月22日，联合南京工业大学、南京市浦口区永宁小学车站分校，在滁河水利展示馆开展“强化依法治水 携手共护母亲河”主题活动，带领学生参观浦邑滁河水情教育基地，大学生志愿者向小学生传授水知识，弘扬水文化，普及水法律法规。

（罗涛）

【“5·22”国际生物多样性保护日活动】 5月22日，浦口生态环境局、区教育局、中华虎凤蝶自然博物馆、中华虎凤蝶保护协会、区林业站、永宁街道团委、南京市浦口区行知小学共同开展2023年浦口区青少年“生命之旅”自然研学暨生物多样性科普直播系列宣传活动。活动采取线下科普课堂与线上全国直播相结合的方式，向学生讲解生物多样性保护相关知识，增强学生生态文明意识。

【“6·5”世界环境日活动】 6月5日，南京审计大学实验学校举行“建设人与自然和谐共生的现代化”——浦口区2023年“6·5”世界环境日主题宣传教育活动颁奖大会。市生态环境局领导、区政府分管领导出席活动，2022年浦口区深入打好污染防治攻坚战先进个人、“建设人与自然和谐共生的现代化”主题摄影大赛部分获奖代表、南京审计大学实验学校师生、浦口区生态环境志愿者等参加活动。浦口环保铁军与南京审计大学实验学校学生表演环保节目，中华虎凤蝶博物馆分享公益课程心得，倡导全社会共同参与生态环境保护。

5月22日，举办2023年浦口区青少年“生命之旅“自然研学暨生物多样性科普直播系列宣传活动　　　浦口生态环境局供图

【“8·15”首个全国生态环境日宣传活动】 8月15日，浦口生态环境局开展首个全国生态环境日宣传活动。现场通过悬挂横幅、设置展板、电子屏播放宣传标语、发放宣传资料等方式宣传生物多样性保护和生态环境保护内容。杨蓓蓓创作的《〈浦生游记〉贺“8·15”首个全国生态环境日》制作成短视频，被省攻坚办视频号采用。

（葛剑）

环境监管

【环境执法】 2023年，环境违法立案145件，下达行政处罚决定书110份，罚款314.32万元。监管重点企业从生产到排放全过程，对大气重点企业安装配电系统监控，与南京市用电监控系统企业联网89家，与江苏省用电监控系统企业联网88家。36家企业114个监控点位安装污染源自动监控设施，其中废气监控点位49个、废水监控点位45个、污水处理厂监控点位20个。32家企业与国发平台联网，34家企业与省平台联网，36家企业与区平台联网。14家企业安装废气视频监控联网设备，30家企业安装废水视频监控联网设备，均与市监控中心联网。完善与江北新区等毗邻区域环境应急联防联控机制，推进石碛河、驷马山河等重点河流以及浦口开发区突发水污染事件应急防范体系建设，保障饮用水源地水质安全。强化江北环保产业园等单位应急物资库、救援队伍及外聘专家团队建设，组织突发环境事件应急示范演练，投入300余万元更新升级监测仪器设备，提升环境应急能力。开展“两治一提升”专项行动，解决“怪兽夜市”餐饮油烟、海院路工地施工噪声等投诉。严格生态空间管控区域监督管理，加强老山国家森林公园等自然保护地巡查和执法。

【环境信访】 区污染防治综合监管平台接到各类问题线索1589条,同比下降26.48%,办结1584条,办结率99.7%。受理各类环境信访投诉792件,同比下降22.3%。1—6月信访满意率100%,7—8月信访满意率98.4%,9—12月信访满意率100%。开展企业环境信访接待日活动2场,不满意件二次办理20件,领导带案下访23件,未发生因环境信访处置不到位而导致的重大群体性事件。

【环保项目审批】 落实《南京市生态环境系统持续优化营商环境若干举措》,实现窗口服务标准化,安排专人每周常态化跟进重大项目清单。探索环评审批与排污许可"两证合一"改革试点,两个手续同步报送、同步审核、同步办结,优化审批环节。审批省、市重大项目21个,审批区重大项目144个。实施告知承诺改革,缩短审批时间,简化审批流程,告知承诺环评审批惠及企业12家,节省120个工作日公示时间。提供排污许可预警提醒服务,主动提醒排污单位延续排污许可手续及执行报告提交工作。开展环评登记表合法合规性抽查35家、排污许可登记质量复核71家。兼顾最严环保监管与优化营商环境,结对帮扶重点企业22家,聚焦企业稳岗降本、融资增效、项目推进等问题,推动环保惠企政策直达企业。严格执行生态环境分区管控要求,落实环境管控单元差别化生态环境准入清单,防止不符合环保要求的项目落地。

【环境监测】 设置大气环境质量自动监测国控点1个、街道国标小型站点5个、小微站点57个,新增浦口开发区小型空气自动站1个、小微站30个,实现辖区大气监测全覆盖。发布空气质量日报,通报国控点监测数据和变化情况。出具空气质量日报365份、周报51份、月报72份、专题报告7份、环境质量报告35份。围绕省考、市考重点断面水质目标,对省考断面石碛河水质每月连续15日跟踪预警监测,对重点河流城南河主要监控断面隔周每日开展调查监测。对国考、省考断面关联排涝泵站每月开展晴雨天水质监测1次。对7个规模以上入河排污口开展监测2次,对区级以上17条河长制河流每季度开展水质监测1次,对10条建成区水体河流每季度开展监测1次,对城南河流域5个分布式污水处理设施每月开展水质监测1次。保障国家、省、市大气、水自动监测站基础设施建设和正常运行。落实省级以上自动监测站点、降尘点巡查制度,杜绝雾炮车喷淋等人为干预监测数据行为,开展巡查88次,出动人员176人次。新增CMA能力项86项。浦口生态环境监测监控中心获江苏省基层生态环境监测机构规范化建设A级站称号。

(葛剑)

·文稿编辑 刘廷峰·

应急管理

安全生产监督管理

【概况】 2023年，出台领导干部安全责任清单，调整完善安全生产专委会14个，在医疗卫生机构、校园安全领域新增专业委员会2个。3个区级督导巡查组专项督导巡查20个重点部门安全生产监管责任落实情况。以重大事故隐患排查整治、重点领域巩固提升和“治本攻坚”大会战三项行动为主线，聚焦65个年度攻坚破题重点事项和隐患问题，按照“层面统筹、属地为主，系统推进、分级负责”原则，推动问题整改落实。排查整改重大事故隐患91个，省、市安全生产督导组移交的113个问题隐患整改到位，市挂牌督办的5个安全隐患整改完成并销案。在全省率先制定实施《浦口区应急管理局安全生产领域首次轻微违法行为不予行政处罚事项清单（暂行）》《浦口区应急管理局安全生产违法行为失信豁免清单（暂行）》，开展“轻违法，微处理”和信用豁免工作，激发市场主体活力，该项工作被市应急管理局推广。在浦口开发区搭建“浦小安·安全服务驿站”，前置安全服务，服务企业及建设项目197家（个）次，帮助企业查找隐患700余个，形成报告41份，被列入全区优化营商环境创新场景，获年度南京市优秀职工志愿服务品牌。三线联动打造“浦小安”“浦小应”“浦小吉”IP形象应急管理宣教品牌，推广象山湖安全文化长廊及5个城市安全教育体验场馆，受众20余万人次。承办南京市2023年度职工技能大赛“浦安杯”应急管理综合执法人员业务技能竞赛。浦口气象防灾科普馆入选省安全应急科普游地图。

【风险防控】 调整全区应急管理总指挥部，完善“1+14”（1个应急管理总指挥部、14个专项指挥部）应急管理指挥部职责，修订全区突发事件总体应急预案和48个专项应急预案。结合“安全生产月”“全国防灾减灾日”等主题活动，举行“防灾减灾小课堂”进社区、进学校系列活动14场，跟踪指导永宁街道永宁社区、星甸街道双山村创建市级防灾减灾演练社区，通过业务培训和应急实训培育应急“第一响应人”101人。完善《浦口区自然灾害综合风险评估与区划技术报告》，为

6月13—14日，南京市2023年度职工技能大赛“浦安杯”应急管理综合执法人员业务技能竞赛在南京大吉会议中心举行

区应急管理局供图

12.28万户40.55万人购买自然灾害民生保险52.65万元，因灾理赔63件，赔付123.06万元。举行跨区域联动森林扑灭火、台积电氯化氢气体泄漏和华昌龙之谷摩天轮特种设备故障等应急救援演练400余场。

【隐患治理】 出台分级分类管控实施办法，动态调整企业风险级别，管控工业企业500多家。推进“厂中厂”专项治理，建立班前交底制度，出台重点工作指引，搭建互助服务联盟，推广小微企业“6+X”(资质准入、制度规程、风险辨识、教育培训、隐患排查、应急处置+重点工艺、特种作业、危化品使用等)重点工作体系，帮助小微企业提升安全管理水平。组建区应急管理综合行政执法大队，建立完善执法公示、分级分类差异化执法和安全生产跨部门“综研联检”机制，多部门联合检查执法企业117家，整改一般隐患347个，减少重复检查291次。紧盯粉尘涉爆、金属熔融、危化品使用等较大以上风险和人员密集场所“生命通道”、有限空间、动火作业等安全管理重点，开展生产经营单位执法检查630余家次，事前立案99家，罚款200余万元。“一案双罚”34起，涉及金额47.87万元，其中个人罚款17.72万元、单位罚款30.15万元。

【街道“应急管理—消防”一体化工作站成立】 8月18日，街道“应急管理—消防”一体化工作推进会暨5个街道一体化工作站集中授牌仪式在永宁街道举行。一体化工作站整合街道应急、消防、公安等资源，以“一站两中心”(“应急管理—消防”一体化工作站，网格巡查中心、综合执法中心)模式运行，履行属地范围应急管理和消防部门直管行业领域监管责任。建好用好街道“应急管理—消防”一体化工作站，推动社会面1万余家小型场所单位开展“一戴三关三查”(安全员戴标识亮身份，关火、关电、关气，查易燃易爆物质存放、查经营场所违规住人、查电动自行车违规充电及停放)。

11月24日，浦口区跨区域联动森林扑灭火综合应急救援演练在老山国家森林公园举行　　区应急管理局供图

【小微企业安全服务联盟成立】 10月19日，区应急管理局举行小微企业安全服务联盟授牌仪式，首批授牌安全服务联盟成员单位7家。安全服务联盟主要聚焦30人以下的小微企业群体，定期上门提供培训服务，帮助企业完善组织架构、开展风险辨识、建立规章规程，提升企业安全管理能力和台账规范水平。联盟通过分摊服务费用减少企业安全投入70%。

【跨区域联动森林扑灭火综合应急救援演练】 11月24日，浦口区跨区域联动森林扑灭火综合应急救援演练在老山国家森林公园举行。10支专业救援队伍、17家单位300人参加演练，滁州市南谯区、马鞍山市和县2支救援队伍实施跨区域灭火增援。演练模拟老山林区中部林管区突发火灾，设置预报预警、先期处置、跨区域联动作战、灾民转移安置、环境监测、医疗救护等演练科目18个，综合运用无人机侦查、高空投弹、风力灭火、以水灭火、开设隔离带等灭火手段，通过“音视频联通+现场云直播”向社会展示森林火灾处置全过程。　(祁伟)

防灾减灾

·气象灾害防御·

【主要灾害性天气】 汛期全区强对流天气频发，局地性强。6月10日出现较强对流性天气，浦口站极大风19.6米/秒，区内部分树木倒伏，居民太阳能受损。6月17日入梅，梅雨期间，出现区域性强降水天气8次，其中18日出现大暴雨，并伴有短时强降水，浦口站降水量 103.2 毫米。大暴雨导致各地出现不同程度的灾情，部分低洼地带、多处农田和果园受淹。12 月，强寒潮带来低温雨雪冰冻天气。受强冷空气影响，18—19 日出现暴雪天气，并伴随大风降温。降雪停止后，气温骤降，12 月 22 日早晨最低气温 -10.5℃。

【公共气象服务】 7 月，区政府印发《浦口区贯彻落实〈气象高质量发展纲要（2022—2035 年）〉实施方案》。汛期，区气象局在重大转折性、关键性、灾害性天气时间节点，实施交通、旅游等行业天气预报预警和滚动服务。落实地面气象观测、天气预报预警、网络安全、防雷安全监管、人工影响天气、气象应急响应与应急预案、后勤服务保障等工作。加强联防联动，利用现代化气象观测设施、气象新型观测资料，研判灾害性天气形势，完善气象应急响应叫应服务机制。全年发布预警信号 85 条，气象预警信息接收人数 80 万人次。制作发布各类气象报告 352 期（份），其中《重要天气报告》25 期、《天气周报》52 期、《重大活动保障报告》52 期、《农业气象服务专报》50 期、《空气污染扩散气象条件趋势预测》51 期、《森林火险气象等级预报》29 期、其他材料 93 份。（刘圆　吴自越）

【气象社会管理】 完成防雷安全重点监管单位行政检查 35 家。开展跨部门联合检查 3 次、单部门“双随机”检查 1 次。聚焦重点领域，落实生产经营单位防雷安全主体责任，区安委会办公室印发《关于做好 2023 年度防雷减灾工作的通知》，编印《防雷安全自查操作手册》。加强雷电防护装置检测资质单位管理，完成防雷检测中介企业行政检查 1 家、企业质量考核 3 家。通过手机短信平台、微博、气象多媒体终端等发布防雷宣传信息 14 条，发放普法宣传品 1 万余份。

（陈其旭　刘圆）

【气象防灾减灾】 区气象局与区应急管理局、区防灾减灾办公室等部门联合在省气象突发事件预警信息发布平台发布预警信息 25 次。在全区 117 个多媒体气象预警服务终端、3 块户外电子显示屏发布灾害预警信息 1300 余条。开展气象科普广场宣传 3 次、进社区宣传 5 次，发放宣传材料 3000 余份。联合开展全区灾害信息员气象防灾、基层网格员气象灾害防御专题业务培训各 1 期，培训 700 余人次。与人保浦口分公司签署农业保险气象服务战略合作协议，联合区农业农村局、平安保险浦口公司等单位，调查星甸街道双山村农业气象服务需求。做好大气污染防控、农业抗旱气象服务，开展火箭弹增雨作业 1 次、焰炉增雨作业 12 点次，燃烧焰条 40 根。

（王明江　刘圆）

【全固态 Ka 波段测云仪试运行】 12 月 13 日试运行。该设备是一款具备体扫功能的连续波体制云雨探测雷达，主要采用线性调频连续波体制，连续高精度实时探测 30～30000 米范围内的云雨目标强度、速度、谱宽和线性退极化比等信息，利用高精细测距、测速能力对晴空大气、云、雨目标进行精细化探测和研究。设备能优化全区雷达气象观测网络，与建成的拉曼激光雷达、毫米波云雷达、X 波段雷达等协同监测，为监测大气污染物时空演变过程、开展空气污染气象预报服务提供决策依据，为改善空气质量、开展人工影响天气作业提供精准数据。

（刘圆）

·防汛抗旱·

【概况】 汛前，调整防汛指挥机构、驻圩区领导，完善对口支援机制，落实防汛责任人。开展汛前检查，排查梳理安全度汛隐患，形成汛前检查报告，落实责任单位、责任人及安全度汛措施，完成汛前防汛消险工程 14 个，实施水库清淤 3 座，建设农村重点泵站 4 座、重点塘坝 3 座，更新改造小型翻水线 3 条。新编城市内涝预案，修订完善区级防汛、防御洪水、防台风、抗旱、水库、蒿子圩蓄滞洪区、城市内涝预案方案及街场抢险专项方案，落实抢险巡查队伍 63 支 3027 人，储备防汛“三袋”66.83 万条、土工布 6.71 万平方米、块石 2.68 万吨、城市排涝移动泵车 9 台等物资。组织开展防汛知识培训、抢险方案桌面推演和实战演练。建立完善水库“四个责任人”［水库安全政府责任人、主管单位责任人、技术责任人、管理单位（巡查）责任人］责任体系，健全蒿子圩闸、侯家坝闸等中型闸站管理机构，明确安全管理责任，滁河堤防浦口段、蒿子圩闸被认定为江苏省精细化管理二级工程。全天候值班值守，预降预排小水库及河道水位，应对 11 场强降雨及台风等汛情。针对汛期出现的重点积淹水点落实“一点一案”，前置物资、人员、设备，做好管网清疏工作，通畅城市排水。

【强降雨防御】 6月17日8时至19日8时，全区累计雨量147.9毫米(江浦街道)~100.7毫米(桥林街道周营村)。区气象局、区水务局加密强降雨滚动预测预报，通过融媒体平台及时发布水雨情预警提醒，落实24小时值班制和领导带班制，"人等雨"模式应对各项防汛工作。18日4时22分，气象部门升级发布暴雨橙色预警信号。18日5时30分，区防汛抗旱指挥部启动城区防内涝Ⅱ级应急响应。6时起，应急、气象、城管、交通等部门集中办公，会商会办。抢排道路积淹水点，重点对全区15个中考考点周边主要道路，前置抢排人员、设备，开井助排、推水扫水，保障考生安全顺利到达考点。紧盯居民小区、地下车库、下穿式涵洞等重点部位，安排人员24小时巡查值守，前置沙包、挡水板、排水机泵等物资设备，架泵抽排及人工助排。出动巡查抢排人员3400人次、巡查抢险车辆330辆次、抽水机泵等设备180台。密切关注滁河流域上游降雨及水位上涨情况，加强分析研判，落实防范措施。加密水库塘坝巡查检查频次，强化溢洪期间安全检查，保证行洪通畅。安排点位监测人及专业技术人员巡查地质灾害点15处，其中中型1处、小型14处。

【防汛交通桥消险翻建工程完工】 8月完工。工程总投资1999.4万元，2022年11月开工。实施永宁街道晓复桥拆除新建，新建3跨桥梁，总长94米，全宽12米；维修加固星甸街道与汤泉街道分界处的斩龙桥，修复出新破损处，在桥梁端部设置小型雕塑1座；维修加固永宁街道内河桥，修复出新破损处，提升改造桥梁附近步道、地坪及其他景观结构。

【防汛消险工程完工】 10月完工。工程总投资4061.67万元，2月开工，包括子项目14个，实施河道整治、塘坝加固、泵站涵闸维修拆建等工程，项目分布在江浦、桥林、星甸、汤泉、永宁街道。完成驷马山河新建防汛道路360米、侯冲沿山河河道清淤拓宽3300米、小型涵闸拆建或改造11座。 (罗涛)

·防震减灾·

【地震监测预报】 2023年，浦口区数字测震台网运行率99.6%，完成市对区考核细则要求。落实季度、年度台网中心和螃蟹眼泉仪器设备维护、雨量筒标记、防雷接地电阻测量等工作。开展地震宏观观测点检查、地震烈度仪巡检。

【震害应急防御】 修订《浦口区地震应急预案(2023版)》，提升地震应急处置能力。定期更新灾情速报员名单和联系方式，参加全市地震灾情信息员培训、演练和溧水大金山国防园应急实训。通过"12322"灾情速报平台，开展地震模拟演练6次，部门、街场、园区24名市级地震灾情速报员参加。

【防震减灾依法行政】 根据市应急管理局《关于推进地震行政权力事项标准化管理的通知》，参照省、市地震局事项清单，对有关事项进行标准化维护。在江苏省投资项目在线审批监管平台审批新建、改建、扩建申报项目263个，项目涉及参数均符合《中国地震动参数区划图》(GB18306—015)要求。采集抗震设防信息46条，全部审核通过并上报市采集办。

【防震减灾科普宣传】 申报永宁街道大埝社区、南京市浦口区实验学校为市级防震减灾示范点。联合区红十字会、区气象局、区消防大队等部门，在桥林街道乌江社区、永宁街道大埝社区、江浦街道白马社区开展防灾减灾小课堂活动3场。举办防震减灾绘画比赛，收到参赛作品近200幅，评出一等奖19个、二等奖26个。南京市浦口区实验学校陈瀚哲获全市地震科普宣讲员比赛第八名。南京市浦口区行知小学杜春缘等3名学生获全市小学生手抄报比赛三等奖。利用"5·12"防灾减灾日、安全生产月、"7·28"唐山地震纪念日、"10·13"国际减灾日等节点，采取广场集中宣传、举办科普知识讲座、"六进"宣传、电视及广场大屏播出动漫片、指导地震逃生演练等方式，开展防震减灾宣传教育，发放宣传品、宣传册2000余份。 (陈晨)

消 防 救 援

【概况】 2023年，接警827起，出动消防车辆2045辆次、消防人员11573人次，抢救被困人员63人，疏散人员132人，抢救和保护财产价值632.2万元。开展火灾扑救342次、抢险救援278次、社会救助163次，其他出动44次。接警数、出动消防车辆及消防人员数分别上升24.2%、19.8%、19.5%。全区发生火灾346起，其中单位火灾26起、住宅火灾122起、车辆火灾65起、草坪垃圾火灾116起、其他火灾17起，直接经济损失328.2万元。实施商场市场、高层建筑、宾馆饭店、劳动密集型企业等21类重点场所风险隐患排查治理。9月初，市政府挂牌督办存在重大火灾隐患的南京多米体能拓展训练服务有限公司、江苏翰坤服饰集团有限公司提前完成整改并销案。开展消防科普年行动，推进消防宣传“五进”，以鳏寡孤独和外来务工人员等特殊群体为重点，组织专题宣讲2184场，开展消防志愿者活动10场，入户宣传6000余家次，培训3.5万人次。依托消防主题影厅、消防宣传教育馆开展社会面宣传培训，印发、张贴宣传册、海报11万份。

【消防基层基础建设】 贯彻《江苏省消防条例》，实体化运转区街两级消防安全委员会，印发区消防安全委员会成员单位年度消防工作任务清单236条，明确街道、行业部门和社会单位消防安全责任。举办区消防安全委员会成员单位联席会议4场，发送重大活动、重要节日消防安全提示函10份。建立消防监督员挂钩联系行业部门制度，加强对口业务指导，健全常态化联合检查、培训和督导机制。落实《单位消防安全管理规范》，实行社会单位消防安全“自知、自查、自改”和公示承诺制，调整确定二级消防安全重点单位140家、三级消防安全重点单位110家，全部应用单位消防安全管理系统。在“九小”、“三合一”、小服装厂等小型经营场所安装简易报警装置982只、电气火灾监控系统60套，为2243户独居老人家庭安装独立式感烟火灾探测报警器。

【公共消防设施建设】 山林路消防站投入执勤，珍珠泉消防站实施室内工程装修。市政消火栓与新建道路同步建设，增补市政消火栓80只，对全域消火栓开展巡查，确保完整好用。

【基层监管力量建设】 健全基层消防监管机制，开展街道委托执法，签订街道消防委托执法协议书，综合监管消防安全，形成执法工作闭环。成立街道“应急管理—消防”一体化工作站5个，统筹监管执法力量，提升基层消防工作质效。配备“九小场所”专兼职消防安全员5886人、日常指导员19人、挂钩联系员10人，依托基层网格力量常态化更新场所底数和人员信息。

【高层建筑隐患治理】 推动全区高层建筑隐患排查整治，排查高层公共建筑56栋、高层住宅建筑901栋，签订高层公共建筑自查承诺书，明确消防安全管理人，设置消防安全警示标牌920处，督改火灾隐患及突出问题182个，拆除违章建筑12座。选树虹悦城为高层建筑消防安全管理示范单位，完成明发新城中心A栋超高层公共建筑教学培训式检查及安全评估。

【城镇燃气消防安全专项整治】 聚焦城镇燃气、餐饮场所、瓶装液化气充装点及商业建筑燃气场所，印发专项整治行动方案，联合公安、城建、城管等部门及街道开展拉网式排查，排查燃气场站18处、非居民用户1790户、使用瓶装液化气户1349户。对接浦口公安分局、区住房保障和房产局等部门，采取疏堵结合方式，推动瓶装液化气转换工作，针对用户实际情况推行“瓶改管”或“气改电”，签约“瓶改管”协议餐饮用户160户、“气改电”用户73户，从源头上遏制火灾隐患。

【“三合一”场所综合治理】 排查全区“三合一”场所228家，其中住宿3人及以上33家、住宿3人以下195家。通过安装简易消防技防措施推动隐患整改，安装简易喷淋135套、简易报警器187只、逃生绳112条、破窗逃生装置107个。印发“三合一”场所消防安全告知书1000余份。

【住宅小区及电动自行车隐患整治】 联合部门及街场、园区排查住宅小区287个，重点整治居民小区车库（储藏室）、地下室及半地下室违规住人、违规使用燃气、违规经营等风险隐患，排查车库、储藏室3609户，排查地下室、半地下室116户，清理车库、储藏室住人327户，清理地下室、半地下室住人68户，张贴、发放宣传海报3000余份。印发《关于进一步加强电动自行车消防安全整治工作的通知》，集中约谈电动车销售、生产企业16家，开展电动车“进楼入户”“飞线充电”等隐患问题联合检查50次，督促整改隐患122个，劝导搬离电动车659辆，划定电动车安全停放充电区域208处，推广安装电动车充电桩106套，增设电动车棚简易喷淋系统,覆盖面积15181平方米。

【综合应急处置】 强化社会单位灭火救援基础资料建设,采集单位总平面图、建筑施工竣工图、单位应急疏散总平面图等资料,修订完善“一单位一应急预案”250家。加强应急救援队伍建设,建立以消防站为主,重点单位、社区微型消防站为辅的应急救援力量,完善联勤联动作战体系,明确应急联动要求,组织联勤联训及拉动演练。开展超高层建筑、大型商业综合体、厂房仓库等实战演练,以及社会单位“863”熟悉演练600余次。完成南京审计大学浦口校区突发火灾事故实战化综合消防演练。举办全区消防安全业务知识竞赛暨小型经营性场所专兼职消防安全员实操比武,提升基层场所消防业务技能。

11月8日,在南京审计大学浦口校区开展突发火灾事故实战化综合消防演练　　区消防大队供图

【“生命至上,隐患必除”专项行动】 5月起开展。印发商场市场、宾馆饭店、劳动密集型企业等21类重点场所消防安全风险自查检查指南,开展消防安全监管执法专题业务培训20余场。摸排宾馆饭店76个、党政机关办公用房26个、公共娱乐场所35个、粮食和物资储备场所3个、建筑施工工地43个、文物古建筑及博物馆1个、学校42所、养老机构7个、医疗机构9个、劳动密集型企业26家、小型经营性场所5886个、“厂中厂”企业33家、厂内涉及的小企业177家,排查大型商业综合体5个、2万平方米以下具有一定规模的商场市场29个,制定大型商业综合体“一企一册”,实行消防安全标准化管理。　　(崔荣蓉)

·文稿编辑　杨　友·

街道 林场 农场

江浦街道

【概况】 2023年,江浦街道面积98.4平方千米。辖社区居民委员会15个,居民小组259个。总户数86261户,总人口22.52万人。获2022年度南京市扛起“争当表率、争做示范、走在前列”三大光荣使命先进集体、2022年度全省高质量发展先进街镇、2022年度南京市机关作风建设标兵街道(镇)、全省人大系统先进集体等荣誉。烈士塔社区被命名为2023年全国示范性老年友好型社区,通过2023年省健康社区评估。同心社区获江苏省五四红旗团委称号。华光社区获评南京市人民调解委员会规范化建设单位。

【经济发展】 实现地区生产总值205.65亿元,增长4.7%。其中,第一产业增加值0.95亿元,下降0.02%;第二产业增加值32.7亿元,增长3.25%;第三产业增加值172亿元,增长4.98%。一般公共预算收入12.35亿元,下降15.62%。全社会固定资产投资134.32亿元,下降27.81%。全体居民人均可支配收入63354元,增长4.78%。

农林牧渔业总产值20190万元,增长1%。其中,农业7965万元,增长10.2%;林业4194万元,增长1.9%;牧业68万元,下降12.8%;渔业5759万元,下降12.7%;农林牧渔专业及辅助性活动产值2204万元,增长11.9%。粮食作物种植面积267公顷,产量1751吨。油料作物种植面积53.3公顷,产量118吨。蔬菜种植面积247.2公顷,产量9101吨。实有林地面积2928.2公顷。家禽存栏6550羽,出栏7002羽。

工业企业55家。列入统计限额以上规模企业6家,实现工业总产值57246万元,下降11.9%。销售收入75063万元,下降12.4%。利税11189万元,增长6.8%。建筑业企业1478家,其中新增73家。从业人员7347人,建筑业总产值207.5亿元。

实际利用外资及港澳台资300万美元。新增杰达齿科、中保集团总部、德盈凯悦酒店等亿元以上项目5个。新增南京壹行科技有限公司、南京翔展信息科技有限公司、江苏久芯智意城市运营管理有限公司等高新技术企业9家。

实现社会消费品零售总额84.88亿元,增长0.1%。新增限

江浦街道新貌　　江浦街道办事处供图

额以上贸易企业7家,总数71家。有农贸市场7家,大型商场、超市6家,服务业重点企业20家,房地产在建企业9家,限额以上住宿餐饮单位12家。民宿12家,接待床位200多张,配套商业空间23个,农家乐8家,带动村民就业约200人。不老村年接待游客50万人次,实现旅游收入4500万元。

【村镇建设】 投入2400万元,完成市级宜居村八里社区二组、五组和省级特色田园乡村华光社区兴隆组2个项目建设。在13个小区建设停车点位32个,整合“夹角空间”,新增停车泊位264个。拆除违建66处2490平方米。清理流动摊点47390起、倚门出摊19673起、乱堆乱放23481起、违规晾晒9167起、违规灯箱及广告牌6816起、乱贴乱画33997起、违停贴单16010起,规范非机动车停放14.03万辆。办理执法案件1877件,罚款75.7万元。农村公路20条,其中乡道8条、村道12条,总里程48.66千米,道路全部达双车道四级及以上标准。

【社区建设】 新增人民桥、新河、珠江3个AAA级居家养老服务中心,新增老年人助餐点3个。有沣盛、颐畅、康颐、尽孝道、苏康5个养老机构,提供床位1234张,其中护理型床位1163张。开展风险隐患排查11轮、平安宣传16次、消防演练培训79场。打造基层社会治理共同体,推进“每月一办”“警网融合”工作,配备专职网格员240人、兼职网格员(楼栋长)845人,服务15个社区1305个微信群11万人,完成122个成型小区和105个零散小区数据排查,实时更新4365家沿街店铺、157个便民服务点数据。大联勤发现问题25069件,办结率99.97%。“12345”热线受理工单25327件,满意率97.85%。

【社会事业】 人民桥社区新增综合文化阵地300平方米,有社区综合文化服务中心15个。街道图书室和8个社区“农家书屋”藏书6.9万余册,有24小时自助图书馆1个。开展文化惠民活动205场,惠及居民47.71万人次。开展新时代文明实践活动2000余场,参与志愿者1300人,惠及居民6万人次。新增室外全民健身路径1处。街道社区卫生服务中心医务用房面积5500平方米,科室18个,床位20张,医务人员117人,专职医生49人,年门诊量12.31万人次。11个社区卫生服务站医务用房面积2000平方米,医务人员32人,专职医生28人,年门诊量12.65万人次。预防接种74754人次,妇女保健1133人次,儿童保健14375人次,家庭医生签约80295人次,血吸虫病检查949人次。

【社会保障】 新增城镇就业3048人,城镇失业人员就业2413人,援助困难人员就业370人,支持成功自主创业200人,其中支持离校5年内高校毕业生创业70人。就业困难人员认定134人,发放社保补贴2034人次407万元,发放小额担保贷款7人210万元,发放南京青年大学生开业补贴4人8000元,发放创业场地租金补贴(载体外)1人1万元。结转征地过渡性项目13个,完成4个社区进保551人。批前实施征地项目8个,涉及6个社区进保464人,抵缴率均超80%。城乡居民基本养老保险参保续保1796人,待遇长期暂停人员清理413人,新增企业职工基本养老保险参保2036人,城乡居民基本医疗保险参保41983人。发放低保金、困难残疾人生活补贴及重度残疾人护理补贴1237人810.93万元,发放尊老金40762人294.77万元,发放困境儿童补贴1144人166.09万元。完成住房保障申请27户,年审203户。慰问失独家庭、计生贫困家庭和农村“三留守人员”家庭193户,发放慰问金9.65万元。走访驻街部队和困难退役军人、现役军人、重点优抚对象家庭,发放慰问金3.98万元、慰问品602份。发放各类优抚对象抚恤金1065万元,慰问烈士遗属9人,发放慰问品9份。 (李安炎)

桥林街道

【概况】 2023年,桥林街道面积181.6平方千米。辖社区居民委员会11个、村民委员会9个,村(居)民小组277个。总户数23152户,总人口73276人。林蒲社区入选2022年度江苏省生态宜居美丽示范村(社区)。

【经济建设】 实现地区生产总值40.49亿元,增长4.7%。其中,第一产业增加值6.81亿元,下降0.7%;第二产业增加值13.1亿元,下降6.1%;第三产业增加值20.58亿元,增长16%。一般预算收入3.13亿元,增长15.2%。全社会固定资产投资4.39亿元,增长14.6%。全体居民人均可支配收入58784元，增长4.7%。

实现农林牧渔业总产值12.53亿元，增长1.6%。其中，农业52834万元，增长4.2%；林业28571万元，增长2.4%；牧业6555万元，下降8.5%；渔业23410万元，下降7.8%；农林牧渔专业及辅助性活动产值13886万元，增长14.8%。粮食作物种植面积2052公顷，产量11558吨。油料作物种植面积524.5公顷，产量1357.7吨。蔬菜种植面积500公顷，产量15790吨。实有林地面积3467公顷。生猪存栏122头，出栏360头。以"一核心、两示范"（兰花塘高标准农田，沿江片区、陡岗丘陵片区）为载体，创成市级现代都市农业产业示范园区。

工业企业80家（不含托管园区）。规模以上工业企业13家，实现规模以上工业总产值8.4亿元、销售收入10亿元、利税1636万元。资质以上建筑业企业22家，从业人员3583人，实现产值10.7亿元。实际使用外资及港澳台资2151万美元。

社会消费品零售总额21.75亿元，增长0.8%。大中型超市5家，农贸市场1个，个体工商户6281户。开放森林大世界、草圣书乡、聆泉福音3个景点，旅游接待量28.23万人次，实现旅游收入21888.63万元。

【村镇建设】 完成整组搬迁、提前安置、项目安置工作，分配房屋7548套。启动新开地案2个。其中，356省道项目涉及居民62户，面积2.14万平方米，全部拆除；新柳路以西项目涉及居民41户，签约39户，面积0.88万平方米，沿街门面房涉及17户，实施沿街房屋补偿方案，签约3户。结转扫尾地案6个，完成扫尾居民15户、企业2家。建成宜居村7个，总数45个。整治河道15条、小区21个、主次干道23条、水塘（湖泊）600余处，清理生活垃圾和杂物973.8吨、乱堆乱放8415处，拆除违建5305平方米，整治破损设施320处。新增机动车停车泊位70个。完成"四好农村路"提档升级及农村道路"白改黑"54千米。

【社区建设】 新建社区居家养老服务中心3个，改造提升助餐点3个，创建省级示范性未成年人保护工作站和省级试点精神康复示范社区2个。13个垃圾分类小区设置垃圾分类收集点43处，配备垃圾分类督导员73人。设置社区分拣中心17个、餐厨处理站1个、街道再生资源分拣中心1个。捋马雅居创成省级垃圾分类达标小区。实施"精网微格"工程，排查化解矛盾纠纷785个，巡查消防安全3079次、出租屋4830户次、企业23309家次，走访空巢老人510户次、社区矫正人员63人次，办理联勤工单11104件，办结率100%。建立"法润长桥"普法品牌，开展平安创建宣传，兰花塘社区入选第十六批省级民主法治示范村（社区）。

【社会事业】 投入34万元，南京市浦口区新城实验幼儿园创成南京市优质幼儿园。实施文化惠民工程，挖掘编排地方特色节目，开展"我们的节日""风雅桥林"等主题演出、比赛、展览、讲座等群众文化活动310场。建设24小时自助图书馆1个。新增健身路径2处，更新到期健身路径8处，新增羽毛球场、灯光篮球场4个，新增百姓健身房1个、室内健身房1个。完成血吸虫病现场查病1000人次，通过省级评估。无偿献血302人次，造血干细胞入库21人次。完成系统内29家企业职业健康在线学习，完成率100%，持有合格证书率100%。

【社会保障】 举办线下招聘会8场、线上招聘会11场，提供岗位2800余个。新增城镇就业1099人，城镇失业人员再就业855人，农村劳动力转移就业300人，援助困难人员就业190人，成功自主创业65人。完成离校未就业大学生调查97人，回访率及政策宣传率100%。新增申报灵活就业人员社会保险补贴341人次，城乡居民基本养老保险参保5959人，企业职工基本养老保险扩面1297人，城乡居民基本医疗保险参保37957人。

【便民服务"跨省通办"工作登上《新闻联播》】 12月1日，桥林街道便民服务"跨省通办"工作被《新闻联播》报道。桥林街道设置"跨省通办"服务窗口，采用"窗口办""指尖办"等路径打造全天候、全时段异地办理模式，实现失业登记等22项高频服务事项"跨省通办"。建成南京市首个省际毗邻地区"政务＋警务＋综治"服务站——浦口联动共治苏皖乌江站，设立全科专窗，向两地群众提供户籍类、居住证类和医保类等"跨省通办"服务，建站以来办理民生服务事项1374件。推行帮办代办、引导教办等服务方式，纳入马鞍山市和县"跨省通办"高频事项40项，通过模拟走、帮办走等方式,优化“跨省通办”线下服务。“跨省通办”惠及苏皖两省群众2万余人。

(梁姗姗)

星甸街道

【概况】 2023年,星甸街道面积141.92平方千米。辖社区居民委员会5个、村民委员会9个,村(居)民小组274个。总户数15864户,总人口47552人。王村村入选第六批中国传统村落,获评美丽家园省级示范点。王村村王村组被命名为第十一批次江苏省特色田园乡村。九华村获2023年度江苏省乡村旅游重点村称号。后圩村、九华村入选2022年度江苏省生态宜居美丽示范村(社区)。星兴社区获2022年江苏省扫黄打非基层示范点称号。星甸街道新时代文明实践小镇标准化试点通过省级考核验收并获优秀等次。

【经济发展】 实现地区生产总值46.27亿元,增长4.3%。其中,第一产业增加值16.12亿元,增长3.3%;第二产业增加值9.4亿元,下降5.4%;第三产业增加值20.75亿元,增长10.2%。一般公共预算收入4.05亿元,增长21%。全社会固定资产投资3.74亿元,下降33.3%。全体居民人均可支配收入57767元,增长4.9%。

农林牧渔业总产值25.9亿元,增长1.9%。其中,农业14.25亿元,增长3.2%;林业3046万元,增长30.4%;牧业15599万元,下降0.3%;渔业67583万元,下降4.7%;农林牧渔专业及辅助性活动产值30259万元,增长12%。粮食作物种植面积850.7公顷,产量5602吨。油料作物种植面积315.8公顷,产量789吨。蔬菜种植面积2009.8公顷,产量85199吨。有林地面积8226.54公顷。投入资金3300万元,实施养殖池塘生态化改造建设项目、王村村设施农业建设二期项目、星甸街道农业农村综合服务中心改造项目3个农业重点项目。

工业企业74家。新增江苏禹泓达水务工程有限公司、南京沐迪磁业有限公司、江苏润邦焊接科技有限公司3家规模企业。列入统计限额以上规模企业36家,实现总产值24.18亿元、销售收入26.18亿元、利税2.61亿元。

社会消费品零售总额12.12亿元。新增在营商户88户,有各类商贸场所599家。接待游客38万人次,实现旅游消费3870.3万元。

【村镇建设】 投资2500万元,完成重点乡村道路“白改黑”养护工程13.5千米,四级道路率100%。公交线路10余条,公交站点61个。投资2594万元,实施王村村省级特色田园乡村建设。投资1150万元,实施市级宜居村建设。投资180万元,完成第四批省级传统村落保护。投资360万元,实施第五批省级传统村落保护。新增停车泊位100个、共享停车场13个。打造王村老街精品背街小巷,对云桥北路实施长效管护。建成星甸园区口袋公园,完成海棠苑、秋枫苑出新改造。完善农村物流三级网络节点建设,实现行政村村级农村物流配送网点全覆盖。

【社区建设】 建成AAA级及以上居家养老服务中心11个、老年人助餐点12个,80岁户籍老年人及特困、低保家庭中度、重度失能老年人服务覆盖率100%,银发顾问社区覆盖率100%,实现“15分钟养老服务圈”全覆盖。成立街道星兴联动共治工作站,开展宣传活动9场、学习培训2场,调解矛盾纠纷9起,开展联合安全巡查8次,整改隐患4处。垃圾分类集中处理率96.8%,可回收利用率45.4%。开展入户宣传31场、垃圾分类督导员培训10场、流动积分兑换活动1236场。星甸街道新时代文明实践小镇标准化试点通过省级考核验收并获优秀等次,成为全区首个优秀省级社会管理和公共服务标准化试点。

【社会事业】 新增高新技术企业4家,总数22家。有幼儿园2所、小学2所、中学2所,南京市浦口区石桥中学被命名为2023年全国青少年校园足球特色学校。有街道文体活动中心1个、社区文化服务中心14个、24小时自助图书馆1个、羽毛球馆1个,举办培训及表演等活动459场,石窑社区农家书屋(夏桥书房)获评全国最美“农家书屋”。举办“服务群众 你点我送”全民健身进社区活动7场、社区运动会25场。妇女“两癌”免费筛查3509人,65岁以上老年人免费健康体检6386人,家庭医生签约16308人,星甸街道石桥社区卫生服务中心在2022年度“优质服务基层行”活动中获全国通报表扬。

【社会保障】 举办线上线下招聘会19场。新增城镇就业419

人，城镇失业人员再就业 307 人，援助困难人员就业 130 人，培育自主创业者 80 人，农村劳动力转移就业 311 人，新增公益性岗位安置就业困难人员 41 人。城镇企业职工基本养老保险扩面 1100 人，城乡居民基本养老保险参保 6648 人。城乡居民基本医疗保险参保 28077 人。发放残疾人“两项补贴”662.42 万元。兜底保障低保人员 291 人、困难残疾人 886 人、困境儿童 36 人、特困供养人员 190 人。（戴贤梅）

汤泉街道新金社区高标准农田　　滕宏飞摄

汤泉街道

【概况】 2023 年，汤泉街道面积 110.21 平方千米。辖社区居民委员会 9 个、村民委员会 5 个，村（居）民小组 213 个。总户数 15085 户，总人口 43585 人。街道获评第六届金汤奖“十佳温泉旅游目的地”。泉东村被认定为第三批全国乡村治理示范村，被命名为第五批江苏省生态文明建设示范村，获 2023“中国最美村镇”宜居宜业和美奖。九龙社区获评江苏省 2023 年度老年友好型社区建设单位。陈庄村茆家洼组被命名为第十二批次江苏省特色田园乡村。龙山社区通过 2023 年省健康社区评估，孙垄子组被认定为第六批江苏省传统村落，被命名为第十一批次江苏省特色田园乡村。泉东村吴林组规划设计获农业农村部第二届印迹乡村创意设计大赛一等奖。

【经济发展】 实现地区生产总值 36.5 亿元，增长 4.7%。其中，第一产业增加值 8 亿元，增长 1%；第二产业增加值 4.39 亿元，下降 14.3%；第三产业增加值 24.11 亿元，增长 11.3%。一般公共预算收入 4.02 亿元，增长 4.1%。全社会固定资产投资 7.29 亿元，下降 19%。全体居民人均可支配收入 60921 元，增长 5%。

实现农林牧渔业总产值 12.87 亿元，增长 1.4%。其中，农业 7.56 亿元，增长 1.9%；林业 2.47 亿元，增长 6.6%；牧业 0.28 亿元，下降 11.1%；渔业 1.41 亿元，下降 10.6%；农林牧渔专业及辅助性活动产值 1.15 亿元，增长 8.4%。粮食作物种植面积 320.47 公顷，产量 2088 吨。油料作物种植面积 131.93 公顷，产量 165 吨。蔬菜种植面积 980.73 公顷，产量 23902 吨。有林地面积 5259 公顷，其中苗木花卉面积 2691.4 公顷，实现销售收入 12533.57 万元。生猪存栏 274 头，出栏 1126 头。渔业养殖面积 87 公顷，产量 653 吨。推进新金社区高标准农田建设，与省农科院合作打造元宝枫高产示范区，做精小浆果种植、鲜枣品种研学交易展示项目，建设“五个一”（一粒米、一颗枣、一串果、一片林、一个村）基地。推进泉东村“果树进村”、三泉社区东方红农场蔬菜瓜果种植。

工业企业 36 家（不含托管园区），高新技术企业 15 家。限额以上规模企业 10 家，实现规模以上工业总产值 4.85 亿元、销售收入 4.34 亿元。规模以上建筑业企业 15 家，从业人员 2218 人，实现产值 29.47 亿元。新增落地企业 2 家，总投资 2.2 亿元。外贸进出口总额 1.75 亿元，增长 8.7%。签约亿元以上项目 3 个，总投资 13.1 亿元。

社会消费品零售总额 11.6 亿元，增长 4.2%。大中型超市 10 个，农贸市场 1 个。农业电商主体 56 家，销售额 23380 万元。“泉民富”资源推广直播基地落户，举办“浦小店大直播”系列活动。新路文化艺术创意中心、茶壶店民俗体验村、九龙湖帐篷营地、大吉商业街运营，举办“山水间的家”——首届浦口汤泉旅游生活节开幕式。开放惠济寺、松鼠部落等景点 26 个，旅游接待量 130.63 万人次，实现旅游收入 2.14 亿元。

【村镇建设】 投资6640万元，更新改造"四好农村路"53条，总长51千米。乡村道路93条，总里程131.56千米。设公交站点53个，公共交通覆盖全域。投入10.6万元，危房消险53户。拆迁安置房屋958套。建成宜居村6个，总数33个。瓦殿村(关口章组、周庄组)、泉东村(吴林组、山头组)、陈庄村张二乐组、龙华社区二重倪组、新金社区赵湖组获全市传统村落建设第一名。建成美丽庭院示范片1个、示范户316户。拆除违建20处388平方米，整治交通秩序3961起，修补破损设施669处，整治小区问题568个、工地问题36个。清运生活垃圾437.1吨、水系垃圾82.2吨，清理乱堆乱放4823处、乱贴乱挂549处。

【社区建设】 改造提升龙山社区标准化综合养老服务中心，获评AAAAA级居家养老服务中心、市级示范性银发助餐点。街道有AAA级及以上居家养老服务中心11个，上门服务3500余人，占老年人总数的32%。政府购买"三类老人"上门服务1400余人，适老化改造30户。办理"12345"政务热线工单2350件，满意率99.12%。强化基层治理，网格员上报问题9458个，处置率99%，开展跨部门联勤联动5次，处置办结率100%。实现133个自然组垃圾分类全覆盖，有垃圾分类小区19个，设置垃圾收集点32处。

【社会事业】 汤泉幼儿园竣工，适龄儿童入学率100%，九年义务教育普及率、入学率、毕业率均为100%。开展文化惠民活动40余场，打造银杏文化艺术节品牌文化活动。新增健身路径4处、室内外健身器材2套。建成百姓健身房1个、灯光篮球场1个、儿童游乐设施1处。承办2023年全国老年人太极拳健身大联动暨太极拳培训、浦口区老年体协老年人桌上冰壶球比赛等体育活动7场。完成夏季应急献血223人6.82万毫升，造血干细胞捐赠15人。通过血防药物灭螺省级评估。指导1家市级健康餐厅、1家省级健康社区开展"健康细胞"建设工作。

【社会保障】 开展失业人员技能培训120人，新增就业702人，失业人员再就业500人，培育自主创业者80人，其中大学生自主创业者20人。为12名创业人员申请小额担保贷款360万元，为7名贷款到期人员办理贴息14.97万元。发布空岗信息28期，开展线下招聘会7场，提供就业岗位1341个，达成就业意向110余人。城乡居民基本养老保险参保4921人，参保率100%。城乡居民基本医疗保险参保23533人，参保率99.65%。发放低保金398.5万元、特困人员保障金203.2万元、救助金16.82万元、尊老金124.61万元、残疾人"两项补贴"647.71万元、困境儿童救助金32.33万元。

(吴非可)

【泉东村被认定为第三批全国乡村治理示范村】 11月2日，农业农村部、中央宣传部、司法部下发《关于公布第三批全国乡村治理示范村镇名单及前两批全国乡村治理示范村镇复核结果的通知》，汤泉街道泉东村被认定为第三批全国乡村治理示范村。近年来，泉东村将基层党建和村庄治理有机结合，打造"泉民红星"党建品牌，创新"135"点线面工作法，以"泉民红星"为1个中心点，串联"红星学堂、红星e家、红星富民"3条红线，覆盖"星光闪闪·党员先锋""星光灿烂·志愿服务""星星之火·退役军人""星月交辉·妇女儿童""众星捧月·关爱帮扶"5个服务面。2023年4月，泉东村启动"泉民富"资源推广直播基地，计划打造"红星一线"直播平台、书记直播间、助农产品展示区、众创空间，带动农文旅融合发展。

(区融媒体中心)

永宁街道

【概况】 2023年，永宁街道面积109.35平方千米。辖社区居民委员会8个、村民委员会3个，村(居)民小组193个。户籍总户数14009户，户籍总人口40697人。永宁街道入选2023年江苏省乡村振兴示范乡镇创建名单、2022年度江苏省生态宜居美丽示范乡镇(街道)，获2022年度全市实施乡村振兴战略郊区高质量发展评价现代农业主导型街镇综合奖。大埝社区入选2022年度江苏省生态宜居美丽示范村(社区)。联合村入选2022年度江苏省生态宜居美丽示范村(社区)、2023年江苏省乡村振兴示范村创建名单。青山村入选2023年江苏省乡村振兴示范村创建名单，青山村河北组被命名为第十一批次江苏省特色田园乡村。永宁社区获评江苏省文明示范单位。

【经济发展】 实现地区生产总值44.15亿元，增长5.1%。其中，第一产业增加值16.28亿元，增长2.2%；第二产业增加值6.72亿元，下降3.5%；第三产业增加值21.15亿元，增长10.8%。一般公共预算收入28733万元，增长5%。全社会固定资产投资8.71亿元，增长15.2%。全体居民人均可支配收入55033元，增长4.9%。

农林牧渔业总产值28.88亿元，增长2%。其中，农业16.86亿元，增长3%；林业0.95亿元，增长7.4%；牧业0.87亿元，下降9.5%；渔业7.85亿元，下降2.3%；农林牧渔专业及辅助性活动产值2.35亿元，增长13.2%。粮食作物种植面积1501.7公顷，产量10026吨。油料作物种植面积600.7公顷，产量1305吨。蔬菜种植面积2346.9公顷，产量82536吨。有林地面积3242.53公顷。浦口区尹广红家庭农场《“四化”并举促发展 三产融合增效益》获评全国家庭农场典型案例。南京福联种植专业合作社获评国家级生态农场。

新增南京晨旭新电力设备有限公司、南京汇丰消防设备实业有限公司、南京叶舟电气有限责任公司3家规模以上企业，列入统计限额以上规模企业21家。新增江苏苏凡洛网络科技有限公司、南京顺辰信息技术有限公司、南京贵联机电设备有限公司、南京微沐软件科技有限公司4家高新技术企业。实现规模以上工业总产值11.85亿元、销售收入16.17亿元。

社会消费品零售总额10.99亿元，增长2.8%。举办浦口永宁第八届金花节、2023年中国农民丰收节暨第九届永宁河岸花海农旅嘉年华等文旅活动，青山渔村开村，黎家营民宿入选全国丙级民宿。旅游接待量180.99万人次，实现旅游收入1.7亿元。

【村镇建设】 投资2000万元，完成沿山河路、姚徐老街与汤盘公路连接线“四好农村路”项目，长2.9千米。投资2000万元，完成22条乡村道路“白改黑”工程，长9.43千米。投资1200万元，完成大桥社区绿一路提档升级，长1.6千米。投资1500万元，实施青山村、大桥社区市级宜居村建设。投资2500万元，完成侯冲社区牛王殿组省级特色田园乡村建设。完成农村住房条件改善工作，新建翻建11户，维修加固11户。

【社区建设】 新建AAA级及以上居家养老服务中心2个，有AAA级及以上居家养老服务中心10个。改造提升养老睦邻点2个、综合性养老服务中心1个、社区助餐点4个，建成认知中心1个。有养老机构2个，床位484张。实施“精网微格”工程，划分微网格188个，采集信息6388条，上报问题工单12676件，办结率100%。完成11个社区智慧云平台项目，实现社区特色产业、党建引领、社区微治理等“一屏统览”。开展垃圾分类争优除差行动，垃圾分类C类小区全部整改升级。

【社会事业】 开展全国科技活动周广场宣传、江苏省第54个世界地球日主题宣传等科普活动。有学校7所、学生2866人、教职工341人，南京市浦口区大桥中学被命名为2023年全国青少年校园足球特色学校。参与、举办文化活动315场，服务群众67万人次。举办2023乡村旅游季四分马健身跑、浦口永宁金陵风筝会等赛事、活动20余场，完成侯冲社区、高丽社区2处灯光篮球场建设，更新体育器材3套。有社区卫生服务中心1个、社区卫生服务站10个，年门诊量21.46万人次。

【社会保障】 举办招聘会18场，提供岗位1600余个。新增就业868人，农村劳动力转移就业200人，支持自主就业41人，援助困难人员就业130人。城乡居民基本养老保险参保4888人，城乡居民基本医疗保险参保21240人，新增企业职工基本养老保险参保778人。免费为残疾人缴纳基本养老保险和基本医疗保险20万元，无障碍改造残疾人家庭40户。发放优抚金356万元，优抚对象免费体检310人。（杨昊玥）

老山林场

【概况】 2023年，老山林场面积62平方千米。辖东、中、西林业管理区和岔路口社区。户籍总户数896户，总人口1448人。获2023年度苏浙皖松材线虫病联防联治先进单位、2023年度南京市“示范网格”称号，获南京市第十四届、第十五届林业系统森林消防专业技能竞赛二等奖。

【经济建设】 全社会固定资产投资2348万元，增长0.77%。职工人均收入17.53万元，增长2%。林业经营面积5740公顷，其中公益林5406.67公顷，林木蓄积量56.07万立方米，森林覆盖率98.6%。实施石龙路、狮平路沿线林相改造，建设“一环三线三节点”(环大女儿山，一线石龙路、二线狮平路、三线平司路，矿坑花园、汽车公园、灵崖抱柏)，形成色彩分明的森林景观。生态修复后圩片区废弃露天矿山8号、9号宕口。监测与防治林木病虫害，清理“加拿大一枝黄花”38.6公顷，防治潜叶蛾360.67公顷，清理松材线虫病死木585.35吨，释放肿腿蜂5000管。探索林业经济发展，市场化运作盘活闲置资源，打造里口网红咖啡和休闲帐篷营地2000平方米。

【村镇建设】 投资850万元，实施里黑路、环山路“四好农村路”提档升级及重点乡村道路“白改黑”养护工程5.28千米。投资730万元，提档升级珍七路林中休闲步道6千米。实施危旧房改造，搬迁5户。推进岔路口环境综合整治项目扫尾工作，签约12户、车库2间。发放住房补贴5户11.7万元。投资58万元，完成老山消防综合训练场改造建设项目。完成岔路口社区区级标准化示范单元创建、老山EOD区域15个共享停车位建设。完善老山板块环卫保洁长效管护机制，拆除违建241.5立方米，清理林区垃圾50余吨，整治交通秩序、小区管理等问题360余个。开展安全隐患排查200余次，整改隐患55处。

【社区建设】 落实生态红线管控、扬尘管控、秸秆禁烧、垃圾分类处置等措施，整治小区“飞线充电”、车辆违规停放等问题60余次。推进“精网微格”工程，健全“每月一办”工作机制，推动解决绿之苑小区车库租赁等民生问题。办理“12345”工单250余件，实施吴家大洼萤火虫栖息地“未诉先办”。开展“集中走访日(周)”活动，解决小区基础设施配套完善、老年助餐点质量提升、民生项目代办等民生问题32件。为262户60岁以上家庭安装烟感火灾报警器装置。

【社会事业】 开展森林防火、野生动植物保护、安全生产、食品安全等科普宣传。开展“迎春纳福”、为老志愿便民服务、健康义诊等主题活动15场。落实文物保护属地责任，每季度网络巡查兜率寺、摩崖石刻1次，每半年巡查独峰寺、隆兴庵、七佛寺、响铃庵、真武行宫等不可移动文物1次。举办“清洁老山”志愿活动、省政协“关注森林”活动、2023南京老山越野挑战赛活动。

【社会保障】 落实民生服务保障政策，发放补助补贴19.54万元，其中低保金44062元、“三无”人员补助金20760元、尊老金73862元、“两项”人员补助56765元。春节期间，慰问离退休干部、生活困难人员、残疾人员等群体，发放慰问金17.52万元。依托居家养老服务中心，每月上门服务80岁以上老年人145人。为535名退休职工购买安康意外伤害保险。

【森林防火】 固化“人防+技防”模式，开展重要点位、重要时段巡查检查1300余次，增设监控抓拍立杆式语音播报器24个，发现违规用火行为120余起，劝导、扑灭违规用火20余次。推进“以水灭火”基础设施建设，争取“绿色南京”项目资金320万元，建成平阳山、椅子山“引水上山”工程，覆盖面积267公顷。编制老山区域“引水上山”规划，提升老山及周边区域“以水灭火”能力。落实公益林保护措施，打击盗采盗猎、侵占林地等行为，常态开展“清网清套”行动110次，收缴电网1200米、捕兽夹16套。

【非景区网红打卡点管理】 3月，建立老山非景区网红打卡点联动管理联席会议工作机制，出台《老山非景区网红打卡点联动管理方案》。区政府办、老山林场、区委宣传部、浦口公安分局、区交通运输局等部门联动，围绕森林资源保护、安全管理、交通秩序、环境卫生、应急处置以及便民服务等开展工作，破解匪集场、翡翠湖、吴家大洼萤火虫栖息地等处老山非景区网红打卡点管理难题，处理交通拥堵、占道经营、无序停放等问题70余个。老山林场联合相邻单位，推行“动态巡查+集中整治+志愿服务+闭环管理”机制，调动护林员、第三方保洁员、党员先锋队、志愿服务队等力量，清理网红打卡点垃圾16吨，劝导损坏森林动植物资源、污染环境等行为40余起，消除生态安全隐患。在临水、临崖路段等危险区域增设安全警示标识标牌35块、安全围挡200米、语音提示器24个，沿路设置交通路线导引牌，提供安全服务。在非景区网红打卡点设立便民服务点6个，满足市民出游需求。 (陶盼盼)

汤泉农场

【概况】 2023年，汤泉农场面积10平方千米。辖汤农社区居委会。户籍总户数1149户，总人口2596人，其中常住人口254户528人。

【经济发展】 实现地区生产总值1652万元、一般公共预算收入2064.7万元。农林牧渔业总产值2787万元，其中农业2527万元、渔业260万元。粮食作物种植面积500.7公顷，产量3470吨。其中，小麦种植面积240.7公顷，产量1237吨；水稻种植面积253.3公顷，产量2217吨；大豆种植面积6.7公顷，产量16吨。雪松、冬青、紫薇、红叶石楠等苗木面积182公顷。“汤农”牌大米完成绿色食品认证，获“南京好大米”银奖。投资708万元，建设高标准农田150公顷。投资1500万元，实施2814水产养殖片区池塘生态化改造项目。

【村镇建设】 管养“四好农村路”33条43.71千米，其中村道28条29.55千米、乡道5条14.16千米。桥梁14座，河道11条，总长19.2千米。完成汤农环境综合整治项目回迁安置工作，居民选房940户1125套。完成邻舍小区出新改造工程。实施“四清、四拆、四整治”环境整治行动，清理厨余垃圾49.5吨，清理横幅、破损户外广告、“牛皮癣”90余处，拆除乱搭乱建200平方米，清理拆迁地块建筑垃圾65吨，复绿2万平方米，社区级河长巡河484次，清理水面漂浮物128吨。

【社区建设】 建设汤农社区AAA级居家养老服务中心，面积350平方米，日均就餐20～30人，日间照料3～5人。委托汤泉民福居家养老服务中心服务80岁以上老年人，服务率100%。开展重点行业领域安全生产风险专项整治行动，常态化开展安全隐患排查整治，成立检查组703个，检查企业、单位1127家次，发现一般隐患196处，全部完成整改。开展“集中走访日（周）”活动，走访348户2880人次，收集问题42个，协调解决率100%。受理“12345”工单314件，办结率100%。完善网格化社会治理大联勤工作体系，实行“1＋2＋3＋N”基层治理模式，设置治理中心1个、综合网格2个，划分片区3个，通过监控和巡更打卡，建设人防、物防、技防“三防”，形成“社区有网、网中有格、格中有人、人尽其责”的工作格局。

【社会事业】 开展“4·15”全民国家安全日、预防养老诈骗宣传、反邪教宣传等专题普法活动10场。建设爱心驿站1个，解决户外作业劳动者和环卫工人的饮水、休息等问题。提档升级党群服务中心，增设便民服务、健身设施及其他服务功能区。深化新时代文明实践站阵地规范化建设，举办理论宣讲、健康促进与体育服务、科技与科普服务、文化服务、教育服务等活动36场。举办全民阅读活动10场。开办银发影院，每周定时播放红色电影1场。

【社会保障】 稳定职工就业，就业率100%。职工养老保险、医疗保险参保率100%。春节期间，慰问困难家庭、困境儿童、残疾人员等群体，发放慰问金2.45万元。发放低保金26.6万元、残疾人“两项补贴”22.4万元、困境儿童补贴2.8万元、临时救助金1.4万元、尊老金13.17万元。为875名60～79岁老年人购买意外伤害保险，60岁以上老年人免费健康体检500余人，开展义诊服务2次。

【“数字”农业发展】 5月，投资3000万元，实施沿滁灌区改造项目，新建泵站7座。场内灌溉泵站总数26座，其中一体化智能泵站19座。通过应用现代节水灌溉技术，农田灌溉水量降低20%，节肥15%以上，农田亩均增产10%。维护完善数字乡村试点区建设一期、二期项目（数字大田），探索数字化管理新模式，建设数字生态“无人农场”，实现农业生产过程可视化、数据化、标准化管理。示范区农机作业效率提高50%以上，节约水、肥、药10%～15%，亩均节约成本100～200元。 （张海云）

·文稿编辑　杨　友·

人 物

先进人物

尹 禹

南京依维柯汽车有限公司职工。4月,被中华全国总工会授予全国"五一劳动奖章"。

尹禹,男,汉族,1990年12月出生,安徽滁州人,中共党员,本科学历。2013年7月起,在南京依维柯汽车有限公司整车厂工作,十年如一日,躬耕于生产一线。在新车型欧胜总装量产过程中,参与重大项目研制,带队消除欧胜全车型减震垫瓶颈问题。从最初每台停线5分钟到最终消除瓶颈,工时收益25万元。在中VAN项目中,他结合SV63高顶车型,学习承载式汽车制造工艺,完成混线总装产线规划及布局,编辑及完善中VAN工艺文件343页,工艺指导186人/次,提出产品设计改进意见16条,确保中VAN车型按期投产。为提升整车电器品质,降低整车电器故障率,公司成立整车零公里电器故障降频项目组。尹禹作为项目组成员,主动学习电器相关知识,从电器程序灌输到电器故障返修,一步一个脚印,巩固基本功。根据整车故障动态数据施行针对性电器故障改善,结合工厂及售后反馈问题,开展电器改善立项92个,完成85个。单台停线时间减少6分钟,返修工时降低17.18分钟,减少返修成本82万元/年。（王涛）

张 颖

星甸街道办事处社工。4月,被共青团中央评为全国优秀共青团员。

张颖,女,汉族,1995年11月出生,江苏南京人,共青团员,本科学历。她扎根基层,参与困境青少年帮扶关爱工作,创建"星青守护"等关爱品牌项目,每年走访帮扶辖区困境青少年不少于3次,组织特色关爱活动20余场,服务困难群众300余人次。开展助农帮销、人才培训等服务活动,推进"青春建功·乡村振兴"行动。围绕街道中心工作,开展青春助力文明典范城市创建、环境整治、移风易俗等志愿服务活动30余场,志愿服务时长600余小时。2022年4月,张颖被共青团江苏省委评为2021年度江苏省优秀共青团员。（戴贤梅）

童海波

爱威机电(南京)有限公司总经理,区侨联主席,区三届政协委员。8月,被中国侨联评为2023年度全国归侨侨眷先进个人。

童海波,男,汉族,1970年10月出生,浙江奉化人,无党派人士,硕士学位。浙江大学毕业,1995年获全额奖学金赴美留学,就职于美国西屋公司,从事城轨、公交自动门研发,获美国专利3项及西屋科技创新奖,2次被纳入美国名人录。为实现科技报国理想,他于2004年回国,成立爱威机电(南京)有限公司。经过多年发展,公司成为轨道交通及新能源产业链核心供应商,为中国新能源客车出口海外提供保障。公司获专利80余项,是交通运输部快速公交站台门行业标准制定者。童海波被选为交通运输部全国城市客运标准化技术委员会主任委员,是南京轨道交通产业链专家。2008年,他和公司获评南京市首届留学人员创新创业人才及团队。2020年,童海波获评纪念南京市侨联成立60周年

“最美奋斗者”。新冠疫情期间，他带领企业复工复产，个人及企业为抗疫捐款、捐物价值8万元。童海波以行知苑为基地，带领区侨联开展对外文化交流，得到中国侨联肯定。（付瑞峰）

徐 勇

区司法局江浦街道司法所所长。2月20日，被省司法厅、省公安厅评为全省公调对接工作成绩突出先进个人。

徐勇，男，汉族，1979年6月出生，安徽宣城人，中共党员，本科学历。2021年9月，任江浦街道司法所所长。他聚焦司法所服务职能，完善基层司法所建设，坚持党建引领，打造“一站式”实战服务平台，将党建工作贯穿于疫情防控、为民办实事和优化营商环境等重点工作，带领全所创新社会矛盾纠纷多元化解机制。2023年，调解矛盾2198件，调解成功率99.3%，调解总金额近400万元。创新开展“阳光浦照蝶变人生”社区矫正系列活动，实地走访1450人次，信息化核查4900余人次。带领全所开展“八五”全民普法活动，与辖区学校签订法治宣传教育协议，开展法治宣传教育14场、法律顾问讲座45场。参与街道综合行政执法改革，配齐配强行政机关与社区法律顾问，办理各类诉讼案件52件，行政案件负责人出庭应诉率100%。5月23日，被市司法局评为2020—2022年度全市先进人民调解员。7月17日，被市司法局、市公安局评为2022年度南京市公调对接工作先进个人。年末，江浦街道司法所被评为全市社区矫正和安置帮教工作成绩突出单位、南京市“五星级司法所”。

（江浦街道办事处）

董 萍

星甸街道星兴社区居民。6月，被省委宣传部、省文明办授予2023年第一季度“江苏好人”称号。

董萍，女，汉族，1966年出生，江苏南京人，中共党员，中专学历。2003年，董萍家中接二连三遭遇变故，弟弟离家杳无音信，8岁侄女无人看管，父母相继病倒入院，女儿只有7岁要养育。她与丈夫刘广华商定，承担侄女的抚养责任，不能让年幼的孩子无人看管。夫妻俩由外出打工选择回乡开小餐馆，把家人接到身边照顾。董萍时时刻刻关注侄女的成长。有一次，侄女和女儿夜里同时发烧，侄女迷迷糊糊中喊妈妈，让董萍心如刀绞。她时而为侄女物理降温，时而喂水，忙得一夜没合眼，女儿只能交给丈夫照顾。还有一次，侄女跟同学闹矛盾，哭闹着不肯上学，董萍一边给侄女擦眼泪，一边耐心询问。当侄女说出自己想爸爸妈妈时，董萍怜悯之情油然而生，暗下决心要做侄女的好妈妈，让她感受到母亲的温暖。每当侄女和女儿同时要开家长会，董萍总是坐进侄女的教室。董萍对侄女视如己出，只要是给女儿买东西，必定少不了侄女那一份。父亲患癌住院时，董萍在其身边伺候，20多天没回家。母亲腰椎间盘突出，无力起床，董萍劝说母亲住院治疗。母亲出院后，她在餐馆腾出房间安置母亲，边照料母亲，边打理生意。20多年来，董萍悉心抚养双亲失踪的侄女长大成人，照顾年迈患病的父母，以坚韧、乐观和爱为支点，为家人撑起一片晴朗的天空，用实际行动传承着孝老爱亲家风。曾获评第三届浦口区“美善浦口人”、“南京好市民”、“南京好人”、第二届南京“十大孝老爱亲人物”称号。（戴贤梅）

郤鼎昌

区融媒体中心播音员。12月，被省委宣传部、省委党史工办、省档案馆、省文化和旅游厅、省退役军人事务厅、省广播电视总台联合授予江苏省第五届红色故事宣讲大赛金牌志愿讲解员称号。

郤鼎昌，男，汉族，1996年1月出生，江西景德镇人，共青团员，硕士学位。2021年7月参加工作，现任区融媒体中心播音员、主持人，负责《浦口新闻》《三农时空》《教育新视点》《校园风景线》及短视频等栏目播音主持工作；参与人代会、政协会、党代会、全委会等全区重大会议及活动宣读主持、宣传片配音、机关企事业单位及各大中小学校有声语言表达培训指导等工作；担任“学习强国”江苏学习平台“强国主播团”成员、“浦言朴语”理论宣讲团成员、浦口区“阅读悦美”朗读社成员、永宁街道“宁听讲堂”宣讲团骨干宣讲员。2023年，江苏省第五届红色故事宣讲大赛在南京举行，1500名选手参赛，郤鼎昌位列志愿组决赛第一名，获金牌志愿讲解员称号。在下半年省委宣传部、省文明办、省教育厅主办的“道德的力量”——新时代江苏道德模范与身边好人好事巡演活动期间,他配合全国道德模范、宿迁黄河水上志愿救援队队长王爱东参与突发救援警情,被“江苏时代楷模发布厅”微信公众号、江苏城市频道德行天下JSBC视频号宣传报道。(向锦)

焦天帅

区人武部部长。12月,被省军区授予全省征兵工作先进个人称号。

焦天帅,男,汉族,1982年11月出生,山东青州人,中共党员,硕士学位,上校军衔。2021年12月,任区人武部上校部长。任职以来,他深入学习贯彻习近平强军思想,准确把握征兵工作时代要求,扛起兵役机关主抓责任,发挥统筹部署、协调各方、检查督促等作用,带头严格执行党风廉政建设和廉洁征兵规定,营造风清气正的征兵工作环境,无责任退兵和违反廉洁征兵问题。他聚焦备战打仗标准,推动征兵工作提质增效。突出重点,征集两类毕业生,指导街道和挂钩高校摸清底数,精准宣传发动,层层压实工作责任,将高中(中专)入学名单和大学录取新生名单按街道细化分解,登门入户做工作,保留优质兵员。他注重工作创新,构建区人武部牵头、各部门分工落实、军地密切配合的征兵工作新格局。他完善奖惩激励措施,调动征兵工作人员干事创业积极性和创造性,探索推行基层武装部、征兵工作站、退役军人服务站和国防教育宣传站“一部三站”功能融合建设模式,团结带领区征兵办真抓实干,高质量完成2023年度征兵任务,两类毕业生征集比例达96.7%,居全市首位,为南京市征兵“五率”提升作出贡献。2010年2月,被国务院军转办授予全国军转宣传工作先进个人称号。2013年12月,被省军区授予老干部工作先进个人称号。2015年,荣立三等功。

(杨贡斌)

史和庆

江苏润邦智能车库股份有限公司董事长兼党支部书记,星甸街道商会会长。12月31日,被市委、市政府授予第六届南京市优秀中国特色社会主义事业建设者称号。

史和庆,男,汉族,1968年9月出生,安徽桐城人,中共党员,研究生学历。1992年参加工作。他牢记共产党员使命,开拓进取、创新发展、稳岗就业。2023年,公司获批省级专精特新“小巨人”企业,营业收入7053万元,税收165万元,被浦口区评为“双晒双亮”促发展先进集体。史和庆作为星甸街道商会会长,团结带领会员共同发展,参与乡村振兴,商会获评全国“四好”商会。投身光彩事业成为他的自觉行动,每年定期向困难群众发放慰问金和生活物资。参与苏陕对口协作,2019年起,每年捐赠资金5万元。2023年,公司被陕西省镇安县茅坪镇政府评为苏陕协作爱心企业,史和庆获浦口区光彩事业突出贡献奖。3月,被中国重型机械工业协会停车设备工作委员会树为科技创新带头人。

(戴贤梅　刘海浪)

党建兵

江苏久吾高科技股份有限公司党委书记、董事长兼总经理。12月31日,被市委、市政府授予第六届南京市优秀中国特色社会主义事业建设者称号。

党建兵,男,汉族,1969年4月出生,山西晋中人,中共党员,博士学位。现任南京市第十六届人大代表、浦口区第五届人大常委会委员;南京大学产业教授、省工商联执委、长三角企业家联盟理事、省MBA企业家联谊会会长、省民营经济研究会副会长。先后获江苏十大行业领军人物、南京市优秀民营企业家等称号,被评为2021胡润产业领袖。他坚持把科技创新作为企业立身之本,带领企业创造更高效益,引领企业高质量发展。陶瓷膜产品国内市场占有率高达46%,国际影响力遍及40多个国家,巩固陶瓷膜行业领军地位。他重视研发投入,研发经费占营业收入的比例常年保持在5%~8%。公司获国家专精特新“小巨人”企业、制造业单项冠军等殊荣。

(浦口开发区)

张思洋

南京简诺生态农业科技发展有限公司总经理。12月31日,被市委、市政府授予第六届南京市优秀中国特色社会主义事业建设者称号。

张思洋,男,汉族,1975年1月出生,江苏南京人,大专学历,无党派人士,高级乡村振兴技艺师。他以“打造一流农业生态圈”为目标,依托乡村生产生态资源和区位优势，发展农旅结合新业态，建设集教育课堂、亲子手工DIY、果蔬生产采摘、农副产品展销于一体的简诺田园科普研学基地，累计入园2万人次，招募会员100余人。张思洋致富不忘乡亲，带动村民共同发展，成立浦口区龙虾行业协会，为周边农户提供就业岗位10余个，临时用工1000余人次。围绕产业发展，聚焦政策激励、资金支持、科技服务和产业监管，推进各项工作发展。特聘浙江省淡水水产研究所专家和技术人员，每季度组织专业知识培训1~2次，向养殖户传授科技知识和实用技能，受训400余人次。他投身光彩事业，成立省级简诺爱心基金，与区慈善总会签订助学协议，为3名困难学生支付学杂费，购置衣物和学习用品。2023年1月，被中国水产流通与加工协会评为2022年度“新宏杯”中国小龙虾养殖工匠，被南京市消费者协会评为全市2023消费维权年度人物。8月，被省人力资源社会保障厅认定为江苏省乡土人才大师工作室领办人。

蒋　旭

江苏先丰纳米材料科技有限公司董事长。12月31日，被市委、市政府授予第六届南京市优秀中国特色社会主义事业建设者称号。

蒋旭，男，汉族，1986年1月出生，河南商丘人，中共党员，硕士学位。作为一名党员，蒋旭时刻牢记使命，增强“四个意识”、坚定“四个自信”、做到“两个维护”，贯彻落实创新、绿色、共享发展理念。2023年2月，企业被浦口开发区评为先进集体，产品被授予江苏省石墨烯知名企业品牌产品称号。他注重维护企业员工切身利益，支持工会、关工委等群团组织建设，参加区工商联各项活动，投身光彩事业。9月，带领企业向区新联会慈善公益基金捐款5万元。　（区委统战部）

彭俊东

南京运昶高分子材料有限公司董事长，区工商联副主席，区五届政协委员。12月31日，被市委、市政府授予第六届南京市优秀中国特色社会主义事业建设者称号。

彭俊东，男，汉族，1965年6月出生，江苏南京人，无党派人士，本科学历，中级专业技术职称。1989年9月参加工作，立足岗位创业创新，获批专利20余项，拥有发明专利3项、实用新型专利18项、软件著作权2项，发明的PLY线材填补国内空白。2019年，企业获评省、市高新技术企业。2020年，获南京市“瞪羚企业”称号。新冠疫情期间，公司转变思路，引进新设备，研发与抗疫相关的材料，拓展新客户，新产品上市后得到客户认可，公司连续数年销售收入和税收稳步增长。　（浦口开发区）

高级技术职称人员

2023年，浦口区新增高级技术职称人员183人。其中，正高级讲师1人、正高级教师1人、高级讲师2人、高级教师41人、主任医师19人、主任技师1人、副主任医师25人、副主任药师2人、副主任护师8人、副主任技师5人、副研究员1人、社区主任医师1人、社区主任药师1人、社区主任护师1人、社区副主任医师9人、社区副主任药师2人、社区副主任护师3人、社区副主任技师3人、正高级工程师4人、高级工程师41人、高级会计师1人、高级经济师1人、高级人力资源管理师3人、高级农艺师5人、副研究馆员2人。

表33　2023年浦口区新增高级技术职称人员一览表

序号	姓名	性别	出生年月	毕业时间	毕业院校	学历（学位）	工作单位	专技职称
1	余晓燕	女	1971年9月	2008年1月	徐州师范大学	硕士	南京浦口中等专业学校	正高级讲师
2	邱　艳	女	1975年11月	2011年1月	福建师范大学	本科	南京市浦口区大桥中学	正高级教师
3	林　静	女	1983年10月	2006年6月	南京师范大学	本科	南京浦口中等专业学校	高级讲师
4	季　尧	男	1985年10月	2008年6月	江苏理工学院	本科	南京浦口中等专业学校	

（续表）

序号	姓名	性别	出生年月	毕业时间	毕业院校	学历（学位）	工作单位	专技职称
5	王基芬	女	1976年12月	2012年7月	陕西师范大学	本科	南京市浦口区永宁街道中心幼儿园	高级教师
6	徐仁喜	男	1974年2月	2012年1月	陕西师范大学	本科	南京市游府西街小学浦口分校	
7	王雅楠	女	1987年3月	2008年6月	徐州师范大学	本科	南京市浦口区珠江小学	
8	陈志燕	女	1978年2月	2009年1月	南京师范大学	本科	南京市浦口区行知小学	
9	赵太花	女	1980年2月	2008年7月	陕西师范大学	本科	南京市浦口区新世纪小学	
10	黄小萍	女	1981年4月	2010年1月	南京师范大学	本科	南京市浦口区新世纪小学	
11	史迎清	男	1983年8月	2007年12月	陕西师范大学	本科	南京市浦口区新世纪小学	
12	蒋桂花	女	1980年11月	2007年7月	陕西师范大学	本科	南京市浦口区桥林小学	
13	魏守强	男	1971年9月	2009年7月	陕西师范大学	本科	南京市浦口区乌江小学	
14	江相星	男	1979年10月	2011年1月	南京晓庄学院	本科	南京市浦口区乌江小学	
15	王先贵	男	1979年2月	2018年7月	陕西师范大学	本科	南京市浦口区陡岗小学	
16	段玲宁	女	1985年1月	2008年7月	江苏教育学院	本科	南京市浦口区陡岗小学	
17	刘　美	女	1975年12月	2011年1月	南京晓庄学院	本科	南京市浦口区星甸小学	
18	刘纯云	男	1966年1月	2009年7月	陕西师范大学	本科	南京市浦口区汤泉小学	
19	李仁义	男	1974年1月	2004年7月	南京体育学院	本科	南京市浦口区汤泉小学	
20	杨　燕	女	1982年11月	2013年12月	南京师范大学	本科	南京市浦口区汤泉小学	
21	张　慧	女	1988年3月	2010年6月	盐城师范学院	本科	南京市浦口区永宁小学	
22	别怀梅	女	1981年4月	2019年6月	南京师范大学	硕士	南京市浦口区大桥小学	
23	梁　红	女	1979年11月	2011年1月	南京师范大学	本科	南京市浦口区实验学校	
24	张海兄	女	1980年9月	2010年6月	江苏技术师范学院	本科	南京市浦口区实验学校	
25	李　茜	女	1984年5月	2007年12月	陕西师范大学	本科	南京市浦口区实验学校	
26	杜永翠	女	1979年9月	2022年7月	南京师范大学	本科	南京市金陵中学浦口分校	
27	丁锦余	男	1979年12月	2003年6月	南京师范大学	本科	南京市金陵中学浦口分校	
28	王　怡	女	1980年3月	2004年7月	南京师范大学	本科	南京市金陵中学浦口分校	
29	徐兴旺	男	1986年12月	2009年6月	淮阴师范学院	本科	南京市浦口区第四中学	
30	茆华锋	男	1976年3月	2001年6月	常州技术师范学院	本科	南京市浦口区行知中学	
31	敬小龙	男	1977年9月	2011年7月	陕西师范大学	本科	南京市浦口区石桥中学	
32	吴阳阳	女	1986年10月	2008年6月	南京晓庄学院	本科	南京市浦口区石桥中学	
33	陈　娟	女	1981年4月	2004年6月	淮阴师范学院	本科	南京市浦口区汤泉中学	
34	张如峰	男	1968年6月	2010年1月	江苏教育学院	本科	南京市浦口区大桥中学	
35	贲宗坤	男	1974年12月	2009年1月	南京师范大学	本科	南京市浦口区大桥中学	
36	聂凤英	女	1972年9月	2000年6月	扬州大学	本科	江苏省江浦高级中学	

（续表）

序号	姓名	性别	出生年月	毕业时间	毕业院校	学历（学位）	工作单位	专技职称
37	张春龙	男	1976 年 8 月	2004 年 7 月	安徽师范大学	本科	江苏省江浦高级中学	
38	张圆圆	女	1978 年 9 月	2002 年 6 月	南京艺术学院	本科	江苏省江浦高级中学	
39	罗新春	女	1978 年 12 月	2017 年 5 月	陕西师范大学	本科	江苏省江浦高级中学	
40	许彭飞	男	1979 年 5 月	2002 年 7 月	南京师范大学	本科	江苏省江浦高级中学	
41	刘凤琴	女	1979 年 11 月	2003 年 6 月	徐州师范大学	本科	江苏省江浦高级中学	高级教师
42	吴小丽	女	1980 年 7 月	2003 年 7 月	南京师范大学	本科	江苏省江浦高级中学	
43	付　建	男	1981 年 1 月	2004 年 6 月	徐州师范大学	本科	江苏省江浦高级中学	
44	李兴江	男	1981 年 10 月	2005 年 6 月	淮阴师范学院	本科	江苏省江浦高级中学	
45	薛　怡	女	1985 年 12 月	2008 年 7 月	菏泽学院	本科	江苏省江浦高级中学	
46	王春玲	女	1970 年 10 月	1992 年 7 月	南京医科大学	本科	南京市浦口区中医院	
47	罗金秀	女	1972 年 7 月	2014 年 7 月	扬州大学	本科	南京市浦口区中医院	
48	张继禹	男	1972 年 11 月	2009 年 1 月	东南大学	本科	南京市浦口区中医院	
49	陈启霞	女	1974 年 7 月	2004 年 7 月	南京医科大学	本科	南京市浦口区中医院	
50	桑宝权	男	1974 年 8 月	2011 年 7 月	安徽中医药大学	硕士	南京市浦口区中医院	
51	张传红	女	1979 年 1 月	2007 年 7 月	同济大学	本科	南京市浦口区中医院	
52	朱海嘉	女	1979 年 7 月	2003 年 7 月	南京医科大学	本科	南京市浦口区中医院	
53	郭荣春	男	1981 年 2 月	2004 年 7 月	江苏大学医学院	本科	南京市浦口区中医院	
54	顾正华	男	1973 年 2 月	2007 年 1 月	南京医科大学	本科	南京市浦口人民医院	
55	杜则玲	女	1973 年 6 月	2005 年 7 月	东南大学医学院	本科	南京市浦口人民医院	主任医师
56	翁德雨	男	1974 年 1 月	2008 年 7 月	扬州大学医学院	本科	南京市浦口人民医院	
57	蔡　强	男	1974 年 2 月	2008 年 1 月	南京医科大学	本科	南京市浦口人民医院	
58	周存荣	男	1974 年 6 月	2008 年 6 月	南京医科大学	本科	南京市浦口人民医院	
59	孙　慧	女	1974 年 8 月	2002 年 7 月	东南大学	本科	南京市浦口人民医院	
60	胡志方	男	1975 年 3 月	2009 年 6 月	南昌大学	硕士	南京市浦口人民医院	
61	马大文	男	1978 年 6 月	2001 年 7 月	镇江医学院	本科	南京市浦口人民医院	
62	吴再涛	男	1980 年 11 月	2013 年 12 月	南京医科大学	硕士	南京市浦口人民医院	
63	杨云华	女	1980 年 11 月	2008 年 7 月	南京中医药大学	硕士	南京市浦口人民医院	
64	邓　飞	男	1982 年 4 月	2005 年 7 月	安徽医科大学	本科	南京市浦口人民医院	
65	刘福生	男	1970 年 10 月	2007 年 1 月	南京医科大学	本科	南京市浦口人民医院	主任技师
66	孙　霞	女	1981 年 3 月	2013 年 6 月	南京中医药大学	硕士	南京市浦口区中医院	
67	徐　蕊	女	1982 年 3 月	2006 年 6 月	宁夏医学院	本科	南京市浦口区中医院	副主任医师
68	曹建明	男	1983 年 2 月	2009 年 6 月	湖北中医学院	硕士	南京市浦口区中医院	
69	郁岩杰	女	1983 年 3 月	2007 年 6 月	郧阳医学院	本科	南京市浦口区中医院	

（续表）

序号	姓名	性别	出生年月	毕业时间	毕业院校	学历（学位）	工作单位	专技职称
70	王川平	男	1984年10月	2006年6月	江苏大学	本科	南京市浦口区中医院	副主任医师
71	黄　磊	男	1984年11月	2013年7月	浙江中医药大学	硕士	南京市浦口区中医院	
72	刘剑秋	男	1985年1月	2022年12月	南京医科大学	硕士	南京市浦口区中医院	
73	洪　飞	男	1985年1月	2013年7月	安徽中医药大学	硕士	南京市浦口区中医院	
74	路　颖	女	1985年1月	2013年7月	浙江中医药大学	硕士	南京市浦口区中医院	
75	方飞凤	女	1985年7月	2009年6月	南通大学	本科	南京市浦口区中医院	
76	姬后亮	男	1985年11月	2009年7月	皖南医学院	本科	南京市浦口区中医院	
77	缪冬冬	男	1985年12月	2009年6月	东南大学	本科	南京市浦口区中医院	
78	丁　政	男	1986年4月	2009年7月	徐州医学院	本科	南京市浦口区中医院	
79	王　沣	男	1986年8月	2009年7月	南京医科大学	本科	南京市浦口区中医院	
80	高　翔	男	1987年7月	2010年6月	南通大学	本科	南京市浦口区中医院	
81	熊　靖	女	1983年5月	2014年1月	安徽医科大学	本科	南京市浦口人民医院	
82	颜　伟	男	1984年5月	2009年7月	南京医科大学	本科	南京市浦口人民医院	
83	李莉莉	女	1984年10月	2008年6月	扬州大学	本科	南京市浦口人民医院	
84	陈小沛	男	1985年3月	2007年7月	南京医科大学	本科	南京市浦口人民医院	
85	冯玉旭	男	1985年4月	2012年6月	南京医科大学	硕士	南京市浦口人民医院	
86	王　田	男	1985年10月	2010年7月	皖南医学院	本科	南京市浦口人民医院	
87	王　雪	女	1985年12月	2009年7月	南京医科大学	本科	南京市浦口人民医院	
88	闻　芳	女	1989年8月	2014年6月	南京医科大学	硕士	南京市浦口人民医院	
89	黄　兵	男	1982年10月	2005年7月	安徽理工大学	本科	南京市浦口区妇幼保健计划生育服务中心	
90	庆　蕾	女	1975年12月	2020年7月	湖北科技学院	本科	南京市浦口区疾病预防控制中心	
91	尹小巧	女	1987年6月	2010年6月	扬州大学	本科	南京市浦口人民医院	副主任药师
92	包维佳	男	1988年4月	2010年6月	南京中医药大学	本科	南京市浦口区中医院	
93	郑　芸	女	1987年1月	2012年7月	扬州大学	本科	南京市浦口区中医院	副主任护师
94	谢义萍	女	1980年10月	2015年1月	北京中医药大学	本科	南京市浦口人民医院	
95	宋时秀	女	1982年4月	2013年7月	东南大学	本科	南京市浦口人民医院	
96	汤玲玲	女	1983年7月	2015年1月	东南大学	本科	南京市浦口人民医院	
97	赵　珂	女	1984年2月	2013年7月	南京中医药大学	本科	南京市浦口人民医院	
98	曹　玮	女	1984年2月	2012年7月	扬州大学医学院	本科	南京市浦口人民医院	
99	李　婷	女	1986年8月	2009年6月	江南大学太湖学院	本科	南京市浦口人民医院	
100	姚新芳	女	1987年3月	2010年7月	安徽医科大学临床医学院	本科	南京市浦口人民医院	

（续表）

序号	姓名	性别	出生年月	毕业时间	毕业院校	学历（学位）	工作单位	专技职称
101	解拥军	男	1984年2月	2009年7月	蚌埠医学院	本科	南京市浦口区中医院	副主任技师
102	梁怀盼	男	1983年9月	2007年7月	安徽医科大学	本科	南京市浦口人民医院	
103	武良美	女	1984年9月	2009年7月	长江大学临床医学院	本科	南京市浦口人民医院	
104	杨玉兰	女	1986年9月	2010年7月	南华大学	本科	南京市浦口区疾病预防控制中心	
105	崔新艳	女	1984年9月	2013年7月	上海交通大学	本科	南京市浦口区江浦街道社区卫生服务中心	
106	袁卫珍	女	1979年5月	2018年7月	扬州大学	本科	南京市浦口区疾病预防控制中心	副研究员
107	戴仕兵	男	1972年6月	2015年7月	北京中医药大学	本科	南京市浦口区桥林街道社区卫生服务中心	社区主任医师
108	高　杰	男	1979年2月	2015年1月	中国药科大学	本科	南京市浦口区星甸街道社区卫生服务中心	社区主任药师
109	常忠琴	女	1970年12月	2015年1月	东南大学	本科	南京市浦口区永宁街道社区卫生服务中心	社区主任护师
110	齐中和	男	1972年12月	2015年7月	南京医科大学	本科	南京市浦口区江浦街道社区卫生服务中心	社区副主任医师
111	吴世焕	女	1980年9月	2018年1月	安徽医科大学	本科	南京市浦口区江浦街道社区卫生服务中心	
112	陆　斌	男	1986年5月	2010年7月	滨州医学院	本科	南京市浦口区江浦街道社区卫生服务中心	
113	李德香	女	1970年8月	2008年1月	江苏职工医科大学	大专	南京市浦口区桥林街道社区卫生服务中心	
114	王必海	男	1975年4月	2022年7月	徐州医科大学	本科	南京市浦口区桥林街道乌江社区卫生服务中心	
115	彭　文	男	1979年2月	2015年1月	皖南医学院	本科	南京市浦口区桥林街道乌江社区卫生服务中心	
116	呙临敏	女	1981年3月	2023年1月	河南大学	本科	南京市浦口区桥林街道乌江卫生服务中心	
117	陈　玲	女	1980年9月	2016年1月	皖南医学院	本科	南京市浦口区星甸街道石桥社区卫生服务中心	
118	刘美纯	女	1982年4月	2011年1月	南京医科大学	本科	南京市浦口区永宁街道社区卫生服务中心	
119	聂广新	女	1980年4月	2014年7月	南京中医药大学	本科	南京市浦口区桥林街道社区卫生服务中心	社区副主任药师
120	夏　丽	女	1983年4月	2022年1月	山东大学	本科	南京市浦口区汤泉街道社区卫生服务中心	
121	刘华芳	女	1971年8月	2023年1月	江苏卫生健康职业学院	大专	南京市浦口区桥林街道社区卫生服务中心	社区副主任护师
122	陈贵珍	女	1969年3月	2005年7月	江苏职工医科大学	大专	南京市浦口区星甸街道社区卫生服务中心	
123	王　坤	女	1986年5月	2007年4月	东南大学	本科	南京市浦口区汤泉街道社区卫生服务中心	

（续表）

序号	姓名	性别	出生年月	毕业时间	毕业院校	学历（学位）	工作单位	专技职称
124	滕德美	女	1979年1月	2015年1月	上海交通大学	本科	南京市浦口区星甸街道社区卫生服务中心	社区副主任技师
125	陈志莲	女	1977年7月	2020年1月	上海交通大学	本科	南京市浦口区汤泉街道社区卫生服务中心	
126	张友兵	男	1980年9月	2019年1月	上海交通大学	本科	南京市浦口区永宁街道社区卫生服务中心	
127	于成景	男	1964年1月	2014年6月	南京工业大学	硕士	南京珍珠泉园林建设有限公司	正高级工程师
128	陈新杰	男	1975年2月	1999年3月	东南大学	硕士	江苏方测建筑工程技术有限公司	
129	毛东建	男	1982年1月	2008年3月	东南大学	硕士	江苏方测建筑工程技术有限公司	
130	成相飞	男	1982年1月	2008年1月	东南大学	本科	南京浦江工程检测有限公司	
131	卢　玥	女	1986年1月	2011年6月	南京师范大学	硕士	南京市浦口区不动产登记中心	高级工程师
132	孙静彤	女	1989年1月	2014年7月	南京林业大学	硕士	南京市浦口区市政设施综合养护管理中心	
133	薛超桔	男	1989年8月	2011年6月	扬州大学	本科	南京市浦口区河道管理所	
134	李明刚	男	1970年3月	1999年12月	中共中央党校	本科	南京市浦口区建筑安装工程安全生产监督站	
135	范玉栋	男	1984年2月	2016年7月	西南大学	本科	南京市浦口区建筑安装工程安全生产监督站	
136	方家谱	男	1987年2月	2019年12月	南京工业大学	硕士	南京市浦口区建筑安装工程安全生产监督站	
137	徐鹏飞	男	1986年1月	2009年6月	南京林业大学	本科	南京市浦口区建筑安装工程质量监督站	
138	王俊梅	女	1969年1月	2008年12月	中共南京市委党校	本科	南京市浦口区建筑安装管理站	
139	黄福浩	男	1988年11月	2011年6月	常州大学	本科	南京市浦口区国有资产投资经营有限公司	
140	张瑞瑞	女	1989年3月	2013年6月	南京农业大学	本科	南京浦口康居建设集团有限公司	
141	刘　朋	男	1987年12月	2011年6月	南京工业大学	本科	南京浦口城乡水务发展有限公司	
142	张建东	男	1986年1月	2008年6月	南通大学	本科	南京珍珠泉园林建设有限公司	
143	陈旭旭	男	1987年12月	2011年6月	南京理工大学紫金学院	本科	南京珍珠泉园林建设有限公司	
144	吴　骏	男	1987年11月	2009年6月	三江学院	本科	雨发建设集团有限公司	
145	丁燕珉	男	1988年5月	2014年1月	中国地质大学	本科	雨发建设集团有限公司	
146	张　奎	男	1989年1月	2013年6月	南京工业大学	本科	雨发建设集团有限公司	
147	王　寅	男	1986年8月	2020年3月	西南交通大学	本科	南京浦江工程检测有限公司	
148	孙媛媛	女	1987年8月	2013年7月	东南大学	本科	南京浦江工程检测有限公司	

（续表）

序号	姓名	性别	出生年月	毕业时间	毕业院校	学历（学位）	工作单位	专技职称
149	单国庆	男	1986年1月	2008年6月	江苏科技大学	本科	南京浦口科创投资集团有限公司	高级工程师
150	廖春燕	女	1987年5月	2009年6月	河北工程大学	本科	南京浦口科创投资集团有限公司	
151	吴爱美	女	1975年7月	2021年7月	南京林业大学	本科	南京麦浦园林景观建设工程有限公司	
152	赵广顺	男	1976年9月	2022年7月	盐城工学院	本科	南京建凯建设项目管理有限公司	
153	蒋　蓉	女	1977年5月	2022年1月	江苏开放大学	本科	南京钟山岩土工程有限公司	
154	丁朝平	男	1977年8月	2017年7月	吉林大学	本科	江苏悦金和电力工程有限公司	
155	张宝云	男	1978年11月	2020年2月	西南交通大学	大专	南京调民房地产开发有限公司	
156	卞正培	男	1980年4月	2005年6月	南京工业大学	本科	江苏宇力节能科技有限公司	
157	赵正友	男	1980年11月	2017年1月	郑州大学	本科	南京照宇建筑工程有限公司	
158	刘安艳	女	1984年1月	2019年7月	东北农业大学	本科	江苏荣诚建设工程有限公司	
159	王永传	男	1984年3月	2022年7月	苏州科技大学	本科	中筑检测有限公司	
160	王国江	男	1984年8月	2012年7月	南京工业大学	本科	南京德盈龙华置业有限公司	
161	张继尧	男	1984年11月	2022年7月	江苏理工学院	本科	香江系统工程有限公司江苏分公司	
162	张寿明	男	1986年1月	2021年7月	江苏大学	本科	韬力建设发展有限公司	
163	刘　庆	男	1986年11月	2014年2月	四川农业大学	本科	挪宝电气南京有限公司	
164	宋洛阳	男	1987年6月	2010年6月	江苏大学	本科	南京新普电工设备有限公司	
165	孟　超	男	1988年8月	2011年7月	中国地质大学（北京）	本科	江苏博路电气集团有限公司	
166	王　钏	男	1988年8月	2012年7月	河海大学	本科	南京浦易通管道工程有限公司	
167	周　亘	女	1988年9月	2011年6月	南京林业大学	本科	苏州园科生态建设集团有限公司南京分公司	
168	肖佰惠	女	1988年9月	2014年6月	中国矿业大学	硕士	江苏邦驰茂元安全技术科技有限公司	
169	吴鸣进	男	1989年1月	2013年7月	南京工业大学	本科	南京中建未来城市投资建设有限公司	
170	朱高校	男	1989年2月	2011年6月	中国矿业大学	本科	紫光云（南京）数字技术有限公司	
171	许文杰	男	1989年9月	2014年7月	南京工业大学	硕士	南京大秦建设有限公司	
172	高加湄	女	1986年4月	2011年6月	中南财经政法大学	硕士	南京市浦口区税源监测中心	高级会计师
173	吴　婷	女	1987年1月	2017年6月	扬州大学	硕士	南京市珍珠泉风景区服务中心	高级经济师

(续表)

序号	姓名	性别	出生年月	毕业时间	毕业院校	学历(学位)	工作单位	专技职称
174	黄　晔	男	1985年7月	2015年3月	南京财经大学	硕士	南京市浦口区汤泉街道社区卫生服务中心	高级人力资源管理师
175	唐静芳	女	1985年4月	2008年6月	南京林业大学	本科	南京浦口交通建设集团有限公司	
176	袁　敏	女	1988年7月	2011年7月	金陵科技学院	本科	南京北部路桥建设有限公司	
177	郑爱霞	女	1974年9月	1999年7月	南京农业大学	本科	南京市浦口区现代农业发展服务中心	高级农艺师
178	杨延芳	女	1979年2月	2012年6月	南京农业大学	本科	南京市浦口区现代农业发展服务中心	
179	李艳茹	女	1984年11月	2011年6月	沈阳农业大学	硕士	南京市浦口区现代农业发展服务中心	
180	余　意	女	1986年1月	2009年7月	安徽农业大学	本科	南京市浦口区现代农业发展服务中心	
181	章志远	男	1989年3月	2016年7月	中国林业科学研究院	硕士	南京浦口文旅运营管理有限公司西埂莲乡分公司	
182	余大昭	女	1971年12月	2005年12月	中共江苏省委党校	本科	南京市浦口区文化馆	副研究馆员
183	王梦娴	女	1985年11月	2008年6月	南京理工大学	本科	南京市浦口区文化馆	

(孙兆侠)

逝世人物

陶雄堂(1932年11月—2023年1月)　男,甘肃灵台人,1949年2月参加革命工作,1950年5月加入中国共产党。历任中国人民解放军某团战士、排长、副连长、连长,安徽省军区独立师副营长、营长、副参谋长、副团长,浦口区浦口镇革委会主任、副书记,浦口区检察院副检察长,浦口区政法委调研员。1993年1月离休,享受正县(处)级待遇。

单玉琏(1932年9月—2023年1月)　男,安徽定远人,1949年3月参加革命工作。历任江浦县政府农业科办事员、江浦县农业局秘书、江浦县委农工部干事、江浦县党史办干部。1993年8月离休,享受正科级待遇。

唐廉(1933年7月—2023年1月)　男,安徽泗县人,1949年6月参加革命工作。历任南京市公安局三处户政科办事员、浦口区公安分局老江口派出所户籍警、浦口区公安分局南江派出所户籍警、浦口区房管所保管员、南京市房产经营公司浦口分公司浦口办事处经管员。1993年7月离休,享受正科级待遇。

虞清华(1934年6月—2023年1月)　男,江苏宝应人,1949年6月参加革命工作。历任解放军江浦县公安队战士、江浦县公安局干部、江浦县人民委员办公室总务干部、江浦县革委会办事组总务组组长、江浦县革委会计委基建组组长、江浦县基建局副局长、江浦县基建局检查员。1994年9月离休,享受正科级待遇。

殷洪贵(1933年10月—2023年1月)　男,江苏宝应人,1947年8月参加革命工作,1951年6月加入中国共产党。历任宝应县黄浦区大队通讯员,华中军区医院通讯员,苏南军区总院班长,镇江百货批发部句容办事处营业员、保管员,镇江市联合办事处业务科科员,江浦县百货公司批发部副主任,江浦县汤泉永宁供销社副主任,江浦县桥林供销社副主任,江浦县委五人小组办公室办事员,江浦县陡岗、向阳公社公安特派员,江浦县向阳供销社党支部书记,江浦县桥林轧花厂厂长,江浦县冷食厂督导员。1994年2月离休,享受正科级待遇。

王越(1929年12月—2023年1月) 男,安徽天长人,1949年3月参加革命工作。历任江浦县粮食公司桥林营业所会计、江浦县粮食局副股长、江浦县向阳公社会计、原桥林商店主办会计。1983年12月离休,享受正科级待遇。

张雪雁(1932年1月—2023年1月) 女,江苏南京人,1949年8月参加革命工作,1984年6月加入中国共产党。历任江浦县财政局会计,江浦县税务局会计,江浦县政府会计,江浦县生产教养院会计,原江浦燃料公司会计、财务科长、工会主席。1990年11月离休,享受正科级待遇。

马兴业(1931年4月—2023年1月) 男,江苏南京人,1947年4月参加革命工作,同月加入中国共产党。历任南京市立二中学生自治会副主席、团总支副书记、学生会主席,市委党校学员,浦口区委组织部组织员,浦口区纪委秘书,浦口区卫生科副科长,长春一汽干部处秘书,哈尔滨工业大学副校长秘书,机械工业部北京干校团总支书记,河南省新乡县大召营乡党委副书记,北京机械学院团委书记、组织部副部长,北师大四清工作队队员,北京机械学院组织部人事组组长,元坝五七干校排长,陕西机械学院院务部副主任、基础部党总支副书记、书记,浦口区委宣传部副部长,浦口区委党校副校长,浦口区政协副主席。1993年4月离休,享受副区级待遇。

韩亦群(1932年8月—2023年3月) 男,江苏盱眙人,1949年2月参加革命工作。历任滁县人民医院药剂士、江浦县防疫站外科医士、江浦县汤泉中心卫生院医生。1983年12月离休,享受正科级待遇。

陈兴春(1931年3月—2023年4月) 男,山东新泰人,1948年10月参加革命工作,1950年6月加入中国共产党。历任华东后备兵团某师通讯员,炮兵某师警卫员、警卫班长,某军排长、连长、营长、司令部副参谋长,浦口区工业科副科长,浦口区计划经济委员会党总支副书记,浦口区老龄工作委员会副主任、办公室主任。1991年3月离休,享受正处级待遇。

夏茂忠(1931年4月—2023年6月) 男,江苏如皋人,1948年8月参加革命工作,1950年2月加入中国共产党。历任某师师场瓦殿分场党支部书记、老山林场七佛寺分场党支部书记。1992年4月离休,享受正科级待遇。

张礼广(1945年12月—2023年12月) 男,安徽滁县人,1970年6月参加革命工作,1980年11月加入中国共产党。历任江浦县医疗机械厂副厂长、党支部副书记、厂长、党支部书记,江浦县人民政府副县长、党组成员,江浦县人大常委会副主任、党组成员,浦口区助理巡视员。2006年1月退休,享受副区级待遇。

(区委老干部局)

·文稿编辑 卢仕松·

附　　录

重要文件题录

表 34　2023 年中共南京市浦口区委重要文件目录一览表

文号	文件标题	发文日期
浦委发〔2023〕1 号	关于表彰浦口区推动“一三五六”总体发展布局先进集体、先进个人的决定	1 月 28 日
浦委发〔2023〕2 号	关于全区 2022 年度综合考核结果情况的通报	1 月 28 日
浦委发〔2023〕3 号	关于通报表扬 2022 年度机关作风建设先进单位、先进个人的决定	1 月 28 日
浦委发〔2023〕5 号	关于印发《中共南京市浦口区委常委会 2023 年工作要点》的通知	3 月 6 日
浦委发〔2023〕6 号	关于成立浦口区建设“绿水青山就是金山银山”实践创新基地工作领导小组的通知	4 月 3 日
浦委发〔2023〕7 号	印发《关于做好 2023 年全面推进乡村振兴重点工作的实施意见》的通知	4 月 6 日
浦委发〔2023〕9 号	关于印发《浦口区深化新时代教育评价改革实施方案》的通知	6 月 2 日
浦委发〔2023〕10 号	关于印发《浦口区优化营商环境 23 条(2023 版)》的通知	6 月 7 日
浦委发〔2023〕11 号	关于表彰浦口区 2022 年度优秀公务员的决定	6 月 8 日
浦委发〔2023〕12 号	中国共产党南京市浦口区第五届委员会第七次全体会议决议(2023 年 8 月 2 日通过)	8 月 5 日
浦委发〔2023〕14 号	关于印发《深化行知教育实验　推动浦口教育高质量发展实施方案》的通知	8 月 18 日
浦委发〔2023〕16 号	中国共产党南京市浦口区第五届委员会第八次全体会议决议(2023 年 12 月 27 日通过)	12 月 29 日

表 35　2023 年中共南京市浦口区委办公室重要文件目录一览表

文号	文件标题	发文日期
浦委办发〔2023〕1 号	关于通报表扬 2022 年度相关单位和个人的决定	1 月 28 日
浦委办发〔2023〕3 号	关于印发《2023 年浦口区深入打好污染防治攻坚战目标任务》的通知	3 月 7 日

（续表）

文号	文件标题	发文日期
浦委办发〔2023〕5号	关于印发《浦口区“双晒双亮”行动方案》的通知	3月9日
浦委办发〔2023〕6号	关于印发《政协南京市浦口区委员会2023年度重点协商监督计划》的通知	3月10日
浦委办发〔2023〕7号	关于做好2023年区领导重点督办建议提案办理工作的通知	4月10日
浦委办发〔2023〕8号	关于转发《2023年浦口区关工委工作要点》的通知	4月13日
浦委办发〔2023〕9号	中共南京市浦口区委员会办公室印发《关于在全区各级党组织和广大党员干部中大兴调查研究实施方案》的通知	4月13日
浦委办发〔2023〕11号	关于通报表扬2022年度向上争取资金先进单位的决定	4月23日
浦委办发〔2023〕13号	关于印发《关于认真学习贯彻落实党中央和省市委关于加强和改进新时代市县政协工作有关文件精神的若干举措》的通知	4月21日
浦委办发〔2023〕14号	关于印发《浦口区农村人居环境长效管护“红黑榜”评价实施办法》的通知	4月28日
浦委办发〔2023〕15号	中共南京市浦口区委员会办公室印发《关于建立“集中走访日（周）”制度的工作方案》的通知	5月10日
浦委办发〔2023〕19号	关于印发《浦口区产业倍增行动实施方案》的通知	7月21日
浦委办发〔2023〕21号	中共南京市浦口区委员会办公室关于印发《区委五届七次全会重点工作任务分解方案》的通知	8月10日
浦委办发〔2023〕22号	关于印发《高水平建设都市现代化农业强区行动方案》的通知	8月17日
浦委办发〔2023〕27号	关于印发《加快建设制造强区行动方案》的通知	10月31日
浦委办发〔2023〕28号	关于印发《2023年“集中走访日（周）”工作考核办法》的通知	11月1日
浦委办发〔2023〕29号	关于印发《浦口联动共治工作站运行管理办法（试行）》的通知	12月18日

（郝德胜）

表36　2023年南京市浦口区人民政府重要文件目录一览表

文号	文件标题	发文日期
浦政发〔2023〕2号	区政府关于印发2023年区政府主要工作目标任务分解落实方案的通知	1月21日
浦政发〔2023〕3号	关于调整区政府部分领导工作分工的通知	1月7日
浦政发〔2023〕8号	区政府关于下达浦口区二〇二三年重点项目计划的通知	2月9日
浦政发〔2023〕10号	区政府关于印发南京市浦口区突发事件总体应急预案的通知	2月21日
浦政发〔2023〕18号	区政府关于做好浦口区第五次全国经济普查工作的通知	4月9日
浦政发〔2023〕20号	区政府关于印发《南京市浦口区人民政府议事决策规则》的通知	4月18日
浦政发〔2023〕21号	区政府关于印发《南京市浦口区人民政府工作规则》的通知	4月18日
浦政发〔2023〕24号	关于调整区政府部分领导工作分工的通知	5月13日
浦政发〔2023〕28号	区政府关于授予2022年度浦口区区长质量奖的决定	5月23日
浦政发〔2023〕33号	区政府关于印发《浦口区推动服务业高质量发展扶持政策》的通知	6月5日

(续表)

文号	文件标题	发文日期
浦政发〔2023〕35号	区政府关于印发浦口区政府投资项目工程变更管理暂行办法的通知	6月12日
浦政发〔2023〕42号	区政府关于印发《南京市浦口区“绿水青山就是金山银山”实践创新基地建设实施方案》的通知	6月16日
浦政发〔2023〕46号	关于调整区政府部分领导工作分工的通知	7月7日
浦政发〔2023〕48号	区政府关于印发《浦口区利用资本市场促进股权投资实施办法(2023版)》的通知	7月12日
浦政发〔2023〕49号	区政府关于印发浦口区贯彻落实《气象高质量发展纲要(2022—2035年)》实施方案的通知	7月18日
浦政发〔2023〕53号	区政府关于印发《浦口区推进制造业智能化改造和数字化转型高质量发展若干措施》的通知	8月2日
浦政发〔2023〕66号	区政府关于印发浦口区城镇燃气居民和餐饮用户“安心用气工程”建设实施方案的通知	10月12日
浦政发〔2023〕72号	区政府关于印发《浦口区促进集成电路产业高质量发展若干措施(试行)》的通知	11月24日
浦政发〔2023〕73号	区政府关于印发《南京市浦口区饮用水水源地突发环境事件应急预案(2023年修订)》的通知	11月27日
浦政发〔2023〕79号	关于印发《浦口区推进保障性租赁住房建设的实施方案》的通知	12月15日
浦政发〔2023〕85号	区政府关于公布浦口区第五批非物质文化遗产代表性项目保护名录的通知	12月19日

表37　2023年南京市浦口区人民政府办公室重要文件目录一览表

文号	文件标题	发文日期
浦政办发〔2023〕2号	区政府办公室转发区农业农村局关于浦口区林地资源使用管理指导意见(试行)的通知	1月8日
浦政办发〔2023〕4号	区政府办公室转发规划资源分局关于浦口区土地指标要素配置工作的实施意见的通知	1月26日
浦政办发〔2023〕5号	区政府办公室转发区城管局关于浦口区2023年城市管理工作实施意见的通知	2月4日
浦政办发〔2023〕6号	区政府办公室关于印发浦口区2023年度松材线虫病防治方案的通知	2月8日
浦政办发〔2023〕8号	区政府办公室关于印发2023年全区征收工作计划的通知	2月16日
浦政办发〔2023〕9号	区政府办公室关于印发《2023年浦口区政府门户网站在线访谈活动实施方案》的通知	2月21日
浦政办发〔2023〕10号	区政府办公室关于印发浦口区城市基础设施工程建设—移交无缝对接实施方案的通知	3月15日
浦政办发〔2023〕11号	区政府办公室关于印发《2023—2024年(周期)浦口区迎接国家卫生城市复审工作方案》的通知	3月31日
浦政办发〔2023〕12号	区政府办公室关于进一步加强全区国有出租房产规范管理的通知	4月17日
浦政办发〔2023〕14号	区政府办公室关于印发《市政府办公厅关于加强全市统计基层基础建设的实施意见》的通知	4月21日
浦政办发〔2023〕15号	区政府办公室关于开展全区重点行业领域安全生产风险专项整治巩固提升年行动的通知	4月28日
浦政办发〔2023〕16号	区政府办公室关于印发浦口区创建全国基层中医药工作示范区实施方案的通知	4月28日

（续表）

文号	文件标题	发文日期
浦政办发〔2023〕17号	区政府办公室关于印发浦口区“十四五”学前教育发展提升行动计划的通知	5月18日
浦政办发〔2023〕18号	区政府办公室关于印发浦口区“十四五”特殊教育发展提升行动计划的通知	5月18日
浦政办发〔2023〕19号	区政府办公室关于印发浦口区“十四五”期间市场主体培育方案的通知	5月18日
浦政办发〔2023〕20号	区政府办公室关于印发2023年浦口区深化医改重点工作任务的通知	5月20日
浦政办发〔2023〕21号	区政府办公室关于印发浦口区防汛应急预案等七个预案方案的通知	5月27日
浦政办发〔2023〕26号	关于公布浦口区人民政府2023年度重大行政决策事项目录的通知	5月24日
浦政办发〔2023〕27号	区政府办公室关于印发浦口区医疗救助资金结算管理细则的通知	7月28日
浦政办发〔2023〕30号	区政府办公室关于印发《浦口区申报“中国气候宜居城市（县）”称号工作方案》的通知	8月14日
浦政办发〔2023〕31号	区政府办公室转发规划资源分局关于浦口区耕地占补平衡专项整治方案的通知	8月26日
浦政办发〔2023〕32号	区政府办公室关于公布《浦口区行政许可事项清单（2023年版）》的通知	8月30日
浦政办发〔2023〕33号	区政府办公室关于印发《浦口区住宅小区物业管理星级评比细则》的通知	10月12日
浦政办发〔2023〕37号	区政府办公室关于印发浦口区生产安全事故应急预案等七个预案的通知	11月17日
浦政办发〔2023〕39号	区政府办公室关于印发浦口区食品安全事故应急预案等三个预案的通知	11月25日
浦政办发〔2023〕40号	区政府办公室关于印发《关于进一步加强单用途预付卡管理的实施意见（暂行）》的通知	11月25日
浦政办发〔2023〕41号	区政府办公室关于印发《浦口区水域保护规划》和《江苏省水域保护试点——浦口区实施方案》的通知	11月27日
浦政办发〔2023〕43号	区政府办公室关于印发《全区政府系统值班工作规范建设指引》的通知	12月1日
浦政办发〔2023〕44号	区政府办公室关于印发《浦口区高致病性禽流感疫情应急预案》和《浦口区农业有害生物灾害应急预案》的通知	12月1日
浦政办发〔2023〕46号	区政府办公室关于促进新型农村集体经济高质量发展的实施意见	12月7日
浦政办发〔2023〕47号	区政府办公室关于印发2023—2024年度浦口区雨雪冰冻天气扫雪防冻应急预案的通知	12月11日
浦政办发〔2023〕48号	区政府办公室关于印发《浦口区科创金融改革试验区建设实施方案》的通知	12月16日
浦政办发〔2023〕49号	区政府办公室关于印发《南京市浦口区创建全国义务教育优质均衡发展区实施方案》的通知	12月21日
浦政办发〔2023〕51号	区政府办公室关于印发《浦口区城市公共交通突发事件应急预案》和《浦口区建筑施工领域突发事件应急预案》的通知	12月29日
浦政办发〔2023〕52号	区政府办公室关于印发浦口区原油输送管道突发事件应急预案等三个预案的通知	12月29日

（张燕）

表38　2023年南京市浦口区人大常委会重要文件目录一览表

文号	文件标题	发文日期
浦人常〔2023〕1号	浦口区人民代表大会常务委员会关于浦口区选举南京市第十七届人民代表大会代表结果的报告	1月8日
浦人常〔2023〕2号	浦口区人民代表大会常务委员会关于调整部分领导同志工作分工的通知	1月18日
浦人常〔2023〕3号	关于印发《浦口区人民代表大会常务委员会聚焦六项重点工作跟踪监督聚力推动现代化浦口新实践的方案》的通知	3月6日
浦人常〔2023〕5号	关于印发《浦口区人大常委会2023年工作要点》《浦口区人大常委会2023年常委会会议、主任会议议题、执法检查计划》和《2023年各街道人大工委工作计划》的通知	3月7日
浦人常〔2023〕9号	关于调整部分区人大常委会领导同志工作分工的通知	3月8日
浦人常〔2023〕15号	关于批准浦口区“十四五”规划纲要部分指标目标调整方案(草案)的决议	8月1日
浦人常〔2023〕16号	关于批准浦口区2022年财政决算的决议	8月1日
浦人常〔2023〕29号	关于批准浦口区2023年财政预算调整方案的决议	12月6日
浦人常〔2023〕44号	关于2023年民生实事项目实施情况满意度测评结果的通报	12月26日
浦人常〔2023〕51号	关于表扬2023年度优秀代表建议和先进承办单位的决定	12月14日
浦人常〔2023〕52号	关于表扬2023年度“五好”人大代表的决定	12月14日

表39　2023年南京市浦口区人大常委会审议意见书目录一览表

文号	文件标题	发文日期
浦人常审〔2023〕1号	关于《浦口区国土空间总体规划(2021—2035)年(草案)》编制的审议意见书	4月13日
浦人常审〔2023〕2号	关于区检察院未成年人检查工作情况的审议意见书	4月13日
浦人常审〔2023〕3号	关于全区科技创新平台建设情况的审议意见书	5月26日
浦人常审〔2023〕4号	关于全区民族工作高质量发展情况的审议意见书	5月26日
浦人常审〔2023〕5号	关于区政府2023年上半年工作情况、国民经济和社会发展计划及财政预算执行情况的审议意见书	8月1日
浦人常审〔2023〕6号	关于浦口区“十四五”规划纲要实施中期评估情况的审议意见书	8月1日
浦人常审〔2023〕7号	关于浦口区深化服务重大项目“一件事”改革工作情况的审议意见书	9月21日
浦人常审〔2023〕8号	关于全区城市更新工作情况的审议意见书	9月21日
浦人常审〔2023〕9号	关于全区分级诊疗体系建设及《关于进一步提升“院府合作”质效加快推动浦口人民医院高质量发展的决定》贯彻落实情况的审议意见书	9月21日
浦人常审〔2023〕10号	关于“八五”普法中期评估情况的审议意见书	11月21日
浦人常审〔2023〕11号	关于分层分类社会救助体系建设情况的审议意见书	11月21日

(段淑媛)

统 计 资 料

表 40　2023 年浦口区主要经济指标统计表

指标名称	2023 年 累计完成	2022 年 同期累计	比上年 同期(%)
1. 地区生产总值(亿元)	529.95	512.13	5.0
第一产业	49.04	48.49	1.8
第二产业	182.44	181.57	4.7
工业	138.02	135.02	6.8
第三产业	298.47	282.07	5.7
2. 一般公共预算收入(亿元)	65.30	60.28	8.3
3. 全社会固定资产投资完成额(亿元)	511.39	582.83	-12.3
工业投资	163.14	164.43	-0.8
4. 社会消费品零售总额(亿元)	150.35	148.60	1.2
5. 规模工业总产值(亿元)	452.79	450.97	0.4
6. 实际使用外资及港澳台资(万美元)	8490.00	30005.00	-71.7
7. 外贸进出口总额(亿元)	274.30	—	-7.6
8. 旅游总收入(亿元)	67.99	64.99	4.6
9. 景区旅游接待量(万人次)	964.81	712.17	35.5
10. 全体居民人均可支配收入(元)	61157.00	58376.50	4.8
11. 城镇居民人均可支配收入(元)	73876.30	70871.40	4.2
12. 农村居民人均可支配收入(元)	37255.00	35133.00	6.0

注:地区生产总值和三次产业增加值为可比增长

表 41　2023 年浦口区全体居民收支情况统计表

单位:元

指标名称		人均	指标名称		人均
收入情况	可支配收入	61157.0	支出情况	生活消费支出	37813.5
	(一)工资性收入	37854.9		1. 食品	10374.9
	1. 工资	36023.2		2. 衣着	2313.5
	2. 实物福利	117.2		3. 居住	8172.3
	3. 其他	1714.5		4. 生活用品及服务	2374.9
	(二)经营净收入	11372.2		5. 交通通信	5257.5
	(三)财产净收入	2743.6		6. 教育文化娱乐	5801.2
	(四)转移净收入	9186.3		7. 医疗保健	2310.7
				8. 其他用品和服务	1208.5

表42 2023年浦口区城镇调查户收支情况统计表

单位:元

	指标名称	人均		指标名称	人均
收入情况	可支配收入	73876.3	支出情况	生活消费支出	42885.7
	(一)工资性收入	46289.3		1. 食品	11365.7
	1. 工资	44159.3		2. 衣着	2747.0
	2. 实物福利	179.0		3. 居住	9647.0
	3. 其他	1951.0		4. 生活用品及服务	2641.0
	(二)经营净收入	12310.0		5. 交通通信	5601.0
	(三)财产净收入	3035.0		6. 教育文化娱乐	6947.0
	(四)转移净收入	12242.0		7. 医疗保健	2600.0
				8. 其他用品和服务	1337.0

表43 2023年浦口区农村调查户收支情况统计表

单位:元

	指标名称	人均		指标名称	人均
收入情况	可支配收入	37255.0	支出情况	生活消费支出	28281.9
	(一)工资性收入	22005.0		1. 食品	8512.9
	(二)经营净收入	9610.0		2. 衣着	1499.0
	1. 第一产业收入	2493.0		3. 居住	5401.0
	2. 第二产业收入	422.0		4. 生活用品及服务	1875.0
	3. 第三产业收入	6695.0		5. 交通通信	4612.0
	(三)财产净收入	2196.0		6. 教育文化娱乐	3648.0
	(四)转移净收入	3444.0		7. 医疗保健	1767.0
				8. 其他用品和服务	967.0

表44 2023年浦口区主要经济指标在全市各区位置情况统计表(一)

区名	地区生产总值				一般公共预算收入			
	累计(亿元)	绝对值名次	增长(%)	增幅名次	累计(亿元)	绝对值名次	增长(%)	增幅名次
南京市	17421.40	—	4.6	—	1620.0	—	4.0	—
江北新区	2698.60	2	5.1	4	160.1	4	10.0	7
玄武区	1285.45	7	4.6	8	104.2	7	23.5	1
秦淮区	1464.39	5	5.2	2	113.1	6	10.6	5
建邺区	1300.10	6	5.3	1	167.7	3	5.2	11
鼓楼区	2038.79	3	4.6	8	184.2	2	6.5	10
浦口区	529.95	12	5.0	5	65.3	10	8.3	9
栖霞区	1783.56	4	5.0	5	146.8	5	4.6	12
雨花台区	1078.83	8	4.6	8	88.3	8	10.2	6
江宁区	3056.19	1	4.5	11	238.3	1	17.4	2
六合区	613.54	10	5.0	5	50.1	11	9.5	8
溧水区	1061.76	9	5.2	2	67.2	9	17.3	3
高淳区	590.35	11	4.3	12	43.1	12	11.0	4

注:南京市一般公共预算收入含市本级收入

表45　2023年浦口区主要经济指标在全市各区位置情况统计表(二)

区　名	规模以上工业增加值		全社会固定资产投资		实际使用外资及港澳台资			
	增长(%)	增幅名次	增长(%)	增幅名次	累计(亿美元)	绝对值名次	增长(%)	增幅名次
南京市	3.6	—	-1.9	—	49.40	—	1.9	—
江北新区	5.5	6	-1.1	7	5.07	3	24.0	3
玄武区	0.4	12	14.5	2	1.87	7	-42.1	7
秦淮区	1.0	10	17.9	1	2.92	6	135.8	1
建邺区	6.4	5	2.8	5	1.46	8	-29.7	6
鼓楼区	1.2	9	-1.9	8	8.15	2	81.3	2
浦口区	9.5	2	-12.3	11	0.85	10	-71.7	10
栖霞区	0.8	11	-2.9	9	3.40	4	-51.1	9
雨花台区	5.3	7	8.0	3	3.20	5	-13.8	5
江宁区	4.7	8	-5.9	10	9.34	1	-0.2	4
六合区	8.2	3	6.1	4	0.51	11	-78.4	11
溧水区	9.7	1	0.4	6	0.92	9	-48.8	8
高淳区	6.6	4	-17.4	12	0.28	12	-83.8	12

表46　2023年浦口区主要经济指标在全市各区位置情况统计表(三)

区　名	社会消费品零售总额				全体居民人均可支配收入			
	累计(亿元)	绝对值名次	增长(%)	增幅名次	累计(元)	绝对值名次	增长(%)	增幅名次
南京市	8201.07	—	4.7	—	72112.2	—	4.5	—
江北新区	787.06	5	4.6	7	—	—	—	—
玄武区	1054.72	4	-6.6	12	88207.5	1	4.0	9
秦淮区	1063.14	3	7.4	3	80946.5	3	4.1	8
建邺区	525.78	8	14.7	2	78060.5	4	4.3	5
鼓楼区	1229.68	1	7.0	5	87834.5	2	4.3	5
浦口区	150.35	12	1.2	9	61157.0	6	4.8	2
栖霞区	536.36	7	4.5	8	—	—	—	—
雨花台区	724.63	6	1.1	10	—	—	—	—
江宁区	1103.49	2	6.8	6	65714.6	5	4.3	5
六合区	321.27	10	7.3	4	56223.9	8	4.7	4
溧水区	461.28	9	15.5	1	55835.7	9	5.0	1
高淳区	243.31	11	0.1	11	56377.9	7	4.8	2

注：江北新区、栖霞区、雨花台区只设置城镇居民采样点

表47 2023年浦口区主要经济指标在全市各区位置情况统计表(四)

区名	城镇居民人均可支配收入				农村居民人均可支配收入			
	累计(元)	绝对值名次	增长(%)	增幅名次	累计(元)	绝对值名次	增长(%)	增幅名次
南京市	79857.7	—	4.2	—	36789.1	—	6.1	—
江北新区	77980.2	6	4.6	1	—	—	—	—
玄武区	88207.5	1	4.0	8	—	—	—	—
秦淮区	80946.5	3	4.1	6	—	—	—	—
建邺区	78060.5	5	4.3	3	—	—	—	—
鼓楼区	87834.5	2	4.3	3	—	—	—	—
浦口区	73876.3	9	4.2	5	37255.0	2	6.0	4
栖霞区	78441.3	4	4.4	2	—	—	—	—
雨花台区	77570.5	7	4.0	8	—	—	—	—
江宁区	76693.4	8	3.9	11	37524.7	1	6.1	3
六合区	71683.9	10	3.7	12	36149.2	5	6.3	2
溧水区	69929.3	12	4.0	8	36192.1	4	6.4	1
高淳区	70579.9	11	4.1	6	36715.0	3	6.0	4

注:江北新区、栖霞区、雨花台区只设置城镇居民采样点,玄武区、秦淮区、建邺区、鼓楼区无农村居民

表48 2021—2023年浦口区主要经济指标在全省区(市)县位置情况统计表

年份	指标名称	地区生产总值	公共财政预算收入	固定资产投资	社会消费品零售总额
2021年	绝对量(亿元)	490.48	78.17	—	150.1
	位次	82	31	—	—
	增长(%)	7	11.5	3	9.7
	位次	88	36	77	73
2022年	绝对量(亿元)	512.13	60.30	—	148.60
	位次	83	37	—	86
	增长(%)	3.2	-7.0	5.2	-1.0
	位次	46	80	48	67
2023年	绝对量(亿元)	529.95	65.3	—	150.35
	位次	85	40	—	88
	增长(%)	5.0	8.3	-12.3	1.2
	位次	73	44	92	91
2023年比2021年	平均增长(%)	4.1	0.4	-3.9	0.1
	位次	54	78	85	89

(区统计局)

·文稿编辑 王孜孜·

索　　引

说　　明

一、索引采用主题分析方法，按首字汉语拼音字母顺序排列，同音字按声调次序排列。

二、类目、分目用黑体字，主题词用宋体字表明。数字表示内容所在页码，数字后的字母 a、b、c 表示该页自左至右的栏别。表格、图片注有"表""图"字样。

三、"附见"内容悬挂缩进，附于相关款目之下。

四、单位名称无歧义者，略去省、市、区名。

A

B

C

D

E

F

G

H

K

L

M

N

P

Q

R

S

X

Y

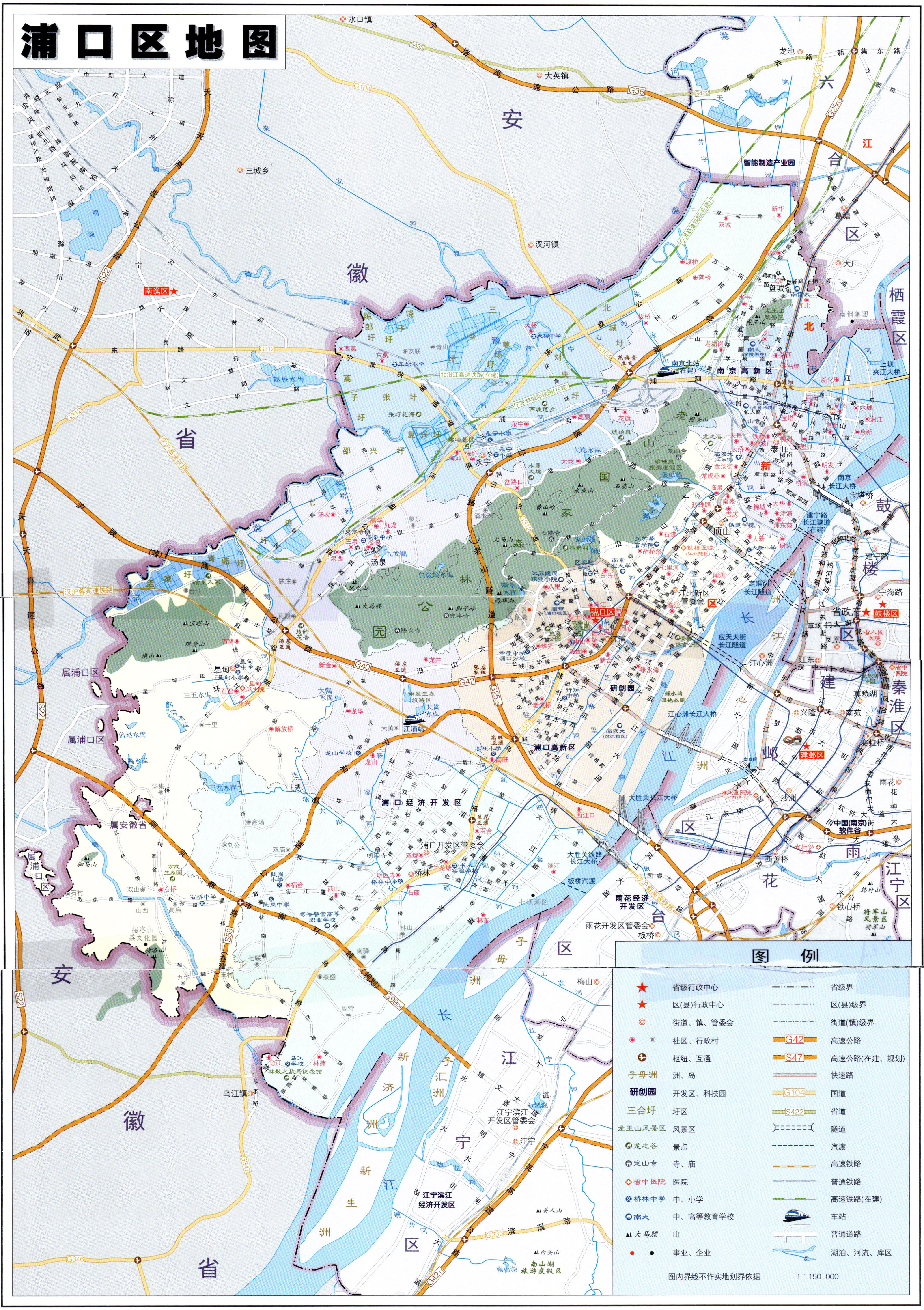

审图号：宁S(2024)021号　　2024年10月

Z

·文稿编辑　徐　源·